INDIANAS JONES SIN FUTURO

La lucha contra el expolio del patrimonio arqueológico

IGNACIO RODRÍGUEZ TEMIÑO

JAS Arqueología Editorial

Todos los derechos reservados. El contenido de esta obra está protegido por ley. Queda totalmente prohibida cualquier forma de reproducción sin el consentimiento expreso del editor. Si necesita fotocopiar o escanear algún fragmento de esta obra, diríjase a: www.jasarqueologia.es

Primera Edición: junio 2012

© De la edición:
JAS Arqueología S.L.U.
Plaza de Arteijo 8, T-2
28029 - Madrid
www.jasarqueologia.es
Editor: Jaime Almansa Sánchez
Corrector: David Andrés Castillo

© Del texto:
Ignacio Rodríguez Temiño

© De la imágen de portada:
Jaime Almansa Sánchez
[*Indiana Jones sin futuro*... Montaje con figuras de LEGO®]

ISBN: 978-84-939295-1-0 (papel) / 978-84-939295-2-7 (electrónica)

Depósito Legal: M-18154-2012

Imprime:
Gráficas JUMA
Calle de los Montes de Toledo
28830 - San Fernando de Henares

Impreso y hecho en España - Printed and made in Spain

INDIANAS JONES SIN FUTURO

La lucha contra el expolio
del patrimonio arqueológico

IGNACIO RODRÍGUEZ TEMIÑO

*A Rosalía, Isabel, Beatriz, Rosalía y Ángela,
las mujeres de mi vida*

ÍNDICE

PRÓLOGO i

INTRODUCCIÓN 1

CAPÍTULO 1. La autopsia arqueológica 11
    1.1. Cómo convertirse en una ruina 13
    1.2. Los pecios 20
    1.3. Los paisajes arqueológicos 23
    1.4. Las técnicas de investigación arqueológica 25
        1.4.1. Las prospecciones arqueológicas 25
        1.4.2. Las excavaciones arqueológicas 27
        1.4.3. La investigación posexcavatoria 32
    1.5. La profesionalización de la arqueología 34

CAPÍTULO 2. La *otra* erosión de la Historia 39
    2.1. Caídos bajo el fuego enemigo 41
    2.2. El saqueo de bienes arqueológicos en tiempos de paz 45
    2.3. El expolio de «baja intensidad» 55

CAPÍTULO 3. Los modernos *indianas jones* y sus detectores 67
    3.1. Unas palabras previas sobre los detectores de metales 71
    3.2. ¿Son muchos o pocos los detectoristas? 86
    3.3. La impunidad de los primeros *piteros* 89
    3.4. Profesionales y *amateurs* del expolio 96
    3.5. De *piteros* a detectoaficionados 105

CAPÍTULO 4. *El Dorado* del detectorismo 113
    4.1. De la arqueología *amateur* a los detectoristas 115
    4.2. La protección de los yacimientos arqueológicos 122
    4.3. Bajo el imperio de la Treasure trove 127
    4.4. La Treasure Act de 1996 135

4.5. El Portable Antiquities Scheme	140
4.6. Restricciones jurídicas al uso de los detectores de metales	148
4.7. El uso ilícito de los detectores de metales	156
4.8. Escocia e Irlanda del Norte	165

CAPÍTULO 5. El patrimonio arqueológico submarino — 169

5.1. El marco jurídico internacional del patrimonio arqueológico submarino	172
5.1.1. El derecho del mar	175
5.1.2. Legislación sobre patrimonio cultural submarino	180
5.2. La legislación cultural española y el patrimonio submarino	189
5.3. El patrimonio arqueológico submarino y la arqueología española	196

CAPÍTULO 6. A la búsqueda del tesoro — 205

6.1. La devastación submarina	206
6.2. «A nosotros nos interesa el oro, los arqueólogos pueden quedarse con el resto...»	209
6.3. El mayor tesoro submarino de la historia...	217
6.3.1. «El caso *Sussex*»	217
6.3.2. «El caso de la *Nuestra Señora de las Mercedes*»	226

CAPÍTULO 7. El ordenamiento jurídico frente al expolio — 239

7.1. La legislación internacional sobre los detectores de metales en relación al patrimonio arqueológico	241
7.2. Los detectores de metales en el ordenamiento jurídico español sobre patrimonio histórico o cultural	243
7.2.1. La lucha contra el expolio como valor constitucional	243
7.2.2. El expolio y el patrimonio arqueológico en la LPHE	245

7.2.3. La legislación sobre patrimonio histórico y cultural de las comunidades autónomas		252
7.2.4. Consecuencias jurídicas de ambos modelos		255
7.3. La regulación del tráfico de bienes arqueológicos		262

CAPÍTULO 8. La defensa de la legalidad — 269

- 8.1. La potestad sancionadora de la Administración — 271
  - 8.1.1. Principios y normas de la potestad administrativa sancionadora — 272
  - 8.1.2. Los detectores de metales en la provincia de Sevilla — 276
  - 8.1.3. La instrucción de procedimientos sancionadores por el uso no autorizado de aparatos detectores de metales — 280
  - 8.1.4. La jurisprudencia sobre expedientes sancionadores — 287
- 8.2. La catalogación y la protección física de yacimientos — 295

CAPÍTULO 9. La tutela penal del patrimonio arqueológico — 303

- 9.1. El derecho penal y el patrimonio arqueológico — 303
- 9.2. Actuaciones policiales contra el expolio — 317

CAPÍTULO 10. Expolio arqueológico y sociedad — 331

- 10.1. Arqueología y sociedad — 332
- 10.2. Los profesionales de la arqueología y el expolio — 339

CAPÍTULO 11. Sensibilizando y educando a la sociedad sobre el expolio — 355

- 11.1. Los *mass media* y la comunicación científica — 359
- 11.2. La desfasada imagen de la arqueología en prensa y televisión — 362
- 11.3. El expolio como noticia — 367
  - 11.3.1. El expolio arqueológico: un hecho cada vez más noticioso — 369

11.3.2. La ampliación de las noticias sobre expolio	375
11.3.3. Mensajes transmitidos por la prensa en torno al expolio	376
11.4. El seguimiento periodístico del «caso Odyssey»	389
CAPÍTULO 12. La educación es un arma cargada de futuro	**403**
12.1. El desencuentro con el pasado	404
12.2. El valor educativo del patrimonio histórico	406
REFERENCIAS BIBLIOGRÁFICAS	**413**
ABREVIATURAS	**441**

ANEXOS

http://www.jasarqueologia.es/editorial/libros/indianas.html

PRÓLOGO

No puedo disimular mi aprecio por las películas de Indiana Jones. Como casi todas las películas dirigidas por Steven Spielberg, la serie iniciada en 1981 y, salvo sorpresas futuras, concluida en 2008 está llena de acción, humor, efectos especiales y buen hacer cinematográfico. Ataviado con un látigo, una chaqueta de cuero y un sombrero fedora polvoriento, Harrrison Ford da vida a un personaje que lleva consigo la aventura, el arrojo contra ejércitos enemigos, la admiración de cuantos le rodean y su miedo a las serpientes en busca de tesoros ocultos repletos de significado para la humanidad. Sin embargo, el presente libro no trata de cine, de hecho, estas serán en realidad las únicas palabras que el lector encontrará sobre la filmografía de un personaje que, a pesar de ser retratado como un arqueólogo, dista mucho de cumplir las reglas mínimas de la actuación de los profesionales de esta ciencia. En efecto, la arqueología exige un estudio detallado, cuidadoso y metódico que se encuentra ausente en los filmes de este *escarbador*. Pero, como veremos, la elección del título por parte de Ignacio Rodríguez Temiño no es casual como no lo son tampoco los hallazgos de Indiana. El lector tampoco se topará con aventura, si bien se sumergirá en una enumeración de acontecimientos que jalonan las opiniones del autor que suple esa ausencia a través de un verbo preciso y un marcado entusiasmo en el marco de una obra bien hilada.

Ignacio Rodríguez Temiño es arqueólogo y también un jurista consumado. Como jurista que soy, estoy acostumbrado a apreciar el correcto sentido jurídico demostrado por profesionales de la arqueología o de la arquitectura, e Ignacio es un exponente excelente de esta idea. En el enfoque que después de muchos años de estudio nos ofrece del expolio al patrimonio arqueológico encontraremos, no sólo un profundo conocimiento del derecho aplicable sino también de la realidad que se esconde detrás de este concepto, poniendo su énfasis en España y dentro de ella en Andalucía y su contraste en lo que acaece fuera, concretamente en el mundo anglosajón, en especial Inglaterra. Gracias a esa comparación entre semejanzas y diferencias y al análisis de ejemplos bien divulgados, como el expolio del buque *Nuestra Señora de las Mercedes* por parte de la empresa Odyssey Marine Exploration, el lector se acercará a la realidad del expolio, no siempre bien percibida o abordada en los medios de comunicación social, a pesar de su extraordinario impacto en el público en general.

Cuando Ignacio me hizo el honor de proponerme para prologar este libro me vinieron a la cabeza algunos momentos que definen a su autor, con el que he compartido siempre amistosas conversaciones en las que hemos debatido, animadamente, sobre el tratamiento jurídico de esta materia. Recuerdo la lectura de un foro de detectoristas de metal en el que se había iniciado una discusión en torno a la admisibilidad del uso de sus instrumentos en la legislación vigente. La discusión era acalorada y sólo uno de los *foreros* utilizaba su verdadero nombre: Temiño. Por entonces, su apellido tenía tanto significado en el argot del detectorismo de metal como "blanco" o "yacimiento" y significaba tanto como "inspección". El ahora director del Conjunto Arqueológico de Carmona y antes Jefe del Departamento de Protección del Patrimonio Histórico de la Delegación Provincial en Sevilla de la Junta de Andalucía no escondía su identidad como el resto de usuarios de un foro en un *nickname* cualquiera, había introducido su conversación en un momento en el que empezaron a llover insultos injustos al amparo de identidades ficticias, mientras el aludido trataba de explicar contra viento y marea el alcance de la legislación. Hoy el debate sigue abierto y aquel foro cerrado. Evidentemente, no todos los intervinientes eran iguales, no todos los detectoristas infaman como tampoco todos buscan directamente el expolio o lo aprueban. Y lo mismo cabe decir del comercio o de los propietarios de bienes culturales, ni aun los estados y no dejando de ser excepción aquellos que apoyan, fomentan o protegen el expolio, no obstante, sí son diferentes las concepciones, sus posiciones frente a este fenómeno y, como consecuencia, las medidas legislativas vigentes.

La situación del expolio y sus consecuencias en la normativa internacional son una muestra de la complejidad de esta materia. Uno de sus hitos más importante es la Convención sobre las Medidas que deben Adoptarse para Prohibir e Impedir la Importación, la Exportación y la Transferencia de Propiedad Ilícitas de Bienes Culturales, abierta a la firma en París en 1970, ratificada por 120 estados entre los que se cuentan, en los últimos tiempos, Japón (2002) o Alemania (2007), tradicionalmente considerados como importadores o distribuidores de arte y antigüedades. Entre los ausentes, países que no se han sumado a la convención, se encuentran Reino Unido o Estados Unidos de Norteamérica. Uno de los argumentos <u>de su amplia difusión</u> puede ser su falta de contenido práctico evidente. Permítanme explicarme. Por un lado, y por lo que se refiere a los bienes arqueológicos, la Convención autoriza a los estados a establecer declaraciones, como la realizada por la República Federal de Alemania, que limita su obligación de restituir los bienes procedentes de excavaciones si no existe una previa inclusión en una lista de bienes protegidos en el estado de origen con anterioridad a un año a la reclamación. Esta <u>Convención se incorporó a su ordenamiento jurídico a través del actual parágrafo 6 de la Ley de 23 de mayo de 2007</u>. Como el lector podrá advertir, los bienes arqueológicos se caracterizan por permanecer ocultos y, en ausencia de bolas de cristal, las autoridades culturales de los estados no pueden incluirlos en lista alguna.

Por otro lado, la cooperación entre los estados con posterioridad a que el expolio se haya materializado son profundamente voluntaristas. Como muestra de este alcance limitado y como consecuencia de la traducción de la versión oficial en lengua francesa, en el artículo 9 de la Convención se faculta (no obliga) a los estados a realizar operaciones internacionales para aplicar las medidas que resulten necesarias de cara a la restitución. El jurista que lea este precepto se preguntará qué clase de operaciones, militares, quirúrgicas o aritméticas son las facultadas (que no obligadas) por la convención. Por su parte, el artículo 8 permite que los estados establezcan sanciones penales para los casos de exportación no autorizada de patrimonio cultural. Muchas son las naciones que han seguido esta propuesta de la Convención de 1970, como muestra Italia (2004), España (1995), Portugal (2001), Finlandia (1999), Grecia (2002), Croacia (1999), Paraguay (1982), Méjico (1972), Cuba (1987), Argentina (1940), Brasil (1961), Jordania (1976), etc. Felizmente, China abolió la pena de muerte para estas conductas a comienzos de 2011. Lamentablemente, la convención no establece medidas para la cooperación entre autoridades judiciales y fiscales, en suma y si se me permite el símil, jueces y fiscales han sido invitados a un banquete pero han de llevarse los cubiertos desde casa.

La atención de la UNESCO en este punto se ha centrado en logros reales, como la restitución del obelisco de Axum desde Italia a Etiopía, sin embargo, el gran tráfico se aleja de su capacidad de control y algunos estados comienzan a interesarse por la formalización de un protocolo que actualice su contenido.

Si nos fijamos en el ámbito europeo, en el marco del Consejo de Europa disponemos de una Convención abierta a la firma en 1985 sobre las ofensas relativas al patrimonio cultural, que proponía la sanción penal de ciertas conductas. Sólo 5 estados firmaron este instrumento (Chipre, Turquía, Italia, Liechtenstein y Portugal) y ninguno de ellos hizo el más mínimo esfuerzo por ratificarla. ¿Las razones de este fracaso?

Las complejas y abiertas definiciones de conductas que habrían de ser sancionadas y la falta de respeto de los derechos de los poseedores de buena fe. Lo cierto es que una gran parte de los estados de todo el mundo, entre ellos los sucesores del Código Civil de Napoleón de 1804, incluida España, reconocen que la posesión de un bien mueble adquirida de buena fe equivale al título.

Este es el punto central de las diferencias en las leyes de los distintos estados. En 1995, la UNESCO solicitó a UNIDROIT, la única organización vigente establecida por la Sociedad de Naciones, la confección de un texto que complementase la Convención de 1970 y que, finalmente, se materializó en la Convención sobre los bienes culturales robados o exportados ilícitamente, ratificada por 31 estados, entre los que no se halla ningún importador-distribuidor y entre los que también faltan algunas naciones exportadoras a su pesar, como sucede con Méjico. Esta situación deviene porque la convención obliga a diferenciar los supuestos de buena y mala fe, cuya prueba corresponde al estado reclamante, y obliga al estado reclamante a indemnizar el justo precio al poseedor de buena fe. Algunos estados, como Colombia, otorgan el dominio público a determinados bienes y se encuentran imposibilitados para ratificar una convención que presupone otorgar un valor de mercado a esos concretos bienes.

Como contraste, las políticas en el ámbito iberoamericano son reticentes al pago de un bien que consideran propio aunque, como sucede con Perú, Bolivia o Ecuador, hayan ratificado el Convenio de UNIDROIT. Estos estados y Colombia, como integrantes de la Comunidad Andina de Naciones se rigen entre sí por la decisión 588 sobre la Protección y Recuperación de Bienes del Patrimonio Cultural de los países miembros, que en la práctica invierte la carga probatoria de la propiedad del bien, atribuyéndola al poseedor pues, en caso contrario, se entenderá que pertenece al estado del que el bien ha sido exportado.

La situación descrita no parece extensible al continente europeo. El Consejo Europa ha publicado una *Guidance on the development of legislation and administration systems in the field of cultural heritage* en 2011 que recoge el estado de las legislaciones culturales y realiza proposiciones a la vista de la observación de los diferentes sistemas legislativos. Al tratar del mercado del arte, expone en su p. 96:

> «We shall simply indicate which rules are essentials for protection of the cultural heritage inasmuch as they are used for various translations relating cultural property. First and foremost, we must ask whether or not an art market is to be sanctioned. Some national laws have been tempted to ban all sales and transactions involving antiques because these objects form part

of the nation's cultural heritage. Allowing for exemptions, this idea seems unrealistic and is likely to be a source of major fraud. It is preferable to ensure genuine control of these activities».

La complejidad de este conjunto de relaciones e intereses se aprecia igualmente en otro aspecto cuidadosamente estudiado por Rodríguez Temiño, a saber, el patrimonio cultural subacuático. Sin duda, la propiedad de los objetos emergidos de las profundidades se considera un activo en determinados medios de comunicación, cuando en realidad no es exactamente así. Si pensamos con frialdad, la entrega a España de un determinado conjunto de objetos procedentes de los fondos marinos no genera ingresos al tratarse de bienes de los que no va a disponer, con otras palabras, no va a vender cañones para adquirir ordenadores. Al contrario, tendrá que restaurar, registrar, depositar, musealizar y, en cualquier caso, dar seguridad a los mismos. En mayo de 2008 se publicó el hallazgo en Namibia de un barco holandés cargado de extraordinarios excelentes de oro, acuñados en Segovia a nombre de los Reyes Católicos, excepcionalmente presentes en las colecciones públicas y privadas de cualquier parte del mundo. En buena lógica, España no reclama la titularidad de los objetos pertenecientes a la República de Namibia y, en todo caso, ha colaborado a su clasificación, haciendo patentes los principios de la Convención de la UNESCO sobre patrimonio cultural subacuático, asistiendo, en esta tarea, al estado africano. Por el contrario, en las relaciones con Estados Unidos, los tribunales de esta nación reconocen la titularidad de los barcos de guerra españoles en analogía con la titularidad de las naves norteamericanas, tumbas de sus soldados.

Lo mismo que con aquel foro, Ignacio Rodríguez Temiño se sumerge en estas aguas y, como no podría ser de otra manera, lo hace cargado de conocimientos y pasión, enfocando la cámara en los acontecimientos relevantes, los expoliadores, y su estado de opinión, las noticias publicadas sobre ellos, las leyes vigentes, la jurisprudencia y los autores, sometiendo a juristas, historiadores y periodistas a su crítica analítica y siempre respetuosa. Ni siquiera quien firma estas líneas queda exento de este ejercicio. A fe que he leído con gusto el excelente trabajo de Temiño en el que toma decidido partido, otorgando a Indiana Jones el estatus de jubilado, tratando de demostrar que el aventurero no es él sino todos y cada uno de quienes se rigen por los criterios científicos propios de la Arqueología.

Antonio Roma Valdés
Fiscal de la Fiscalía del Área de Santiago de Compostela

INTRODUCCIÓN

Ser arqueólogo municipal en Écija (provincia de Sevilla), a mitad de los ochenta, suponía estar en el corazón del «triángulo negro» del expolio arqueológico, cuyos vértices estaban en Alcolea del Río, Osuna y Carmona. Resultaba imposible no toparse con los *piteros*[1] y sus temidos y odiados detectores. En algunas ocasiones se intentó, desde el propio Ayuntamiento astigitano en colaboración con la Guardia Civil, combatir, de la mejor forma posible, los muchos atropellos de los que se tenía conocimiento, normalmente una vez que habían sucedido hacía días, semanas o meses. No obstante, en cierta ocasión –en 1988– se pudo abortar el expolio de la necrópolis ibérica del cerro de las Balas (Écija), mediante una intervención policial, a la que siguió una excavación de urgencia. Se denunció ante el juzgado de Écija a las doce personas que habían sido sorprendidas *in fraganti*, pero finalmente se sobreseyeron las diligencias abiertas porque la jueza no apreció relevancia suficiente en los hechos para considerarlos delictivos.

Dada la situación lo único que podía hacer era tomarme cierta «revancha». Cuando los agentes del cuartel de la Guardia Civil de Écija, o de la policía municipal, se incautaban de un detector, se depositaba en las dependencias municipales en tanto el juzgado no determinara qué resultado tendrían las diligencias abiertas. Lapso de tiempo suficiente

---

[1] Asumo la existencia de una notable diferencia, en cuanto a la calificación de sus acciones, entre los usuarios de detectores de metales. Están quienes tienen conductas abiertamente expoliadoras, de tintes delictivos; otros, por el contrario, nunca *escarbarían* una tumba que se encontrasen, pero tienen menos recelo a coger una moneda, una fíbula o una espada, si la suerte les depara semejantes recompensas a su actividad. Estos suelen autodenominarse detectoaficionados y, en este libro, restrinjo el empleo de ese término a esa modalidad del uso de este tipo de aparatos. No obstante, no es el único por el que se les conoce. También suelen ser designados con el neologismo *piteros*, en atención al sonido que emiten los detectores. Esta palabra se emplea con carácter abarcador, incluyendo tanto a estos como a los primeros (los expoliadores severos). En este libro uso la locución «patronímica» *indianas jones*, cuyo origen no necesita aclaración alguna, para denominar tanto a unos como a otros (e incluso a los «buscadores de tesoros» submarinos en cualquiera de sus modalidades), pues como expondré con detalle todos expolian aunque con diferente intensidad.

para inutilizar el aparato aplicándole una corriente continua. Esto funcionó en dos o tres ocasiones, hasta que el propietario de uno de ellos denunció al Ayuntamiento por haberlo estropeado. El juzgado resolvió que se le indemnizase y a mí me tocó pagarlo de mi bolsillo.

A comienzos de los noventa, inicié una nueva etapa laboral con un contrato como arqueólogo en la Dirección General de Bienes Culturales de la Consejería de Cultura. Aunque mis iniciales labores, en ese centro directivo, no tenían nada que ver con los expedientes sancionadores y con el expolio ocasionado con los detectores, siempre estuve cercano a esa problemática. Más adelante, a partir del año 2000, mi implicación con la lucha contra esta forma de expolio fue creciendo al dedicarme, entre otras obligaciones, a la formación y sensibilización de los miembros de los cuerpos y fuerzas de seguridad del Estado, así como de las carreras fiscal y judicial, a través de cursos y seminarios. En 2002, desembarqué en determinados foros internáuticos de detectoristas y, más adelante, los traté en persona, al ser invitado a reuniones organizadas por asociaciones de detectoristas o, incluso, al organizar yo mismo encuentros sobre el expolio arqueológico en los que se invitó a detectoristas, como por ejemplo el que tuvo lugar en Carmona en 2005. Por otra parte, en 2002, como jefe del Departamento de Protección del Patrimonio Histórico de la Delegación Provincial de Cultura en Sevilla, era el instructor de procedimientos sancionadores en aplicación de la legislación sobre patrimonio histórico, que incluían los abiertos por el uso no autorizado de aparatos detectores de metales. Labor que continué incluso habiendo dejado ya ese puesto de trabajo.

Ahora ya, por fortuna, no está entre mis funciones esa tarea. De hecho, trabajar en el Conjunto Arqueológico de Carmona me ha permitido completar cierto ciclo profesional, volviendo a mis afanes profesionales iniciales. Me explico. Como ya he mencionado, comencé mi andadura como arqueólogo en el Ayuntamiento de Écija, realizando excavaciones urbanas y desarrollando funciones de control y planificación, como arqueólogo municipal. La arqueología urbana nos obligó -al menos yo lo viví como una obligación- a reformular todo nuestro bagaje profesional en aras de adobarlo con un lenguaje técnico, que nos permitiese estar (o aparentar estar) al mismo nivel que otros profesionales, fundamentalmente arquitectos. Nos solían llamar *arqueotectos*. He de decir que no fue mero aliño, muchos compañeros, de entonces y de después, han sabido adaptarse a las nuevas exigencias impuestas por el trabajo en ámbitos tan específicos como el planeamiento o la proyección de grandes infraestructuras, de manera admirable.

Al cambiar el palaustre por una mesa en un despacho (lo que ocurrió cuando dejé el Ayuntamiento astigitano por la Dirección

Introducción

General de Bienes Culturales), me topé con el derecho. Encuentro con esta disciplina, por otra parte muy relacionada con la tutela de los bienes culturales, que no fue traumático hasta conocer el ejercicio de la potestad sancionadora de la Administración. Llegado ese momento, el encuentro se tornó encontronazo. Aunque a nivel de mero operador jurídico, la instrucción de este tipo de expedientes, muchos de los cuales se hacían por denuncias puestas por el uso no autorizado de aparatos detectores, me abrió dos frentes. De un lado dentro de la propia Consejería, pues no era capaz de entender por qué se debían hacer las cosas de manera distinta a como se explicita en la norma[2]. De otro, con los presuntos autores de las infracciones para llevar las imputaciones con solvencia hasta el final del procedimiento. Para poder argumentar mi posicionamiento –con éxito desigual en uno y otro campo, admito– he tenido que leer leyes, libros sobre derecho y sentencias, ya que nadie más perecía dispuesto a hacerlo en ese Departamento, por aquel entonces. Di comienzo a una nueva fase en mi ciclo profesional: la de *arqueogado*, aunque los instructores de expedientes sancionadores más que abogados deban asimilarse a la figura de los fiscales o jueces instructores.

Esta inmersión lectora no me ha hecho olvidar que soy completamente lego en materia jurídica, más allá de lo que alcanzo a entender de lo expuesto por estas tres fuentes: leyes, doctrina y jurisprudencia. Consciente de lo aventurado que resulta el *amateurismo*, máxime en temas como este, en las cuestiones jurídicas que aparecen en este libro he ido de la mano de quienes, con mayores conocimientos que los míos, han expresado sus opiniones doctrinales. Muchas de las citas que hago en esta obra revisten ese carácter de autoridad para reforzar mis argumentos, en razón del nivel de reconocimiento como expertos que tienen en sus materias, pero si en algunas ese criterio debe quedar indubitado es en las referencias a los juristas. Con ello solo he querido aplicar el famoso dicho clásico *cuique suum*, «a cada uno lo suyo», en el que creo de forma sincera.

Siguiendo con mi itinerario laboral debo terminar señalando que, en la actualidad, presto mis servicios en un yacimiento musealizado (el Conjunto Arqueológico de Carmona), circunstancia que, a pesar de tratarse de una unidad administrativa, me está permitiendo reencontrarme con la arqueología, en la vertiente investigadora.

---

[2] Aplicar la literalidad del enunciado del artículo 113.5 LPHA'91, que tipificaba como infracción el uso no autorizado de aparatos detectores de metales y no, como se hacía y sigue haciéndose, su empleo para buscar restos arqueológicos, ha sido uno de los principales caballos de batalla de mi aventura como instructor de los procedimientos sancionadores. A esta cuestión y sus implicaciones, he dedicado algunas de las publicaciones que he realizado sobre esta materia.

Obviamente no es lo único que hago, ni tampoco lo que más tiempo me consume, pero también lo hago. Y este reencuentro es muy importante para mí porque cuando elegí estudiar Geografía e Historia, y después especializarme en arqueología, me motivaba la investigación, el conocimiento del pasado, no la gestión del patrimonio arqueológico de la que incluso desconocía su existencia. Ahora, tras más de veinticinco años de ejercicio profesional, retomo esta pasión. Cuando escribo estas líneas, una vez acabado el texto de este libro, estoy preparando una excavación en el anfiteatro: hace más de veinte años que no dirigía una.

En suma, ahora me apetece mucho retomar mis investigaciones sobre el mundo romano provincial y olvidarme del derecho, del expolio y de los detectores. Y la necrópolis de Carmona es un marco ideal para ello.

Pero debo admitir que, de una u otra manera, he estado más de veinte años ligado al combate contra el expolio del patrimonio arqueológico y los detectores de metales. Fruto de ese contacto tengo decenas de lecturas anotadas, un puñado corto de ideas y muchas horas consumidas en debates, mesas redondas y todo tipo de foros, con arqueólogos, gestores del patrimonio cultural, fiscales, jueces, abogados, y, por supuesto, detectoristas. En fin un cúmulo de experiencias que me pareció oportuno compartir, para que no quedasen olvidadas en la memoria virtual de mi ordenador. Esa es la razón por la cual he preparado este libro. Sin embargo, no es un mero cúmulo informe de pensamientos, tienen una proyección o envolvente única: el expolio es un fenómeno relicto, un polizón indeseable de tiempos anteriores: sus días están contados, aunque sea en lustros.

Existe poco interés en España por los estudios sobre el expolio arqueológico fuera del ámbito del derecho. Las publicaciones sobre gestión del patrimonio arqueológico, espacio donde se inserta esta obra, están dirigidas casi siempre hacia temas más amables, como su promoción y valorización. Las causas de esta parquedad de obras sobre el expolio son varias. Por un lado, se suele pensar que compete sobre todo a los juristas, porque lo único relevante que cabe decir sobre ello es el conjunto de disposiciones legales existentes que lo condenan y sancionan. Por otro, supongo que muchas personas están convencidas de que no hay gran cosa para enorgullecerse sobre la defensa del patrimonio arqueológico contra el expolio: pensarán que apenas se practica. De ahí mi interés en reunir toda esa documentación y redactar un libro sobre el expolio arqueológico, aunque su propósito no sea alertar de la pérdida de bienes, ni llamar a la movilización social. He dicho que se ha confeccionado con materiales sacados de mi experiencia laboral, pero no es un libro de memorias, ni cuenta «batallitas»; tiene

Introducción

otras pretensiones. No es un manual, tampoco un estudio científico; me gustaría definirlo como una obra retórica; pura retórica, pero de la buena (o eso espero).

No he anclado su estructura en criterios o métodos científicamente contrastados, me baso en la argumentación, en los fundamentos de la nueva retórica (Perelman y Olbrechts-Tyteca 1989). Mi intención no es demostrar, sino convencer. No pretendo hacer un ejercicio de prognosis científica, me limito a manifestar un deseo, pero no mera opinión. Está sustentado en la interpretación de lo que ocurre en diversos campos, cuya influencia considero decisiva a la hora de consentir el expolio, permitir su crecimiento o, por el contrario, retroalimentar negativamente el fenómeno de forma que termine agotándose, consumiéndose en sí mismo. Estos campos son tres: la acción educativa; la concienciación social, con especial implicación de ciertos colectivos que lo fomentan como receptores finales del tráfico ilícito generado por él; y la actuación de los poderes públicos.

Para probar la influencia de esos ámbitos de trabajo sobre la aminoración del expolio, podría haber acudido a explicaciones basadas en teorías cobertoras de carácter sociológico, pero no veo qué se gana reduciendo la explicación de un fenómeno social a una fórmula matemática, prefiero acudir a los métodos de la retórica, usar el panel instrumental de la argumentación; prefiero, en definitiva, el silogismo cuasi lógico o la analogía a la fórmula. Y no por capricho. Para el anudamiento entre causas y efectos sociales, no es imprescindible demostrar que estos provienen de aquellas mediante una metodología experimental; también es plausible invocar la causación cuando la presencia de determinadas contingencias aumenta las posibilidades de que el fenómeno ocurra. Es aquí donde encuentran el nexo causal las variables que analizaré en relación al expolio. Su demostración no sale del rigor analítico de unas muestras, sometidas a pruebas de falsación, del que cabe deducir este comportamiento y, lo que resulta aún más problemático, predecirlo. El material que he reunido es variopinto y, en modo alguno, sistemático, aunque no por ello menos convincente. No obstante, el resultado no tiene por qué ocurrir, pueden darse comportamientos aleatorios que no han sido considerados, como, por ejemplo, un giro político de corte populista que predique la inocuidad del uso de detectores de metales para la búsqueda de restos arqueológicos. Por eso creo que las bases del libro y de la tesis en él contenida deben nacer de la perelmaniana nueva retórica y no de la rigidez de las demostraciones científicas.

He comenzado este libro –como suelo hacerlo cuando me enfrento a una clase en un curso dedicado a esta materia– exponiendo las especificidades que tiene el patrimonio arqueológico, derivadas de la propia arqueología como disciplina científica social (capítulo 1). Después he entrado a explicar las causas más frecuentes de su expolio, como un tipo concreto de daños del que es objeto, y su evaluación (capítulo 2). Explicar mi conocimiento del colectivo de detectoristas me pareció conveniente y, aunque las cosas cambien o, incluso, ya no sean como las expongo, poco podrá objetarse de la secuencia histórica que he expuesto, cuyas últimas etapas viví de cerca (capítulo 3). A Inglaterra y la forma en que se está gestionando el encuentro entre detectoristas y arqueólogos debía prestarle atención, ya que se trata de un modelo peculiar, con sus pros y contras (capítulo 4). Al patrimonio arqueológico subacuático y a las formas de expolio que sufre, que siempre han quedado obliteradas, les he dedicado sendos capítulos, amenizados además por la agridulce historia del denominado «caso Odyssey», *cause célèbre* de expolio submarino (capítulos 5 y 6). Una visión general del ordenamiento jurídico protector del patrimonio arqueológico, centrada sobre todo en el uso de los detectores de metales y la definición de expolio en la legislación administrativa, me parecía irrenunciable en un trabajo de estas características (capítulo 7). También he creído ineludible dedicar unas páginas a la defensa de la legalidad, con especial referencia a las actuaciones en materia sancionadora llevadas a cabo en Andalucía, concretamente en Sevilla (capítulo 8). Desearía que esa experiencia fuese de utilidad a quienes puedan verse en la tesitura de instruir expedientes sancionadores. Dado que este tipo de conductas atentatorias contra el patrimonio arqueológico es también materia de interés de policías, fiscales y jueces de lo penal, he considerado conveniente dar unas breves notas sobre el debate en torno a la reforma del vigente Código penal, especialmente en lo referido al patrimonio arqueológico y su expoliación. En un capítulo con esos tintes no podía quedarse atrás la mención de las intervenciones policiales (capítulo 9). Me ha interesado indagar en la alarma social que crea el expolio arqueológico, a través de dos vías: la respuesta (normalmente en forma de rechazo) en el público, en general, y entre los expertos, en particular (capítulo 10); así como en los medios de comunicación (capítulo 11), ámbito al que he venido prestando últimamente cierta atención. Termino argumentando que la educación en valores es el mejor remedio para contener esta plaga (capítulo 12).

    Este cuerpo se complementa con anexos, alojados en la web de la editora del texto. El primero está dedicado a exponer unos criterios para la valoración de daños en yacimientos arqueológicos, aunque no sea de aplicación estricta en el caso de detectores de metales, sí puede ser de utilidad cuando se producen desmontes o *escarbaciones* en ellos. El segundo es la copia de una resolución sancionadora con objeto de ilustrar la forma en que se han instruido este tipo de expedientes,

Introducción

relegando a ella ciertas explicaciones sobre las contestaciones dadas a las alegaciones presentadas por detectoristas en el curso de tales procedimientos. En el tercero se recoge un elenco de sentencias sobre detectores de metales de carácter menor que no vienen en los repertorios jurisprudenciales al uso.

Algunas partes ya habían aparecido en forma de artículos a lo largo de estos últimos años, pero siempre he procurado actualizar la información contenida. Aunque el título ya lo he empleado en alguna ocasión anterior, traducido al gallego, debo reconocer ahora que no es original. Lo he tomado, cambiándolo, de Lyndel V. Prott, eminente profesora de Derecho que fuera directora de la División del Patrimonio Cultural de la Unesco. Esta jurista sostenía en una entrevista que, a pesar de los males que aquejan al patrimonio cultural mundial, «Indiana Jones has no future»[3]. Yo estoy convencido de que es cierto.

Dado que se trata de un libro bastante amplio en contenidos, no he entrado en ellos con la misma profundidad. En unos casos he bajado el nivel, para dar una visión amplia, casi de manual; en otros, por el contrario, me he centrado en aspectos concretos donde se ha llegado a mayor profundidad. Esta falta de homogeneidad favorece la diversidad de lecturas y espero que amplíe el espectro del público interesado.

En cuanto a los agradecimientos, debiera comenzar señalando a las instituciones y particulares que han abierto sus fondos bibliográficos, o colgado sus artículos y opiniones, en internet. Hace muy pocos años tener acceso a toda la bibliografía y experiencias que he manejado aquí hubiese requerido largas estancias en el extranjero; hoy están a un clic. Los anónimos creadores del paquete de Microsoft Office me han permitido manejar con facilidad bases de datos con cientos o miles de registros. No menos agradecido estoy a las empresas propietarias de algunos medios de comunicación, concretamente de prensa escrita, por hacer accesible *on line* sus hemerotecas de manera gratuita.

También quiero agradecer al comandante de la Unidad Central Operativa de la Guardia Civil, don Jesús Gálvez Pantoja no solo que me haya permitido usar los últimos datos sobre intervenciones de su unidad, sino también el envío de material fotográfico para ilustrar esta obra. Apartado en el que debo incluir a Javier Matas Adamuz, presidente de la Asociación Española para la Defensa de la Detección Metálica y a Carlos Alonso, del Centro de Arqueología Subacuática (CAS) del Instituto Andaluz de Patrimonio Histórico.

Pero no solo es a ellos con quienes debo y quiero reconocer mi deuda. En primer lugar, sin que en este caso el orden signifique nada especial, a Antonio Roma Valdés, quien amablemente ha accedido a

---
3 *The UNESCO Courier*, abril 2001: 18-21.

redactar un ameno e instructivo prólogo para esta obra. Antonio Roma, abundantemente citado aquí, no es *juristólogo*, esto es mezcla de jurista y diletante de la arqueología o la historia, sino que en él se da la doble cualidad de pertenecer a la carrera fiscal y ser doctor en Historia. A José Castiñeira Sánchez, Esther Núñez Pariente de León, Catalina Jofre Serra y Daniel González Acuña, compañeros y compañeras de la Consejería de Cultura, por haber soportado con paciencia mis inoportunos monólogos sobre lo que estaba escribiendo y haber accedido a leer los capítulos conforme iban saliendo. A Antonio Porras (tristemente fallecido hace dos años), Luis Jover Oliver, Julia Molina Candau, Regla Calvo Millán y Concepción Carbonell, de las delegaciones provinciales de Córdoba y Sevilla y de la Secretaría General Técnica, de la Consejería de Cultura, por haberme ayudado con los expedientes sancionadores y explicarme con paciencia muchos conceptos jurídicos que ignoraba. Del otro bando, el de los detectoristas, también he contado con inestimable ayuda. En el ya mencionado Francisco Javier Matas Adamuz que, amén de la presidencia de la Asociación antes señalada, también es *webmaster* de buscametales.com (*Buscametales*), no solo he encontrado un polemista infatigable, sino también alguien que está llevando el mundo del detectorismo por senderos más pacíficos. A *Detectoman*, uno de los *webmaster* de detectomania.com, posiblemente el foro más prolífico que haya tenido hasta el momento el detectorismo hispano, aunque mi participación en él nunca fue cómoda, también deseo agradecerle que me permitiese tomar parte en el foro. Por último, *Target* y *Robocop*, quienes finalmente colgaron el detector, pero no su pasión por la arqueología, merecen ser recordados aquí ya que sus participaciones en el foro de detectomania.com fueron siempre respetuosas. Todos ellos, en mayor o menor medida, disienten de la mayoría de las cosas que mantengo en este libro, pero eso no obsta para que, hayamos podido tener momentos de debates productivos; incluso que Javier Matas y su asociación colaboren con el Conjunto Arqueológico de Carmona en las excavaciones.

A José Ildefonso Ruiz Cecilia, compañero del Conjunto Arqueológico de Carmona, le debo la paciente labor de lectura y revisión. No solo ha corregido todos y cada uno de los capítulos, señalando errores, falta de precisión argumental y párrafos ininteligibles, sino que también hemos hablado y debatido sobre estos temas decenas de veces, ayudándome a convertir en razonamientos lo que eran ideas vagas. Con Isabel Ortiz he compartido las principales ideas, sometiendo su inclusión a su intuitiva opinión; también quiero agradecerle las segundas lecturas, una vez que Ildefonso había concluido las suyas. Sus observaciones han mejorado notablemente

Introducción

la forma en que me había expresado. No obstante, por exigencia suya debo aclarar que ella es favorable a una regulación del detectorismo, en línea con la *public archaeology* anglosajona.

El último en incorporarse al proyecto ha sido Jaime Almansa Sánchez, quien ha asumido el papel de auténtico editor. Ha leído –de nuevo– el texto realizando sugerencias en cuestiones tan relevantes como la participación del público en la arqueología o la transmisión de esta a través de los medios de comunicación, señalándome bibliografía que yo desconocía.

Cuando pensé que se habían acabado las correcciones, el manuscrito fue nuevamente leído por David Andrés Castillo, a petición de Jaime Almansa. Le agradezco enormemente sus comentarios gramaticales y de estilo, máxime porque David no es de este gremio y la mayoría de las cosas expuestas en el texto le debían sonar a chino. Sin sus aportaciones este libro sería (bastante más) indigesto.

Pero, sin duda, mi principal deuda de gratitud con Jaime Almansa es por haber consentido en publicarlo con la editorial que dirige. Publicación novedosa que combina el tradicional formato impreso con el *ebook*. Además, conscientes de la importancia de los temas abordados en esta obra, tenemos intención de fomentar un debate sobre ellos a escala nacional e internacional, porque vemos con cierta preocupación el desinterés generalizado en torno a estas cuestiones, incluso en sectores profesionales y administrativos. Espero y deseo que no se arrepienta de su temeridad.

Carmona, a 14 de noviembre de 2011

CAPÍTULO 1
La autopsia arqueológica

De todos los seres vivos que pueblan la faz de la tierra, el género humano es el que mayores modificaciones produce en su entorno para poder subsistir. Desde hace más de un millón de años, los primeros homínidos comenzaron a usar instrumentos de piedra como prolongación artificial de sus propias manos para suplir lo que la naturaleza no les había otorgado y afrontar con garantías de éxito el reto de la supervivencia. A partir de esos momentos, la historia de la especie humana ha venido marcada por el desarrollo de una habilidad tecnológica para incrementar su capacidad adaptativa y colonizar prácticamente todos los rincones de la tierra.

Producto de las transformaciones del entorno, y de la construcción de estructuras donde vivir en comunidad, ha sido la creación de lo que se conoce como paisajes culturales, es decir nichos artificiales que facilitan el abastecimiento no solo de los bienes y servicios básicos para la subsistencia, sino también de las necesidades de la vida social.

A lo largo de la historia, la sucesión de estos paisajes culturales ha dejado esparcidas por doquier sus huellas, presentes en los que les sucedieron, formando el denominado registro arqueológico. Este se compone de una variedad enorme de depósitos sedimentarios, vestigios de estructuras inmuebles, alteraciones de la superficie terrestre y su consiguiente amortización, así como de la manipulación de organismos vivos, ya sean del reino animal o vegetal, y un largo etcétera de otras huellas que delatan la presencia humana en el planeta. Presencia no constreñida de manera exclusiva a la superficie terrestre, mares y océanos no quedan al margen del devenir histórico. En sus aguas se atesora un importante caudal de vestigios que testimonian aquella parte de la actividad humana desarrollada sobre ellas. También se encuentran en esta situación los restos de obras humanas creadas sobre tierra firme, pero que han terminado sumergidas por razones naturales o artificiales.

Vivimos, pues, literalmente rodeados de vestigios arqueológicos aunque en la mayoría de las ocasiones no se perciban. La razón de esta inadvertencia es que, dejando las construcciones más notorias precisamente porque se erigieron con la finalidad de perdurar, la inmensa mayoría de las entidades arqueológicamente significativas están ocultas.

El calificativo de arqueológicos dado a los vestigios quiere decir que tales elementos son de interés para una ciencia, concretamente la arqueología, que se ha valido de los mecanismos idóneos para documentarlos e interpretarlos. Su función es elaborar un discurso histórico de las sociedades pretéritas y actuales, a través de las huellas dejadas por sus actividades y cultura material. Término este que debe entenderse en un sentido amplio: es decir, no reduciéndolo al conjunto de artefactos construidos por el ser humano mediante una combinación de materia prima y tecnología, sino aceptando una definición más abarcadora que englobe aquella parte de nuestro entorno físico modificada a través de un determinado comportamiento cultural.

Consustancial al pensamiento y práctica arqueológica es el desarrollo de las técnicas de registro de esa cultura material, y de los procedimientos para su interpretación. Las primeras caen de lleno dentro de las denominadas actividades arqueológicas que, por antonomasia, son dos: la prospección y la excavación arqueológicas. Estas técnicas de recogida y análisis de información sobre el terreno no han permanecido inmóviles en sus planteamientos desde su nacimiento en el siglo XIX hasta la actualidad. Buena parte de la responsabilidad de este proceso de cambio recae en el paulatino ensanchamiento de las entidades sobre las que la arqueología ha manifestado interés. Expansión que, lejos de ser caprichosa, ha venido motivada por la necesidad de buscar marcos espaciales mayores para explicar las sociedades que los habitaron.

Este itinerario seguido por la arqueología no podría entenderse sin prestar atención al de sus practicantes. En sus albores fueron eruditos, anticuarios y diletantes, interesados en el coleccionismo de objetos antiguos, pero en la actualidad los arqueólogos forman equipos multidisciplinares que hacen uso de instrumentos y técnicas muy sofisticadas, con el objetivo de recuperar y descifrar las huellas de conductas sociales ocultas en la tierra, componiendo relatos con garantías científicas de verosimilitud, con los que enriquecer nuestro conocimiento del pasado.

Aunque esté alejado del objetivo de este trabajo entrar en todos los contenidos enunciados, sí resulta conveniente traer a colación algunos conceptos sobre ellos, ya que inciden de manera directa sobre el valor dado a los contextos originales en arqueología y, por tanto,

1. La autopsia arqueológica

sobre el desvalor ocasionado cuando estos se pierden por la actividad expoliadora.

En las siguientes páginas se analizará la génesis de ese entorno de carácter arqueológico en el que vivimos, así como las técnicas de investigación de las que se vale la ciencia arqueológica para su lectura e interpretación y, por último, la profesionalización de los arqueólogos.

1.1. Cómo convertirse en una ruina

Para comprender la formación del registro arqueológico y el valor que la arqueología otorga a los contextos originales, debe comenzarse hablando de la entidad arqueológica por excelencia: el yacimiento. Aunque su llegada a la arqueología fue algo tardía y, desde hace ya algunos años, se reclamen marcos de trabajo bastante más amplios, sigue manteniendo el estrellato en la investigación arqueológica.

Mucho tiempo después de que la arqueología se distanciase del coleccionismo erudito de objetos antiguos, esta seguía, sin embargo, imbuida por el valor dado al hallazgo con independencia del lugar donde se había producido. Pero la incapacidad mostrada, por este tipo de investigación arqueológica, para explicar los cambios sociales sin necesidad de acudir a invasiones y desplazamientos masivos de poblaciones, animó a buscar, dentro de las propias sociedades analizadas, las motivaciones de ese cambio. Se miró sobre todo su relación con el medio natural en el que se desenvolvían. Se encontraron entonces nuevos datos para interpretar los modos de vida humanos y las circunstancias motivadoras del cambio social dentro de los lugares de habitación o enterramiento, poniendo en relación los vestigios que ofrecía el registro arqueológico con los procesos de ocupación y formación de esos lugares. Se habían sentado ya las bases para la valoración de los yacimientos y las relaciones crono-contextuales que los definen.

Este proceso de encuentro de la arqueología con los yacimientos ha dejado huella en los cambios de la significación de ese término[4]. En Italia, a finales del siglo XIX, se usaba yacimiento en los catálogos como sinónimo de restos monumentales (Terrenato 2001: 364). En España, en esas fechas, esa palabra se conoce pero se utiliza poco. Su significado es algo ambiguo aunque se distinga de otros semejantes. Por ejemplo,

---
4 En algunos idiomas, como el francés o el italiano, se está abandonando el uso de términos que significan yacimiento, prestados de la geología, por *site* y *sito*, respectivamente, provenientes del latín *situs*, para designar el lugar donde hay o estuvo algo.

en la Ley de 7 de julio de 1911, estableciendo normas a que han de someterse las excavaciones artísticas y científicas y la conservación de las ruinas y antigüedades, más conocida como Ley de Excavaciones Arqueológicas (LEA), aparece una sola vez, en el artículo primero[5]. Se da a entender en él que así se denomina a los lugares donde yacen vestigios arqueológicos tanto muebles (antigüedades) como inmuebles (ruinas) cubiertos o semicubiertos de tierra. Este estado de ocultamiento es lo que les diferencia de las ruinas. En la actualidad, con ligeras variaciones de matiz, podría decirse que por yacimiento se entiende todo vestigio de actividad humana (Binford 1964).

El yacimiento se ha convertido en la pieza clave del registro arqueológico, el contexto donde deben estudiarse los principales residuos de la actividad humana, junto a los sedimentos que los contienen. Como expresa K. C. Chang (1976: 50):

> «[p]odemos considerar el asentamiento [arquetipo de yacimiento por excelencia] como una unidad arqueológica, analítica e históricamente significativa, sobre cuya base se realizan los análisis y comparaciones de las culturas prehistóricas y las historias culturales».

La acotación hecha a la cita anterior de Chang sirve para reflejar una sinécdoque de importancia crucial para la lucha contra el expolio, cual es identificar yacimiento con uno solo de sus tipos: los lugares de hábitat o asentamientos. Desde las frágiles huellas dejadas por un par de homínidos sobre una capa de cenizas en Laetoli (Tanzania), hace casi un millón de años, hasta la ciudad de Roma, la variedad de yacimientos es enorme, tanta como la pluralidad de actividades que puede llevar a cabo un grupo humano. Sin embargo la que más constancias físicas ha dejado sobre el terreno es la habitación en un mismo lugar. La riqueza de vestigios en estos sitios será directamente proporcional al número de sus habitantes y a la continuidad en el tiempo. Pero en todo caso, debe resaltarse de nuevo que no son las únicas huellas que quedan de la presencia humana en el territorio.

Un yacimiento arqueológico estaría compuesto por una amalgama de patrones naturales de erosión y deposición entrelazados con alteraciones humanas del paisaje por excavación y actividades constructivas. E. C. Harris (1979) ha identificado los tres principales factores que determinan la impredecible acumulación de restos

---

5 «Se entienden por excavaciones arqueológicas, a los efectos de esta ley, las remociones deliberadas y metódicas de terrenos respecto a los cuales existan indicios de yacimientos arqueológicos, ya sean restos de construcciones o ya antigüedades...».

1. La autopsia arqueológica 15

culturales, siguiendo los procesos de estratificación: la superficie de la tierra, con funciones de receptáculo conformador inicial; las fuerzas de la naturaleza y la actividad de las personas.

Estas alteraciones dejan sobre el lugar su huella en forma de estratos que responden a cada uno de los eventos acaecidos en ese espacio. Un estrato –entendido como depósito– está formado por una matriz terrosa donde se encuentran determinados elementos que compondrían la evidencia arqueológica: ecofactos y artefactos. Los primeros son naturales (huesos de animales, restos de plantas, suelos...) y ofrecen datos sobre las actividades humanas (alimentación, comercio, etcétera) y también de carácter medioambiental. Los artefactos son aquellos bienes producidos o transformados por la mano humana. Tradicionalmente, y así se recoge en manuales generales, el término artefacto se ha aplicado a los objetos muebles (útiles líticos o metálicos, cerámicas, etcétera), dejando la denominación de estructuras a los inmuebles, que pasan a denominarse construcciones cuando adquieren cierto grado de complejidad (Renfrew y Bahn 1993: 43 s). La información que arrojan está relacionada con el uso humano de ese espacio.

Las asociaciones de ecofactos y artefactos, vinculados mediante una matriz terrosa producida por diferentes factores naturales y antrópicos, formarían el contexto de los hallazgos. Como han escrito Renfrew y Bahn (1993: 44), el contexto de una entidad arqueológica, sea artefacto, ecofacto o una estructura, se encuentra en su nivel inmediato, es decir en el material que lo rodea; en su situación o coordenadas altimétricas de ese nivel y en la asociación con otros hallazgos pertenecientes a ese mismo nivel.

> «Éste es el motivo por el cual constituye una tragedia que los saqueadores excaven yacimientos indiscriminadamente en busca de hallazgos valiosos, sin registrar el nivel, la situación o las asociaciones. Se pierde toda la información contextual. Una vasija saqueada, interesante para un coleccionista, habría informado mucho más respecto a la sociedad que la fabricó si los arqueólogos hubieran podido registrar dónde apareció (¿en una tumba, un foso o una casa?) y en asociación a qué otros artefactos o restos orgánicos (¿armas, útiles o huesos de animales?)» (Renfrew y Bahn, 1993: 44 y 46).

Si ya se han despejado algunas dudas sobre qué es un yacimiento, ahora es necesario responder a la pregunta sobre cómo se forma y qué elementos lo componen.

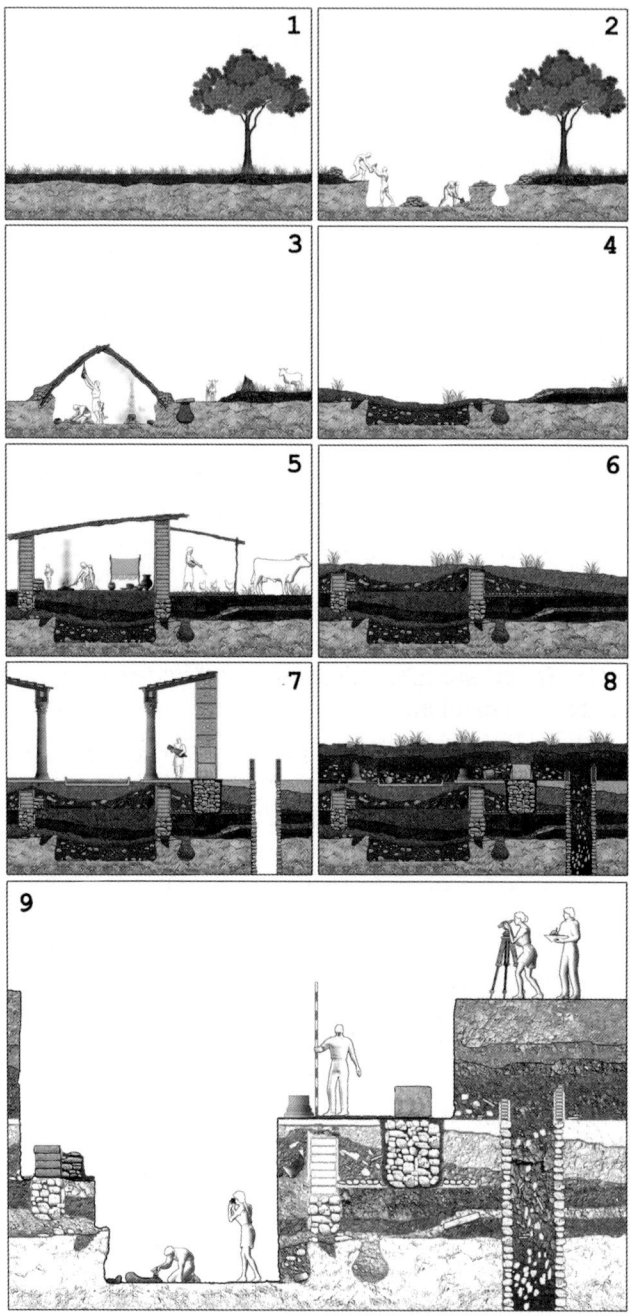

Figura 1. Proceso de formación de un yacimiento arqueológico y su excavación (Imagen: Museo de la Ciudad de Carmona)

1. La autopsia arqueológica

Parafraseando un consejo dado por Ph. Barker (1986: 11), uno de los principales teorizadores sobre el método estratigráfico de excavación, podría decirse que resulta más fácil comprender todo lo referente al valor dado por la arqueología a los contextos si previamente se entiende la manera en que se crea un yacimiento; es decir los procesos que sufre un castillo hasta convertirse en unos montículos de tierra, o una ciudad romana en un campo de maíz.

Hasta hace poco tiempo se pensaba que los únicos causantes del colapso de las estructuras que formaban un yacimiento eran los agentes erosivos naturales: el viento o el agua, cuya acción incidía sobre todo una vez abandonado el lugar. Pero el desarrollo de las técnicas de documentación e interpretación del registro arqueológico, ha permitido aislar diversos tipos de procesos con sus agentes causantes.

El propio Barker explica, a través de algunos ejemplos, la manera en que la erosión realizada por los agentes climáticos y la colonización vegetal y animal, a la que debe añadirse la acción humana, provocan el colapso de las edificaciones, su alteración mediante la extracción de aquellos materiales reutilizables y finalmente su ocultamiento bajo una capa de nuevo suelo. En otros casos, no se trata de edificaciones, sino del comportamiento de zanjas, fosas o agujeros de poste que, tras una larga sucesión de rellenos parciales y re-excavaciones, terminaban por colmatarse tras su abandono.

Otros estudios han abordado esta misma cuestión, aislando con mayor nitidez los agentes responsables de la ocultación de los vestigios de las actividades humanas. El primero en diferenciarlos fue M. B. Schiffer (1976), cuya obra constituye un clásico sobre esta materia. Según estableció, una vez que un lugar ha sido abandonado, este no queda congelado reflejando en la dispersión de materiales la situación en el momento de abandono, sino que experimenta transformaciones que trastocan los contextos originarios. A estas modificaciones las denominó posdeposicionales, puesto que suceden una vez que los estratos están depositados en el suelo. Las dividió en dos categorías: *n-transform*, cuando sus causas son naturales, y *c-transform*, cuando son producto de la acción humana.

Más tarde, K. W. Butzer (1989: 74 s.) clasificó los componentes de las capas de tierra o sedimentos que forman un yacimiento en tres tipos, en razón del agente que los ha depositado: los fisiogénicos, producto de los procesos físicos de erosión, transporte y sedimentación por agentes naturales (polvo eólico, limos y arenas depositados por el agua y los corrimientos de tierra en pendientes, etcétera); los biogénicos, resultado, por un lado, de la actividad de los animales y plantas residentes o visitantes del sitio, desde el ganado hasta los pequeños gusanos y roedores. Por otro lado, el suelo generado por la acción de las raíces o el desmoronamiento de los paramentos verticales por la acción de las plantas en climas húmedos. Por último, estarían los antropogénicos que incluyen los diversos materiales aportados por los seres humanos de forma deliberada o accidental y los residuos derivados de las acciones humanas en ese lugar.

El producto final es la formación del yacimiento, cuyos sedimentos son contenedores de artefactos, ecofactos y de las estructuras colapsadas que pudieran existir, todo ello oculto bajo una capa de suelo donde ha crecido una cubierta vegetal salvaje o plantada, o, como ocurre en las ciudades actuales de origen antiguo, se han cubierto por nuevos suelos de habitación.

Estos procesos genéticos del registro arqueológico también dan lugar a que se consideren dos posibles circunstancias, en cuanto a la ubicación de los conjuntos materiales hallados en un yacimiento. Se habla de contextos primarios para referirse a los que han sido dejados tal cual por la actividad humana: deposiciones funerarias, restos de utillaje en un taller, atesoramientos, etcétera, que en otra época se denominaban hallazgos cerrados (Moberg 1991: 41). Por otra parte hablamos de contextos secundarios, cuando los materiales desechados han sido objeto de alguna reutilización o eliminación total o parcial.

En puridad, podría decirse que los yacimientos nunca dejan de formarse, en el sentido de que siempre son objeto de acciones naturales o antrópicas que los transforman, pero ocurre que, en muchas ocasiones, este tipo de procesos ponen en peligro total o parcialmente la documentación de la que son contenedores. Es decir, los procesos posdeposicionales, como hemos visto, no siempre contribuyen al aumento del caudal informativo del yacimiento, sino que, en ocasiones, suponen la pérdida de sedimentos originales o la alteración de las relaciones estratigráficas entre ellos.

K. W. Butzer (1989: 98 ss.) desglosa algunas de las causas de las principales distorsiones padecidas por los yacimientos, en razón del agente que las origina. Entre las que responden a fuerzas físicas se encuentra la dispersión (o alteración de las relaciones microespaciales entre los objetos de un mismo contexto) previa al enterramiento provocado por los agente erosivos, sobre todo el agua. También inciden en las alteraciones de la posición de los materiales y estratos diversos fenómenos meteorológicos, como la congelación de los suelos y la dinámica de expansión y contracción de las arcillas con la alternacia de las estaciones lluviosas y secas, o la denudación de los sedimentos arqueológicos por la erosión eólica.

1. La autopsia arqueológica

Otra de las familias de alteraciones son las causadas por bioturbación. Entendiendo por tal las dislocaciones producidas por la intervención de animales y plantas que suelen dar lugar a movimientos en vertical de los materiales arqueológicos.

Pero, sin lugar a dudas, las más importantes por su rotundidad son las acciones antrópicas. Desde la rebusca de materiales de construcción en época antigua, hasta el saqueo o la simple destrucción a causa de las grandes obras, los seres humanos nos hemos convertido en los mayores destructores de nuestro propio pasado. En ocasiones resulta inevitable, pero en otras, esta pérdida de bienes arqueológicos es gratuita.

Butzer (1989: 95 ss.) también alerta de las alteraciones antrópicas consistentes en excavaciones selectivas o por actuaciones clandestinas, haciendo notar la grave distorsión que ello provoca en la comprensión de los contextos originales.

Conviene hacer una precisión pertinente para la intencionalidad de este trabajo. En España y en la mayoría de los países de nuestro entorno, la principal distorsión posdeposicional antrópica es reciente: el arado de los campos de cultivo ha afectado a las capas superficiales de miles de yacimientos, lo que parece anular completamente su valor informativo contextual. Sin embargo, la minusvaloración de este patrimonio arqueológico está fundamentada más en las apariencias que en una sopesada ponderación de sus posibilidades informativas reales. En efecto, el interés suscitado en los estudios arqueológicos por los patrones de ocupación del territorio y la formación de los paisajes ha venido acompañado del desarrollo de técnicas no destructivas, favorecido igualmente por la mayor concienciación de la finitud del patrimonio arqueológico. Con este panorama, las prospecciones, es decir la localización e interpretación de la distribución de yacimientos en relación a un espacio geográfico y la formación de un paisaje característico, se ha equiparado a la propia excavación. En esta misma línea de estudios, la distribución de ítems en un yacimiento, aunque no estén en su situación original, sino que hayan experimentado distorsiones producidas por el arado, permite deducir información relevante para la comprensión de los patrones de ocupación de un yacimiento o territorio.

Investigaciones específicas (Clark y Schofield 1991, Dunnel y Simeck 1995, Boismier 1997) están demostrando que los efectos del arado superficial en los yacimientos no son tan dramáticos como parecía y que, en la mayoría de las ocasiones, es posible recuperar cierta información contextual, una especie de estratigrafía horizontal perfectamente válida para inducir determinado tipo de datos. Son los llamados por Butzer (1989: 117), «yacimientos semiprimarios», consistentes en una superficie cuyos materiales han sufrido una dispersión y/o alteración parciales, pero cuyas asociaciones relativas siguen intactas al menos en parte del yacimiento.

1.2. Los pecios

Partiendo de que la arqueología como disciplina científica es solo una, se desarrolle sobre la superficie terrestre o bajo las aguas, las conclusiones extraídas de la acción de los agentes físicos y químicos en la génesis de los depósitos arqueológicos, parece que también podrían aplicarse a los yacimientos subacuáticos. Sin embargo, para estos casos, la formación de las entidades arqueológicas presenta determinadas características especiales dependiendo de la profundidad a la que se hallen en ese medio (Beltrame 1998).

La Convención de la Unesco sobre la Protección del Patrimonio Cultural Subacuático hace especial hincapié en la diversidad de bienes culturales existente bajo el nivel de las aguas, ya sean marinas o continentales. No solo se encuentran yacimientos completos, e incluso ciudades (como Port Royal o Alejandría, por citar casos distantes entre sí), sino también paisajes. No obstante la notoriedad de algunos de los ejemplos expuestos (la exposición *Tesoros sumergidos de Egipto* [Madrid, 2008] es buena muestra de ello), los yacimientos subacuáticos por excelencia siguen siendo los pecios de barcos hundidos que, además, están en el ojo del huracán del expolio arqueológico.

De manera general los efectos de ocultación y degradación experimentados por los vestigios, una vez que se encuentran bajo la superficie del agua (sobre todo marina), dependen de la profundidad a la que se hallen. Si el lecho sobre el que descansan está por encima de los 40 metros, sufrirán un proceso de decadencia material de origen mecánico, cuyo agente responsable es el propio oleaje, que culminará destruyéndolos en buena medida. Esos efectos, por razones obvias son distintos en razón de la naturaleza de los vestigios. No afecta por igual a construcciones en piedra que al frágil casco de una nave. En este último caso, también será atacado por microorganismos, como el *teredo navalis*, que actúa hasta una profundidad de 200 metros, y destruye las partes orgánicas del pecio. También, según la composición del fondo, arenoso o rocoso, el estrago podrá ser mayor o menor. Una vez producido el choque contra el fondo marino y la degradación causada por las corrientes y los microorganismos perforadores, en los suelos arenosos, como consecuencia de un efecto barrera frente al oleaje, los

1. La autopsia arqueológica

vestigios terminarán cubiertos por sedimentos que los protegerán. Caso notorio es, por ejemplo, el pecio del *Avondster*, navío de la Compañía Holandesa de las Indias Orientales, naufragado frente a las costas de Sri Lanka en 1659, y que tras el terrible tsunami que asoló esa región en 2004, apenas sufrió daño (Nutley 2008: 9).

Existen ejemplos de barcos de madera conservados también en aguas frías y oscuras, donde hay poco oxígeno y las corrientes son débiles. Tal es el caso del lago Ontario, en Canadá, donde los pecios del *Hamilton* y del *Scourge*, hundidos en 1813, se mantienen en perfecto estado. Pero el ejemplo más significativo de conservación de un navío de madera es, con toda probabilidad, el del *Wasa*, en Suecia. Esta nave, insignia de la flota del rey Gustavo Adolfo, se hundió en 1628, a menos de una milla náutica de la costa. Sus restos fueron descubiertos en 1956. Cinco años más tarde, en 1961, el navío fue sacado a la superficie para ser objeto de un tratamiento de conservación y exponerlo al público. Se comprobó entonces un dato asombroso, cerca del 95% del buque se encontraba intacto. Además del hecho de enterrarse parcialmente en el cieno y el lodo, la incapacidad de los organismos xilófagos de vivir en aguas a tan baja temperatura contribuyó en gran medida a su conservación (Nutley 2008: 16).

Por debajo de 200 metros de profundidad, el deterioro no provendrá del oleaje sino de la hinchazón de las cuadernas de madera, pero cuanta más profundidad alcance el navío tanta mayor protección se le dispensará. La ausencia de luz, oxígeno y las bajas temperaturas del agua aseguran su conservación, haciendo de ellos depósitos cerrados, mejor conocidos como «cápsulas del tiempo» (Martin 1981: 22 y Nutley 2008).

Antes de terminar este apartado, conviene hacer un apunte sobre la relación entre profundidad y susceptibilidad de acción humana. Siguiendo la clasificación de Long (1998), a título orientativo, podría decirse que los pecios situados entre 60 y 80 metros son aún accesibles a buceadores profesionales con escafandra autónoma, pero con una mezcla gaseosa sustituyendo al aire de las botellas. Bajar a esas profundidades resulta una empresa peligrosa que requiere el dominio de unas técnicas profesionales específicas. Por ello, son buzos profesionales quienes solían intervenir en las excavaciones, quedando los arqueólogos en la superficie.

El siguiente escalón se sitúa en el arco comprendido entre los 80 y los 300 metros, al que solo puede accederse mediante submarinos de bolsillo o robots articulados, dotados de videocámaras. Desde ese suelo a los 6000 metros, la intervención se reduce a los robots articulados. A partir de los 3000 metros los requerimientos de los batiscafos para resistir la presión son muy exigentes y, por tanto, estos artilugios se vuelven muy costosos, por lo que apenas son usados en arqueología.

Se comprenderá con facilidad que tales dificultades obligan a extremar las precauciones para la documentación arqueológica. Es preferible localizar y esperar momentos más oportunos para posibilitar una intervención arqueológica digna, que realizar una excavación en condiciones precarias, cuyos resultados suelen dejar mucho que desear a efectos de documentación. No obstante, el uso de robots permite la confección de plantas topográficas de la superficie de los pecios, así como la colocación de mangueras de succión metros por encima de la superficie, de manera que no se revuelvan las asociaciones de materiales. Long (1998: 358 ss.) advierte del extremo cuidado que debe presidir operaciones de este calibre para no dañar irreversiblemente yacimientos tan delicados como estos para obtener una documentación pobre.

Figura 2. Trabajos de extracción de sedimentos y delimitación en un yacimiento subacuático en Camposto, Cádiz (Fotografía: CAS-IAHP)

1.3. Los paisajes arqueológicos

La preponderancia, antes mencionada, del yacimiento como contexto privilegiado del registro arqueológico se está cuestinando hoy día. La propia investigación arqueológica ha demandado extender el marco de trabajo a unidades espaciales más amplias, como el territorio o los paisajes culturales. Solo en estos nuevos escenarios es posible explicar los procesos de adaptación al medio, cuyas claves subyacen en la propia distribución espacial del registro arqueológico.

Sobre todo interesa de este enfoque la crisis en que se ha puesto el concepto de yacimiento. Dunnell (1992) ha criticado con radicalidad esta noción para llegar a la conclusión de que su definición usual[6], no puede seguir siendo la unidad básica de trabajo en arqueología. Por otro lado, la concepción de los yacimientos como entidades discretas, con alta densidad de artefactos, insertas en inmensos océanos de espacio sin interés arqueológico, ha contribuido a dar una imagen falsa de las estrategias sociales de ocupación humana del territorio, al dejar de lado importantes segmentos del registro arqueológico fuera del escrutinio científico.

Dunnell no propone que los artefactos se constituyan como la unidad de observación de menor escala. Se entendería por artefacto toda cosa que disponga de cualquier atributo, incluyendo la localización, como consecuencia de la agencia antrópica.

Motivados por estas visiones de la investigación arqueológica al margen de los yacimientos, han aparecido nuevos marcos teóricos, como la denominada arqueología «sin yacimiento» o investigaciones que dan prioridad a la distribución de los artefactos, sin tener como eje el yacimiento. Otro de esos marcos ha sido la aproximación *off-site*, que centra su atención en los entornos de los yacimientos con objeto de registrar información sobre su uso. C. Renfrew y P. Bahn (1993: 66) lo expresan de este modo:

> «[l]os arqueólogos se han dado cuenta de que existe una gran variedad de datos arqueológicos 'fuera de yacimientos' o que no constituyan 'yacimientos propiamente dichos', desde artefactos dispersos a estructuras, huellas de arado o límites de campos, y que sin embargo proporcionan información valiosa relativa a la explotación humana del entorno»

---

6 Como cualquier lugar, grande o pequeño, donde se encuentren trazas de antiguas ocupaciones o actividades y cuya principal clave para distinguirlos sea la presencia de artefactos.

Por su parte, K. W. Butzer (1989) propone concebir el espacio como un ecosistema en perenne interrelación con las sociedades que lo habitan. El ecosistema es el contexto, tanto de los artefactos como de los propios asentamientos, en el mismo sentido en que la dimensión espacial es la referencia esencial de la actividad humana. Todo yacimiento es parte de un paisaje que en épocas remotas era el propio ecosistema humano. Las sociedades son constructoras conscientes o inconscientes de paisajes mediante la manipulación del espacio para adecuarlo a sus necesidades subsistenciales. Su estudio y comprensión requiere una labor interdisciplinar con el objetivo de evaluar los resultados, en términos paisajísticos, de sus acciones. Estas actividades están recogidas en el paisaje mediante indicadores geoarqueológicos y paleoambientales, cuyo registro dará la textura real del paisaje producido por la sociedad o sociedades analizadas.

Este debate tiene muchas implicaciones en el ámbito epistemológico que se salen del marco de interés de este trabajo, pero una sí cuadra perfectamente en él: la evidencia arqueológica no puede ser reducida a un conjunto de yacimientos, como si fuesen islas en un amplio mar de tierra sin interés arqueológico. En las regiones densamente habitadas, como ocurre en todo el entorno mediterráneo, pocas zonas están libres de contener evidencias arqueológicas aunque no se trate de yacimientos *tout court*, sino de elementos dispersos o rasgos arqueológicamente significativos.

Figura 3. *Túmulo de Alcaudete en Carmona, Sevilla. Ejemplo de paisaje arqueológico relevante (Fotografía: Autor)*

1.4. Las técnicas de investigación arqueológica

La arqueología ha dividido su modo de trabajar en tres fases diferenciadas, aunque estén, como es lógico, indisolublemente imbricadas: la primera suele ser de estudio y análisis de una realidad histórica concreta con la intención de formular hipótesis de trabajo. La siguiente se centra en la investigación sobre el terreno, donde recogen y documentan los datos que, más adelante, en la última fase de la investigación, se procesan y analizan para extraer las pertinentes conclusiones. Las tres están marcadas por un mismo proyecto de investigación, por elemental que sea.

En los más de cien años en los que la arqueología ha venido desarrollando trabajos de campo, estos han ido paulatinamente sujetándose a un rigor metodológico siguiendo los principios de la estratigrafía, como base de su fiabilidad. No cabe dar cuenta, siquiera somera, de las tendencias actuales de este campo disciplinar por salirse ampliamente del contenido de este trabajo, pero sí se harán algunas reflexiones sobre la incidencia del conjunto de técnicas desplegadas para la documentación de datos sobre el terreno, por cuanto que tienen una influencia notable en los propios sistemas de protección e, incluso, en la propia concepción de qué denominamos el patrimonio arqueológico susceptible de ser conservado. Como dicen C. Renfrew y P. Bahn (1993: 65), un objetivo claro y una metodología adecuada facilitan el éxito de toda intervención arqueológica.

No se distinguirá entre las actividades arqueológicas terrestres y subacuáticas, pues sus principios y las técnicas son las mismas, con la única salvedad de que las segundas precisan de las adecuaciones necesarias para trabajar en un medio que no es el habitual de los seres humanos.

1.4.1. Las prospecciones arqueológicas

No existe una definición actualizada que exprese el profundo cambio experimentado por las prospecciones arqueológicas en los últimos tiempos. O, al menos, no una que haya concitado el reconocimiento general. En unos años, han dejado de ser exclusivamente un método de localización de yacimientos interesantes para ulteriores excavaciones y se han convertido en una técnica de investigación, autónoma de la excavación, especialmente adecuada para el estudio de paisajes culturales, identificando los vestigios relictos llegados a la actualidad.

Además de ello, las prospecciones han ofrecido el instrumental necesario para el despliegue de técnicas de indagación no destructivas, nacidas al calor de planteamientos ecologistas y conservacionistas, conscientes de la finitud del patrimonio arqueológico.

Hoy día la finalidad de las prospecciones se ha diversificado en grado sumo. Muchas responden a proyectos de investigación para los que resulta necesario el reconocimiento, la localización y el registro sistemático de los vestigios y trazas dejadas por las sociedades humanas en la creación de sus respectivos paisajes culturales. Se añaden a ellas otras cuyo objetivo es la localización y recogida de recursos naturales en las áreas de influencia de asentamientos, o en territorios donde las comunidades humanas encontraban los medios para su subsistencia. En conjunto, pues, la prospección arqueológica ha adquirido un desarrollo metodológico acorde a la naturaleza de sus múltiples finalidades.

Pero no todas están transidas por este ánimo investigador. La carta arqueológica se ha convertido también en un instrumento de primera mano para la protección y conservación del patrimonio arqueológico. Desde el incremento en los mecanismos de gestión, que España experimentó a raíz de los traspasos de competencias en materia de cultura de la Administración General del Estado a las comunidades autónomas, estas han propiciado la realización de prospecciones, como medio para conocer la realidad arqueológica de las provincias bajo su competencia. La redacción de planeamiento urbanístico, así como las evaluaciones de impacto ambiental previas a las grandes obras públicas, también han contribuido a la proliferación de prospecciones, cuya finalidad reside también en localizar y delimitar yacimientos, prestando atención de igual manera a rasgos y vestigios menos consistentes.

Una buena aproximación a la moderna práctica de las prospecciones arqueológicas está expuesta en el libro, tantas veces traído a colación en este capítulo, de C. Renfrew y P. Bahn (1993: 66 ss.). Parten estos autores de una división entre los métodos destinados a la localización de yacimientos, estructuras aisladas o artefactos desperdigados que no están en yacimientos, y los usados como aproximación al conocimiento del propio yacimiento o estructura, basados así mismo en las técnicas de prospección. Se procura en este segundo supuesto una aproximación a la personalización de este tipo de entidades arqueológicas, mediante la documentación de características como la adscripción funcional y cultural; la cronología y secuencias de ocupación, tanto vertical como horizontal; la potencialidad informativa, no solo por el espesor de los sedimentos, sino también por la documentación de estructuras enterradas a través de su inspección geofísica; y, por supuesto, el estado de conservación.

1. La autopsia arqueológica

Todo este cúmulo de técnicas de documentación y análisis se engloba bajo la denominación de «no destructivas», habida cuenta de la escasa incidencia que presentan en la degradación del yacimiento. El desarrollo de esta metodología está generando estudios específicos sobre el grado de fiabilidad de la relación entre los ítems observables en superficie y en lo enterrado. En general, puede decirse que varía de caso a caso, pero como ya se ha indicado las alteraciones fundamentales no provienen del uso del arado, sino de los procesos de erosión en pendiente.

También debe advertirse que resulta cada vez más habitual el empleo de detectores de metales en estas prospecciones. Hasta hace unos años, los arqueólogos solo documentaban en las prospecciones superficiales objetos fácilmente visibles: cerámicas, piedras talladas y materiales constructivos, entre los más comunes, pero no era tan frecuente poder hallar monedas, u otros objetos metálicos, debido a su tamaño y a la costra de tierra que los mimetiza con el suelo. El uso de los detectores supone una gran ayuda para poder documentar estos objetos. Aquí se abre un campo de colaboración entre arqueólogos y detectoristas que, desgraciadamente, es aún poco frecuente en España, en la mayoría de las ocasiones por recelos mutuos.

Por último, conviene decir que se está imponiendo una conducta ética entre los prospectores, quienes buscan documentar sobre el terreno la máxima cantidad de datos posible, pero solo recoger aquellas muestras cuyo análisis deba ineludiblemente realizarse en un laboratorio. El objeto de tal actitud es no denudar de forma progresiva los yacimientos de sus materiales superficiales por cuanto que, en el futuro, posiblemente se sabrá sacarles mayor partido de lo que se hace en la actualidad.

1.4.2. Las excavaciones arqueológicas

A pesar del creciente interés despertado entre los arqueólogos por las posibilidades de la prospección y de la acogida, cada vez más favorable en ámbitos académicos y administrativos, de las técnicas no destructivas, la excavación sigue siendo el método de indagación arqueológica por excelencia. La causa de esta preeminencia es la posibilidad de contrastar las hipótesis de trabajo con los propios vestigios dejados por las culturas objeto de investigación. Es, por supuesto, la actividad que mayor cúmulo de datos proporciona a los investigadores y, por tanto, a despecho de su carácter destructivo del registro arqueológico, mantiene esa situación hegemónica.

Pero no solo en el campo de la arqueología científica, también en el imaginario popular, las excavaciones son entendidas como la quintaesencia de la arqueología, identificándose con ella, aunque esta asociación esté ahora en crisis[7].

A modo de definición, por excavación podríamos entender:

> «(...) una secuencia de operaciones y procedimientos metodológicamente controlados, dirigidos a desmontar e inspeccionar analíticamente una porción más o menos extensa de la estratigrafía natural y antrópica del terreno de un yacimiento arqueológico, con el objeto de recoger la mayor cantidad posible de datos y elementos de conocimiento sobre el aspecto del propio yacimiento en el pasado, sus fases de ocupación y abandono y los diversos aspectos de la vida de los hombres que habitaron ese yacimiento, lo utilizaron y lo transformaron» (Zanini 2001: 142).

En la actualidad la inmensa mayoría de las excavaciones sigue el método estratigráfico. En puridad este trata de identificar los distintos contextos o unidades estratigráficas del área excavada y retirarlos en orden inverso al de su deposición, aislando los materiales que aparecen en ellos. Esto no siempre es posible, pues determinados procesos físicos y químicos hacen que distintos estratos, sobre todo dentro de un mismo episodio sedimentológico, tengan casi semejantes características morfológicas (textura, matriz arenosa o arcillosa, color, grado de humedad, etcétera), lo que dificulta sobre manera su identificación. Por ello se recurre a levantamientos mediante tongadas artificiales de un espesor constante.

Existen igualmente dos modelos organizativos del registro: uno, extendido sobre todo en el mundo anglosajón (Harris 1979), basado

---

7 Personalmente considero que, como efecto de la enorme influencia que tienen las imágenes del cine en nuestro ideario, esa concepción sobre el momento mágico que supone el descubrimiento de algo interesante en una excavación arqueológica se está alterando. En las películas del ramo de la acción y aventuras que tienen por protagonistas a buscatesoros, sean arqueólogos/as o no, las excavaciones son consideradas como un mero escenario donde se desarrollan determinados acontecimientos, pero en ellas no se producen los hallazgos. Ahora la moda está en los descubrimientos de tesoros y antigüedades sorprendentes en contextos primarios inalterados. Cámaras secretas o escondrijos ocultos que se abren a la intrépida audacia del/ de la buscatesoros de turno, sin que a nadie parezca sorprender que los mecanismos de apertura funcionen a la perfección, tras varios cientos o miles de años. Pero más allá de lo anecdótico, hay dos ideas subliminales que considero preocupantes: la santificación del expolio y la necesaria pérdida, por cuestiones del guion, de esos fabulosos enclaves, una vez que han entregado sus tesoros (siempre terminan desplomándose sus paredes y hundiéndose en abismos inaccesibles), hurtándolos al disfrute de todos y no solo del/de la aventurero/a protagonista.

1. La autopsia arqueológica

en el aislamiento de contextos simples no jerarquizados y otro, con mayor extensión de aplicación en la Europa continental, que ordena el registro en diversas entidades arqueológicas, de las que la menor suele ser siempre el equivalente al contexto simple o unidad estratigráfica del anterior (Andersen y Madsen 1992). Llegar a este estadio de la excavación ha supuesto todo un logro, a juzgar por sus nada halagüeños inicios.

Las primeras excavaciones como tales comenzaron a cargo de la Corona española. Carlos de Borbón, posteriormente Carlos III de España, durante su periodo como virrey de las Dos Sicilias ordenó excavaciones en Pompeya, Herculano y Estabia. La metodología no fue ejemplar, pero evolucionó de la mera búsqueda de antigüedades hacia una técnica de excavación algo más racional y científica (Represa 1987). Estas excavaciones se convirtieron, en los años centrales del siglo XVIII, en una de las principales obsesiones de la comunidad intelectual europea. Los hallazgos estuvieron en los debates sobre la cultura artística de los círculos e instituciones ilustradas y en el nacimiento de muchas colecciones particulares, gérmenes de posteriores museos, así como de una conciencia crítica de la responsabilidad sobre la conservación de los hallazgos arqueológicos (Calatraba Escobar 1988).

Sin embargo, para los críticos de estas excavaciones, la arqueología debía considerarse como una ciencia cuya misión era la reintegración del pasado y no la mera búsqueda coleccionista. En esta polémica tomó parte muy activa J. Winckelmann, figura estelar de la centuria al reputársele la paternidad de la arqueología clásica moderna, por haber sido él quien la rescató de la anticuaria para integrarla dentro de la historia del arte. Esta se entendía no como el mero análisis rigorista de la escuela filológica posterior, sino como medio para la búsqueda del ideal de belleza absoluta (Bianchi Bandinelli 1982).

A pesar de los postulados winckelmannianos y de la polémica surgida a raíz de las excavaciones pompeyanas, la nueva ciencia hizo del objeto y del monumento aislado el objetivo primordial de análisis, minimizando la importancia del lugar donde se producía el hallazgo o se enclavaba el inmueble. La inmensa mayoría de las excavaciones realizadas en ese siglo, y en buena parte del siguiente, no se diferenciaba en nada de una búsqueda coleccionista (Trigger 1992: 44 ss.).

Puede decirse que desde mitad del siglo XIX a la del XX se produce un proceso de sistematización de las excavaciones arqueológicas. La escisión metodológica entre los estudios sobre la antigüedad clásica y los dedicados a la prehistoria, que había sido determinante hasta entonces, aunque no se cerró, sin embargo se atemperó un poco. G. Daniel (1986: 271 ss.) considera que la adopción consciente de una técnica de excavación, interesándose no solo en los grandes hallazgos sino en todo testimonio que pudiera ofrecer, tuvo diversos orígenes: en Olimpia con los arqueólogos alemanes, en Egipto con Petrie y en Inglaterra con Pitt-Rivers.

No obstante estos avances, en la década de los cincuenta del siglo XX, Mortimer Wheeler (1979: 25 ss.) se quejaba de la deficiente comprensión de los conceptos básicos de la estratigrafía que mantenían contemporáneos suyos. Aunque los avances metodológicos anglosajones no fueron los únicos, ni siquiera los más significativos, sí son los que han recibido mayor reconocimiento, frente a los realizados por italianos o escandinavos. Por tal motivo seguiremos aquí de forma somera su evolución, obviando otras aportaciones.

Durante la segunda posguerra mundial se publicaron los trabajos de K. Kenyon (1952) y M. Wheeler (1979), en los que se sintetizaban las aportaciones de ambos a la estratigrafía. Se basaban en una amplísima experiencia en arqueología de campo y buena parte de su éxito posterior se debió a la gran rigurosidad de sus planteamientos en cuestiones de registro, y a la visión de la secuencia estratigráfica como reflejo de las sucesivas fases de ocupación de un yacimiento.

La herencia del método Wheeler-Kenyon se centraba en los siguientes postulados: cuadriculación del área a excavar dejando pasillos entre los cortes; dibujo e interpretación de perfiles; libro diario de anotaciones llevado por los directores de las excavaciones. Poco después se añadió el registro de los depósitos de forma individual y por un único número de estrato y la asignación de todos los objetos encontrados dentro de este estrato.

A partir de los setenta se renovaron las técnicas de documentación (Barker 1977 y Harris 1979). Dicha renovación se basaba en una comprensión distinta de los procesos de estratificación. Igualmente novedosos fueron sus planteamientos sobre la metodología de excavación, cuestionando lo referido al sistema de cuadrículas de Wheeler y Kenyon. Se reivindicó la ampliación de la superficie de intervención, sustituyendo las cuadrículas, así como los tipos de sondeos profundos y trincheras, habituales en la tradición arqueológica inglesa, por superficies grandes de excavación, como mejor medio para poder identificar cierto tipo de evidencias arqueológicas. Aunque esos sistemas no eran nuevos y tenían larga tradición en el mundo escandinavo, la sistematización wheeleriana había dominado en la segunda mitad de la centuria, oscureciendo cualquier otra alternativa.

La metodología estratigráfica tuvo como banco de pruebas el auge de la arqueología urbana. En medio urbano se requería un

1. La autopsia arqueológica

sistema de registro que pudiera aplicarse con independencia del tipo de excavación, para lo cual se adoptaron fichas preimpresas, en sustitución del viejo diario de excavaciones; también debía asegurar la compatibilidad de esos sistemas con la informática y formar un archivo útil para la investigación[8].

Posteriormente E. Harris (1979) elaboró un diagrama en el cual representar las distintas unidades estratigráficas, reflejando la relación espacial entre ellas, siguiendo el comportamiento de las unidades geológicas, herramienta utilísima para los estudios posexcavatorios y la ordenación de la secuencia.

El éxito del sistema de registro basado en el contexto simple y el diagrama de Harris ha sido casi absoluto. Aunque en la actualidad vivimos una época posharrisiana en este terreno, su obra aún sigue siendo capital para comprender los conceptos básicos de la arqueología estratigráfica que ahora, además, se han extendido a la investigación de los edificios emergentes (Rodríguez Temiño 2004c: 289-296).

Solo cabe terminar este apartado señalando que la excavación arqueológica tiende en la actualidad a ser un sofisticado y costoso sistema de investigación, caracterizado por estar orientado hacia la resolución de un problema histórico concreto, en el que trabaja un equipo interdisciplinar. Tal concepción es la que se refleja en las normativas legales que la regulan.

Sin duda, los comienzos de la arqueología no se distinguieron precisamente por la adopción de una metodología o de protocolos científicos; antes bien, todo lo contrario,

> «[e]n la primera mitad del siglo XIX, y bastante tiempo después, las excavaciones se circunscribieron casi exclusivamente al descubrimiento rápido de lo que se hallaba oculto en un montículo, elevación del terreno o pirámide, y con la adquisición de las obras de arte para adornar museos y colecciones privadas de Europa» (Daniel 1986: 144).

Pero esos inicios quedaron atrás hace ya muchos lustros. Desde entonces la arqueología se ha ido renovando de manera constante. Las claves han sido la conciencia de la superposición estratigráfica, la necesidad de planificación metódica de los trabajos, el interés por todo testimonio que pudiese ofrecer una excavación y la mayor implicación de científicos de otros campos, que se han fundido con ella,

---
8 Sobre el desarrollo de los sistemas de registro en la arqueología reciente, uno de cuyos motores ha sido la arqueología urbana, puede verse Rodríguez Temiño 2004c: 261-296.

generando nuevas perspectivas en el conocimiento arqueológico, tales como la geoarqueología, la arqueobotánica, la arqueometalurgia o la arqueozoología, por citar algunas.

Gracias a este proceso continuo de renovación e introspección la arqueología ha mejorado notablemente su capacidad de comprensión de los patrones de conducta humana que ha dado lugar a los depósitos arqueológicos, para lo que resulta vital que se encuentren en contextos discernibles.

Figura 4. Limpieza y dibujo durante una excavación de urgencia en Écija, Sevilla (Fotografía: Autor)

1.4.3. La investigación posexcavatoria

La dogmática tradicional separaba, dentro de una misma actividad arqueológica, la «fase de campo», comprendida por excavaciones y prospecciones, de la denominada «fase de laboratorio», desarrollada como su nombre indica en el interior del gabinete, donde arqueólogos y demás miembros del equipo de investigación, con mayor frecuencia multidisciplinar, trabajaban con los datos recuperados durante la fase anterior.

1. La autopsia arqueológica

En realidad este faseado simplista, aun persistiendo en buena medida, ha sido superado por la complejidad del diseño de los proyectos de excavación. Los miembros de los equipos de investigación pasan muchas horas de trabajo previo al inicio de las actuaciones de campo, para diseñar el proyecto al que desean dar respuesta con su investigación. Por otra parte, durante la ejecución de las excavaciones, miembros del equipo, que tradicionalmente solían sumarse en la fase de laboratorio –como antropólogos, paleobiólogos, etcétera– intervienen en la extracción de las muestras sobre las que realizarán análisis posteriores.

No obstante, hay un momento final en que termina la recogida de datos del campo, aunque sea de forma coyuntural, y da comienzo una nueva fase, caracterizada por el análisis y digestión de esos datos. Esta etapa, etiquetada con frecuencia de «gris», ha quedado algo eclipsada por el desarrollo de las técnicas de intervención en el campo, aunque ahora vuelve a reclamar cierta atención, devolviéndole su papel crucial en el quehacer arqueológico (Banning 2000).

En efecto, los datos registrados durante la excavación o la prospección son poco elocuentes por sí mismos, es necesario ensamblarlos para crear bases de datos capaces de justificar las inferencias que sustenten las conclusiones, en forma de relato histórico, a las que se ha llegado. Ello requiere la aplicación de diversas estrategias y procedimientos analíticos, desde la ordenación de la evidencia registrada hasta los complejos análisis que permiten crear asociaciones y patrones entre determinados vestigios o rasgos culturales, pasando por las clasificaciones y los estudios tipológicos. Todo ello con la finalidad, antes mencionada, de explicar qué ha sucedido en ese lugar, por qué y cuándo, así como sus consecuencias futuras.

En esta fase analítica posterior a la excavación, el equipo de arqueólogos no es el único que trabaja con los datos procedentes de la actividad de campo. Las muestras del registro arqueológico son analizadas, por diversos especialistas, a la búsqueda de los componentes biológicos y geoarqueológicos que aporten información, no solo sobre la naturaleza del medio en el que se desenvolvieron estas sociedades, sino también sobre las actividades llevadas a cabo. Por otra parte, las seriaciones y ordenaciones relativas procedentes de la secuencia estratigráfica, se completarán con dataciones absolutas extraídas a través de muestras, normalmente orgánicas, por métodos físico-químicos.

El resultado final debe ser difundido siguiendo diversas estrategias: unas destinadas al público experto, a través de canales específicos, mientras que otras deberían atender a otros diferentes usuarios mediante exposiciones, informaciones en revistas de divulgación científica o, aceptadas las conclusiones extraídas de la investigación, canalizarse a la educación reglada, incorporada en libros de texto.

Por último, cabe añadir que, en aquellos casos que así lo ameriten, esta difusión debe completarse con la musealización y valorización del propio yacimiento, adecuándolo a la visita pública.

En definitiva, un proyecto de investigación arqueológica ha dejado de ser la preocupación erudita de un grupo selecto de personas –los arqueólogos– para convertirse en una labor de equipo, que reúne a multiplicidad de expertos en diversas materias, con la finalidad de enriquecer en conocimientos y experiencias al resto del cuerpo social.

Este cambio de la arqueología ha ido de la mano de otro en el perfil de sus propios practicantes: los arqueólogos. En el último punto de este capítulo veremos uno de los aspectos más interesantes de esta evolución: su profesionalización.

1.5. La profesionalización de la arqueología

Durante el siglo XIX el ambiente intelectual en España fue poco propicio para la arqueología de campo debido a diversos avatares políticos y a la profunda crisis económica en la que estuvo sumida esa centuria. Sin embargo, durante su segunda mitad se produjo el paso de la erudición destartalada, en la que convivían las Reales Academias, sociedades de todo tipo e individuos concretos, a su profesionalización en el seno de una cultura oficial capitaneada por la clase media, que pronto tomará el relevo de las desfallecidas instituciones legadas por la Ilustración.

Se procurará entonces institucionalizar la arqueología dentro de la incipiente Administración cultural, dirigida más por la atracción que sentían las burguesías provinciales por los hallazgos que por un afán de investigación. La principal de estas medidas fue la creación del Museo Arqueológico Nacional y de los museos arqueológicos provinciales, en 1867. La Ley de Instrucción Pública de 1857, conocida como *Ley Moyano*, que contemplaba los archivos, bibliotecas y museos como piezas importantes en la organización de la enseñanza, creó el cuerpo facultativo de archiveros y bibliotecarios (1859). Este cuerpo se ampliará al crearse en 1867 la sección de anticuarios, que se denominaría de arqueólogos a partir de 1900. Los funcionarios de esta sección se destinaron solamente a museos arqueológicos.

1. La autopsia arqueológica

Las enseñanzas relacionadas con este cuerpo facultativo fueron asumidas por la Escuela Superior de Diplomática, creada en 1856 siguiendo el modelo de L'Ecole de Chartes de París, como respuesta de la España de Isabel II al clima europeo general que entendía como obligación del Estado el reconocimiento y clasificación de las fuentes. Tras su supresión en 1900 se trasladaron las enseñanzas y profesores a las universidades (Pasamar y Peiró 1987: 6 s. y 1991, López Trujillo 2006: 151- 298).

A comienzos del siglo XX se produce una paulatina fusión entre Universidad e investigación. El denominado, por Pasamar y Peiró (1987: 8-10), como «regeneracionismo de cátedra» intentó poner la investigación universitaria al servicio de la sociedad, procurando dar solución a los males de una España al borde mismo del desastre. La enseñanza ya no solo se concebía como instrumento de educación individual, sino que debía adquirir un nuevo sesgo de carácter colectivo, que sirviese para entender el concepto de nación. La guerra civil truncó este movimiento.

Con este panorama de fondo, tanto la Ley de Excavaciones Arqueológicas de 1911 (LEA), como sobre todo su Reglamento de aplicación aprobado por Real Decreto de 1912 (RD'1912), buscaban para la creación de organismos administrativos, como la Junta Superior de Excavaciones y Antigüedades, a personas con un perfil de conocimientos en estas materias, sacándolos de las Reales Academias y de las universidades (arts. 4 y 7 LEA y art. 28 y 40 RD'1912). Sin embargo, a pesar de estas loables intenciones de confiar tanto la dirección de las excavaciones sufragadas por el Estado como su inspección, a individuos pertenecientes a las Academias, al cuerpo facultativo de Archiveros, Bibliotecarios y Arqueólogos, a los directores de museos o a los catedráticos y personal docente universitario de asignaturas relacionadas con la historia del arte, la arqueología o la paleontología, lo cierto es que, en la realidad, se autorizaron excavaciones a un amplio popurrí de personas, no siempre con la cualificación necesaria.

La Ley del Tesoro Artístico Nacional de 1933 (LTAN) sustituyó la Junta Superior de Excavaciones y Antigüedades por la Junta del Tesoro Artístico, que a través de su Sección segunda, diseñará un plan de excavaciones anual, a la vez que designará las personas encargadas de su dirección. En los supuestos de urgencia, seguirá siendo este organismo, previo informe de los delegados inspectores, el encargado de nombrar a los directores de las mismas. La inspección de los trabajos en curso se asignó a los vocales de la Junta, auxiliados por académicos y componentes de las juntas locales. Los directores de las excavaciones se eligieron entre académicos, catedráticos de universidades o centros docentes con asignaturas relacionadas con exploraciones, directores de museos, funcionarios facultativos del cuerpo de Archiveros, Bibliotecarios y Arqueólogos y otras personas de reconocida competencia (art. 46 Decreto de 1936).

Como ya se ha mencionado, la contienda española truncó tanto la infraestructura investigadora como los nuevos visos que estaba adquiriendo la prehistoria y, en mucha menor medida, la arqueología. A la sustitución de personas, la escasez y desigual reparto de medios económicos, se le sumó la ruptura de las líneas de investigación que, salvo en contados casos, experimentaron una notable involución hacia posturas más apegadas a las descripciones y acumulaciones desordenadas de nuevos datos. Esta caída en el nivel de exigencia científica en la producción intelectual, facilitó la incorporación de diletantes y aficionados que tanto peso tuvieron en la realización de excavaciones y en la gestión de la tutela de yacimientos arqueológicos durante los primeros decenios del franquismo (Pasamar y Peiró 1991: 176-179).

La virtual disolución de la Comisaría General de Excavaciones y la amplia red de comisarios provinciales, insulares y locales coincidió con la asunción de las excavaciones de urgencia y los hallazgos casuales por los directores de museos provinciales y arqueológicos, y la cesión del protagonismo en la gestión a la Dirección General de Bellas Artes, en concreto a la Subdirección General de Arqueología (Fernández Miranda 1983)[9].

El repunte dado por las universidades, a partir de los ochenta, acompañado del proceso de ordenamiento de la actividad arqueológica de campo, propició de nuevo el planteamiento del problema de quiénes son, o pueden ser, considerados como arqueólogos, aunque en ese momento poca solución podía ofrecerse. La respuesta coyuntural a ese dilema consistió en un proceso discriminatorio, caso a caso, que generó cierta conflictividad sobre todo entre quienes habían sido beneficiarios de este tipo de autorizaciones con anterioridad y ahora se veían privados de ellas. Por otro lado, la existencia de abundantes personas tituladas en licenciaturas de Geografía e Historia (o similares) y desarrollos profesionales en investigación arqueológica, de donde se nutrieron las administraciones autonómicas, contribuyó a relativizar el problema.

---

9 Cabe hacer alusión a una Sentencia de la Sala 3ª del Tribunal Supremo de 7 de octubre de 1988, sobre unos hechos acaecidos con anterioridad a la entrada en vigor de la LPHE, en la que no casa una sentencia del Tribunal Superior de Justicia de Madrid, en la que daba la razón a la Administración por no conceder autorización para excavar un pecio a unos buzos deportistas que carecían de conocimientos de arqueología. En la sentencia del Supremo se concluye que una de las manifestaciones de la protección del patrimonio arqueológico es justamente discriminar quiénes pueden acceder a él a través del sistema de autorizaciones contenidos en la LEA, la LTAN y sus respectivos reglamentos de desarrollo.

1. La autopsia arqueológica

Por su parte, la arqueología subacuática ha presentado siempre un problema derivado del medio en el que debe desarrollarse y la necesidad de poseer determinados conocimientos técnicos y destrezas físicas para poder sumergirse. De hecho, las primeras intervenciones arqueológicas subacuáticas consistieron en rescates de materiales sumergidos, normalmente la carga del pecio de un barco antiguo o medieval. La tarea se dividía de forma nítida entre los buzos profesionales, pertenecientes a la Armada, o aficionados vinculados a clubes de buceo, que realizaban el trabajo subacuático y los arqueólogos que en tierra firme analizaban los objetos recuperados (Nieto Prieto 1999). Solo a comienzo de los ochenta, con la creación de los primeros centros de arqueología subacuática surgen arqueólogos que tienen la condición también de poseer licencia federativa para sumergirse. Los modernos reglamentos de actividades arqueológicas prevén como condición *sine qua non* que la persona que dirige la intervención arqueológica tenga también la licencia oportuna para practicar el buceo, así como el resto del equipo o, al menos, la parte del mismo que se encarga del trabajo de campo.

En definitiva, si bien el dilema de quiénes son o pueden considerarse como arqueólogos aún perdura en la actualidad (Querol y Martínez 1996: 56 ss.), se vienen arbitrando soluciones convergentes para solventarlo. Por un lado, los propios profesionales de la arqueología, a través de sus secciones específicas en los colegios de doctores y licenciados y, por otro, la normativa autonómica referida a excavaciones, han ajustado las características de las personas con la titulación necesaria para poder solicitar una excavación. Esto unido a criterios de experiencia y aval científico van configurando un perfil adecuado para este tipo de profesionales.

Hoy día España, como todos los países de su entorno cultural y económico, cuenta con profesionales de la arqueología divididos en tres perfiles: docentes universitarios e investigadores de institutos científicos (fundamentalmente el Consejo Superior de Investigaciones Científicas); personal técnico pertenecientes a las administraciones culturales, ya sea a escala nacional, autonómica o local y, finalmente, quienes trabajan como arqueólogos mediante el ejercicio liberal de su profesión. Este último perfil ha sido una de las consecuencias más notables del avance en la gestión del patrimonio cultural habido en los últimos treinta años.

Este proceso de multiplicación de la actividad profesional, como se ha manifestado recientemente (Almansa Sánchez [ed.] 2011), está en construcción y debe sortear no pocos obstáculos para pasar las enormes dificultades que tiene delante. Sin embargo, como colectivo profesional, nadie duda, a pesar de la aciaga coyuntura –sobre todo laboral– por la que estamos atravesando, de que no hay vuelta atrás, de que nuestra labor como expertos en la teoría y práctica de una ciencia social, que está al servicio del enriquecimiento cultural de todos, resulta esencial en la mediación entre las mudas huellas dejadas por quienes nos precedieron y nosotros.

CAPÍTULO 2
La *otra* erosión de la historia

En un mundo en rápido cambio, con continuidad de vida humana (la especie más depredadora de su entorno de las que pueblan la tierra) al menos desde hace un millón de años, resulta impensable una inmutabilidad tal que la única pérdida de patrimonio cultural fuese debida a los agentes erosivos naturales. No creo que entrañe demasiado problema comprender que el uso hecho de nuestro entorno implique su modificación, a veces drástica, para adecuarlo a las nuevas necesidades surgidas.

Eso ocurre en mayor medida de lo deseable en todo el planeta, pero ha sido en las ciudades donde su afección al patrimonio arqueológico ha tenido una reacción específica. La locución «erosión de la historia» se acuñó, en la década de los sesenta, para designar la pérdida del substrato arqueológico acaecido hasta entonces en el ámbito urbano. Preocupaba el ritmo creciente de esa pérdida y que no fuese documentado lo que quedaba, pero nadie cuestionaba que esta erosión era un efecto derivado de su continua reutilización como lugar de habitación.

Haciendo esta locución extensiva a otros ámbitos espaciales fuera de las ciudades, podría decirse que está admitido un porcentaje de destrucción de patrimonio arqueológico como consecuencia de la actividad que los seres humanos desarrollamos en el planeta. Alarma su ritmo creciente, parejo al consumo del medio ambiente y, como para este, se piden soluciones que mitiguen el ritmo de menoscabo de esos bienes, así como que se documenten aquellos cuyo daño no pueda evitarse.

Pero hay otro tipo de «erosión de la historia» que no es producto de la superposición de habitación en un mismo lugar, sino del expolio; esto es, de la destrucción inicua de yacimientos para vender de manera ilícita los objetos *escarbados* en ellos en el mercado nacional e internacional, fuente de la que se abastece buena parte del coleccionismo privado y, desgraciadamente, también el público, aunque en una ratio menor.

Sin duda, los inicios del pillaje de obras de arte se encuentran en la guerra, bien como consecuencia de las acciones bélicas, bien como botín de los vencedores. Esta práctica, aunque no sea aceptada de manera oficial, no solo sigue en vigor sino que está cambiando a formas más insidiosas y devastadoras.

A lo largo de la historia se han desarrollado medidas para intentar minimizar el impacto de las acciones bélicas sobre objetivos no militares. Los primeros acuerdos con la intención de aglutinar la voluntad internacional fueron las convenciones de La Haya de 1899 y 1907; con posteridad, la Unesco ha sido la encargada de la difícil tarea de actualizar, durante la segunda mitad del siglo XX, los convenios de esta naturaleza.

Los conflictos bélicos siguen siendo una de las principales causas de pérdida de bienes culturales, pero no la única. Un cambio llamativo en nuestras sociedades es que el expolio se ha convertido en algo habitual en tiempo de paz. Existe un lucrativo comercio internacional de obras de arte de procedencia incierta, o claramente ilegal, abastecido por países subdesarrollados, a pesar de las reacciones de algunos sectores profesionales y los organismos culturales internacionales.

Pero el expolio no solo se da cuando nos referimos al robo, saqueo o destrucción de obras señeras de culturas antiguas, también hay una pérdida casi inconmensurable de objetos arqueológicos más comunes, que afecta directamente a yacimientos de nuestro entorno, mutilando y cercenando las posibilidades de conocimiento del devenir histórico de nuestras comunidades. Tanto España como los demás países de la cuenca mediterránea seguimos siendo «exportadores» netos de objetos arqueológicos; si bien es cierto que el aumento del capital educativo y de concienciación sobre el valor del patrimonio cultural, la aplicación de mayores y mejores medidas protectoras y el incremento del nivel de vida general, han contribuido a frenar el proceso de emigración clandestina de nuestras antigüedades al extranjero. Hoy en día, la mayoría de las piezas aparecidas sin control arqueológico se consumen en el mercado nacional, ya sea en anticuarios, almonedas, mercadillos, ya permanezcan almacenadas sin orden ni concierto en las colecciones particulares de sus halladores, o simplemente amontonadas en cajas y cubos apilados en cualquier trastero a la espera de ser vendidos como chatarra.

Las intervenciones policiales de los últimos años han sacado a la luz pública la existencia de ingentes colecciones, compuestas por decenas de miles de objetos, provenientes del uso ilícito de aparatos detectores de metales y de excavaciones clandestinas. Ambas conductas antijurídicas son la causa más frecuente de expolio en España, y uno de

2. La *otra* erosión de la historia

los factores más importantes en la pérdida de patrimonio arqueológico, por encima incluso de las obras públicas. Quizás no tengan la trascendencia mediática a escala internacional de otros casos, pero sí generan alarma social en su entorno más próximo. Como respuesta, se piden de las administraciones competentes políticas destinadas a controlar esas escandalosas pérdidas.

Otro de los problemas de este expolio de «baja intensidad» es que su magnitud se escapa al conocimiento de expertos y de las propias administraciones afectadas, aunque comenzamos a tener las primeras aproximaciones rigurosas.

Este capítulo lo dedicaré a esta *otra* forma de «erosión de la historia», intentando dar una idea de las heridas que tiene abiertas el patrimonio arqueológico, con especial atención a los efectos que sobre su perduración tiene el uso clandestino de los aparatos detectores de metales.

2.1. Caídos bajo el fuego enemigo

El 8 de marzo de 2001 unas impactantes imágenes acaparaban la atención de todas las agencias de noticias. Desoyendo las peticiones internacionales –singularmente las emitidas por la Unesco–, el régimen de los talibán, que gobernaba la mayor parte del territorio de Afganistán, hacía explosionar varias toneladas de munición a los pies de dos colosales estatuas de Buda en el valle de Bamiyan, 230 kms al noroeste de Kabul. Estas estatuas eran las dos mayores del mundo, de las que lo representaban erguido. Pero su principal interés residía en que estaban consideradas, por la fecha de su construcción (entre los siglos II y V de nuestra era), como una valiosa muestra del contacto y enriquecimiento cultural entre oriente y occidente, factor característico de las tierras centrales del Hindu Kush, en la Ruta de la Seda, donde la tradición budista recibió fuertes influjos helenísticos.

Poco después, entre el 10 y el 14 de abril de 2003, inmersa la opinión pública mundial en el desenlace de la invasión de Irak por tropas norteamericanas e inglesas, fueron de nuevo las imágenes del expolio de tres centros culturales de primer orden en Bagdad: el Museo Nacional de Irak, la Biblioteca Coránica y el Archivo Nacional, las que ocuparon las primeras planas de todos los medios informativos. La fachada del museo bagdadí agujereada por una bala de cañón y protegida por un carro de combate, la muchedumbre deambulando con objetos recién sacados de las vitrinas, el interior de la institución museística prácticamente devastado o las columnas de humo que salían de la Biblioteca y del Archivo, han pasado a formar parte del archivo fotográfico que nos ha dejado esa contienda, a pesar de que Donald Rumsfeld y otros miembros del gabinete de George Bush quisieran quitarle importancia señalando que esas imágenes solo eran «cosas que pasan», a la vez que responsabilizaban a los medios de repetir una y otra vez la misma toma de «alguna persona saliendo de algún edificio con un jarrón»[10].

Aunque este fuese el principal expolio cometido durante la invasión de Irak por tropas de la Coalición, no fue el único episodio de destrucción del patrimonio arqueológico causado por este acontecimiento bélico. Prácticamente todos los principales yacimientos arqueológicos de ese país han sufrido de una u otra forma, pero es conocido que sobre la ciudad Babilonia estuvieron asentados contingentes de tropas entre 2003 y 2007, que provocaron importantes destrozos y remociones de tierra en sectores no excavados, cuya reparación es imposible. Otro tanto aconteció en la antigua Ur, lugar ocupado por un campamento de las fuerzas de ocupación norteamericanas, según informaron durante el conflicto delegaciones del British Museum y de técnicos iraquíes (Curtis 2009).

Estos episodios no son meros epítomes de la larga sucesión de razias al patrimonio cultural provocadas por los conflictos bélicos. Cada una de ellas manifiesta los derroteros por los que corren estas aguas en los comienzos de este nuevo siglo y el panorama no es nada alentador porque, a pesar de las diferencias, tienen en común ser el correlato moral de la pérdida de respeto por la dignidad de los seres humanos.

Las informaciones suministradas sobre lo acontecido en el Museo de Bagdad, mientras las tropas estadounidenses y británicas ocupaban la ciudad, resultan bastante ilustrativas de la fuerza real de los compromisos internacionales e incluso de las promesas de las fuerzas ocupantes. El mando militar conocía la situación de estos centros y tenía la obligación de protegerlos pero desoyó tal advertencia. Aunque, cuando las protestas mundiales por ese pillaje y la responsabilidad –al menos moral– de las tropas estadounidenses era imposible de ocultar, el Pentágono justificó la negligencia en la falta de tropas y medios para defender esos enclaves, lo cual resulta difícil de creer ya que, en esos mismos momentos, no hubo escasez de medios para ayudar a derrumbar la estatua de Sadam Hussein en la plaza Al Fardus, icono gráfico de la toma de Bagdad. Simplemente no hubo interés alguno en detener ese expolio, aunque los responsables del Museo pidieron ayuda

---

10 «Stuff happens (...) the same picture of some person walking out of some building with a vase» («Operation Iraqi Looting» *The New York Times* 27/04/2003).

2. La *otra* erosión de la historia

a los mandos militares norteamericanos alojados en el cercano hotel Palestina y, en los anuncios previos a la invasión, el mismo presidente Bush dijo haber dado instrucciones a las fuerzas de ocupación para preservar el patrimonio cultural iraquí (Pollock 2003). La negligencia para salvaguardar las instituciones culturales contrasta con la eficacia en la custodia del Ministerio del Petróleo (Teijgeler 2009). Lo poco sorprendente de este reconocimiento viene a demostrar la fragilidad de los acuerdos para la salvaguarda cultural en un contexto como el bélico, basado en la pérdida de respeto por la vida del prójimo.

También ha trascendido que, en fechas cercanas a que se produjese la caída del régimen de Sadam Hussein, se mantuvo una reunión entre altos funcionarios del Pentágono y representantes del Consejo Americano de Política Cultural, grupo de ricos coleccionistas de arte, entre cuyos miembros figuran directores de museos y traficantes de obras de arte, que abogan por la eliminación de las barreras al transporte y venta global de los tesoros arqueológicos más raros y valiosos. Uno de sus miembros, J. Merriman, profesor de la Universidad de Standford, justificó los saqueos de los museos iraquíes señalando que se trataba de un comercio abierto y legítimo y que, en los países ricos, son más apreciados que en los de origen, motivo por el cual los cuidan mejor. En plena antesala de la invasión de Irak, W. Pearlstein, presidente de la mencionada asociación, ya anunciaba que el nuevo gobierno iraquí debería permitir que parte de su patrimonio nacional se vendiese en el mercado internacional.

Figura 5. Expolio indiscriminado en Umma (Iraq) en septiembre de 2003 (Fotografía: Comando Carabinieri Tutela Patrimonio Culturale)

En el caso de Bamiyan no estamos ante «efectos colaterales» involuntarios dentro de un conflicto bélico. En realidad asistimos a la destrucción consciente del legado cultural como una forma más de aniquilación del enemigo, que afecta no solo a los contendientes, sino también a las generaciones futuras. La voladura de las estatuas de Buda, más allá de la prédica de un islamismo extremo contra las representaciones figurativas de dioses e ídolos, fue un golpe contra uno de los símbolos más conocidos de esta región, feudo tradicional de la Alianza del Norte, enemiga del régimen de los talibán. Es decir, en puridad no respondieron a una acción militar, ni tampoco querían borrar el legado cultural del enemigo, sino del propio pueblo afgano. Por otra parte, como aciertan a expresar F. Franzioni y F. Lezerini (2006), la recreación en el proceso denota un narcisismo frente a la comunidad internacional que, en efecto, distancia esta acción de otro tipo de «daños colaterales» que eran ocultados o, al menos, intentaban justificarse.

No es el primer caso de este tipo de actuaciones. En la guerra de los Balcanes, a los 200.000 muertos y más de 4.000.000 de personas desplazadas, debe añadirse la destrucción de monumentos, como el puente medieval de Mostar y el expolio de museos y centros religiosos de todas las confesiones. La incuria y destrucción del parque cultural de Angkor (Camboya) durante el periodo de tiempo (1975-1979) en que el país estuvo en manos de los jemeres rojos, a pesar de los esfuerzos realizados por el Centro de Conservación de Angkor para que se aplicase la Convención de La Haya a este centro cultural (Clément y Quino 2004), es el correlato lógico del propio desprecio de los seguidores de Pol Pot por la vida humana. Si en poco más de cuatro años son varios los millones de muertos de población civil a manos de este régimen, qué cabe esperar en relación con los bienes culturales.

La comunidad internacional debe afrontar que la destrucción del patrimonio histórico ha dejado de ser una mera consecuencia no querida de las acciones bélicas, para convertirse en una fórmula más de agresión al enemigo, al que además de aniquilarlo físicamente, se quiere herir moralmente borrando del mapa su legado cultural.

«En vérité, la destruction délibérée de monuments, de lieux de culte ou d'oeuvres d'art est une manifestation de la dérive vers la guerre totale. C'est parfois l'autre face d'un génocide» (Bugnion 2004: 314).

En la 32ª Conferencia de la Unesco, celebrada en octubre de 2003, se puso de manifiesto la preocupación internacional por la extensión del enfrentamiento entre pueblos a la devastación de su riqueza cultural. Por ello se consideró urgente ampliar el número de países que suscriban el Convenio para la Protección de los Bienes Culturales en caso de Conflicto Armado, firmado en La Haya en 1954, y actualizado a través de su segundo protocolo aprobado en 1999. Estas protecciones del patrimonio histórico contra los desastres bélicos, voluntarios o no, nacen no solo de su condición de bienes civiles, de carácter cultural, sino que están arraigadas en consideraciones más profundas, relativas al insustituible papel que desempeñan:

> «[à] travers de la protection des biens culturels, ce ne sont donc pas seulement des monuments et des objets que l'on cherche à protéger, c'est la mémoire des peuples, c'est leur conscience collective, c'est leur identité, mais c'est aussi la mémoire, la conscience et l'identité de chacun des individus qui les composent. Car en vérité, nous n'existons pas en dehors de notre famille et du corps social auquel nous appartenons» (Bugnion 2004: 322).

Pero, a pesar de las buenas intenciones de la legislación internacional, parece estar lejos la posibilidad real de un consenso práctico sobre estas cuestiones. J. P. Boylan (2002) ha descrito los efectos negativos de las guerras sobre los bienes culturales, desde las cruzadas hasta nuestros días. Si tradicionalmente ha sido el botín, la principal causa de expolio, el aumento de la capacidad destructiva de las armas ha generado lo que en términos de la eufemística bélica se ha denominado «efectos colaterales» para designar los daños que afectan a objetivos no militares, entre los que se encuentran monumentos, museos y yacimientos, entre otros bienes culturales. Sin embargo, lo descrito muestra que, a pesar de los denodados esfuerzos de la Unesco por establecer pautas de conducta en tiempos de guerra en relación con el respeto a los bienes culturales, erradicando prácticas como el botín, sus logros han sido más bien escasos.

Como quizás dé la sensación de que a los países occidentales esto nos queda demasiado lejos, no debe silenciarse que buena parte de la riqueza cultural expoliada y sacada de sus lugares de origen de manera fraudulenta, por la fuerza de las armas, también ha terminado en subastas públicas celebradas en ellos.

2.2. El saqueo de bienes arqueológicos en tiempos de paz

Los datos disponibles indican que el expolio del patrimonio arqueológico se produce en la actualidad a una escala mayor del que nunca se ha verificado con anterioridad. Sus resultados, como señalan

Brodie, Dooble y Watson (2000: 19 ss.), son de imposible reparación. Desgraciadamente hay muchas noticias de expolios producidos al margen de cualquier conflicto bélico. Redes organizadas para el contrabando de obras de arte han sustraído postes funerarios de Kenia, estatuillas de barro chinas, fetiches y máscaras de Mali, esculturas nepalíes, tejidos andinos, joyas y cerámicas precolombinas, estatuas mortuorias de Madagascar, obras de arte de monasterios, ermitas, iglesias y museos diocesanos españoles, belgas, franceses, polacos e italianos; y todos tienen puestos los ojos en Anatolia y África, dada la facilidad existente para sustraer obras de arte y sacarlas clandestinamente de los países subdesarrollados. Por no hablar de quienes, arropados con pretensiones seudocientíficas, disponen de los últimos adelantos para rastrear y localizar todo tipo de pecios dormidos en las profundidades marinas, para sacarlos de su sueño y apropiárselos tomando en su favor las ventajas de una legislación poco rigurosa.

Existe una asociación entre país subdesarrollado, sobre todo si tiene un pasado cultural puesto de moda entre las élites occidentales o japonesas, y su expolio que refleja hasta qué punto este sigue siendo un correlato más del dominio social y económico ejercido por las potencias mundiales sobre el resto del planeta, exactamente igual que se depredan sus riquezas naturales. Pero esta relación no es de ningún modo exclusiva.

El saqueo de antigüedades también se nutre de la indiferencia social hacia ellas, de la escasa atención y cuidado real que se les presta, a pesar de los mandatos legales y las pomposas declaraciones de los responsables políticos, en países que cuentan con un indiscutido asiento en el G-20; por ejemplo Italia.

Durante más de treinta años Italia ha visto, con la mayor de las despreocupaciones, cuando no con el aplauso de las élites académicas[11], cómo una inmensa cantidad de antigüedades era desenterrada de forma clandestina y vendida en el extranjero, con la más absoluta impunidad. Existe poco acuerdo para establecer el inicio de esta *industria* italiana, pero F. Isman (2009: 27 ss.), a quien sigo principalmente en estos comentarios, apunta un periodo de treinta años, desde comienzo de los setenta hasta 2000, cuando tras solo cinco años de actividad

---
[11] En efecto, incluso arqueólogos, políticos y altos representantes italianos del mundo cultural, cuando en 1997 visitaban el Metropolitan Museum de Nueva York y veían la famosa *Crátera de Eufronio*, consideraban que estaba mejor allí que en su país, donde no se apreciaba este tipo de objetos. Paolo Enrico Arias, profesor de Antigüedad Clásica en la normal de Pisa, señaló en una de esas visitas, acompañado de otros arqueólogos y políticos del momento, que «Sia ben chiaro: ormai il vaso di Eufronio sta bene a New York; non è davvero il caso di disturbarlo» (Isman 2009: 75). Por fortuna, sus predicciones fallaron y fue devuelto a Italia.

2. La *otra* erosión de la historia

judicial y diplomática, este floreciente comercio exterior ha sido prácticamente erradicado, quedando en la actualidad reducido a un ámbito doméstico.

Según las fuentes consultadas por ese periodista, esa actividad ha involucrado a decenas de miles de personas, entre *tombaroli*, capos y anticuarios, regionales y nacionales, receptadores y traficantes internacionales, en una estructura jerarquizada con componentes mafiosos (Polk 2002). Imposible no aludir al detallado relato, hecho por A. Stille (2002: 96-122), del expolio sistemático del yacimiento de Morgantina en Sicilia por conocidos *tombaroli*. En él describe con precisión la mediación de anticuarios y coleccionistas italianos y extranjeros, que coadyuvaron en el blanqueo y venta a instituciones museísticas, como el Metropolitan Museum de Nueva York o el Museo Getty, e incluso a coleccionistas privados, de importantísimos lotes de piezas que aún no han sido devueltos por sus actuales poseedores al Gobierno italiano.

Los efectos han sido devastadores. Se calcula que el 80% de los objetos romanos distribuidos por el mercado negro provienen de remociones de suelo ilegales. De ese porcentaje, no menos del 60% es de origen italiano; ratio que llega al 100% para los objetos etruscos.

Durante años, un leñador del lago de Bracciano ha violado una tumba a la semana, pero Evangelisti (que es su nombre), reconoce que no estaba solo,

> «Dal 1975, scavare diventa di moda: lo fanno tutti; una volta, su un sito, ho trovato 35 colleghi» (Isman 2009: 79).

Los daños causados solo por este personaje son incalculables. Ha devastado al menos cuatro o cinco mil tumbas. De las fotos incautadas por la policía a Evangelisti, se ha calculado que vendió cinco veces más vasos de figuras negras de los existentes en el museo de Villa Giulia.

Algunas de las obras salidas al mercado internacional son conocidas ahora, por la notoriedad adquirida cuando Italia ha solicitado su devolución a coleccionistas o instituciones receptadores. Son los casos de la *Tríada Capitolina*, recuperada por los carabinieri en el paso de Stelvio, en los Alpes, en 1994; la *Máscara de marfil*, propiedad de R. Syme, uno de los mayores traficantes internacionales de arte antiguo expoliado procedente de Italia, recuperada en 2003; la *Afrodita de Morgantina*, restituida a Italia por el Getty Museum en 2010; o la *Crátera de Eufronio*, devuelta por el Metropolitan Museum de Nueva York en 2008, entre otras piezas maestras. Pero estos triunfos parciales no reparan el daño realizado por los excavadores clandestinos y, en realidad, solo representan la punta del iceberg del expolio y del tráfico ilícito de antigüedades. Un estudio realizado en 1962 revelaba que del conjunto de tumbas etruscas del yacimiento de Cerveteri cerca de 400, de las 550 conocidas, habían sido expoliadas desde la segunda guerra mundial hasta esa fecha.

G. Medici, uno de los principales receptadores nacionales de objetos arqueológicos italianos, tenía en un almacén de Ginebra –cuando en 1994 la policía se incautó de su contenido– en torno a diez mil objetos, en su mayoría vasos griegos y etruscos; también guardaba varios millares de fotos de piezas espectaculares que habían pasado por allí, incluidos sarcófagos etruscos, de las que se ha perdido la pista en la actualidad.

Isman sostiene que una de las claves del éxito del expolio y tráfico ilícito de antigüedades es que resulta bastante más rentable y seguro que el de la droga. Las razones que le sirven de argumentación son básicamente dos: menor riesgo y grandes beneficios. Nunca se ha visto a un perro en un aeropuerto buscando antigüedades; las penas son menores y los procedimientos tan largos que, cuando llega la sentencia, posiblemente la persona inculpada haya muerto. Tampoco se tienen noticias de que estas mafias hayan ajustado cuentas por este motivo, al contrario de lo que ocurre con los estupefacientes. La arqueología no pasa de mano en mano en plazas o discotecas, sino que sigue canales más reservados y, por esa razón, más seguros. En Italia, donde el 15% de los reclusos provienen de asuntos relacionados con la droga, solo se ha condenado a un año de cárcel a Medici por delitos contra el patrimonio histórico.

Los réditos que devenga tampoco son mucho menores. Orazio di Simone adquirió por 400 mil dólares la *Afrodita de Morgantina* de quien la expolió; y Symes la revendió a la Getty por 18 millones de dólares, un 450% más caro. Medici compra una *hydria* ceretana por 245 mil dólares, un año después el Getty la adquiere por 400 mil dólares.

> «Per le leggi italiane, un paio di jeans del supermercato valgono più di un cratere di Eufronio, di una statua di Michelangelo, di un Raffello o Caravaggio. Eppure, il nosso Paese non è famoso al mondo per i jeans, se non perché Genova è stata la prima a fabricarli» (Isman 2009: 35).

Isman también apunta las causas de semejante debacle. La reducción de presupuesto y la falta de personal ponen en tela de juicio la capacidad de gestión del Gobierno italiano. La edad media de los

2. La *otra* erosión de la historia 49

funcionarios del Ministerio dei Beni y la Activitá Culturali es de 54 años. No solo era el último ministerio dentro del dicasterio de Berlusconi, sino también el peor dotado económicamente y el que sufre mayores recortes por la crisis[12]. Todo ello a pesar de que los gobiernos italianos presumen, sin fundamento, de poseer entre el 50 y el 70% del arte mundial y de que este rico patrimonio es «el petróleo nacional».

Aunque en Italia, esta gran razia está bajo cierto control no siempre ocurre lo mismo en el resto de los países. A mitad de los sesenta se reventó un conjunto de túmulos en Uşak, región situada en la Turquía centro occidental, de los que se extrajo una colección fabulosa de piezas arqueológicas de época lidia (hacia el siglo VII ane), vendidas al Metropolitan Museum of Art de Nueva York. Es bien conocido que finalmente el Gobierno turco, no sin antes pleitear hasta lo indecible por la devolución de las piezas salidas ilegalmente de su territorio, consiguió la colección que ha recibido diversos nombres: *Tesoro de Karun, Tesoro Lidio* o *Tesoro de Creso* (Kaye y Main 1995). Sin embargo, este desenlace no puso punto final al episodio. Un reciente trabajo en Lidia muestra la extensión del problema: de los 397 túmulos inspeccionados, 357 (esto es el 90%) mostraban signos de haber sido expoliados (Roosevelt y Luke 2006: 179).

En este cuento casi infinito de afrentas, a pesar de ser ya bastante extenso, parece oportuno hacer mención a uno de los casos más lacerantes (junto a los ya comentados de Italia y los túmulos lidios), esta vez atribuible sin duda al afán coleccionista: el de las figuras cicládicas.

El interés despertado por estas figuras prehistóricas entre los artistas vanguardistas de los años veinte y treinta del pasado siglo (Picasso y Modigliani, entre los más conocidos) provocó un deseo irrefrenable de adquirirlas tanto por parte de museos públicos como de coleccionistas privados, al ser consideradas como precedentes del arte conceptual y esquemático europeo del momento[13]. Según los estudios realizados (Gill y Chippindale 1993 y Chippindale y Gill 1995), de las 1600 figuras conocidas, solo han sido recuperadas con registro arqueológico en sus contextos funerarios aproximadamente 143. Del resto se carece con certeza, a pesar de que en ocasiones la duda se haya convertido en certidumbre por efecto de la tradición, no solo del ambiente del que proceden sino también de la isla; solo se sabe que

---

12 La única respuesta articulada por el Gobierno, como siempre, es privatizar la gestión (*vid.* «Se vende Coliseo antes de que se deteriore más» *El País* de 16/04/2011).

13 Hoy día los coleccionistas se caracterizan menos por su vocación de mecenas que por sus ansias exhibicionistas, ávidos del predicamento social que conlleva, como ha reflejado con fina ironía A. Serrano (2002), presidente de la Asociación de Anticuarios de Madrid.

aparecieron en superficie. Dado que la geomorfología de las Cícladas se caracteriza por una fuerte erosión en pendiente, de los yacimientos prehistóricos no se conoce apenas nada, salvo los enterramientos donde aparecen estos objetos. A pesar de la sospecha fundada de la existencia de falsificaciones entre las conocidas, cuyo número resulta difícil de cuantificar con precisión, teniendo presente que la ratio de presencia de figuras es aproximadamente de una por cada diez tumbas, eso supone que al menos se han expoliado doce mil tumbas para satisfacer los deseos coleccionistas, eliminando la posibilidad de conocer el significado de la presencia de estos elementos en los cultos funerarios prehistóricos y, de paso, contribuir a caracterizar el modelo societario del momento. Esta falta de información arqueológica ha querido ser suplida por análisis artísticos de las colecciones conocidas, pero la mayoría de ellos adolece de criterios presentistas, al aplicarle modulaciones y criterios de autor (se habla de diferentes «maestros» identificados en razón de determinados rasgos estilísticos) a sociedades prehistóricas, lo que es absolutamente inapropiado para el conocimiento histórico. Por no comentar las atribuciones hechas a esas sociedades sobre la «espiritualidad o abstracción artísticas», ignorando que las figuras estaban policromadas y su aspecto actual no tiene nada que ver con el original.

Desgraciadamente las figurillas cicládicas no son el único ejemplo de esta suerte de imposición de significados contemporáneos sobre contextos, simbolismos y funciones originales. La mayoría de la escultura clásica, en especial la griega arcaica, entra en este mismo paquete de bienes al que determinadas corrientes actuales sitúan en una especie de limbo ahistórico, que facilita su contemplación como objeto artístico atemporal. Sus deleznables consecuencias materiales y lo impostado del acercamiento intelectual artístico (quizás fuese más adecuado denominarlo neocoleccionsta) como vía de conocimiento histórico están siendo evaluadas por vez primera (Chippindale et alii 2001).

Repetir que la situación a escala internacional es alarmante y que el daño infligido irreversible, hasta el punto de resultar imposible restituir históricamente episodios culturales de muchas regiones del planeta, no es caer en ningún derrotismo extremista sino una descripción de la cruda realidad avalada por todos los autores que vienen trabajando sobre este tema. Uno de ellos, N. Brodie (2002: 1 ss.), enumera dos, entre las principales razones del crecimiento exponencial del expolio a partir de la década de los setenta que dibujan con bastante precisión el telón de fondo sobre el que se mueve: la mayor potencia de los medios destructivos que superan con creces al pico y la pala de antaño; además, esta mayor potencia está relacionada con el aumento de la capacidad

2. La *otra* erosión de la historia

para llegar a lugares donde antes los seres humanos no podían acceder, sobre todo a las profundidades marinas donde descansaban galeones hundidos con sus ricos cargamentos. La segunda razón, para este autor, es la multiplicación de la facilidad para el tráfico y transporte internacional de objetos, lo que permite el desplazamiento rápido de los bienes ilícitamente extraídos a los lugares de subasta o a colecciones privadas o públicas, sin apenas trabas aduaneras.

> «This new combination of destructive power and easy communication has proved disastrous for the world's archaeological and cultural heritage, and it seems that non site or museum around the world is now safe from attentions of archaeological bandits» (Brodie 2002: 1).

Volviendo al principio de este apartado, cabe preguntarse si en países desarrollados, donde los bienes tienen reconocimiento jurídico y la legislación impone controles a las exportaciones de bienes culturales, el comercio ilegal tiene semejantes consecuencias cómo será la situación en otros, con menores controles sobre este tipo de productos. En la mayoría de los países subdesarrollados, donde sigue siendo prioritario garantizar la supervivencia humana, los efectos del tráfico ilícito son incalculables no solo por sus secuelas económicas presentes y futuras, sino por el empobrecimiento cultural que de ello resulta para sus poblaciones, fuertemente ancladas en modos de vida tradicionales (Togola 2002).

El destino de tanto escarbar buscando tesoros, de tanta rebusca en yacimientos, de tantos robos en museos, yacimientos visitables o centros culturales es, en su mayoría, el mercado internacional de antigüedades[14]. Resulta obvio que no todos los coleccionistas deben ser medidos por el mismo rasero y que existe un comercio legal de obras de arte antiguas, pero también que estas, como el dinero, se blanquean y que el coleccionismo sigue gozando de un enorme prestigio social, una de cuyas bases es el sigilo y la confidencialidad.

Los coleccionistas eruditos e ilustrados, que siempre traen a colación quienes simpatizan con esta práctica o abiertamente la defienden porque resulta ser su modo de vida, fueron característicos de épocas en las que la acción de los estados estaba ausente o se encontraba en sus estadios iniciales. En la actualidad, todos ellos son perfectamente conscientes del daño que provocan y de que, sin su

---

14 Se da una realista visión de la magnitud de esta devastación y sus relaciones con el mercado internacional y, concretamente, británico en Brodie, Dooble y Watson, 2000 y Renfrew 2006.

empeño, el expolio decaería. F. Polk (2002) considera necesario para cortar el tráfico ilícito atacar, de manera decisiva, a través de una serie de reformas, la demanda de obras de arte y antigüedades, cambiando el modelo de consumo, de manera que los anticuarios no puedan vender repertorios arqueológicos de procedencia sospechosa.

De nuevo Isman (2008: passim), hablando de Italia, ilustra estos aspectos del comercio internacional. Los *tombaroli* rápidamente esconden los hallazgos y llaman a intermediarios de ámbito nacional (A. Savoca, Doris Seebacher). Los tratos se hacen sobre el terreno pero las piezas se depositan en escondites seguros, no en casa. Los precios pagados por estos intermediarios son irrisorios. Los intermediarios no siempre viven en Italia, sino en países limítrofes, como Mónaco. Ellos atesoran cientos, y a veces miles de objetos, en sus propios domicilios, donde además también tienen pequeños talleres para practicar algunas tareas de limpieza y restauración. Cuando se detuvo en 1994 a Savoca, tenía en su poder miles de piezas esperando personas o instituciones interesadas en su adquisición. La piscina de su residencia, de 20 mts de longitud, no se usaba para la práctica de la natación, sino para lavar los objetos. Todos ellos son conscientes del origen ilegal de los bienes.

Cada uno de los grandes traficantes del momento tenía un grupo asiduo y fiel de comerciantes encargados de aglutinar todos los objetos expoliados en su área de influencia, dentro de suelo italiano (Conforti 2002: 25).

El patrimonio arqueológico mundial, como señalan sin ambages N. Brodie y C. Renfrew (2005), está amenazado por un comercio ilícito de obras de arte. Tales antigüedades, vendidas sin señalar la procedencia, son adquiridas por importantes museos y colecciones privadas europeas y norteamericanas. Para evitar las restricciones impuestas por la Convención de 1970 de la Unesco sobre los Medios para Prohibir y Prevenir la Importación, Exportación y Traspaso de Propiedad Ilícitas del Patrimonio Cultural, estos compradores han creado *lobbies* para presionar a sus gobiernos y demorar la adhesión y aplicación de las medidas contenidas en esa Convención.

Con la mera cita de ejemplos se han escrito varios libros (Tubb [ed.] 1995, Brodie, Dooble y Watson 2000, Brodie y Tubb [eds.] 2002, Renfrew 2006, Isman 2009, entre otros muchos). Todos hablan sobre las colecciones del Metropolitan de Nueva York, que fue el primero en restituir objetos sacados ilegalmente de Italia; del californiano J. Paul Getty Museum, que ha abierto una «villa Pompeyana» en Malibú, tras diez años de trabajo y una inversión de 225 millones de euros. Su responsable durante veinte años (1986-2006), Marion True fue procesada en Roma junto con R. E. Hecht, el más culto y *dandy* de los comerciantes

2. La *otra* erosión de la historia

internacionales de arte robado. También del Museum of Fine Arts de Boston y de Richmond; los museos de Princenton y Cleveland, así como el de la Universidad de Harvard; todos ellos han adquirido bienes de procedencia ilícita. Estados Unidos no tiene la exclusiva, también hay colecciones de origen sospechoso en museos de Suiza, Gran Bretaña y Francia, e incluso en Japón. Pero no solo son museos, también coleccionistas privados, de los que se conoce una pequeña parte de sus posesiones, apenas lo que ha sido cedido para exposiciones temporales, atesoran bienes procedentes de rebuscas clandestinas. Destacan las del matrimonio Fleischman, Shelby White, Leon Levy y los Ortiz, de Ginebra.

Todo ello ha sido posible gracias a que las casas de subasta han querido blanquear los objetos robados. En una carta de la que se incautó la policía, Marion True, directora por entonces del Getty Museum, le decía a Hecht «me lo mandas y después será blanqueado» (Isman 2009: 32; traducción mía). Son el tercer pie que soporta y alienta el mercado internacional de antigüedades expoliadas. En la colección intervenida a G. Medici en Ginebra, muchas piezas aún tenían el cartelito de la casa de subastas.

En fin, ejemplos suficientemente conocidos que transmiten de forma prístina la imagen de devastación impune, que tanto preocupa a quienes nos dedicamos a la tutela e investigación del patrimonio arqueológico, junto a otra no menos irritante: las dificultades de los países de donde se han expoliado las piezas para poder ver satisfechas sus legítimas pretensiones de devolución de esos bienes.

Expoliar o ser expoliado ha marcado una enorme diferencia con respecto al derecho positivo de cada país. Los que son receptores de tales bienes suelen ser reacios a la adopción de legislaciones severas sobre importación de bienes culturales, amén de disponer de argumentos legales para justificarlas, como las denominadas adquisiciones «de buena fe», imponiendo la carga de la prueba a los países reclamantes o estableciendo justificaciones *ad hoc* para evitar la devolución de las obras de arte sustraídas. Por el contrario han sido la preocupación por el expolio de sus antigüedades y un naciente sentimiento nacionalista, los motores que han promovido los más tempranos ejemplos de normas protectoras con técnicas legales modernas en el siglo XIX.

España, del quinientos al ochocientos, pasó de tener una anticuaria que en nada envidiaba a los países más desarrollados de Europa a ser un lugar de misión, donde venían instituciones museísticas extranjeras, sobre todo francesas, para llevarse cuantas piezas de arte antiguo pudiesen encontrar o comprar (Balil 1991). Esta desprotección en que se encontraba el patrimonio arqueológico, apenas contenida por obsoletas normas ilustradas, espoleó la promulgación de las primeras leyes modernas protectoras de las antigüedades (Yáñez 1997, Yáñez y Lavín 1999). En Grecia, el expolio de los relieves del Partenón y de los templos de Egina y Bassae, por lord Elgin y la sociedad filohelénica Xeneion, levantaron críticas airadas entre los extranjeros que presenciaban el vandalismo con que se llevaban a cabo semejantes desmontajes[15]. El rechazo que tales acciones despierta en círculos propiamente griegos fue inicialmente calmado con dinero, «pero el dinero sólo sirve para negar un naciente sentimiento nacional que no tiene medio de triunfar y al que tampoco tratan de educar» (Etienne y Etienne 1992: 79). La reacción nacional, tímidamente anunciada con la Sociedad de Amigos de los Museos (1813), fundada en Atenas con el objetivo de educar a la juventud y proteger las antigüedades, solo llegó con la independencia.Fue entonces cuando el Estado griego se preocupó de recuperar los tesoros expoliados; se organizó un servicio de arqueología encargado de la reconstrucción de la Acrópolis, abierta al público en 1835; y, finalmente, se legisló contra la depredación de obras de arte (1827) (Etienne y Etienne 1992: 76-91).

Esta actividad normativa ha llegado hasta nuestros días en todos los países. De hecho, debe reconocerse que los regímenes jurídicos destinados a la protección del patrimonio cultural han sido siempre una avanzadilla del Estado social. Por ello no todo son tintes negativos en el panorama nacional e internacional de la tutela de los bienes culturales, también se comprueba la existencia de un rechazo, cada vez más amplio y generalizado, a las conductas expoliadoras. Muy posiblemente la razón de la capacidad de impacto que tienen las noticias sobre el saqueo del patrimonio cultural responda a que su destrucción, inicua o negligente, se sienta como una agresión contra toda la humanidad. A pesar de su menor gravedad, indigna como pueda hacerlo la pérdida de vidas humanas en «guerras preventivas» o la intransigente aplicación de injustas y vejatorias reglas medievales por los seguidores del *mulá* Omar a sus mujeres[16].

Conforme los bienes culturales están ganando en aprecio por parte de la sociedad, su expolio se ha convertido en una importante preocupación para las autoridades culturales, tanto nacionales como

---

15 Recuérdese la sátira y ridiculización hecha por Lord Byron sobre Elgin en el famoso poema *The Curse of Minerva* (1811).

16 Se ha censurado a los profesionales de la arqueología que, en sus muchas manifestaciones de reproche acerca del destrozo y expolio provocado o permitido por las tropas coaligadas para invadir Irak, el interés prioritario haya sido el legado cultural y no la pérdida de vidas humanas (Hamilakis 2003). Sin embargo, pienso que en esta acción de repulsa se subsume el rechazo a la invasión y a todas las calamidades que ha traído consigo, incluyendo sobre todo la muerte de miles de personas y el dolor infligido a cientos de miles.

internacionales. Un signo evidente de esta preocupación son los intentos de regulación del comercio ilícito de antigüedades; también lo son las primeras devoluciones que se están produciendo, los foros, textos y códigos éticos de profesionales, comerciantes e instituciones museísticas para evitar dar amparo a los bienes marcados por la sospecha de su procedencia ilegal. Hoy día, aunque siga siendo posible colocar obras de arte antiguas en el mercado clandestino internacional, es mucho más difícil de lo que resultaba hace solo diez o doce años. Pero, además, es pensable y deseable que en poco tiempo, sea virtualmente imposible ese tráfico ilícito.

2.3. el expolio de «baja intensidad»

Desde que se popularizaron los primeros detectores de metales, introducidos en España a través de la base militar de utilización conjunta hispano-americana de Morón de la Frontera (Sevilla) en los años setenta, la arqueología era conocedora de la sangría de bienes que han ido drenándose hacia el coleccionismo particular y, por consiguiente, sustrayéndose a los cauces habituales de la investigación histórica y su difusión. El crecimiento de esta práctica (el uso de aparatos detectores de metales para la búsqueda de objetos arqueológicos, singularmente monedas) fue acogido con resignación, ante un fenómeno que se antojaba imparable. Aunque fuese ilícita, esta práctica se situaba fuera del alcance de las posibilidades de intervención de las autoridades culturales, así como del interés de las judiciales. Por tanto, la única forma activa de protesta consistía en el lamento ante un estado de cosas imposible de frenar.

En esas fechas, el subdesarrollo de instrumentos de protección y preventivos, como los inventarios de yacimientos y las cartas arqueológicas, solo permitía sospechas sobre la magnitud del estrago. La única cosa dada por segura era que se trataba de un iceberg, del que lo conocido era una mínima parte de la realidad. En estos términos se expresaba tanto Caballero Zoreda (1982), como Gaillard de Sémainville y Gosselin (1984), al dar cuenta a los auditorios hispano y galo, respectivamente, de la aparición de la primera norma que trataba de poner coto en Europa al uso indiscriminado de aparatos detectores: la Directiva n° 921 del Consejo de Europa, de 1981.

Durante muchos años se ha dejado de lado este problema; apartamiento posible por el desinterés de profesionales y administraciones públicas en atajar este expolio. El único acercamiento al coleccionismo privado era con el objetivo de publicar alguna pieza de interés, aunque estuviese descontextualizada, pero siempre desde un exquisito respeto y cómplice sigilo con las formas de adquisición de los objetos. Sin embargo, esta ceguera voluntaria está cambiando de forma radical. Y una de las primeras manifestaciones ha sido evaluar el monto de lo perdido o, al menos, establecer criterios para su evaluación.

En este ámbito, como en otros referidos a la lucha contra esta forma de expolio arqueológico, Andalucía es pionera dentro del Estado español, sobre todo por el impulso dado al proyecto Modelo Andaluz de Predicción Arqueológica (MAPA), dirigido por el Instituto Andaluz de Patrimonio Histórico, y del que hablaré a continuación. Pero antes de entrar a detallar esta sistematización, debe hacerse mención a los primeros datos que pusieron de manifiesto la dimensión del iceberg del expolio andaluz, al menos de manera comparativa con el resto de comunidades autónomas.

Durante la reunión del Consejo de Patrimonio Histórico celebrada en Alcalá de Henares en febrero de 1998, se expuso por la Guardia Civil -por vez primera que yo sepa- el cómputo de denuncias realizadas por las unidades del Seprona en toda España, referidas al expolio de yacimientos arqueológicos. Las cifras ofrecidas por el instituto armado resultaban de un impacto innegable en un doble sentido. Primero, porque, en esos momentos, los datos apuntaban a que el expolio arqueológico estaba aumentando en una escalada progresiva. La contabilidad efectuada por el Seprona en años sucesivos ha confirmado la previsión hecha entonces. Si desde el inicio de los registros en 1990 hasta 1998 se había experimentado un alza moderada de las denuncias, en 1999 la curva sufría un fuerte ascenso, duplicándose el número de denuncias del año anterior. A partir de ahí la gráfica se instala, con una sola excepción, por encima de la barra de las 500 denuncias, para emprender un lento descenso desde 2004. Esta idea coincidía con la expresada por la Brigada de Patrimonio Histórico del Cuerpo Nacional de Policía a consecuencia de la *operación Lirio*:

> «[l]os expolios han experimentado un descenso progresivo en los últimos años en lo referente al robo de obras de arte, pero no en relación con las agresiones que afectan al patrimonio arqueológico» (*El País* de 24/04/2005).

En segundo lugar, Andalucía era la comunidad autónoma donde, de largo, más expolios se producían, con casi la mitad de todos los registrados en el Estado español. Y dentro de esta comunidad, la provincia de Sevilla era indudablemente la que más contribuía a ese triste récord, seguida de Córdoba, Jaén y Cádiz.

2. La *otra* erosión de la historia

Pronto se consagró en la literatura policial el aserto de que en Andalucía se cometía el 70% del expolio dentro del Estado (Sánchez Arroyo 1998: 142; Magán Perales 2001b: 113).

He tenido ocasión de advertir, sin cuestionar la magnitud del expolio que pueda producirse en esta comunidad, que semejante desproporción era más que dudosa (Rodríguez Temiño 1998a, 2000 y 2004a). Para empezar, las estadísticas enumeraban las denuncias realizadas por dicho servicio y no todos los expolios cometidos en los yacimientos. O sea, que los datos expuestos dependían en alto grado de un cúmulo indefinido de variables humanas, imposibles de precisar y evaluar; no siendo la menos importante la mayor sensibilidad hacia esta problemática entre los miembros del instituto armado. A este respecto, debe tomarse en cuenta que en fecha tan temprana como 1986, el Gobierno Civil de Sevilla emitía la circular número 2 de ese año, publicada en el Boletín Oficial de la Provincia de 5 de mayo, en la que se advertía a los cuerpos y fuerzas de seguridad sobre «la responsabilidad en que podrán incurrir, conforme a las normas que expresamente se citan en la presente Circular [se refiere a la LPHE], cuantas personas, físicas o jurídicas, realicen tales actividades [el uso de detectores de metal en yacimientos arqueológicos] sin la preceptiva autorización oficial», y que con posterioridad –a partir de 2000– se vienen dando cursos especialmente dirigidos al reconocimiento e identificación de este tipo de ilícitos administrativos.

Por otra parte, como norma, una estadística debería reflejar las diferencias entre una población de datos homogéneos y, en ese caso, no lo son. Me explico. No parece coherente comparar comunidades uniprovinciales como Madrid o Murcia con otras pluriprovinciales, caso de Andalucía con una extensión de casi un tercio de toda la península Ibérica, sin aplicar coeficientes de corrección. O, siguiendo esta misma línea, poner en el mismo saco zonas donde la inmensa mayoría del suelo rústico está arado –y por tanto la actividad de buscadores es más factible– con otras, como Galicia, Asturias o Cantabria con una cobertura vegetal estable que dificulta el detectorismo.

Mi conclusión era que, tomando en cuenta los datos brutos de denuncias del Seprona, no cabía concluir la abismal distancia entre el expolio en Andalucía y el resto de comunidades del Estado español. Por tanto, sin que ello significase que cuestionaba la existencia de un amplio grado de expolio en Andalucía, o concretamente en la provincia de Sevilla, simplemente quería destacar que para saber la magnitud del expolio era preciso contrastar los datos arrojados por las denuncias de los cuerpos y fuerzas de seguridad con los procedentes de otras fuentes.

Figura 6. Estadística de intervenciones del Seprona de la Guardia Civil en materia de patrimonio arqueológico entre 1990 y 2003 (Fuente: Guardia Civil)

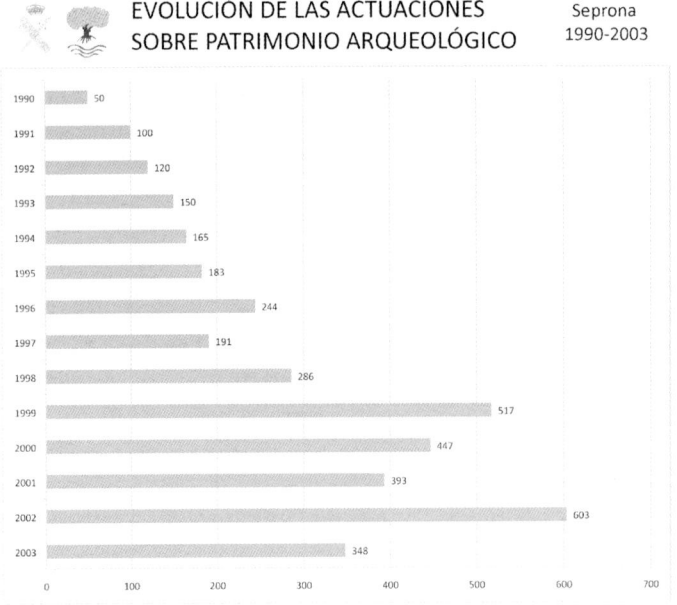

Figura 7. Evolución de las actuaciones en patrimonio arqueológico del Seprona de la Guardia Civil entre 1990 y 2003 (Fuente: Guardia Civil)

2. La *otra* erosión de la historia

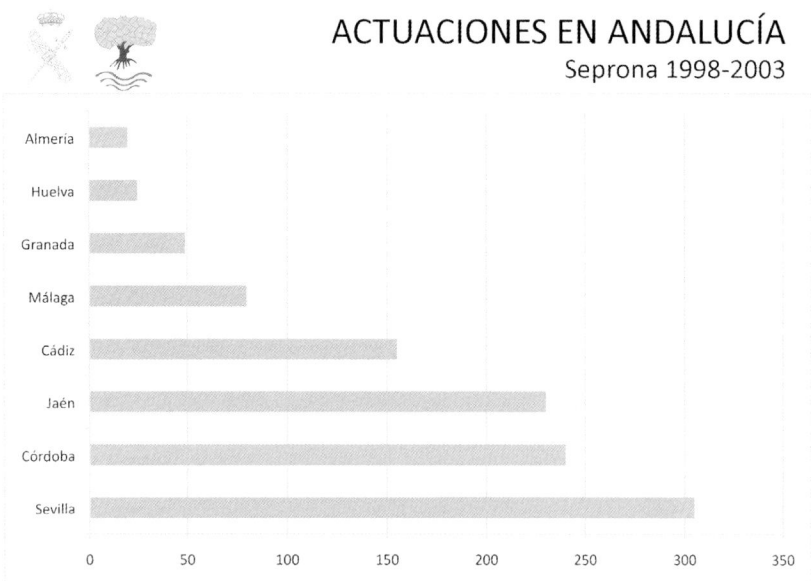

Figura 8. Estadística de intervenciones del Seprona de la Guardia Civil entre 1990 y 2003 en Andalucía (Fuente: Guardia Civil)

Tales conclusiones parecen haber sido aceptadas por los propios representantes de la Guardia Civil que, en sucesivas intervenciones, al ofrecer estos datos han matizado las conclusiones y su significación (por ejemplo, Cortés Ruiz 2002a y 2006).

Dejando de lado estos datos, debe señalarse que la Comunidad Autónoma deAndalucía ha venido trabajando en la evaluación del deterioro debido al expolio arqueológico; caso único –que yo sepa– en la totalidad del Estado español. En efecto, si hace unos años era prácticamente imposible tener ni siquiera una idea aproximada del grado de pérdida del patrimonio arqueológico, sobre todo en medio rural, hoy día se están dando pasos para componer un esbozo de esa situación. Así, una línea de investigación del Instituto Andaluz de Patrimonio Histórico está dedicada a evaluar el grado de perdurabilidad de los yacimientos arqueológicos, dentro del proyecto denominado Modelo Andaluz de Predicción Arqueológica (MAPA).

En un primer avance, extraído de los datos procedentes de las fichas de registro de yacimientos arqueológicos, de la base de datos ARQUEOS, gestionada por la Consejería de Cultura, sus autores (Fernández y García 2000) ya advertían de que el expolio superficial, es decir el provocado por el uso de aparatos detectores de metales singularmente, suponía la segunda causa de amenaza de los yacimientos andaluces, a pesar de que los datos de entonces adolecían de un estudio más riguroso y sistematizado.

N. Brodie (2002: 16 s.) hace una interesante reflexión sobre este dato. Apunta este autor que el porcentaje de yacimientos expoliados podría ser mayor, pues el monto de lugares recogido incluye muchos, como por ejemplo las localizaciones paleolíticas, que carecen de interés para los detectoristas. Si, en efecto, se excluyesen estos últimos, la ratio entre yacimientos con expolio constatado y los que son susceptibles de serlo, por la presencia habitual en esos contextos de objetos metálicos, la proporción posiblemente variaría, creciendo la tasa de yacimientos con signos de expolio superficial.

En todo caso, el desarrollo del proyecto MAPA (Fernández Cacho 2004) ha sido, sin duda, un paso de trascendental importancia. Su fundamento consiste en la conjugación de diversos factores, convertidos en índices, para inducir las principales causas del deterioro de los sitios arqueológicos y, en consecuencia, adoptar las medidas oportunas para paliar sus nocivos efectos. Para el argumento expositivo presentado aquí, cabe señalar que se confirman los avances antes señalados: el índice de expolio superficial es del 16,2% en el conjunto de los yacimientos registrados en la base de datos ARQUEOS, solo superado por el de los afectados por el arado superficial (38,1%), y muy por encima del tercer factor, el arado subsolador, con un 9,3%, de un total de 20 variables analizadas con incidencia negativa en la conservación de los sitios arqueológicos (Muñoz, Rodrigo y Fernández 2004).

A pesar de su carácter incompleto, estas tablas dejan claro la magnitud del fenómeno al que nos enfrentamos, dando por vez primera cifras a ese tipo de expolio. Magnitud que también viene sugerida, aunque de manera indirecta, por las impactantes cifras de objetos recuperados en operaciones policiales contra el expolio arqueológico que han tenido lugar en Andalucía. La *operación Tambora* arrojó un saldo de más de cien mil objetos intervenidos, procedentes de yacimientos arqueológicos, expoliados con la ayuda de detectores de metales. En 2005, la denominada *operación Lirio* daba cuenta de la desarticulación de una banda dedicada a la falsificación de bienes culturales (cuadros y piezas arqueológicas, fundamentalmente), habiendo la policía requisado 10.358 objetos, de los cuales entre monedas, hebillas, puntas de flecha y cerámicas había 9.833. En los veinte registros efectuados los agentes también confiscaron dos detectores de metales (*El País* de 24/04/2005). Dos años después, en la *operación Tertis*, la Guardia Civil volvía a incautarse de más de trescientas mil piezas arqueológicas (*Abc. Sevilla* de 8/02/2007).

2. La *otra* erosión de la historia

Según mi propia experiencia, en los miles de objetos arqueológicos decomisados en las operaciones policiales antes mencionadas se integran lotes procedentes de tres categorías específicas: una pequeña fracción está formada por piezas singulares (esculturas, mosaicos, epígrafes y objetos similares) que no siempre provienen del expolio directo perpetrado por sus poseedores, sino de compras en los mercados legal e ilegal de antigüedades. Una segunda, de mayores dimensiones, y cuyo volumen total depende de la naturaleza de la propia colección o colecciones, está compuesta por conjuntos correspondientes a ajuares procedentes de enterramientos, en ocasiones perfectamente delimitados del resto de las piezas de la colección; pero en otras, resulta muy difícil reagrupar las pertenecientes a un mismo conjunto, aunque por su tipología o su estado de conservación se pueda inferir su contexto funerario. Por último, la fracción más numerosa está compuesta por miles o decenas de miles de objetos, en su mayoría metálicos, recogidos a lo largo de muchos años de salidas al campo con detectores.

Figura 9. Intervención del Seprona de la Guardia Civil en la provincia de Sevilla en 2012, cerca del yacimiento arqueológico de Siarum. A pie de carretera pueden observarse una columna y la escultura de un togado, ambos de época romana (Fotografía: José Manuel Rodríguez Hidalgo, Delegación Provincial de Cultura en Sevilla)

Figura 10. Intervención del Seprona de la Guardia Civil en la provincia de Sevilla en 2012, cerca del yacimiento arqueológico de Siarum. Togado aparecido durante las remociones de tierra (Fotografía: José Manuel Rodríguez Hidalgo, Delegación Provincial de Cultura en Sevilla)

2. La *otra* erosión de la historia 63

Mientras que de las dos primeras fracciones, casi nadie duda de que se trate de un expolio *tout court*, la tercera, debido a su escaso valor y a la poca coherencia de los conjuntos, suele denominarse «chatarra», como queriendo significar que no solo carece de valor económico, sino también contextual e informativo. Su procedencia de estratos superficiales, habitualmente afectados por las labores de arado superficial, parece avalar esta consideración.

Sin embargo, la minusvaloración de este patrimonio arqueológico está fundamentada más en las apariencias que en una sopesada ponderación de sus posibilidades informativas reales. Ambas objeciones resultan inconsistentes. Ya se ha hecho mención en el primer capítulo al segundo de estos aspectos, a las posibilidades contextuales y los desplazamientos provocados por la roturación, que son bastante menos drásticos de lo que incluso los arqueólogos venían pensando (Clark y Schofield 1991, Dunnell y Simeck 1995 y Boismier 1997).

Con respecto al escaso valor de los vestigios recogidos en la mayoría de las salidas al campo con detectores, cabe añadir ahora las enormes posibilidades de conocimiento que aportan. Son infinidad los casos que podrían traerse a colación, pero quizás el del campamento y campo de batalla de finales del siglo I antes de nuestra era, en Andagoste (Cuartango, Álava), pueda servir de ejemplo. Gracias al estudio y mapeado de todos los fragmentos de broches, hebillas, glandes de plomo, puntas de flecha y de jabalinas, remaches de sandalias, cinturones y escudos, monedas, pasadores, tensores y un largo etcétera de objetos que pueden quedarse como restos de una batalla de asedio a un campamento romano, tenemos constancia arqueológica de que se dio; la fecha aproximada en que se realizó (44-35 antes de nuestra era); que soldados de estas legiones venían de haber servido en la Galia (por la abundancia de fíbulas del tipo conocido como «Alesia») y, sobre todo, que la idea de una conquista augustea pacífica de las comarcas del Cantábrico oriental, transmitida por la historiografía tradicional, resulta poco veraz; que, antes incluso del comienzo de las guerras cántabras, ya hubo incursiones militares romanas a las que los indígenas hicieron frente (Unzueta y Ocharán 1999 y Ocharán y Unzueta 2005).

Nada del material recuperado por el equipo de arqueólogos que investiga el lugar (por cierto, para cuya prospección usaron detectores de metales) sería considerado por cualquier detectorista otra cosa que «chatarra», que quedaría almacenada en cualquier cubo o caja, junto con el resto de objetos que recoge en sus salidas.

Los efectos de la depauperación de este tipo de objetos son advertidos por los autores del estudio:

> «[l]a escasez en el pasado de actuaciones arqueológicas de índole científica integradas en proyectos de investigación y la abundancia de excavaciones y prospecciones clandestinas, limita el conocimiento de estos momentos de nuestra historia a una mera enumeración de hallazgos casuales (en ocasiones de dudosa procedencia), normalmente carentes de contexto arqueológico necesario para su correcta atribución cronocultural. Esta carencia provoca, además, un grave problema a la hora de conocer la función real de esos yacimientos, estableciéndose tipologías del todo accidentales en virtud de los escasos restos cerámicos y, en menor medida, metálicos, extraídos de los "yacimientos"» (Castanedo *et alii* 1999: 144).

Es un hecho suficientemente notorio la presencia de detectores de metales en la inmensa mayoría de los casos de expolio arqueológico, tanto en las pequeñas depredaciones habituales en España, como en los grandes saqueos italianos (Isman 2009: 115). Aseveración a la que se llega a través no solo de las informaciones de los medios de comunicación, también en los informes de la Guardia Civil y en la propia experiencia de las delegaciones provinciales de la Consejería de Cultura de la Junta de Andalucía, se expresa la misma convicción. De las ocho provincias andaluzas, solo en Almería este problema parece estar ausente[17].

El efecto devastador de los bienes arqueológicos contenidos en un yacimiento, por este tipo de prácticas, puede explicarse de manera muy gráfica acudiendo a la teoría sociológica denominada la «tragedia de los bienes comunales», en mención a lo que ocurría con las tierras comunales en la Inglaterra medieval. A través de ella se ejemplifican las situaciones en las que los individuos de manera aislada, al perseguir su interés particular, ocasionan un grave perjuicio común que podría evitarse si existiese una restricción en sus acciones, aunque a nadie le apetezca realizar ese ejercicio de autolimitación en favor del interés general.

Volviendo a la cuestión central de la dimensión de este tipo de expolios, la escasez de datos manifiesta que carecemos de un primer acercamiento a sus dimensiones a escala estatal, salvando el caso andaluz. En buena medida la razón de esta carencia reside en la atomización administrativa española y en el secular desinterés en luchar contra estas formas de expolio del patrimonio histórico. Ambas actitudes impiden que haya un lugar que centralice la información o proponga

---

17 *vide* Suárez de Urbina 2006, Muñoz y García 2006, [Delegación Provincial de la Consejería de Cultura en Málaga] 2006, [Delegación Provincial de la Consejería de Cultura en Córdoba] 2006, Aguilera, Cumbrera y Domínguez 2006, Estévez Moya 2006 y Rodríguez Temiño 2006b.

2. La *otra* erosión de la historia

evaluaciones del daño producido, así como programas para paliar sus consecuencias. En definitiva, carecemos de observatorios dedicados a esta clase de investigaciones: en España no hay nada parecido al Illicit Antiquities Research Centre, amparado por el McDonald Institute for Archaeological Research, de la Universidad de Cambrige, único en su género que yo conozca. Con lo cual, las únicas estimaciones son muy parciales y están basadas en áreas geográficas o aspectos concretos. A pesar de esas limitaciones, las aproximaciones efectuadas ofrecen un panorama bastante sombrío, aunque sus practicantes defiendan que se trate de un inocente pasatiempo.

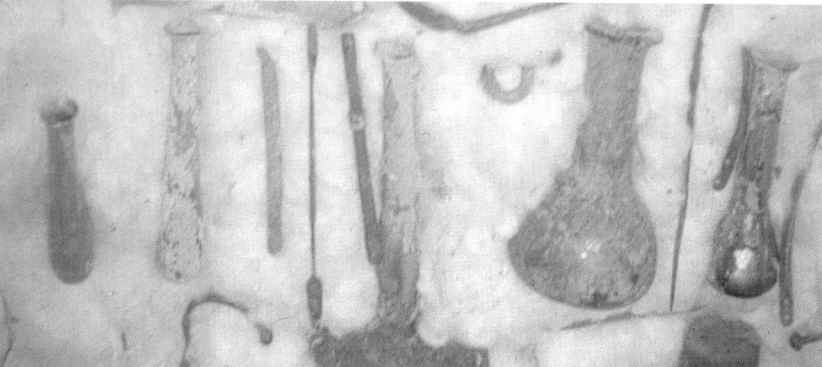

Figuras 11 y 12. Yacimiento de época romana en el término municipal de Herrera destrozado por actuaciones ilegales (11). Colección de objetos de ajuar procedentes de un enterramiento de época romana expoliado posiblemente en la provincia de Sevilla (Fotografías: Autor)

CAPÍTULO 3
Los modernos *indianas jones* y sus detectores

Podría comenzar este capítulo con una *boutade* afirmando que Indiana Jones existió, pero es más verídico aseverar simplemente que ha habido prototipos reales asimilables, en cierta medida, a este personaje de ficción. Y no me refiero precisamente al norteamericano Vendyl Jones, arqueólogo aficionado y rabino ultraortodoxo, que busca los tesoros enterrados con el Arca de la Alianza por distintos lugares de Israel, a raíz de interpretaciones oníricas de los manuscritos del Mar Muerto[18].

No, no me refiero a él, sino a Giovanni Battista Belzoni (1778-1823), genuino producto de la anticuaria decimonónica. Glyn Daniel (1986: 48) lo define como uno de los personajes más excéntricos y sorprendentes en el mundo arqueológico de comienzos del siglo XIX, pero poco se sabe de su biografía. Como recuerda S. Mayes (2003), en un libro dedicado a su persona, aparte de las pequeñas notas dejadas por él en su obra *Narrative of the Operations and Recent Discoveries within Pyramids, Temples, Tombs and Excavations in Egipt and Nubia and of a Journey to the Coast of the Red Sea in Search of the Ancient Berenice, and Another to the Oasis of Jupiter Ammon*, (Londres, 1820), y de algunos diarios de personas que le conocieron o con las que estuvo relacionado, son más las lagunas que los datos ciertos lo que ha llegado de su vida.

Se sabe que nació en Padua y que sus estudios no tuvieron nada que ver con la arqueología. Pensó tomar los hábitos monacales en Roma, donde pasó su juventud, pero la invasión de la ciudad en 1798 por las tropas francesas, le supuso un cambio de lugar de residencia y de profesión. A comienzos del ochocientos aparece en Londres haciendo

---
[18] En honor a la verdad, hay que decir que Vendyl Jones se autoproclamaba inspirador del célebre personaje cinematográfico hasta que la compañía Lucasfilm Ltd lo denunció y, desde entonces, se ha vuelto más prudente en sus afirmaciones. Tampoco le han ido mejor sus exploraciones arqueológicas. Al parecer, el Gobierno de Israel le ha prohibido (tras bastantes años autorizándolo) seguir con sus excavaciones por falta de rigor científico (*vid*. Jones 2008).

números de fuerza y habilidad en la calle y en los circos, merced a sus generosas proporciones, bajo el nombre de «el Sansón Patagónico», para subsistir. Su fama en el Londres de la época le llevó a ser conocido como «El Gran Belzoni».

En 1815 marcha a Egipto para vender la patente de un ingenio hidráulico de riego aprovechando las aguas del río Nilo. Pero Mohamed Ali, el *pasha* de ese momento, ignoró su oferta. Al no prosperar sus pretensiones, entró al servicio de Henry Salt, cónsul general británico en Egipto, para quien realizó una serie de trabajos relacionados con las antigüedades del país. Por recomendación del orientalista J. L. Burckhardt, fue enviado a Tebas con el propósito de arrancar y trasladar al British Museum el monumental busto de Ramsés II, conocido como «el joven Memnón», del *Rameseum*. En los tres años siguientes excavó el templo de Abu Simbel, descubrió seis tumbas en el Valle de los Reyes, entre ellas la del faraón Seti I, entró en la segunda de las pirámides de Gizeh y, gracias a sus habilidades, procuró un importante lote de antigüedades ofrecidas al citado museo.

Para conseguir estas piezas no le quedaba más remedio que aliarse con los expoliadores y las corruptas autoridades locales, empresa de la que no siempre salía bien parado. Las mil y una peripecias narradas en su obra, en la que describe las cuatro exploraciones que realizó en busca de antigüedades, dan idea no solo de sus métodos, sino también del ambiente que se vivía entorno a la compra y búsqueda de antigüedades. Sus poco ortodoxos métodos los describe él mismo en su segundo viaje, concretamente a Gournou, donde tras explicar el sofocante ambiente que se respiraba dentro de las tumbas, arrastrándose por conductos estrechos, apartando momias a su paso, recuerda una ocasión cuyo relato es digno de figurar en cualquiera de los guiones de la saga de películas de Indiana Jones:

> «[a]fter the exertion of entering into such a place, through a passage of fifty, a hundred, three hundred, or perhaps six hundred yards, nearly overcome, I sought a resting place, found one and contrived to sit; but when my weight bore on the body of an Egyptian, it crushed it like a bandbox. I naturally had recourse to my hands to sustain my weight, but they found no better support; so that I sunk altogether among the broken mummies, with a crash of bones, rags, and wooden cases, which raised such a dust as kept me motionless for a quarter of an hour, waiting till it subsided again. I could not remove from the place, however, without increasing it, and every step I took I crushed a mummy in some part or other. Once I was conducted from such a place to another resembling it, through a passage of about twenty feet in length, and no wider than that a body could be forced through. It

3. Los modernos *indianas jones* y sus detectores

> was choked with mummies, and I could not pass without putting my face in contact with that of some decayed Egyptian; but as the passage inclined downwards, my own weight helped me on: however I could not avoid being covered with bones, legs, arms, and heads rolling from above. Thus I proceeded from one cave to another, all full of mummies piled up in various ways, some standing, some lying, and some on their heads» (Belzoni 1820: 157).

Tampoco van a la zaga, las disputas entre Belzoni y Drouetti, su principal contrincante, que hacía lo mismo que él pero para el embajador francés, pues solían terminar a tiro limpio.

Como bien dice Daniel (1986: 49), Belzoni carece de rubor –y quizás de conciencia del destrozo que hacía, como sostiene Mayes (2003: 12) – para describir cuál era la razón principal de tanto esfuerzo:

> «[t]he purpose of my researches was to rob the Egyptians of their papyri; of which I found a few hidden in their breasts, under their arms, in the space above the knees, or on the legs, and covered by the numerous folds of cloth that envelop the mummy» (Belzoni 1820: 157 s.).

No sorprende que entre sus medios destaque tirar las puertas de las tumbas abajo mediante arietes, o esa costumbre de dejar grafitos como recuerdo de su estancia. Uno de los cuales puede verse en el mismo British Museum, tras la oreja de la colosal cabeza de Ramsés II.

Belzoni murió intentando alcanzar Tombuctú, en la orilla del río Níger, al contraer una disentería en 1823. A pesar de lo valioso de sus anotaciones y los tesoros que procuró al British Museum, y que Ch. Dickens ensalzase su coraje, este Indiana Jones *ante litteram* murió en la más absoluta pobreza y, lo que es aún peor, sin que la ciencia le haya dispensado otra cosa que el tenue reconocimiento de sus aportaciones al nacimiento de la arqueología (Mayes 2003: 11 s.).

Por fortuna, de esta época solo nos quedan las colecciones de estos museos. En estos casi doscientos años ha aumentado el aprecio por los vestigios, no tanto por su valor crematístico como por la información histórica de la que son portadores. Esta valorización ha corrido pareja al desarrollo de la arqueología como disciplina científica, a la vez que ha habido una larga y lenta reivindicación de una función social para este tipo de bienes, por encima del derecho de propiedad de los objetos.

La arqueología ha enderezado su camino en relación con los materiales arqueológicos, pero el expolio no ha desaparecido. Existía antes de su nacimiento, no en vano se dice que el saqueo de tumbas es el segundo oficio más viejo del mundo, tras la prostitución, y a lo largo de su historia se ha convertido en «la otra cara de la moneda», el reverso del conocimiento y la difusión, hurtándole a diario mucha información que desaparecerá para siempre. Una vez visto de forma somera, al menos, los grandes expolios cometidos en tiempos de guerra y paz, en este capítulo quiero dedicarme a comentar el que he calificado de «baja intensidad».

Un apartado que nunca suele faltar en quienes escriben sobre expolio con una formación en criminología es el que podríamos denominar «antropología de la delincuencia». En él se da cuenta de los perfiles sociológicos más comunes entre quienes cometen este tipo de injustos administrativos o penales con la finalidad, supongo, de ajustarlos a las dinámicas comisivas de tales actos. No es ese mi propósito ahora. Aunque use esas tipologías de infractores y delincuentes, me interesa sobre todo contar, desde mi punto de vista, las transformaciones que he observado entre los usuarios de detectores de metales desde que, a mitad de los ochenta, como arqueólogo municipal de Écija (Sevilla), tuve mis primeros choques con ellos hasta lo que conozco de su situación actual.

N. Brodie (2002: 1) señala que la mayoría del pillaje cometido en países en vías de desarrollo está motivado por cuestiones económicas, y quienes lo hacen suelen ser personas que viven (o quizás sea más exacto decir que malviven) de esta actividad. En España, y otros países de nuestro entorno económico (a excepción de lo que ha venido ocurriendo en Italia), no se da necesariamente este mismo principio y existen buscadores de restos arqueológicos que son coleccionistas, aunque es obvio que también hay un comercio ilícito con mediadores y destinatarios distintos de quienes han expoliado las piezas.

Como puntualiza A. Roma (2008: 9 ss), ha pasado la época en que los coleccionistas eran personajes de la nobleza y la alta burguesía; ahora vivimos el auge acaparador de las clases medias. Los imputados en operaciones policiales contra el expolio arqueológico, como las denominadas *Tertis* y *Dionisos* donde coexisten buscadores, mediadores y coleccionistas, muestran a las claras estos perfiles.

Como hemos visto, en Italia se ha dibujado con todo lujo de detalles este mundo, que va de los *tombaroli* Casasanta, denominado «el rey de los expoliadores», o G. Mascara, entre ellos (Stille 2005: 96 ss.), a los grandes museos (el Getty, el Metropolitan de Nueva York) o los no menos grandes coleccionistas (los Ortiz, Fleichman, etcétera) en perfecta simbiosis con los anteriores, pasando por los mediadores locales (Medici y otros) y los internacionales, Symes y Hecht, entre los más conocidos por sus problemas con la policía italiana (Isman 2009).

3. Los modernos *indianas jones* y sus detectores

Para España, con menor complejidad que el caso italiano, J. M. Magán Perales (2001a: 86 ss.) ha hecho una espléndida y completa enumeración de todo el proceso, desde los expoliadores de a pie hasta los grandes coleccionistas privados o instituciones museísticas, pasando por distribuidores, intermediarios, traficantes de arte y el inestimable apoyo de las casas de subastas. También A. Roma (2008: 13-19) ha realizado una radiografía sintética y ajustada del comercio de bienes arqueológicos muebles existente en nuestro país, desde las galerías de arte hasta los chamarileros, y sus repercusiones sobre el deterioro del patrimonio arqueológico; así como de las posibilidades de enajenación de objetos arqueológicos que supone la venta directa, sin intermediarios físicos, a través de los portales de subastas en internet, tipo eBay, etcétera.

No cabe duda alguna de la responsabilidad de este tipo de intermediarios, marchantes y casas de subastas, así como de los coleccionistas privados y públicos que son los destinatarios últimos de este expolio y, en este sentido, sus promotores[19].

Ya he intentado en el capítulo anterior mostrar esa relación piramidal y simbiótica entre expoliadores, traficantes y coleccionistas (públicos y privados). Nadie sobra en el mundo del expolio. Quienes lo perpetran no pueden llegar a los receptores finales y estos carecen de conocimiento, sobre el terreno, para saber el quién es quién de los saqueadores. Pero dedicaré fundamentalmente este capítulo a quienes realizan el acto material del expolio, pues las calificaciones jurídicas de los compradores y mediadores en ese tipo de transacciones son distintas de las conductas calificables como expolio. En todo caso, la lucha contra el expolio tiene una faceta preventiva fundamental que consiste en la evitación del acto material de *escarbación* de un yacimiento, ámbito al que se dirige esta obra.

3.1. Unas palabras previas sobre los detectores de metales

Comenzaré este apartado describiendo de manera somera qué son los detectores de metales y cómo funcionan, porque así será más fácil extraer consecuencias en cuanto al destino habitual al que son dedicados; de igual forma daré unos apuntes sobre su uso.

---

19 C. Renfrew (2006) da ejemplos abundantes de la forma en que incluso, a través de diversas compras, se blanquean estos bienes de procedencia ilícita, apareciendo como lustrosas adquisiciones de colecciones públicas y privadas, en muchas ocasiones con participación y conocimiento de los expertos que han asesorado las adquisiciones.

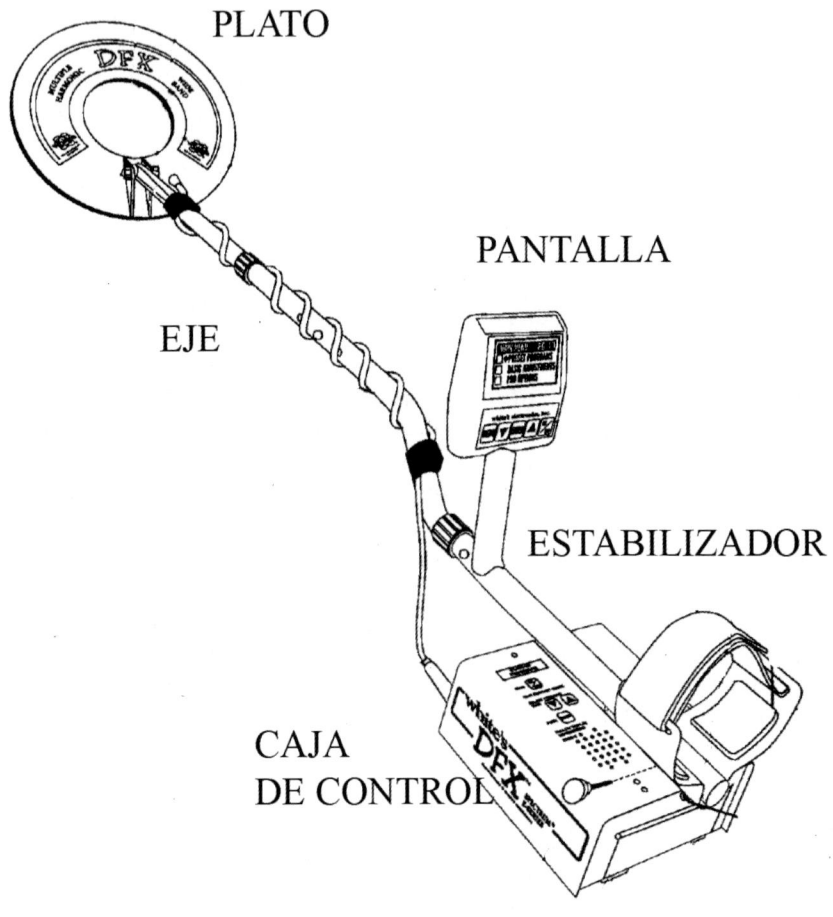

Figura 13. Esquema de un detector de metales (Elaboración del autor)

3. Los modernos *indiana jones* y sus detectores

Un detector de metales es un aparato sensible a la presencia de objetos metálicos. Sus principios físicos de funcionamiento están basados en la conductividad de los metales. El detector crea un campo electromagnético que penetra en la tierra hasta una profundidad determinada. Si ese campo se ve influenciado por la presencia de algún metal, el detector nota esa alteración emitiendo una señal sonora. Como es sabido, los metales y minerales metálicos generan un campo magnético en su entorno que interacciona con el producido por la bobina del detector, alojada en el plato; pero también otros objetos, como los ladrillos o tejas de barro cocidas en hornos, mantienen un magnetismo remanente que puede activar la sensibilidad del detector.

La utilización de estos aparatos es muy diversa, desde funciones de seguridad en aeropuertos, edificios públicos, etcétera hasta la búsqueda de objetos metálicos enterrados, que es la que por razones obvias interesa aquí.

Como casi todas las cosas, los detectores también tienen una prehistoria, cuando eran poco menos que toscos aparatos de inducción de limitadas aplicaciones, como el usado por Alexander Graham Bell en 1881 para localizar un proyectil en la espalda del presidente de Estados Unidos, James Garfield. Ciento y pico años más tarde, en 1963, aunque gozaban de cierta popularidad, sus usuarios recibían advertencias que se antojan cándidas. En la revista norteamericana de divulgación científica, *Popular Science*, V. Lee Oertle dedicaba un artículo a estos aparatos con el significativo título «Metal Detectors... can they really spot buried treasure?». Advertía en él de la remota posibilidad de encontrar una lata con los ahorros de algún propietario excéntrico anterior, en el corral trasero de tu casa. También de que los detectores sirven para localizar objetos metálicos, en ocasiones valiosos, pero pierde el tiempo quien busque con ellos papel moneda o joyas.

Sin embargo, las cosas desde entonces han evolucionado de forma notable. Se ha convertido en un lugar común atribuir a la segunda guerra mundial el desarrollo de estos artilugios cuyo uso primordial era la detección de minas explosivas. Tras el conflicto bélico, los fabricantes pronto lanzaron al mercado versiones dedicadas a la búsqueda no profesional de minerales (sobre todo pepitas de oro) y también de objetos metálicos arqueológicos enterrados, que alcanzaron su cenit en la década de los setenta en Estados Unidos y en los primeros años de la siguiente en el Reino Unido. Este lanzamiento al mercado, y su rápido éxito de público, agudizaron una carrera competitiva entre los fabricantes en aras de mejorar la detección. Así, si los primeros modelos eran meros transmisores y receptores de ondas electromagnéticas, en la actualidad existen diversos sistemas de detección dependiendo del tipo de tecnología usado para la transmisión de la onda generada, cada uno de ellos aplicable a una tarea concreta.

La simplicidad de funcionamiento, antes mencionada, es solo aparente: actualmente los detectores de metal usados para el «hobby de la búsqueda de tesoros ocultos», como señalan muchos de sus fabricantes, son máquinas muy sofisticadas que, a través de dispositivos especiales, intentan facilitar la detección de objetos metálicos enterrados. El reto a superar, para que un aparato sea considerado un buen detector, está en conseguir que las ondas que penetren en el suelo lo hagan con las menores interrupciones posibles por la naturaleza del terreno (salino o con alto porcentaje de minerales férricos), ya que tales circunstancias distorsionan la recepción de sonido emitido por los objetos buscados. También se pide que pueda distinguir de qué metal está hecho, con objeto de poder discriminar los que no sean de interés; y si, aprovechando esta capacidad de distinguir, incorpora una base de datos de registros de manera que identifique con aproximación de qué objeto se trata o su profundidad, tanto mejor.

Un aparato detector de metales, digamos estándar, se compone de varias partes: un estabilizador, que es un mango adaptado al brazo, que permite sostener la unidad mientras se está utilizando; una caja de control que contiene los circuitos, las baterías, el altavoz, los microprocesadores y una pantalla de cuarzo líquido donde pueden leerse los indicadores de las distintas funciones; un eje que conecta la caja de control con el plato de búsqueda; y, por último, este, que es la antena donde se encuentra la bobina que genera el campo magnético, auténtico mecanismo detector.

Operar con un detector de metales es bastante sencillo, solo es preciso conectarlo y moverlo de un lado a otro sobre el área que se desea prospectar, procurando, eso sí, que el plano inferior del plato esté siempre paralelo al terreno.

Existen diversos sistemas de detección dependiendo del tipo de tecnología usado para la transmisión de la onda generada. Los más extendidos son los denominados de baja frecuencia. Aunque también se sustentan sobre el principio de la variación del campo magnético inducido por la presencia de metales, a diferencia de otros modelos, la baja frecuencia permite un análisis mayor de la onda y obtener información sobre el tipo de metal del que se trata, así como del tamaño y la profundidad a la que se encuentra. No obstante, parece que la nueva tecnología está en los espectros de banda amplia. Estos aparatos transmiten una gama de 17 frecuencias entre 1,5 y 25,5 kilohercios, mientras que los convencionales solo lo hacen con una o dos. Este sistema de multifrecuencia permite un acrecentamiento del poder de

3. Los modernos *indianas jones* y sus detectores

penetración, ya que si una frecuencia tiene problemas para hacerlo, quedan las restantes para intentarlo. Por regla general, las frecuencias más bajas responden mejor a metales como cobre, bronce o plata. Para la búsqueda de oro, responden mejor las más altas, teniendo en cuenta que el tamaño del objeto también afectará a la respuesta.

Aunque no sean infrecuentes, en España está poco extendido el uso de detectores de pulsos para la superficie terrestre, pero la mayoría de los usados bajo el agua presentan este modo de funcionamiento. En esencia, un detector de inducción de pulsos genera una corriente durante un periodo corto de tiempo y después se apaga repentinamente. El campo electromagnético, roto por el objeto metálico enterrado, genera una corriente también en pulsos que es detectada al analizar la diferencia entre la señal inicial y el pulso inducido en la bobina del receptor. Estos aparatos no suelen discriminar, pero por contra se ven poco afectados por las condiciones del terreno y consiguen profundizar bastante más que los anteriores. Además tienen muchos accesorios que enfatizan sus cualidades. Como dice la publicidad del Pulse Star II, «es un aparato profesional muy avanzado para la búsqueda seria de objetos metálicos de mediano calibre en profundidad». El principal accesorio que trae este detector es el denominado «marco de búsqueda». Son cuatro tubos de plástico ensamblados formando un cuadrado de 1 m^2 en cuyo interior se despliega una bobina. En puridad, sustituye al plato tradicional potenciando considerablemente su capacidad de localizar cualquier cosa enterrada, hasta dos metros o dos metros y medio de profundidad[20].

Para realizar una búsqueda exitosa, no todo depende del sistema usado para la detección. Hay otras innovaciones que permiten al aparato afinar su función. Un detector, además de reaccionar ante los metales, también lo hace ante minerales metálicos y terrenos con alto contenido en sales. Para evitar estos inconvenientes, la mayoría de los aparatos han incorporado ciertos mecanismos sofisticados que los minimizan, regulando su sensibilidad en razón de las condiciones ambientales y manteniendo su funcionamiento estable. La principal de ellas es el llamado «balance o ajuste de tierra». Se trata de un equilibrado electrónico del aparato para neutralizar los efectos de la mineralización del suelo. Dependiendo de la gama de los detectores, este puede ser manual, semiautomático o automático. Su adecuada regulación aumenta la profundidad de detección.

La otra función primordial en estas máquinas es la discriminación. Por ella se entiende la capacidad de distinguir entre los diferentes

---
20 Muy usado por los *tombaroli* italianos, que los denominan *branda* (Isman 2009: 119 ss.). La Guardia Civil se incautó de varios de estos «marcos de búsqueda» en la *operación Tertis*.

metales detectados. De partida se establecen dos grandes grupos: los férricos y los no férricos. Los detectores tienden a eliminar (cortar la señal que de ellos se recibe) el primer grupo debido a su escaso valor económico[21]. Dentro de los no férricos hay otros (hoja de lata, aluminio o el papel de estaño) que también interesa ser desechados de la actividad detectorista. Hay aparatos que consiguen el efecto discriminador mediante un potenciómetro regulado por sonido, otros mediante un microprocesador. Estos, aunque sean de mayor complejidad para su uso y mantenimiento, resultan mucho más efectivos ya que asocian cada metal a un valor numérico, resultando más fáciles de ajustar a las necesidades del momento. Muchas máquinas poseen una discriminación ajustable de varias formas que permiten aceptar o rechazar metal a metal, mediante un dispositivo de filtros llamado *notch*. Esto elude desviar la atención de la persona que los usa en objetos que, por los metales de los que estén hechos, caigan fuera de su interés y centrarse en detectar los «blancos» (como se denominan en el argot del detectorismo a las localizaciones) más convenientes.

Jugando con estos elementos, las casas fabricantes de este tipo de detectores, denominados «modelo hobby», sacan al mercado aparatos adaptados a cada una de las principales modalidades de búsqueda: la de vestigios arqueológicos[22], la de objetos de valor en playas y finalmente

---

21 Ver:
http://www.youtube.com/embed/EK2E_DPSwS0 [Pruebas Tesoro DeLeón]
http://www.youtube.com/embed/KfmmuK9c0-o [Pruebas Fisher F70]
http://www.youtube.com/embed/O5M1H0Uc0Q0 [Pruebas Minelab SE Pro]
http://www.youtube.com/embed/8RILJhFZulQ [Pruebas Tesoro Tejón]
http://www.youtube.com/embed/KYG3Uyw9Kio [Campeonato de detectores CLMTV]
(visitas realizadas en enero 2011).

22 Es raro encontrar en las propagandas de los detectores de metales alusión alguna al término *antiquities*, este suele ser sustituido por el de *relics*, también son frecuentes *relics hunting*, *historical relics* o *historical treasure* para designar el objeto de búsqueda de estos aparatos. Debe tenerse presente que la mayoría de los detectores de metales están fabricados en Estados Unidos y que allí se entiende habitualmente como reliquias históricas los objetos pertenecientes a los primeros siglos de ocupación europea, cuya búsqueda es perfectamente legal y que ha desarrollado una mítica afición: la «caza de tesoros». Basta con escribir *treasure hunting* en un buscador de internet para que salgan varios miles de páginas dedicadas a ella. Se comprobará además que, en su inmensa mayoría, se relaciona esta actividad con el uso de detectores de metales. Este frenesí buscador ha alimentado a toda clase de personas, desde quienes buscan «los fabulosos tesoros escondidos por los españoles» a los que se sienten atraídos por el éxito de que gozan los estudios culturales entre los historiadores diletantes en ese país que, en no pocas ocasiones, compaginan con la venta de los objetos encontrados.

3. Los modernos *indianas jones* y sus detectores

la de minerales nativos, singularmente oro. Sin embargo, debo hacer mención a que en ninguno de los modelos analizados (los de uso más frecuente entre los detectoristas) he encontrado que, en la identificación de «blancos», aparezcan los términos: «pirita», «limonita» o de otros minerales metálicos, sino exclusivamente «anillos», «monedas» y otros objetos manufacturados, observación que también apunta al destino para el que están fabricados.

La simplicidad de los principios físicos que permiten su funcionamiento básico consiente modificaciones «caseras» que aumentan su efectividad, sobre todo agrandando los platos de búsqueda, como reflejan algunos de los incautados por la Guardia Civil en la *operación Tertis*.

A modo de ejemplo, analizaré los productos ofertados por una de las principales casas fabricantes de detectores de metales, White´s Electronic Incorporated[23]. Esta marca tiene una amplia gama de aparatos de este tipo, agrupados en varias series: E, Prizm, Pro, Beach y Specialty. De momento, ya parece claro la existencia de una especialización, los de la serie Beach están mejor adecuados para la búsqueda en playas que los del resto de la gama. De la serie E destaca el modelo DFX™, del que sobresale su habilidad, no sobrepasada por ningún otro detector, para encontrar tesoros más profundos, pequeños y antiguos que los demás pasan por alto. El DFX™ usa una frecuencia dual (de 3 y 15 kilohercios) para penetrar con mayor garantía a través de suelos mineralizados y «detectar monedas, joyería y reliquias que otros detectores están perdiendo». El aparato opera mediante un microprocesador y una pequeña pantalla como interfaz con sus usuarios. La combinación de ambas frecuencias permite también discriminar los objetos de hierro, para lo cual incorpora un programa específico denominado Correlate. Así mismo, tiene un fiable indicador de «blancos» (Best Data).

En la siguiente serie, el más avanzado es el Prizm™ V, cuyo discriminador activa 8 tonos distintos. «Just press MultiTone™ and listen as Prizm™ V tells you what kind of treasure you've found», enfatiza la fabricante. La serie Pro se diferencia de las demás en la mayor fiabilidad ofrecida por el sistema que llevan de identificación de objetos enterrados. Los distintos modelos pertenecientes a esta gama son los más usados en la provincia de Sevilla, según se desprende de los boletines de denuncias. De entre ellos, el IDX Pro™ tiene una pantalla que identifica los «blancos», siendo muy útil por su versatilidad para detectar en casi cualquier condición de terreno y encontrar toda clase de tesoros. El famoso 5900 DI Pro está especialmente diseñado para la

---
[23] Este examen lo he realizado a través su web oficial www.whiteselectronic.com (consulta realizada en abril de 2005).

búsqueda de objetos que en la legislación española denominaríamos arqueológicos:

> «[i]f history fascinates you, the 5900/Di Pro is tuned to find relics. This analog detector was designed for nonprecious metals. Clothing accessories, military hardware, common household items... items that were utilitarian but rich in history».

Por último, la serie Specialty tiene modelos como TM 808, del que se predica su especial diseño para la búsqueda de tesoros y ocultamientos de monedas muy profundos[24]. Su empleo para el saqueo de tumbas está tan aceptado que la Federación Española de Asociaciones de Detecto-Aficionados (FEEADA) recogía, en sus estatutos, la recomendación de que no se emplee por sus asociados. Sin embargo, como acabo de mostrar, la vocación que tienen todos estos aparatos es la búsqueda de objetos arqueológicos. Lo único excepcional en este modelo es su sistema de funcionamiento, mediante una doble antena, que le permite un mayor poder de penetración.

Todas las demás marcas tienen series análogas a las descritas de White's Electronic Incorporated, difiriendo los modelos en ligeras variaciones y en la mayor o menor precisión de las tecnologías empleadas, lo cual repercute en el precio del producto, pero no en su finalidad. La propaganda hecha por sus fabricantes está indudablemente dirigida hacia esta actividad, disfrazada de «entretenido hobby de buscar toda clase de tesoros metálicos con un moderno detector de metales» (sacado del folleto publicitario de la marca Compass).

En ocasiones, la relación con la práctica de *escarbaciones* en yacimientos arqueológicos se plantea claramente, a pesar de no mencionarlas. Por ejemplo, en el relato de un experto detectorista estadounidense que acompaña la propaganda del modelo XLT de la marca White's Electronic Incorporated:

> «[h]ace poco [cuenta E. Fedory, conocido cazatesoros] salimos a buscar reliquias y nos acercamos hasta un pueblo que había sido abandonado recientemente. Encontramos una serie de reliquias muy interesantes de finales del siglo XVIII y principios del XIX. Encontramos monedas de cobre y plata, cabezas de hacha y utensilios primitivos, municiones de mosquetes y antiguos misiles (*sic*). Una excursión divertida con buenos resultados».

---

[24] En la propaganda que hacen de él, sus fabricantes dicen que sirve para: «buscar cuevas, huecos, pozos y túneles; sitios populares para esconder objetos. Muchos objetos han sido escondidos en cuevas, o enterrados profundamente para evitar el hallazgo de su contenido».

3. Los modernos *indianas jones* y sus detectores

Figura 14. Foto del cartel de una empresa de distribución de detectores de metales. Obsérvese el eslogan y el tipo de bienes que aparecen dibujados bajo tierra (Fotografía: Autor)

Figura 15. Foto de una hoja del folleto de un detector de la marca White's Electronic. Obsérvense en las pantallas los tipos de objetos que aparecen representados (Fotografía: Autor).

O, como dice como reclamo un anuncio de venta por correo de detectores de metal, «[a] la caza del tesoro. Con este detector de metales puedes divertirte buscando monedas, joyas, antigüedades olvidadas, (…) Todo aquello escondido bajo la tierra…».

La irrupción de este tipo de aparatos en la arqueología de la mano de eruditos locales, asociada al fomento del coleccionismo particular, y no de los arqueólogos profesionales, provocó bastante rechazo a su empleo, por parte de estos. Repulsión que ha llegado hasta el punto de haberse erigido en el símbolo de la búsqueda de monedas u otros objetos metálicos, al margen de la metodología arqueológica y de la legalidad. De hecho, las primeras reacciones ante la masiva aparición de buscadores, desde finales de los setenta, fueron de repudio unánime entre los profesionales, aplaudiéndose el reflejo que tuvo esta alerta en la Directiva nº 921 del Consejo de Europa, en 1981 (Caballero Zoreda 1982 y Gaillard de Sémainville y Gosselin 1984). Desde entonces es fácil escuchar que en excavaciones serias no son precisos estos artilugios, ya que el número de artefactos recuperados es suficiente para establecer conclusiones rigurosas.

Sin embargo, existen innumerables constancias empíricas de que la diferencia, en el número de objetos metálicos registrados durante una excavación en la que se emplean estos aparatos, está entre el 40% y el 90% más que cuando se excava sin hacer uso de ellos. Esta variación depende del tipo de intervención arqueológica, de la matriz geológica de los depósitos, del grado de humedad, de la pericia de la persona que use el detector y lógicamente del periodo cultural del que se trate (siempre hablando de excavaciones terrestres, en las subacuáticas su uso es mucho más habitual). Pero quizás la diferencia entre intervenciones arqueológicas apoyadas por el empleo riguroso de estos aparatos y las tradicionales, que hacen caso omiso de sus posibilidades, no descanse tanto en la cuantía de los hallazgos como en que pueda evidenciarse la existencia de objetos realizados con otros materiales perecederos, de los que solo haya quedado el patrón de distribución de pequeños clavos o remaches metálicos (sillas, cajas, ataúdes, escudos…). Sin el uso de un detector, en una excavación rápida muy probablemente no se perciba la presencia de estos objetos y su relación espacial, mientras que con un detector sí cabe esa posibilidad.

Otro tanto puede decirse de las prospecciones arqueológicas, donde la recuperación sistemática de monedas es susceptible de ser usada para afinar sobre la secuencia cronológica de la ocupación espacial de una zona arqueológica amplia, o del desplazamiento de un lugar a otro cercano. Por no hablar, cuando se ha realizado esta prospección en áreas geográficas extensas, de los estudios de circulación monetaria que requieren una muestra abundante de numerario para poder extraer conclusiones históricas.

Por eso, en la actualidad, cada vez son más frecuentes los detectores de metales en las actividades arqueológicas, tanto en manos de los propios arqueólogos como en las de detectoaficionados que eventualmente colaboran en ellas (Gregory y Rogerson 1984 y Fernández Flores 1999 y 2003)[25].

De momento, lo cierto es que la capacidad ofrecida por los detectores de metal para localizar restos arqueológicos no se aplica principalmente en el marco de proyectos de investigación, sino fuera de ellos, para la búsqueda de monedas y objetos de colección. Lo cual representa una sangría de bienes de vocación pública a manos privadas inaceptable en nuestro marco legal. Pero, aunque los objetos recuperados de esta forma, al margen de toda intervención arqueológica científica, fuesen entregados a museos u otras instituciones públicas, este tipo de búsquedas refleja una concepción del patrimonio histórico en la que prima la pieza sobre el contexto; su belleza o rareza sobre su significación histórica; el valor económico sobre el de uso; la apropiación individual sobre la fruición colectiva... En definitiva, una idea de la arqueología, más propiamente una *arqueografía*, en poco distinta a la anticuaria, por fortuna hace ya tiempo desterrada en el mundo académico y profesional. Y esto en el mejor de los casos porque, en el peor, estaríamos hablando de expolio: de la inmisericorde y planificada devastación de la riqueza cultural de un país para el abastecimiento del mercado ilícito de antigüedades, en provecho de unos pocos.

Según la experiencia que he podido adquirir en colaboraciones con operaciones de la Guardia Civil contra el expolio del patrimonio arqueológico, existe lo que podría definirse como un «*kit* de los perfectos expoliadores» compuesto por un detector, normalmente de gama media o alta, un «cuadro de búsqueda» y una larga vara metálica a la que se suelda otra más corta en uno de sus extremos, formando una cruz. Se utiliza para introducirla en la tierra y comprobar, si choca

---

25 No obstante a pesar del uso de detectores en excavaciones arqueológicas, estas no siempre quedan al margen del pillaje perpetrado por detectoristas, aunque quizás sean menos frecuentes en España de lo que parece ocurrir en el Reino Unido. Un caso bastante famoso ocurrió en Osuna (Sevilla) durante la intervención arqueológica desarrollada en la calle La Huerta nº 3 y 5, en 1999. En circunstancias no bien aclaradas, mediante el uso de un detector se extrajo de la excavación, sin consentimiento de sus directores (o bien al finalizar la misma, durante la vigilancia de los movimientos de tierra), una pieza de bronce que resultó ser una parte desconocida de la famosa *lex* de la *Colonia Genitiva* del siglo I dne. La feliz recuperación del objeto expoliado y su ulterior publicación hubiese sido más completa de haber sido hallada en su contexto, por cuanto que podría haber arrojado luz sobre determinados aspectos cronológicos (Ruiz Cecilia y Fernández Flores 2002 y Caballos Rufino 2006).

con algo, la profundidad estimada a la que se encuentran los «blancos» detectados. Obviamente no se trata de meras monedas u otro tipo de objetos muebles, para los que la vara sería ineficaz, sino de estructuras, normalmente tumbas, porque el detector puede haber encontrado una, y posiblemente toda una necrópolis. Señalada la localización, solo resta volver en otro momento más adecuado (normalmente de noche) para perpetrar el expolio. En la *operación Tertis*, la Guardia Civil se incautó de varios de estos *kits* en los registros efectuados en los domicilios de varios de los encausados.

Figura 16. Detalle de los detectores de los que se incautó la Guardia Civil en la operación Tertis (Fotografía: Autor)

Uno de los grandes debates en torno a estos aparatos es saber cuánto pueden profundizar para localizar objetos metálicos. Como hemos visto esa variable fluctúa en función de tipo de detector, del objeto enterrado, la geología del terreno que se rastrea y la pericia de quien lo utiliza[26]. En términos generales, podríamos decir que la inmensa mayoría de los modelos de detectores de los que venimos hablando pueden localizar un objeto, del tamaño de una moneda, a unos veinticinco o treinta centímetros de la superficie del suelo, con perfecta discriminación del tipo de metal del que está hecho. Otros aparatos, como los de antenas o los de impulsos profundizan mucho más, pero discriminan peor.

La idoneidad de los aparatos detectores para la búsqueda de metales, unida a otros indicios, ha sido recogida en alguna sentencia de la Sala de lo Contencioso Administrativo del Tribunal Superior de Justicia de Andalucía, como la de 21 de noviembre de 1997 (n° de recurso 2538/1994) sede de Sevilla, sección 1ª, para deducir que el recurrente estaba en efecto buscando objetos arqueológicos:

> «[e]l recurrente combate la apreciación de la prueba, pues de los hechos constatados por los agentes denunciantes y la utilización del detector de metales no se puede concluir que se estuviese buscando restos de objetos antiguos de metal, sino simplemente metales. Sin embargo, está acreditado de forma directa que el actor se encontraba utilizando el detector de metales; que se trata de una zona en la que, según el informe del Arqueólogo de la Delegación, se localizan yacimientos arqueológicos; y por último, que se estaba utilizando una pequeña azada. De estos hechos se deduce con un enlace preciso y directo según las reglas del criterio humano (art. 1253 CC) que lo que verdaderamente se pretendía era encontrar objetos de valor arqueológico que fuesen metálicos, pues el aparato utilizado, marca Gamett, Md. FR-66, es inadecuado para la búsqueda de un yacimiento susceptible de explotación...» (fundamento jurídico 2°).

---

26 Como muestra de esto, hace al caso reproducir parte de los mensajes aparecidos en el foro de una web dedicada al detectorismo, actualmente cerrada, en el que un usuario abría un debate titulado: «Cambio White's 6000 ¿Cual elijo?», con el siguiente texto que transcribo literalmente: «Tengo un white´s 6000, y necesito saber que equipo me aconsejan, ya que voy a cambiarlo. He probado algunas otras marcas y no me convencen. Quiero un que sea fiable a 40-50 cm, para encontrar denarios, sextercios, etc.». A partir de ese mensaje se sucedían otros, cada cual alabando sus propias máquinas o dando consejos sobre cómo optimizarlas. Algunos mensajes más abajo, otro usuario le respondía literalmente: «el 6000 es muy bueno pero cuando pasé yo con mi xlt por un sitio machacado (por una 6000) y me saque sestercios a 35 -40 y hasta 50 centimetros, se quedó el de la 6000 con la boca abierta, el otro dia sin ir mas lejos, un sestercio de canto a 35 cm». (http://www.detectomania.com/opinion/viewtopic.php?TopicID=315 visita realizada en junio de 2005).

3. Los modernos *indianas jones* y sus detectores

También una Sentencia del Tribunal Supremo (Sala de lo Contencioso-Administrativo, sección 3ª) (Arz. 3472) sobre la eventual indemnización, como premio, que habría de dársele al autor del hallazgo de un tesorillo en Padilla de Duero (Valladolid), encontrado usando un detector de metales, razona que tal hallazgo no puede reputarse de casual, sino como producto de la búsqueda de restos arqueológicos mediante el empleo de detectores de metales.

En esta opinión también coinciden juristas, a pesar de sus diversos puntos de vista. De forma precisa, J. Barcelona (2002a: 120 ss.), aun reconociendo que el manejo de estos aparatos no siempre tiene que ver con la búsqueda de objetos arqueológicos (en playas, por ejemplo), entiende que su empleo incontrolado «puede dañar seriamente el patrimonio arqueológico: facilita expolios, destruye información y cercena las posibilidades de una investigación científica adecuada», por ello sostiene que «la utilización de detectores de metales debe estar sometida al régimen autorizante, excepción hecha, quizás, de su uso en lugares precisos en los que no es viable la localización de restos u objetos». A. Roma (2008: 16 ss.) también vincula la satisfacción del mercado de antigüedades con la devastación de yacimientos y el auge en la utilización de estos aparatos.

Al margen de estas disquisiciones jurídicas, queda claro que el uso de estos aparatos es una de las formas más efectivas para ayudarse a localizar y expoliar restos arqueológicos, como así constata su presencia en el 75% de las actuaciones en esta materia de la Guardia Civil (Cortés Ruiz 2002a: 67). La asociación entre expolio y detectores de metales se ha convertido en un lugar común no solamente para quienes se dedican a la lucha policial contra esta lacra cultural (en la *operación Tertis*, la policía se incautó de sesenta de estos aparatos) (Sánchez Arroyo 1998, Pérez Domínguez 1998, Montero 2001, Vallès 2001, Cortés Ruiz 2002a), sino también para quienes desde otros ámbitos de la actuación administrativa nos hemos acercado a esta problemática, tanto para yacimientos terrestres (Caballero Zoreda 1982, Benítez de Lugo y Sánchez-Sierra 1995, Iniesta Sanmartín 1996, Querol y Martínez 1996, Fernández Gómez 1996, Rodríguez Temiño 1998a, 2000 y 2002, Fernández y García 2000, Stille 2002, Isman 2009), como subacuáticos (Bass 1985, Fernández Izquierdo 1996 y Alonso y Navarro 2002).

Incluso la revisión de los efectos de los que se incautó la Guardia Civil en la mencionada *operación Tertis* me ha permitido identificar detectores manufacturados bastante sofisticados, de importación, lo que sirve para apuntalar la idea de que los grupos organizados están en disposición de importar la mejor tecnología para sus propósitos devastadores[27].

Espero que lo ya mencionado resulte suficiente para establecer un primer aserto: los detectores de metales no son instrumentos inespecíficos, cuya simplicidad de funcionamiento les haga útiles para una amplia gama de actividades; sino que, antes bien, se trata de artefactos complejos diseñados por sus fabricantes para responder manifiestamente a la función de buscar objetos metálicos enterrados que, en la mayoría de los casos, son de carácter arqueológico.

Por tanto, quien lleva un aparato detector de metales y encuentra objetos arqueológicos no produce un hallazgo casual, sino causal. Esta circunstancia no se modifica por el hecho de no encontrarse en un yacimiento delimitado, ya que –como he explicado más arriba– los bienes arqueológicos no se encuentran de forma exclusiva en ellos. Además, como también se ha mencionado, estos aparatos están específicamente diseñados para advertir su presencia, discriminándolos de otros objetos metálicos enterrados pero que, por ser recientes, están fabricados con metales (hoja de lata, aluminio, etcétera) desconocidos hasta época contemporánea.

3.2. ¿Son muchos o pocos los detectoristas?

Creo de interés conocer, o aproximarnos, al número de usuarios de estos aparatos en España. Este dato permitirá saber la magnitud del colectivo afectado y, de paso, la del daño que puedan provocar. Sin embargo, adelanto ya que no será fácil llegar a una cifra fiable. Las únicas informaciones son periodísticas:

> «¿[c]uántos detectores puede haber en funcionamiento? Recorrer los pueblos y recoger confidencias puede ser un sistema poco científico de hacer recuento, pero no hay otro. Sin duda no bajan de 1.000. Cada día, un alto porcentaje de ellos están en funcionamiento. Cada semana, los grandes intermediarios que operan en la zona se dejan caer por los bares de las plazas, y los buscadores de tesoros se acercan a ellos, a ofrecerles lo que han cogido» («Tesoros para jornaleros en paro», *El País* de 11/09/1983).

Mil personas dedicadas a esta actividad en los pueblos del entorno de Sevilla, como sugiere este artículo, supone una importante

---

27 Se trata de varios de la marca Nexus, modelo Standar (www.nexusdetectors.com [visita en enero 2010]), con su característico plato en forma de mariposa y, también, dos de la marca Saxon, modelo X1 (http://www.easytreasure.co.uk/x-1.htm [visita en enero 2010]).

3. Los modernos *indianas jones* y sus detectores

concentración en momentos tan tempranos, apenas media docena de años después de que se introdujesen. La causa de esa magnitud era, según la información dada, su asociación al paro agrícola. En el artículo se da a entender que poblaciones enteras se dedicaban a ello, espoleadas por las perspectivas de ganancias fabulosas:

> «[c]orre, incluso, el rumor, al parecer no infundado, de que por algún sitio tiene que andar escondido el tesoro de los siete niños de Écija. En la Luisiana, Juan Palomo y sus seis secuaces asaltaron la diligencia de la Casa de la Moneda, entonces situada en Sevilla, que llevaba oro de Madrid. No les dio tiempo a gastarlo» (Ibídem).

La vinculación entre expolio arqueológico y paro endémico del campo andaluz se ha convertido en un auténtico axioma repetido hasta la saciedad, que parecía justificar cierta tolerancia administrativa[28]. Incluso para los propios expoliadores ha devenido en parte imprescindible de sus autobiografías, hablar de la precariedad económica como justificación de su actividad. Así lo manifiestan los *tombaroli* Omero Breda y Luigi Perticarari (Thoden van Velzen 1999: 181) o Giuseppe Mascara, cuyas «hazañas» en Morgantina son mera ilustración de lo perpetrado por el resto de los habitantes de Aidone (Sicilia), según narra A. Stille (2002: 96-122).

Es indudable la relación entre ambos fenómenos, paro y expolio, pero en España el trabajo agrícola estaba ya subsidiado, en esos momentos, y se me hace cuesta arriba creer que la búsqueda de monedas, o el saqueo de tumbas, fuese considerado un *yacimiento de empleo*. Obviamente no puedo siquiera sugerir el número aproximado de cuántos comenzaron esta aventura, pero las cifras publicadas en los medios de comunicación me parecen una exageración. Como dato puedo señalar que, a mitad de los ochenta, en Écija había una docena corta de buscadores clandestinos en activo; me resisto a pensar que algunos años antes hubiese muchos más.

Tiendo a creer que durante los ochenta esta actividad se veía como una ayuda complementaria, como lo era coger espárragos o caracoles. Las monedas y los ajuares funerarios eran un «producto» al alcance de cualquiera, cuya venta proporcionaba cierto alivio, pero no podía sustituir las campañas anuales del laboreo agrícola, el trabajo en la construcción o en algún comercio, por citar los casos que conocí en mi paso por el Ayuntamiento astigitano. Además, aunque hubiese un

---
28 Por ejemplo, Magán Perales (2001b: 114 s.), donde por cierto reproduce informaciones e interpretaciones publicadas por mí (Rodríguez Temiño 2000: 36 s.) sin citar la procedencia.

momento que resultase atractivo, pronto vino el desánimo de muchos, al pasar las semanas sin encontrar nada que pudiera compensar la fatiga de salir a buscar monedas.

Cortés (2002a: 71) hace referencia a una información del diario *El País* de 3 de octubre de 1993, en el suplemento «Negocios», dedicada al auge experimentado por las empresas de venta de detectores de metales. Se cita la cifra de 15.000 detectores vendidos en toda España, siendo la empresa líder Eurodetection S. L., principal importador de estos artilugios, con una ratio de unos tres mil al año, y un volumen de negocio de unos 420.000 €.

Más recientemente, en el proceso constitutivo de la FEEADA (de 2004 a 2006), en los foros telemáticos de los que forman parte detectoristas, se hacía referencia a 30.000, en virtud del monto de ventas de este tipo de aparatos. Con posterioridad, las organizaciones de detectoristas han aumentado este número hasta las cuarenta mil personas dedicadas a tal actividad en España, aunque no explican de dónde extraen esa cantidad (*Abc. Sevilla* de 10/05/2009, «Los "detectoaficionados" piden una regulación y no ser tratados como delincuentes»). Ambos cálculos son más que optimistas si observamos que la primera de esas cifras era la que Dobison y Deninson (1995) daban para Inglaterra, donde su práctica es legal.

Considero que la realidad española es bien distinta. Al final, la FEEADA contó con un censo aproximado de 600 individuos. Hoy día existen unas ocho o diez asociaciones de detectoristas, con una media de cincuenta asociados, excepción hecha de Corduba-al Andalus que cuenta con seiscientas o setecientas personas inscritas. En fechas muy recientes (11/05/2009), el diario *El País* se hacía eco de una concentración de detectoristas en Sevilla, que protestaban ante el Parlamento de Andalucía por la aplicación de la LPHA'07[29]. Cabe decir que tras un largo proceso de convocatoria, que había llevado más de dos años, se logró reunir para ese evento, calificado de trascendental por los propios interesados, a unas quinientas personas de toda Andalucía.

Como dato estadístico, puedo señalar que desde 1991 a 2006, en la provincia de Sevilla (la de España con mayor índice de denuncias, no se olvide), se remitieron 733 partes de denuncias de detectoristas a la Delegación Provincial de Cultura, por el Seprona. En ellas se observa un grado de reincidencia del 24%. Esta cifra es algo menor que la media estimada por A. Cortés (2002a: 68) para toda España, en el cuatrienio 1997-2000 (el 30%), pero lo importante es que deja nuestros números en un total de 559 personas denunciadas en 16 años. Por las reincidencias,

---

[29] El citado periódico titulaba la noticia «Los buscadores de metales se rebelan contra la Junta».

3. Los modernos *indianas jones* y sus detectores

también se observa que el periodo medio de actividad oscila entre dos y cinco años. Y eso contando casos de auténticos profesionales del expolio, actividad a la que se dedican, en algunos de los supuestos más pertinaces, cuatro hermanos y algún miembro más de la familia.

Está claro que la población de la muestra es muy aleatoria y que pueden incidir muchas circunstancias en ser o no sorprendido. Pero, no obstante, creo que este cúmulo de datos no aboga precisamente por contar en unidades de millar a los detectoristas en la provincia que ha sido no solo la cuna de esa actividad, sino uno de los puntos más calientes del expolio del patrimonio arqueológico en el Estado español. Si *mutatis mutandis* se extrapolan estas conclusiones a otros lugares de España, pienso que el resultado final sería una cifra bastante más baja de la que habitualmente se baraja.

Como estimación, podría decirse que, por lo alto, censadas en asociaciones podría haber alrededor de unas mil quinientas personas. Aunque, como se verá, muchos usuarios de estos aparatos parecen rehusar incluirse en asociaciones. Pues bien, siendo muy generosos en los cálculos, si suponemos que por cada persona asociada, haya dos que no lo estén, llegaríamos a la cifra de unos seis mil. De esta cifra tendríamos que restar los que son «playeros» y los que han decidido colgar el detector en espera de tiempo mejores; circunstancias todas ellas que sustraen efectivos a la cantidad de *piteros*.

3.3. La impunidad de los primeros *piteros*

Sería incierto decir que el mundo de los *piteros* se ha mantenido estático a lo largo de estos veinte años. Es justamente en ese cambio paulatino, pero innegable, y en el análisis de sus causas, donde creo que puede encontrarse una de las más convincentes razones para afirmar que el tiempo de los *indianas jones* está pasando, por fortuna, aunque los más recalcitrantes de entre ellos se nieguen a verlo.

El uso de los detectores de metales con la finalidad de búsqueda de objetos arqueológicos fue introducido en España a través de Andalucía. Como ya he señalado, los primeros usuarios fueron militares estadounidenses de las bases de utilización conjunta de Rota (Cádiz) y Morón de la Frontera (Sevilla), a mitad de los setenta. Aún, en fecha tan tardía como 1986, ciudadanos estadounidenses provenientes de dichas bases se dedicaban en su tiempo libre a esos menesteres[30].

---

30 «La Junta multará a tres militares norteamericanos por realizar excavaciones ilegales en Cádiz», titulaba una noticia *El País* de 19/11/1986.

Su expansión coincidió con la roturación profunda, mediante subsoladores, de muchos campos de labor hasta entonces dedicados al cultivo del olivar, lo que facilitó hallazgos monetarios y metálicos en general, en ocasiones, ciertamente espectaculares. Los objetos más sobresalientes entraron sin problemas en el mercado de antigüedades, encontrando compradores sobre todo nacionales, aunque no faltasen también de otros países de nuestro entorno. Esto sentó las bases de un comercio, de expectativas rentables, para quienes salían al campo a buscar monedas provistos de tales aparatos, que fueron rápidamente distribuidos por comerciales locales dependientes de un importador oficial de la casa White's, radicado en Madrid.

Entre esta primera ola de buscadores se hallaban coleccionistas locales de corte erudito, como V. Durán, autor de un librito sobre la batalla de Munda basado en los hallazgos realizados por él mismo en los yacimientos del entorno de Écija (Durán Recio 1984). Sus hipótesis y las evidencias que las sustentaban fueron bien recibidas en el ámbito universitario. Esta acogida le permitió, con la indispensable ayuda de un especialista en la época, reelaborar ese trabajo en un tono más acorde con los usos científicos (Durán y Ferreiro 1984). Estos coleccionistas locales normalmente no solían vender piezas, salvo en casos de apuro económico severo.

Pero junto a ellos también estaban otros *piteros*, con niveles socioeconómicos más bajos, que no buscaban tanto la colección privada propia como el ánimo de lucro, abierto por las expectativas comerciales del negocio numismático, fundamentalmente nacional[31].

Es el momento de oro de colecciones como la de Ricardo Marsal, que se convertirá en el principal receptador de piezas del bajo Guadalquivir. La noticia de su incautación por parte de la Guardia Civil, en el curso de la denominada *operación Tambora* (*El País* de 10/02/2002), tuvo una amplia cobertura mediática a escala estatal, no solo en los medios de comunicación de masas, sino también en la especializada (Morín y Pérez-Juez 2002), y supuso un vuelco en la política de la lucha contra el expolio que se había llevado hasta el momento en Andalucía. Sobre esta cuestión se ha escrito bastante, sobre todo en los medios de comunicación, pero quizás sea de interés explicar cuál era la situación, en lo referido a la tutela pública del patrimonio histórico, para entender no solo la facilidad que había para iniciar una colección de este tipo, sino también el significado que él quiso darle entonces.

---

31 Creo que la distinción entre el expolio italiano y el español radica en que, en nuestro país, el comercio ilícito de antigüedades ha permanecido dentro de las fronteras nacionales, en su mayor parte.

3. Los modernos *indianas jones* y sus detectores

Figura 17. Piezas procedentes del expolio de, al menos, una tumba de época romana, que formaban parte de la colección Marsal (Fotografía: Autor)

Es preciso admitir, en primer lugar, que se trataba de un caso singular ya que, al contrario de otros coleccionistas, Marsal adquiría lotes enteros, procurando mantener la unidad de los conjuntos expoliados, sobre todo en el caso de los ajuares funerarios, exigiendo a los expoliadores detalles sobre los lugares de procedencia de los lotes que adquiría, lo que ha permitido conocer la procedencia de la mayoría de ellos (*Diario de Sevilla* de 13/08/2005). Esta preferencia no se debía a un mero capricho, sino a que él siempre defendió que lo suyo no era una colección al uso, sino un «fondo arqueológico», como finalmente vino a admitir la propia Consejería de Cultura, en la orden por la que se aceptaba la donación del mismo a la Junta de Andalucía (*Diario de Sevilla* de 8/08/2005).

Aunque me parezca indiscutible que esa actitud fomentaba el propio expolio, sería injusto no referir, como se ha recogido con todo lujo de detalles por la prensa, que su idea de crear un «fondo arqueológico» abierto a investigadores lo separa del secretismo característico del mundo anticuario y coleccionista, aspecto que incluso fue argumentado por la fiscalía para solicitar el archivo de las actuaciones judiciales abiertas contra él (*Abc. Sevilla*, de 10/02/2005).

Para enjuiciar este caso, sería conveniente pararse a recordar un poco las vicisitudes por las que pasaba la protección del patrimonio arqueológico, en esas fechas. No es ningún disparate señalar que la situación distaba mucho de ser halagüeña; es más, era francamente calamitosa. Las señales de alarma se multiplicaban. A finales de los setenta, había una auténtica preocupación social por la frecuencia de robos y daños provocados en el patrimonio histórico. Era la época en que J. Y. René Alphonse van den Berghe, conocido como «Erik el belga», campaba a sus anchas cometiendo todo tipo de latrocinios en ermitas, conventos e iglesias del norte peninsular. Su captura no se produjo hasta 1982.

> «Establecer la cuantía aproximada de los robos de arte sacro cometidos en España en las últimas décadas parece casi imposible. Sin embargo, los expertos hablan de varios miles de millones de pesetas. En los últimos años, y especialmente a partir de 1977, se han recrudecido los asaltos de este tipo, sobre todo en la mitad norte de la Península. En el año citado se cometieron, entre otros, los importantísimos robos de la catedral de Murcia, de la cámara santa de la catedral de Oviedo y el de la catedral de Burgos. Sin embargo, el año definitivo de los traficantes fraudulentos ha sido, hasta ahora, 1979, y, muy concretamente, el mes de noviembre, en el que se produjo una verdadera oleada de robos, entre los que merece destacarse el del retablo, único en el mundo, de la iglesia de San Miguel de Aralar (Navarra)» (*El País* de 14/11/1980).

La alarma provocada por esta situación venía de plumas tan señeras como las de José Luis Álvarez Álvarez, Santiago Amón o Camilo José Cela, por citar solo algunos de cuyas tribunas he podido consultar en el diario *El País*. Incluso esa cabecera editorializa sobre esta cuestión, a propósito del robo perpetrado en la cámara santa de la catedral de Oviedo (*El País* de 11/08/1977).

Si en el norte de España, el robo de objetos pertenecientes al patrimonio histórico en manos de la iglesia católica, era el caso más frecuente, en el sur, el patrimonio arqueológico se erigía como el botín más suculento. Actividad predatoria que, como en la España septentrional, no respetaba a las instituciones. El robo en el museo de la Necrópolis de Carmona, acaecido en junio de 1979, resulta un ejemplo palmario que –por razones obvias– no puedo dejar de traer a colación. La situación de desprotección resultaba endémica: «Lo mismo podría ocurrir cualquier día en gran parte de los museos del país, pero en pocos sitios se encuentran tan faltos de vigilancia y tan abandonados como en la capital andaluza y su provincia», comenta el periodista que elaboró un reportaje sobre este suceso (*El País* de 07/07/1979).

> «No se puede decir precisamente que el robo haya cogido a nadie de improviso, porque desde hace años la señorita Fernández-Chicarro había venido advirtiendo a las autoridades de los sucesivos Gobiernos sobre la necesidad imperiosa de mejorar de

3. Los modernos *indianas jones* y sus detectores

forma sustancial los mecanismos de seguridad de la Necrópolis y Museo de Carmona. Concretamente, es preciso reforzar la vigilancia de día y noche y colocar dispositivos de alarma en conexión con la policía local, renunciando a guardar un museo como si fuera un cortijo».

Si esto acontecía en las instituciones públicas, es posible imaginar qué ocurría en medio del campo. Las quejas de quienes conocían la realidad, al menos de los yacimientos que investigaban, ofrecen un testimonio inapelable:

«[q]ueremos denunciar la deplorable situación en que se encuentran los yacimientos arqueológicos españoles. Tradicionalmente, la Administración ha prestado un mínimo interés a este tema, que se traduce, por una parte, en la falta de subvenciones, punto del que en estas líneas no nos ocuparemos, y por otra, en la total carencia de protección de los ya mencionados yacimientos, incluso estando registrados, y en la no aplicación de la legislación vigente a saqueadores, quienes impunemente se dedican al expolio de los objetos a su parecer más valiosos, lo que conlleva la destrucción del contexto en que se hallan, desapareciendo, por tanto, toda posibilidad de interpretación científica de los yacimientos. Es usual ver en las zonas marcadas como grandes yacimientos a grupos de personas trabajando afanosamente en la práctica de «madrigueras» conducentes a extraer material arqueológico. Como ejemplo, cabe citar el espectáculo, no por conocido menos insólito, que se nos ofreció recientemente: en una loma, a pleno sol, y a escasos metros del guarda contratado por el Estado para la vigilancia de uno de nuestros más importantes y extensos yacimientos, tres hombres provistos de detector de metales y toda clase de herramientas de excavación, se dedicaban a «sacar a la luz» una gran necrópolis visigoda, por el sencillo procedimiento de ir cavando y retirando las piedras; la tierra era cribada por si contenía metal, y las losas, fustes de columna y otros elementos arquitectónicos aparecían desordenadamente esparcidos por toda la superficie a la vista. Insistimos en que este tipo de acciones suponen barrer el pasado (destrucción de estratigrafías, secuencias culturales, temporales, etcétera). La pérdida es irreversible. El subsuelo pertenece al Estado: se está, pues, cometiendo un delito. Así, pues, pedimos: una mayor protección de los yacimientos, tanto por el Estado como por el propio ciudadano; penalización de este tipo de delito; toma de conciencia de las personas, y el respeto que esto supone. Hay que tener en cuenta que éste patrimonio no sólo nos pertenece a nosotros, sino a las generaciones venideras, por lo que tenemos el deber de trabajarlo, conservarlo y transmitirlo» (M. P. García-Gelabert y N. Morete, «Abandono arqueológico», *El País* de 08/12/1979).

A esta denuncia, suficientemente expresiva como para necesitar comentario añadido, pueden sumarse otras muchas, pero quizás baste con la firmada por Ramón Coll, titulada «Patrimonio Arqueológico», aparecida en el diario *El País* de 23 de diciembre de 1987, es decir ocho años más tarde, en la que manifiesta su pesar por la impunidad con que se comercia en los mercadillos barceloneses con objetos arqueológicos.

No es muy esperanzadora la contestación que daba, a la denuncia de García-Gelabert y Morete, Javier Tussel, por entonces director general de Patrimonio Artístico, Archivos y Museos:

«[a]este respecto quisiera señalarle que cualquier excavación para la que no se haya obtenido el permiso del Estado es ilegal y, por tanto, sancionable por las leyes. De hecho, la Dirección General del Patrimonio Artístico, Archivos y Museos ha solicitado sanciones hace unas semanas para excavadores clandestinos en diversas zonas de la Península. La parquedad de nuestros medios no nos permite, en ocasiones, proporcionar la existencia del número de guardas adecuado. Sin embargo, estamos dispuestos a perseguir cualquier denuncia que se nos haga. Por otro lado, la Dirección General del Patrimonio Artístico ha expresado su grave preocupación a determinados gobernadores civiles, en especial andaluces y extremeños, por la propaganda que en la prensa diaria o semanal se hace de aparatos detectores de metales. Evidentemente, dichos aparatos tienen como objeto excavaciones no sólo clandestinas, sino también gravemente atentatorias contra el patrimonio artístico en cuanto sólo sirven para destruir yacimientos arqueológicos» (*El País* de 15/12/1979).

El traspaso de competencias no pareció mejorar la situación, como reconocía en esos momentos el director general de Patrimonio Histórico-Artístico de la Junta de Andalucía:

«[e]l director general de Patrimonio de la Junta, Bartolomé Ruiz, descarta que pueda ser eficaz cualquier lucha contra este expolio que no pase por la creación de un cuerpo de policía arqueológica. La escasez presupuestaria en que se mueve la consejería de Cultura, última en protocolo y en presupuesto en el Gobierno andaluz, hace difícil que se llegue a esta explotación y, por tanto, que pueda detenerse el expolio. La llegada de los detectores de metales al medio rural andaluz fue el toque de partida para el expolio masivo (...) En esas condiciones, el detector de metales se ha ido convirtiendo progresivamente en los últimos cinco años en un instrumento de trabajo» (*El País* de 11/12/1983).

3. Los modernos *indianas jones* y sus detectores

El clima de impunidad, y la falta de concienciación sobre el daño que hacían, era tal que se veían anuncios de detectores en la prensa cotidiana, exasperando a las minorías que sí la tenían. Véanse, a modo de ejemplo, las cartas al director, publicadas a propósito del anuncio de un detector de metales, aparecidas en *El País* de 21 y 23 de abril de 1987, tituladas en ambos casos «detectores de metales». En ellas se pedía encarecidamente que se retirara ese tipo de propaganda, cuyo tono era abiertamente pro expoliador[32].

En ese escenario, la estrategia de Marsal, de comprar los objetos expoliados para evitar su dispersión, con independencia de su calificación jurídica, no puede censurarse sin atender a estos matices. Otra cosa, desde mi punto de vista, es la continuación de esa actitud, una vez que el panorama estaba cambiando, y la Administración cultural comenzaba a reaccionar. Por otra parte, ha sido también desvelado por la prensa que la existencia de esta colección era bien conocida por parte de muchos arqueólogos, e incluso la propia Administración cultural andaluza, desde mucho tiempo antes de que se produjese la intervención policial (*Diario de Sevilla* de 04/02/2002 y 13/08/2005).

A fin de cuentas, con la incorporación de esos objetos a las colecciones museísticas andaluzas, se ha podido recuperar, aunque sea de forma parcial, una información que, de otro modo, se habría perdido definitivamente. No obstante, el valor contextual de los hallazgos es irrecuperable.

A decir verdad, dentro de este círculo de compra de objetos, también participaban los museos provinciales, como reconocía el director del Museo Arqueológico de Sevilla (Fernández Gómez 1996), y que –en modo alguno– era caso único en la actividad de tales instituciones. Otro tanto puede decirse de alguna propuesta, más moderna, del patrimonio arqueológico subacuático (Fernández Izquierdo 1996).

La afluencia de anticuarios, coleccionistas e instituciones museísticas nacionales y extranjeras, determinó la conversión de algunos de estos *piteros* en intermediarios de un comercio ilegal de objetos antiguos, que les supuso un aceptable cambio a mejor en su nivel de vida. La difusión de noticias sobre auténticos «pelotazos» animó a algunas personas a lanzarse al campo en busca de monedas y otros objetos metálicos antiguos.

Poco más tarde, comenzó la «profesionalización» del expolio, vinculada sobre todo a núcleos familiares que crean grupos organizados, procedentes de determinadas localidades de Sevilla, Córdoba y Jaén

---

32 «Hágase de oro. Nuestro país está lleno de enormes tesoros aún sin descubrir. Ahora tiene su oportunidad... Ahorre comprando un detector» (*El País* de 05/04/1987).

(Cortés Ruiz 2002a: 68 y 2006: 172), que son quienes traspasarán el marco local para expoliar en yacimientos de otras partes de la península (Soria, Teruel o Ávila), como se verá a continuación.

En síntesis, podría afirmarse que las impresiones de Brent (1994), sobre el cambio sociológico de los expoliadores, son muy ajustadas a lo acontecido también en Andalucía. Para este autor «el pillaje ya no es lo que era». Al analizar los patrones del expolio perpetrado en yacimientos arqueológicos, observa que estos habían cambiado de ser una actividad propia de minorías conocedoras del valor de lo que buscaban, para pasar a convertirse en el banderín de enganche de lugareños y agricultores desconocedores de su significado e importancia cultural. Esta inversión mostraba que había dejado de ser un pasatiempo, más o menos esporádico, como había sido hasta los años ochenta, para convertirse en una suerte de «industria» estructurada, con mecanismos bien «engrasados», aunque sus practicantes se contasen en decenas y no en unidades de millar.

En Andalucía, la toma del campo por grupos de *piteros* voraces que expoliaban yacimientos sin el menor cuidado, hurtando objetos valiosos a la colectividad, terminó por apartarlos de los eruditos, junto a los que habían iniciado esta andadura.

3.4. Profesionales y *amateurs* del expolio

En todo caso, esta edad de oro duró poco. El cultivo de esas tierras trajo aparejado su abono con productos nitrogenados y fosfatados, que atacan el metal eliminando la pátina y corroyendo las piezas, inutilizándolas para el comercio. Amén de ello, el mercado se inflacionó de objetos con la consiguiente bajada de los precios. De hecho, en los mercadillos callejeros la inmensa mayoría del numerario se vendía al peso, razón por la cual las monedas no se limpiaban, ni clasificaban y se exponían junto a otros objetos metálicos indeterminados.

Esta caída del mercado de la moneda y otros objetos metálicos indujo varios cambios para reajustar la actividad y el negocio al nuevo escenario. De una parte, animó la entrada de imitaciones, provocando incertidumbre en compradores poco expertos. Con bastante más repercusiones para nuestro interés, también fue la causa de la expansión de la actividad de los detectoristas a otras zonas de Andalucía, como la vega antequerana, Ronda y las campiñas jiennenses, y de fuera de Andalucía, extendiéndose por otras comunidades autónomas, limítrofes o no.

3. Los modernos *indianas jones* y sus detectores

Igualmente se produce un nuevo reajuste: ante el deterioro irreversible de los objetos metálicos que no fuesen nobles, el expolio se centra en todo tipo de artefacto antiguo (esculturas de piedra, cerámica, vasos de vidrio, etcétera), que tienen igualmente cabida en el mundo del coleccionismo anticuarista.

Por último creo interesante advertir la división entre quienes se dedican a esta actividad de manera ocasional, algunos de los cuales llevaban bastante tiempo haciéndolo, y los que optan por profesionalizarse. División que ha sido adoptada por la mayoría de las personalizaciones policiales.

Los primeros toman la salida para detectar como una afición, poseen colecciones nutridas principalmente de lo que encuentran, aunque también están al tanto de las ventas y no resulta extraño que adquieran y/o vendan monedas u otros objetos a través de Ebay, el principal portal informático dedicado a las subastas, o en mercadillos de antigüedades, como el que se reúne semanalmente en la plaza del Cabildo de Sevilla. Ya se han comentado otras características de esta conducta, pero debe advertirse que, por lo general, suelen tener conciencia del daño que provocan, aunque lo justifiquen de muchas maneras. Se alude a que los aparatos que usan no son tan dañinos como se piensa, que no frecuentan zonas especialmente protegidas o que las monedas que encuentran se perderán por efecto de la corrosión provocada por los fertilizantes[33].

Mi experiencia me dice que no realizan grandes remociones de tierra, ni tampoco les atrae especialmente *escarbar* una necrópolis, salvo que sean eruditos locales. En estos casos, su «pasión» por la historia, creerse en posesión de conocimientos suficientes como para realizar una excavación –que confunden con la mera extracción de los objetos–, o la voluntad de entregar lo que encuentren en un museo local, les hace perder el respeto por la comisión de un previsible expolio.

Los expoliadores profesionales trabajan en grupos y, como

---

33 Quizás sirvan de muestra las declaraciones de uno de los imputados en la *operación Tertis* aparecidas en *Diario de Córdoba* de 21/02/2007, en la noticia titulada «Imputados en la 'operación Tertis' niegan pertenecer a una red ilegal»: «También declararon durante la mañana dos imputados más. A.P.N., uno de los acusados, incluso accedió a ser fotografiado mostrando su carné de miembro de la Asociación Cordobesa de Detectores de Metales (ACDM) --con el número 1.304--, explicó que gran parte de las conversaciones judiciales intervenidas 'muestran charlas con mis amigos, en dónde hablábamos, de adónde íbamos a salir el siguiente fin de semana, cosas propias de nuestra afición'. Opinó que 'si nosotros entregamos lo que encontramos te tratan como a un ratero'. Destacó que la asociación se dedica a 'hacer reuniones, concursos de detectores, intentamos poner sobre la mesa este tema pero no nos hacen caso'. 'Yo entregaría las piezas a la autoridad si no me tratasen como un ladrón y apareciesen en un museo con mi nombre'. Finalizó afirmando que 'esto es nuestro *hobby*, no vivimos de esto'».

bien señala A. Cortés Ruiz (2002a), su principal y única motivación es económica. Se caracterizan por el uso de otros instrumentos aparte de los detectores. De las noticias aparecidas a raíz de la *operación Tertis*[34], o bien de otras referidas al modo de actuar de los *tombaroli* italianos, es posible extraer determinados aspectos de su forma de hacer las cosas.

En primer lugar destaca el carácter organizado de estos grupos, aunque no se trate propiamente de redes en España, no así en Italia, donde los *tombaroli* sí parecen formar parte, en algunos casos, de grupos organizados y estructurados, y cada cual sabe perfectamente cuál es su papel. La persecución policial está modificando su *modus operandi* tradicional. Así lo recoge V. Basso (2008: 145):

> «[l]a figura del classico tombarolo, che di notte trafugava oggetti di ogni sorta, è stata quasi completamente soppiantata da soggetti, molto spesso tecnicamente esperti e padroni del territorio ove operano (conoscendo minuziosamente i siti di interesse rilevante), che agiscono in gruppi organizzati; questi moderni tombaroli sono in grado di immettere sul mercato clandestino pezzi di rilevante valore storico ed opere dei più grandi artisti, utilizzando le più disparate ed imprevedibili vie per il trasferimento dei beni dai loro luoghi di origine, anche all'estero»

Otra de las peculiaridades de los *piteros* profesionalizados es que, frente a los ocasionales, tienen un ámbito de actuación bastante más amplio que abarca prácticamente el territorio nacional. También preparan mejor los lugares donde intervenir. En su modo de trabajo existe una primera fase dedicada a documentarse sobre dónde poder encontrar lo que buscan. Las fuentes de información son variadas y si antes se basaba en patear durante semanas el campo y recoger información oral de los agricultores, ahora van incorporando, de manera creciente, documentación especializada: libros, cartografía oficial, etcétera. Una vez seleccionado el lugar, lo baten con los detectores, llevando consigo para este menester lo que he denominado «*kit* de los perfectos expoliadores». Además las máquinas usadas, como se ha visto en la *operación Tertis*, suelen combinar las habituales distribuidas en

---

[34] «Los miembros de la red desmantelada a través de la operación *Tertis* se desplazaban diariamente a los yacimientos provistos de sofisticados detectores de metales, planos cartográficos, manuales de excavación y otros útiles. Para conseguir mayor impunidad, procedían a su expolio aprovechando las horas nocturnas y en algunas ocasiones actuaban en connivencia con los guardas de las fincas que albergan los yacimientos afectados. Algunos de los objetos expoliados quedaban en su poder mientras los de mayor valor eran vendidos por elevadas sumas de dinero a intermediarios -en algunos casos, comerciantes de numismática-, que a su vez, los vendían a coleccionistas de Madrid, Barcelona, Cádiz y Sevilla» (*El Día de Córdoba* de 19/02/2007).

3. Los modernos *indianas jones* y sus detectores

el mercado nacional con las importadas de tecnología más sofisticada; tampoco es infrecuente el alquiler o la compra a plazos de los detectores usados a los intermediarios, que reciben a cambio la exclusividad en manejar el producto de la rapiña, descontando del botín el pago del plazo de la compra o del alquiler.

Figura 18. «Kit del perfecto expoliador» compuesto por detector, cuadro de detección y pica, intervenido en la operación Tertis (Fotografía: Autor)

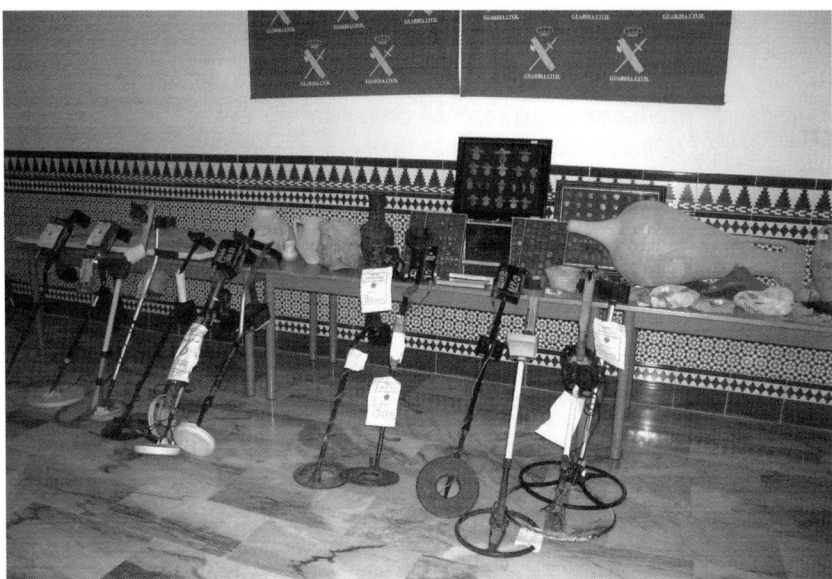

Figura 19. Vista parcial de los detectores y de los objetos de los que se incautó la Guardia Civil en la operación Tertis (Fotografía: Autor)

Figura 20. Operación Tertis. Plato de un detector modificado manualmente para permitir mayor profundización de la señal (Fotografía: Autor)

Localizada la tumba o estructura, solo queda volver durante la noche y escarbar a la luz de los faros de un coche. El trabajo se distribuye por pequeños equipos de tres personas: dos cavan mientras que, de forma rotativa, otra descansa a la vez que vigila (Cortés Ruiz 2002a y 2006). En una o dos noches pueden «levantar» una necrópolis de varias decenas de tumbas.

> «The *tombaroli* have six to eight hours of darkness to get the job done. Once a tomb has been looted, they usually do not come back, unless the site is well hidden and no farmers live nearby. 'We work quickly, leaving many things behind. Sometimes I come back and recover more stuff, most times I don't, because it is too risky,' says Mr Induno» (Ruiz 2000: 36).

El incremento de la capacidad destructiva de los nuevos expolios, donde se han dejado de lado los instrumentos clásicos, como el detector y el pico o la pala, salta en noticias como la publicada por la prensa internacional sobre un expoliador italiano, Pietro Casasanta, que desmontaba directamente el terreno con una pala excavadora, haciéndose pasar por un operario de la construcción, antes de que fuese apresado por la policía (*International Herald Tribune* de 05/06/2007). F. Isman (2009: 17) recoge de sus labios el relato:

> «[d]al campo affioravano frammenti di mosaico e pórfido rosso: Segni certi di un rilevante edificio. Eravamo in tre; uno guidava la pala meccanica, e un manovale aiutava».

Ellos no suelen vender directamente a los coleccionistas, sobre todo si son extranjeros o no residen en sus localidades, de eso se encargan los intermediarios que son personas relacionadas con el comercio de antigüedades.

Resulta llamativo que, en algunos casos, saqueadores de tumbas, como el famoso Luigi Perticarari, que expolió más de 4000 tumbas etruscas y pasó once años en prisión, se sientan extremadamente orgullosos de actuaciones en las que mostraban especial ingenio para ridiculizar a las autoridades. En una entrevista, Perticarari cuenta cómo se las arregló para robar unas pinturas de una tumba el día antes de su inauguración oficial; acto al que estaba convocada la prensa (Perticarari y Giuntani 1986: 116-133).

También están cambiando los hábitos de los pequeños coleccionistas, que han optado por blanquear las piezas que atesoran a través de contactos con el extranjero. Así lo explican fuentes policiales, «[e]sta misma presión [se refiere a las intervenciones contra detectoristas y coleccionistas], según la Guardia Civil, ha dado lugar a un cambio en el «modus operandi» de los expoliadores más organizados, que hacen salir las piezas de España –generalmente a EE.UU. y Europa– utilizando contactos a través de Internet. Posteriormente, estas mismas piezas retornan a nuestro país amparadas en documentación expedida en otros países, con lo que se les pretende otorgar visos de legalidad, como si hubieran sido adquiridas legalmente, cuando realmente se está ante un caso de expolio asociado al blanqueo de capitales» (*Abc* de 13/12/2003, «Sevilla, la más expoliada en sus yacimientos arqueológicos»).

Sánchez Arroyo (1998: 143 s.) ha establecido una división similar a la que planteo aquí, pero no de carácter progresivo en el tiempo, sino como diversas facetas del *modus operandi* de los expoliadores. Distingue entre quien se dedica al expolio para crear o aumentar su propia colección, o movido por su afición a la historia; quien utiliza esta actividad como medio de vida de manera individual y, por último, quienes actúan dentro de redes organizadas. Esta clasificación también responde a la realidad, pero esta es más compleja. Es decir, todavía existen quienes salen al campo de forma individual para buscar monedas, como mero pasatiempo, pero indudablemente esta actividad va teniendo carácter residual con respecto de las redes organizadas. Tampoco es fácil distinguir el segundo perfil (expoliadores solitarios) del primero (eruditos locales) y del tercero (redes), pues en muchos casos una misma persona puede, alternativamente, responder a esos tres comportamientos. Por otra parte, hace veinte o veinticinco años no se conocían las redes organizadas, o no estaban dedicadas a esta modalidad de expolio. Por ello me parece determinante el factor temporal para comprender el fenómeno.

Pérez Domínguez (1998: 152) consideraba, por su parte, que en este terreno la actividad delictiva se desarrolla de forma individualizada, salvo algunos grupos de carácter familiar de etnia gitana, faltando delincuencia organizada, entendiendo por tal la llevada a cabo por una asociación de personas fuertemente jerarquizada, con competencias definidas para cada miembro y cuya existencia se prolonga en el tiempo, con independencia de los fines alcanzados. En 1997, fecha en que se dio el curso donde exponía su experiencia, se advierte que el fenómeno del expolio subacuático, aunque existía, no había sido aún objeto de interés de los cuerpos policiales, ya que, en estos casos, resulta incuestionable la existencia de organizaciones perfectamente estructuradas. Además de ello, cabe señalar que las redes a las que se hace mención, por ejemplo al dar noticia de su desarticulación policial en la prensa, se caracterizan por ser bastante flexibles y autónomas. La moderna tecnología (internet y telefonía móvil) permite conexiones persistentes sin la estructuración jerárquica tradicional de la delincuencia organizada. Por otra parte, la presencia de expoliadores e intermediarios habla de una especialización de funciones, de una estructuración que consiente su calificación como red.

Montero González (2001: 51 s.), del Cuerpo Nacional de Policía, ampliaba más la somera clasificación de Sánchez Arroyo. Así, dibuja el perfil sociológico de los expoliadores casuales, aquellos que encuentran un vestigio arqueológico de forma accidental; los expoliadores aficionados, que suelen dedicar su tiempo libre a la búsqueda de objetos arqueológicos con detectores de metales; los expoliadores profesionales, cuya actividad es la búsqueda y comercio de los hallazgos, y que comenzaron siendo meros aficionados a los que un golpe de suerte les llevó a dedicarse a este negocio. A este mismo tipo asocia los grupos o empresas dedicadas a saquear los pecios. Y, finalmente, los expoliadores científicos, normalmente universitarios que, buscando hallazgos que les lancen profesionalmente, acometen excavaciones ilegales.

Cortés Ruiz (2002a: 69 s.), analizando los datos aportados por las intervenciones realizadas por el Seprona de la Guardia Civil, clasifica los expoliadores en dos grandes grupos: ocasionales y habituales, aunque hay cierta contradicción entre denominación y conducta. Así, de los ocasionales dice que son aficionados que buscan restos arqueológicos en sus horas de ocio para engrosar sus colecciones, luego parece que sus salidas al campo no son esporádicas, sino habituales.

De los habituales, destaca como principales características su motivación económica, la amplitud de las zonas donde actúan, su asociación en grupos de dos a cuatro individuos, el daño que hacen a los yacimientos al *escarbarlos* en profundidad y su integración en redes, lo que les permite cambiar información.

A estos dos grupos básicos, añade el de los eruditos locales, que realizan excavaciones ilegales, con total desconocimiento de las técnicas arqueológicas y con la pretensión de ser los salvadores de la historia local.

Villanueva Guijarro (2009: 177 s.), refiriéndose sobre todo a quienes producen robos de obras de arte, ya sea en museos, ya en otro tipo de establecimientos públicos o domicilios de particulares, realiza una separación en razón del grado de especialización. Por un lado, están los no especialistas en este tipo de hechos que aprovechan descuidos e insuficiencias en materia de seguridad, destacando entre ellos las personas relacionadas con el estudio de tales bienes; conducta que resulta más frecuente en el patrimonio bibliográfico y documental. En el segundo tipo, cuando se trata de obras de arte en capillas o ermitas aisladas, estos perfiles se decantan sobre todo en clanes familiares pertenecientes a grupos étnicos «de antigua tradición ambulante». Como nota de interés advierte que las mafias organizadas, para otras modalidades delictivas, no parecen estar interesadas en la perpetración de robos de este tipo de bienes ante las dificultades para darles salida, aunque recurran a ellos para blanquear dinero procedente de otras fuentes ilícitas.

Por último, Enríquez Navascués y González Jiménez (2005: 49 s.) establecen una jerarquía entre los coleccionistas. En el nivel más bajo se encontrarían los buscadores, propiamente dichos, que suelen atesorar heterogéneas colecciones procedentes de su entorno local, donde se arrebuja todo tipo de objetos metálicos y fragmentos cerámicos o de vidrios. En un segundo escalón estarían personajes similares a los anteriores, pero con un ámbito de actuación mucho más abierto. El nivel más alto lo ocupan coleccionistas compradores, desligados ya de la tarea de búsqueda.

Podría decirse, pues, que desde la óptica policial existe una división bipartita (exceptuando alguna categoría minoritaria), en razón al grado de especialización y habitualidad, de aquellas personas que cometen expolios arqueológicos, ya sea por la búsqueda de objetos arqueológicos con detectores de metales, ya por el saqueo de yacimientos. Esta división es de crucial interés, puesto que concuerda *grosso modo* con la de los propios afectados y se ha convertido en su particular caballo de batalla.

Personalmente considero que en cualquier usuario/a de un detector se dan tres contingencias. Por un lado, cierto gusto por el descubrimiento de algo, lo que sea. Es un sentimiento similar al que mueve a los pescadores u otros aficionados a ese tipo de actividades en las que no siempre se consiguen resultados, pero se disfruta igualmente con su mera práctica. Un segundo motivo es el interés por la historia, normalmente local. Y, por último, un móvil económico, pues los objetos hallados tienen un valor de mercado indudable. Según predomine más un aspecto que otro, así su conducta se enmarca más en uno de los tipos u otro. En la mayoría, se da un equilibrio entre las tres. Pero, como es normal, la aparición de una circunstancia externa puede hacer predominar una sobre el resto. Por ejemplo, el hallazgo de un tesorillo de monedas de oro acrecentará el interés en el valor comercial del hallazgo de alguien que usaba el detector como pasatiempo y nunca se le hubiese ocurrido antes de esa circunstancia vender nada de lo hallado. O bien, la posibilidad de participar en un proyecto de investigación local,

3. Los modernos *indianas jones* y sus detectores

quizás motive a un/a detectorista, que hasta entonces se contentaba con unos mínimos conocimientos para identificar objetos, a leer un trabajo científico sobre historia.

No obstante, hay personas en las que predomina un rasgo de manera absoluta. Por ejemplo, quienes tienen pasión por detectar y, ante las dificultades legales que encuentran, abandonan la actividad o se dedican a hacerlo en ámbitos menos conflictivos, como las playas.

También se da este predominio de una faceta en los profesionales del expolio, auténticos delincuentes, a cuya actividad añaden otras facetas delictivas, como la estafa (venta de objetos modernos por antiguos) y el tráfico ilegal de objetos arqueológicos. En estos casos estas personas suelen formar redes sobre núcleos de carácter familiar y se caracterizan por cometer varios tipos de ilícitos penales, de los que el expolio suele ser el menos grave. La reciente noticia de la detención por parte de las fuerzas de seguridad del Estado de 85 individuos en varias provincias españolas (*El País* de 10/12/2010) sirve de ejemplo de este tipo de comportamientos. Según las informaciones publicadas se trata de una red dedicada al expolio, pero también a la falsificación de objetos arqueológicos y al tráfico ilegal de oro. Entre los objetos incautados en los registros policiales había varias armas de fuego, amén de los instrumentos para hacer falsificaciones, detectores de metales y una gran suma de dinero.

En definitiva, existen claras diferencias en el grado de intencionalidad, la finalidad, los medios y la intensidad del daño, de los amateurs y los profesionales, pero los dos erosionan la historia y sus vestigios materiales.

3.5. De *piteros* a detectoaficionados

Durante los noventa comienzan las primeras actuaciones serias por parte de la Administración cultural, primero, y policial, algo más tarde, para la represión del expolio. Esta presión motivó nuevas reacciones en el colectivo afectado. Destacaría, entre las principales características de este fenómeno a partir de esos momentos, las siguientes:

En primer lugar, la reducción considerable del número de usuarios. Ya fuera porque se consideraban agotados los principales yacimientos, después de más de una década de continuo expolio, ya porque las monedas y los demás objetos metálicos acusaran los efectos de los fertilizantes y se deterioraran, quedando inútiles para la colección privada o la venta, lo cierto es que eran menos quienes se dedicaban a salir al campo en busca de objetos arqueológicos. Pero a cambio, los expoliadores severos estaban mejor organizados y tenían más movilidad, como han comentado los responsables policiales, con lo cual el destrozo que producían era significativamente mayor.

En segundo lugar, debe destacarse la tendencia hacia el asociacionismo. Desde comienzos de los noventa y acrecentándose hacia su mitad, aparecen los primeros clubes y asociaciones de detectoristas, principalmente de carácter local, aunque ya existía una Asociación Española de Detectoristas. Entre sus principales objetivos estaba el de compartir experiencias, hallazgos e informaciones técnicas sobre las máquinas que usan, sirviendo de vehículo para la introducción de las novedades que salían al mercado. No obstante, en sus estatutos suelen figurar cláusulas directamente relacionadas con la práctica arqueológica.

Así, por ejemplo, la asociación Karmo, dedicada al fomento de la práctica del detectorismo, tiene entre sus estipulaciones para la admisión de nuevos socios, el sometimiento de los aspirantes, por parte de la Junta Directiva, a un somero examen de «pericia arqueológica», con objeto de asegurar que el nuevo miembro «no cause destrozos innecesarios». Más explícitas fueron las propias declaraciones de su primer presidente, recogidas en el boletín número 1 de *El Explorador* (mayo de 1998, pág. 6):

> «(...) nos describe la asociación como un grupo de aficionados que se han unido para luchar contra el concepto equivocado de considerar al detectorista como un expoliador. 'Nosotros [cita textualmente quien hace el reportaje] pretendemos que las piezas que se encuentren aquí se queden en Carmona. Para preservar nuestro patrimonio y que nuestros hijos puedan verlas. Uno de nuestros fines es el de colaborar con el ayuntamiento, hemos donado gran cantidad de piezas al museo local. Hasta el momento todo lo hacemos por nuestros medios y no hemos recibido ninguna colaboración por parte del ayuntamiento aunque hemos solicitado y estamos en trámite para que nos concedan una sala para hacer nuestra propia exposición de numismática que es lo que nos interesa».

Entre los fines de la Asociación Corduba-al Andalus de aficionados a la detección de metales y minerales, recogidos en sus estatutos, está: «El desarrollo de una actividad cultural de tipo Arqueológico y Numismático, consistente en la búsqueda y detección, al aire libre, de Metales y Minerales en superficie, con detector de metales» y «Organizar, explicar, debatir, asesorar y desarrollar la actividad de búsqueda, incluidos detectores, a sus Asociados».

3. Los modernos *indianas jones* y sus detectores 107

No puede obviarse, entre los acicates de esta tendencia al asociacionismo, la pérdida de la sensación de impunidad que había estado presente en años anteriores. Por aquella época comienzan las primeras actuaciones administrativas, sobre todo con la incoación de expedientes sancionadores. Son las asociaciones quienes se dirigen a los poderes públicos pidiendo aclaraciones sobre el estatuto jurídico de la detección de metales. En el número 10 (1994) de la revista *El Buscador*, (antecedente de *El Explorador*) editada así mismo por la Asociación Española de Detectoristas, se publica un informe jurídico sobre la licitud de los detectores de metal y su aplicación, tras consultar al Servicio de Explotación y Seguridad Minera del Ministerio de Industria y Energía, a la Dirección General de Seguridad del Estado y a la Jefatura de la 112ª Comandancia de la Guardia Civil de Tres Cantos (Madrid). En este mismo orden de cosas, en diciembre de 2002, la asociación Corduba al-Andalus organizó el primer congreso nacional sobre «Detección de metales y su problemática legal», reconociendo que la situación había cambiando radicalmente con respecto de la tónica de las décadas anteriores.

Figura 21. Manifestación de detectoaficionados en Sevilla pidiendo regular su actividad (Fotografía: Javier Matas Adamuz)

Estas asociaciones nunca han sido muy numerosas, ni tampoco han contado o cuentan con un gran número de afiliados, no solo en términos absolutos, sino en relación con el monto total de los supuestamente interesados, es decir los poseedores de detectores de metales. Muchas de estas asociaciones languidecerán hasta extinguirse, o vivir de forma virtual, conforme sus promotores pierdan interés en la detección. Pero también observamos el nacimiento de otras, sobre todo en los últimos años. En las nuevas se menciona de forma explícita en los estatutos, como una de sus finalidades o como servicio otorgado a sus afiliados, la asistencia letrada en caso de denuncia y apertura de un procedimiento sancionador, por parte de la Administración.

A partir de 2004, espoleados por la sistematicidad de las denuncias efectuadas por las fuerzas de seguridad del Estado y favorecidos por la conexión vía internet entre usuarios de todas las comunidades autónomas, se creó una federación de asociaciones con el propósito de unificar fuerzas. Nació así la FEEADA, que fue uno de los baluartes desde los que algunos sectores del mundo detectorista intentaron dar solución a sus problemas atávicos de desunión para combatir, en un frente unido, las actuaciones administrativas. Resulta esclarecedor de sus propósitos que, entre los objetivos de esta federación, estuviese el de «defender a sus socios de las actuaciones administrativas». Para esta federación todo intento de regulación pacífica de la práctica detectorista debería partir de los siguientes supuestos:

a) Reconocimiento del derecho al uso de los aparatos detectores de metales ya que su venta es perfectamente legal. Sin embargo, conscientes de que estos aparatos están en la inmensa mayoría de los expolios arqueológicos, exigen la separación entre detectoaficionados y expoliadores.

b) Entienden que la legislación sobre patrimonio histórico y cultural resulta imprecisa acerca de los detectores y, en todo caso, solo sanciona el uso de estos aparatos en zonas declaradas como bienes de interés cultural.

c) Por tanto, consideran un atropello sancionar a quien está usando un detector cuando no se encuentra en una Zona Arqueológica declarada.

d) Reclaman la regulación de la práctica de una detectoafición responsable.

e) Regulación que pasa por instaurar un sistema similar al existente en Inglaterra, donde la búsqueda solo precisa la autorización del dueño de las tierras.

3. Los modernos *indianas jones* y sus detectores

Sin embargo, este proceso de unificación no parece haber cuajado. Incluso cabría decir que los detectoritas desperdiciaron, por rivalidad entre sus propios intereses, los pocos foros en que han tenido posibilidad de dialogar con personas cuya profesión tenía relevancia para el futuro de su afición. Concretamente en Carmona, en el algo insólito marco de las actividades culturales que rodearon la celebración de la tercera edición del Carmona Film Fest, en octubre de 2005, hubo una mesa redonda titulada «Los detectores de metales y la conservación del patrimonio arqueológico»[35], en la que asistieron, aparte de mí, en calidad de coordinador, arqueólogos municipales, fiscales de la especialidad de patrimonio histórico, medio ambiente y urbanismo, alcaldes de localidades cercanas, miembros del Seprona de la Guardia Civil y, lógicamente, un amplio número de detectoristas pertenecientes a diversas asociaciones andaluzas, así como de la FEEADA (*El Correo de Andalucía* de 07/10/2005 titulaba la noticia: «Contra el expolio, primero diálogo»)[36]. La reunión dio como fruto no solo la falta de propuestas razonables con las que contrarrestar, por parte de los detectoristas, los argumentos dados en contra de un uso libre de los detectores, sino la imposibilidad de llegar a consensos o acuerdos basados en el respeto a las normas. Tal actitud obstruccionista no nacía de personas concretas, sino de la incapacidad de aunar entre ellos mismos voluntades para hacer algo de manera conjunta.

En la actualidad, tras varios intentos fallidos de unir esfuerzos en actos de protesta contra la Administración cultural andaluza, al hilo de la tramitación de la Ley 14/2007, del Patrimonio Histórico de Andalucía, la FEEADA carece de actividad, habiendo tomado su relevo otras asociaciones de escala nacional. Los postulados de la FEEADA los defiende ahora un grupo de aficionados que intentan hacer del detectorismo en Andalucía una modalidad deportiva, acogida a la legislación andaluza de fomento de actividades deportivas y de esparcimiento al aire libre, bajo el nombre de Federación Andaluza de Detección Deportiva (FADD)[37]. Desmarcándose de esta línea, la Asociación Española para la Defensa de la Detección Metálica muestra una actitud diferente, lo que evidencia las diversas sensibilidades dentro de este colectivo.

Aunque la mayoría de las iniciativas de la FEEADA eran descabelladas y su única pretensión consistía en frenar el proceso legislativo, presionando a los parlamentarios andaluces mediante ejercicios de fuerza, creo pertinente analizar las causas de esos fracasos,

---

35 Esta cita ha tenido cierto eco en el ámbito científico (Gonzálbez Cravioto 2007: 561).

36 El cálculo estimado de asistentes fue de unas 100 personas y el debate duró más de cuatro horas.

37 www.fadd.es (Consultado en enero de 2008).

pues en ellas se encuentra otra de las características del detectorismo de estos últimos años; aspecto que, como se verá, resulta de interés para este trabajo.

Para sintetizar podría resumirse esta nueva característica como la confrontación interna experimentada en el seno del detectorismo, producto de la confluencia de intereses divergentes. Es necesario aclarar que, a lo largo de este tiempo, ha aparecido una modalidad de aplicación de los detectores, con gran auge entre sus usuarios, consistente en la búsqueda de objetos perdidos en las playas y pistas de esquí en montaña. A diferencia de la exploración en tierras y campos de labor, esta actividad no concita rechazo social alguno, amén de suponer una fuente de ingresos más regular para sus practicantes, y una forma de «matar el gusanillo» jurídicamente menos problemática. En unos años el crecimiento de sus practicantes contrasta con la merma de los «buscadores de tesoros», a los que he denominado en este libro *indianas jones*. Aunque los «playeros» también participen en asociaciones, e incluso haya quien se dedique a una u otra actividad de forma estacional, ambas prácticas no comparten una identidad de intereses. De hecho, al no sentirse amenazada, la inmensa mayoría de los detectoristas no encuadrados en las asociaciones son «playeros».

Así, cuando se han querido hacer demostraciones públicas de lo extendido que está el uso de detectores, los *indianas jones* se han quedado solos, poniendo de manifiesto lo minoritario de tal afición, ya que el retroceso cuantitativo de practicantes no ha afectado a ambas modalidades de la misma forma. Además, parecen muy enfrentadas a la hora de hacer una causa común ante los poderes públicos.

La estrategia seguida por la FEEADA, y ahora por la FADD, ha sido intentar ampliar el rango de actividades lúdicas a realizar con un detector, con objeto de desvincularlos de los expolios arqueológicos. Aparte de los usos en las playas, se han propuesto otros como las competiciones en espacios acotados, la retirada de basuras metálicas en playas y campos o el bateo de oro nativo[38]. Sin embargo, esta apuesta ha contado con escasa aceptación. Pronto algunas de las principales asociaciones incluidas en la federación decidieron desvincularse de tales iniciativas e, incluso, de la propia federación. Las razones son varias, pero por lo que he podido leer en los foros de debate, en algún caso se ha debido a que la asociación en cuestión estuviese formada básicamente por detectoristas «playeros», que se mostraban harto

---

38 Esta información ha sido extraída del documento titulado «La detectoafición y el Patrimonio Histórico-Cultural. Informe elaborado por la Federación Española de Asociaciones de Detectoaficionados FEEADA», fechado en septiembre de 2004 (en: www.feeada.org [consulta realizada en octubre de 2004]), así como de la web de la FADD reflejada en la nota anterior.

3. Los modernos *indianas jones* y sus detectores

reticentes a mezclarse con los clásicos *piteros*; en otros, porque para estos últimos, esa amplitud en el campo de las actividades no concordaba con sus aspiraciones, que eran conseguir algún tipo de autorización o reconocimiento para poder seguir buscando restos arqueológicos, sin tener que salir «con el miedo metido en el cuerpo, mirando a todos lados», como confesaba un participante en el foro de la web detectomania.com, ya cerrada[39]. «Si no puedo seguir saliendo a practicar nuestra afición como he venido haciendo toda la vida, antes que ponerme unas calzonas y un dorsal, cuelgo el detector», concluía ese forero, en un debate sobre la consideración del detectorismo como una actividad deportiva.

Por contra, la Asociación Española para la Defensa de la Detección Metálica (www.buscametales.com) ha iniciado una singladura distinta desde su escisión de la FEEADA. Conscientes de que encarar una batalla frontal contra la legalidad es un empeño baldío, han procurado ocupar los ámbitos donde no hay interferencias directas con el patrimonio arqueológico. Sus planteamientos hacen hincapié en la posibilidad de practicar ese entretenimiento en playas y en pistas de esquí, donde no suele haber yacimientos arqueológicos: en un caso por tratarse de formaciones geológicas recientes y, en otro, porque su altitud no ha propiciado la habitación estable. Por otro lado, para encauzar a quienes puedan tener interés en la arqueología o el conocimiento de la historia local, esta Asociación está buscando colaboraciones con equipos de investigación en proyectos de arqueología. De momento, ya ha participado en una actividad en el Conjunto Arqueológico de Carmona, donde se realizó una prospección del solar ocupado por el anfiteatro romano con objeto de retirar basura metálica, de cara a prospecciones geofísicas, y además localizar «blancos», que se señalaron en el terreno, pero no se excavaron, en espera de una intervención sistemática de esa área.

---

39 La página web www.detectomania.com ha sido, sin lugar a dudas, el espacio de reunión y debate más importante del que ha gozado el detectorismo en España, pero también donde podían intercambiarse información sobre venta de monedas y otros objetos metálicos, así como de yacimientos expoliados o por expoliar. Iniciada en los noventa, obtuvo auténticos récords de audiencia en animados debates en los que tomé parte. Finalmente cerró por decisión de sus *webmasters* ante la apertura de diligencias de investigación por parte de la fiscalía del Tribunal Superior de Justicia de Andalucía (Decreto del Fiscal Jefe del TSJA de 27 de abril de 2005), por posibles actividades favorecedoras del expolio (*El Correo de Andalucía* 30/05/2005).

CAPÍTULO 4
El Dorado del detectorismo

Cuando a partir de los setenta la visión de personas usando un detector de metales en busca de monedas –u otros objetos arqueológicos– se convierte en una estampa habitual en el campo, la reacción de los arqueólogos europeos fue, de manera casi unánime, manifestar su preocupación y condena por lo que consideraban como la principal amenaza que se cernía sobre el patrimonio arqueológico. Este rechazo tuvo eco en las instituciones internacionales europeas con competencias en la tutela del patrimonio arqueológico, antes incluso que en el derecho positivo de cada país.

El Consejo de Europa sacó la directiva de 1981, ya comentada, recomendando a los estados miembros la conveniencia de regular el uso de estos aparatos. Más adelante, en 1992, cuando en La Valletta (Malta) se revisó la Convención sobre la Protección del Patrimonio Arqueológico, que había sido firmada en Londres en 1968, sus contenidos se actualizaron incluyendo nuevas recomendaciones sobre los detectores de metales, aunque en esta ocasión asombraron por la suavidad del tono empleado, poco acorde con la gravedad del problema, en opinión de arqueólogos y expertos (Cleere 1993 y O'Keefe 1998). No obstante, ambas normas hacen hincapié en la conveniencia de que cada país establezca un tipo de licencias específicas para el uso de estos aparatos, como medio para controlar su afección al patrimonio arqueológico y separar las indagaciones científicas de las que no lo son. Algo que, con cierta lentitud y desigual grado de empeño, ha terminado por implantarse en casi toda la Europa, salvo en Inglaterra y País de Gales.

Excepción esta en modo alguno casual. De hecho, ahora sabemos que existe una conexión directa entre el tono suave de la Convención de La Valletta y la salvedad anglogalesa. W. J. H. Willems (2007: 60 ss.) –uno de los componentes del comité que redactó el texto de esa Convención– comenta, al recordar los pormenores de su elaboración, cómo la preocupación por el tráfico ilegal de bienes arqueológicos preocupaba a algunos de los representantes de países como Italia, Turquía, Grecia o Chipre, que hubiesen deseado un pronunciamiento rotundo en este sentido. Sin embargo, otros, singularmente los del Reino Unido, Suiza y Países Bajos, aun a pesar de su voluntad personal, neutralizaron esas pretensiones en previsión de que finalmente, si se recogía una condena de esas prácticas, sus países respectivos no firmasen la Convención. No en vano, ninguno de ellos se había adherido, en esos momentos, a la Convención de la Unesco de 1970 sobre la prohibición y prevención de exportaciones e importaciones ilegales de bienes culturales.

En su redacción, pues, primó la clave política frente a la convicción profesional, o personal; postura que propició la búsqueda de soluciones pacíficas que no pignorasen un acuerdo definitivo sobre el texto y su ulterior ratificación. Willems destaca, como ejemplo de ese proceder, el caso de los detectores de metales,

> «[m]ost countries insisted that a provision would be made to ban the unlicensed use of metal detectors and we had an excellent French proposal for such an article. I recall that Geoff Wainwright (UK), who as an archaeologist could perhaps have agreed, convinced us that any such article would prevent the UK from signing the Convention, and there were one or two other members who shared this position. So we ended up not with a strong article but with a rather watered down paragraph, hidden in Article 3, that still says what the standard should be but that does not really oblige state parties to do anything» (Willems 2007: 62).

Lo cierto es que, en la actualidad, tanto Inglaterra como País de Gales han adoptado otro modelo menos restrictivo que el resto de países europeos, o Escocia, dentro del Reino Unido. Aunque la situación tiende a ser ligeramente más compleja de lo que suele exponerse, mediante una reforma legislativa y un programa gubernamental, han separado los lugares donde no puede detectarse sin autorización administrativa (normalmente yacimientos y parajes especialmente protegidos), de aquellos otros sitios, sean yacimientos arqueológicos o no, en los que el único requisito para hacerlo es contar con la autorización de los propietarios del lugar, si son distintos de quienes quieren detectar. Se ha querido estimular, de esta forma, un acercamiento del mundo de los detectoristas a la Administración. Se busca que de forma voluntaria entreguen los principales hallazgos que puedan realizar y que se conceda el derecho de compra, a precio de mercado, a las instituciones gubernamentales en primera instancia.

Esta excepcionalidad, que se ha denominado en los ambientes dedicados a la detección como «el modelo inglés», amerita cierto acercamiento en una obra como esta. Veremos cuáles han sido las

4. *El Dorado* del detectorismo

condiciones de partida, el itinerario seguido en Inglaterra y País de Gales para llegar a esta solución, las reformas legales habidas, así como los programas emprendidos, su funcionamiento y las polémicas, aunque soterradas, que suscita.

Debe señalarse que en el Reino Unido la legislación sobre esta materia no es única para todos los territorios que lo componen. Inglaterra y País de Gales se rigen por unas normas y Escocia e Irlanda del Norte por otras distintas; estas diferencias serán abordadas más abajo, pero el grueso de esta exposición se centra en las dos primeras regiones señaladas. En segundo lugar, en el Reino Unido se combinan normas jurisprudenciales (o *Common Law*), con otras aprobadas por el Parlamento (o *Statutory Law*); esta característica, general para todo el derecho anglosajón, ha tenido una especial significación en el campo objeto de nuestro análisis.

4.1. De la arqueología *amateur* a los detectoristas

Antes de entrar de lleno en cuestiones de índole jurídica y administrativa, sería conveniente asomarnos a lo que podría denominarse la raíz sociológica de la respuesta inglesa a la cuestión de los detectores, porque allí se encuentran sin duda algunas claves que ayudarán a enmarcarla.

En concreto resulta pertinente, desde mi punto de vista, tener presente el papel jugado, en la arqueología de campo, por parte de diletantes y otras personas entusiastas de la historia local, que prestaban voluntaria y gratuitamente parte de su tiempo en colaborar en esas actividades. Sin su participación no podrían haberse realizado muchas intervenciones. Lo importante de ese acercamiento no profesional fue la impronta que ha dejado, a pesar de la apuesta por la profesionalización del trabajo arqueológico llevada a cabo en la década de los ochenta.

Desde hace ya unos decenios, el mundo anglosajón viene prestando especial atención a la relación entre la arqueología, como saber disciplinario y especializado, y el gran público no experto, bajo la genérica rúbrica de *public archaeology*. Este sintagma fue usado en la década de los setenta para expresar la naturaleza pública del patrimonio arqueológico en EE UU (McGimsey III 1972). Ante la magnitud del peligro para la conservación del patrimonio arqueológico que supone tanto la expansión de nuevos cultivos, como el hábito coleccionista, McGimsey plantea un ambicioso programa para publificar la arqueología y el patrimonio arqueológico. Como fundamento del mismo parte de la idea de que toda la arqueología es pública, es decir tiene vocación de servicio al público. Asentada esa idea, el programa propuesto se vehiculaba a través de dos ejes. En primer lugar, la necesidad de comprometer a las administraciones públicas en la elaboración de normas activamente protectoras, así como en la financiación de programas de investigación. La otra línea tiene mayor relación con el tema de esta obra, la participación del público en la actividad arqueológica. McGimsey expone, con toda razón, que sin apoyo social la protección del patrimonio arqueológico está condenada al fracaso. Pero, en términos generales, la sociedad, aunque sea favorable a la conservación del patrimonio arqueológico, no está interesada en acercarse a él. Por tanto, debe ganarse al sector del cuerpo social que sí manifiesta esa inclinación, que son los aficionados y eruditos locales. Mas para ello, primero, hay que librar una batalla contra el resquemor, manifestado por muchos de sus colegas, por la participación de amateurs en las actividades arqueológicas. Su propuesta es abrir las puertas de las actividades arqueológicas al público interesado, pero a cambio de responsabilidad. Debe exigirse autocontrol y reconocimiento de las propias limitaciones, para que las actuaciones de los no profesionales no dañen irremisiblemente los datos inherentes a los objetos arqueológicos. McGimsey no defiende a los arqueólogos que quieran encerrarse en sus torres de marfil, al margen de los retos que se presentan al patrimonio arqueológico, pero también rechaza a los *pothunters* (cazadores de objetos) que buscan la mera satisfacción de sus intereses personales en el coleccionismo. El punto medio de equilibrio pasa porque los amateurs pidan asesoramiento y, de una u otra forma, se integren en los programas de investigación con financiación pública.

El paso al continente de la *public archaeology* se hizo modificando estos planteamientos. Como sostiene N. Merriman (2004a: 2 ss.), este marco conceptual ha ampliado sus límites, siguiendo vectores interesados sobre todo en conocer las actitudes del público hacia el patrimonio arqueológico. Dentro de estas nuevas coordenadas, ha adquirido especial relevancia el análisis de las formas de apropiación particular de la representación ideacional del pasado, por parte del público en general, aunque sean contradictorias con las posturas doctrinalmente solventes:

> «[t]he field of public archaeology is significant because it studies the processes and outcomes whereby the discipline of archaeology becomes part of a wider public culture, where contestation and dissonance are inevitable (...) This broader definition of public archaeology opens up a space in which to discuss not just archaeological products (such as educational programs, museums

4. *El Dorado* del detectorismo

displays and site tours) but the processes by which meaning is created from archaeological materials in the public realm» (Merriman 2004a: 5).

Resulta pertinente traer a colación ahora el papel crucial que la arqueología no profesional había desempeñado en el Reino Unido, porque su principal plasmación, desde finales de los setenta, será precisamente el detectorismo. Su popularización en este país no podría entenderse sin la combinación entre el factor, llamémosle estructural, consistente en ese caldo de cultivo favorable al desarrollo de una arqueología de campo *amateur*, que habían supuesto los museos y asociaciones locales, y otro factor, coyuntural sin duda, cual fue la posibilidad de acceso rápido a bienes relevantes desde un punto de vista cultural y crematístico, otorgada por el uso de los detectores de metales[40].

Sin embargo, la arqueología *amateur* a partir de los ochenta no gozaba del reconocimiento e integración que había tenido en épocas anteriores; situación de arrinconamiento que se mostró más evidente desde los noventa en adelante. La causa de ello fue la extensión de la arqueología preventiva, lo que conllevó el masivo desembarco de profesionales solventes y cualificados, tanto en las tareas de gestión como en las actividades de campo. En un documento en el que se da una visión de conjunto de la arqueología británica, a comienzos del presente milenio, *The Current State of Archaeology in the United Kingdom*[41], se aborda de manera específica, y con preocupación, la postergación en la que vive la otrora indispensable colaboración voluntaria de personas entusiastas de la arqueología *(APPAG 2003: 11)*:

> «[o]ur knowledge of Britain's material past has its foundations in the activities of the independent local enthusiast, but today people who are, or wish to be part of that tradition feel actively excluded from it. One of the major challenges facing archaeology is to address the tension that now exists between the professional

---

[40] Merriman ha propuesto una desregularización del comercio arqueológico, frente al régimen institucional y estatal, al que denomina «nacionalista y acaparador». Recomienda el establecimiento de un mercado lícito de antigüedades, regulado por el derecho internacional. Este comercio estaría restringido a objetos que pudiesen ser removidos sin daño y que fuesen redundantes con respecto a los conservados en museos. Saturar el mercado de este tipo de bienes bajaría su precio y, como resultado positivo, en su opinión, retraería la arqueología clandestina (citado por el resumen hecho por J. Carman 2002: 42 s.). Esta propuesta, inspirada en el tráfico de estupefacientes «blandos», ha tenido nulo eco, pero refleja el extremo al que deriva parte de la *public archaeology*.

[41] Este informe fue elaborado por un elenco de miembros del Parlamento británico, a la cabeza de los cuales estaba el insigne arqueólogo C. Renfrew (www.sal.org/appag consultado en julio de 2010).

and amateur sectors so that interested members of the public are not disenfranchised from the heritage that belongs to them».

Sin embargo, las soluciones no parecen tan simples y evidentes para el caso de los detectoristas, como propone este grupo de parlamentarios en términos generales. A la preterición de la arqueología *amateur* se le añade, en este caso concreto, la desconfianza y el recelo de los arqueólogos hacia unas personas cuyo pasatiempo consiste en buscar, recoger y atesorar objetos arqueológicos, hurtándolos al conocimiento científico y público. Por ello cabría añadir que los factores antes mencionados pudieron desplegar esos efectos porque en esas regiones, como veremos a continuación, no existían restricciones legales a su uso y, mucho menos, política alguna de persecución de los abusos ocasionados al patrimonio arqueológico.

Ante este estado de cosas, saber el número de detectoristas existente en el Reino Unido, y su respaldo en instancias políticas y administrativas, es algo de interés para este análisis sobre lo que, por fortuna, se puede arrojar cierta luz. Sobre todo porque cabría esperar que –habida cuenta de las facilidades y el mencionado sustrato sociológico afecto a esa práctica– hubiese un elevado número de practicantes de este pasatiempo; lo cual podría ser una de las claves de su éxito frente a los propios arqueólogos.

No está de más aclarar que no pretendo hacer un cálculo exacto de cuántos usuarios de detectores existen en Inglaterra y País de Gales, únicos lugares de los que tienen datos, por dos razones. Primero, porque se trata de una empresa muy difícil, incluso para quienes están allí sobre el terreno, máxime cuando se trabaja a distancia; pero además, el propio concepto de detectorista admite muchas matizaciones en función de la frecuencia en el uso de esos aparatos (Thomas 2009a: 3), con lo cual todo número resulta bastante relativo.

Todos los autores aceptan como válido el número de 30.000, para mitad de la década de los noventa y solo en Inglaterra, aportado por Dobinson y Denison (1995). Sin embargo, estimaciones más recientes lo han rebajado hasta solo 10.000 (Bland 2005: 441 y 2009: 71). En todo caso, incluso la primera cifra dista mucho de los cientos de miles que sugerían las revistas de detectorismo, como *Treasure Hunting* y *The Searcher* (Addyman y Brodie 2002: 179). Luego, no parece que se trate de un colectivo especialmente numeroso, aunque sí esté bastante estructurado.

En efecto, el trabajo Dobinson y Denison, basado en parte sobre encuestas a detectoristas, revela que estos se encuentran mayoritariamente asociados en pequeños clubes que, a su vez, se han unido en dos grandes asociaciones. La mayor de las cuales es el National Council of Metal Detecting (www.ncmd.co.uk); la otra se denomina la Federation of Independent Detectorists (www.fid.newbury.net). Los no afiliados se estima que sean bastante menos que los que lo están. Por último, dan cuenta estos autores de un número variable de usuarios extranjeros, atraídos por las facilidades y el atractivo que representan las competiciones de detectoristas, de las que se hablará más abajo.

¿Es esta capacidad de organización la clave de su éxito? Responder a esta pregunta tampoco es tarea fácil. En principio, sería lógico pensar que facilita su comportamiento como un auténtico *lobby*. Esta intención se puso de manifiesto en la reacción que tuvo el National Council for Metal Detecting, al tiempo de publicarse el texto de la Convención de Malta. La asociación vio como una amenaza inaguantable las tímidas medidas propugnadas por el Consejo de Europa y no dudó, cuando el Reino Unido decidió ratificar la citada Convención, en reclamar explicaciones sobre el alcance de las medidas que podrían adoptarse. La respuesta del Gobierno británico –al menos, lo que se conoce de ella– fue bastante conciliadora con los intereses de los detectoristas, y cuestionaba el núcleo fundamental de la propuesta de sujetar a autorización el uso de los aparatos[42].

Pero, por otro lado, su alcance real como grupo de presión no parece llegar al Parlamento británico, lo que dado el sistema representativo británico resulta bastante extraño. Durante el proceso de reforma de la Treasure Trove, algo sobre lo que nos extenderemos en su momento, los usuarios de detectores formaron un grupo de presión activo sobre Westminster, pero resulta ilustrativo que no consiguiesen persuadir a ninguno de los miembros del Parlamento para oponerse, en su nombre, a la reforma (Bland 2004: 276).

Luego parece que su influencia es mayor sobre el Gobierno que sobre el Parlamento y, en ello, no resulta ser definitivo el monto de usuarios. Tampoco se tiene constancia de que haya habido presiones de las compañías fabricantes de aparatos detectores, en apoyo de las demandas de los detectoristas.

En otro orden de cosas, la relativa frecuencia con que se han realizado estudios con cierto perfil sociológico dedicados, total o parcialmente a los detectoristas, permite su explotación a efectos de evaluar otros factores de este colectivo, como por ejemplo, sus hábitos culturales en relación a la arqueología o el conocimiento del pasado.

---

42 http://www.ukdetectornet.co.uk/valetta_convention.htm (consultado en abril de 2001).

N. Merriman (1989: 163 s.) muestra, en este aspecto, la existencia de ciertas diferencias de nivel cultural entre los entusiastas de la participación en excavaciones y los detectoristas. Según ese estudio, un porcentaje relativamente alto de quienes iban a los museos eran usuarios de aparatos detectores, aunque eran muchos más los que participaban en actividades de excavaciones. Dato que se corrobora con el estudio de Dobinson y Denison (1995). Para estos autores, el número de consultas realizadas por detectoristas a los museos parece bastante bajo y, en ocasiones, apenas se diferencia de las realizadas por personas no-detectoristas halladoras de objetos de manera casual. Luego no parece que ser usuaria de un detector haga de esta persona alguien especialmente interesado por el pasado.

Hay otro aspecto más en el estudio de Merriman que aclara, en cierta medida, la forma de relación con la historia de los detectoristas: su capital cultural. La mayoría de ellos estaba compuesta por personas de nivel cultural bajo, frente a quienes participaban en actividades arqueológicas, que solían tener altos niveles educativos. El detector se revelaba como una forma de acercarse al pasado para quienes se sentían alienados por otros modos de arqueología más académica.

> «Treasure hunters thus do not seem necessarily to be alienated by museums. It seems more likely that they are people who are very interested in many aspects of the past, but who many feel excluded by the decline of amateur fieldwork in archaeology. The experience of treasure hunting may be a different, perhaps more fulfilling, adjunct to the sense of the past offered by museums» (Merriman 1989: 165).

A la vista de estos datos, creo plausible pensar que este grupo sociológico estaría atraído por actividades culturales extra-museísticas, basadas en salir a buscar cosas y experimentar sensaciones en su contexto original. Su bajo capital escolar favorecería una inclinación por la comprensión del pasado mediante la aprehensión directa, frente a la exhibición museística, más exigente en el conocimiento de claves y códigos culturales[43].

Tanto en Inglaterra como en País de Gales el fuerte arraigo del detectorismo en la arqueología no profesional también acarrea, en último extremo, cierto tipo de consecuencias negativas. La arqueología británica, como el resto de las practicadas en los países más desarrollados, se ha convertido en un ejercicio profesional, al menos desde finales

---

43 Creo que esta aseveración podría aplicarse *mutatis mutandis* al colectivo de detectoaficionados españoles, con perfectas garantías de plausibilidad.

4. *El Dorado* del detectorismo

de los ochenta, reduciendo y condicionando el margen y los modos en los que resulta aceptable la integración de *amateurs* y diletantes; máxime si el deseo de colaborar en las actividades arqueológicas se ha transformado en el de buscar y acceder a objetos arqueológicos metálicos diseminados en yacimientos.

Esta doble tendencia se está resolviendo, en mi opinión, en una tensión larvada (o no tanto, dependiendo del ámbito en el que se expresen las diferentes opiniones) entre quienes defienden la conveniencia de volver a integrar a la arqueología *amateur*, frente a los que preferirían dar por concluida esa fase de la arqueología británica. O, por lo menos, pautar esa integración por cauces donde el respeto a los estándares científicos comunes en la investigación arqueológica moderna sea la norma y no la excepción. Esta clave me parece crucial para entender cierta diferencia de sensibilidad hacia el detectorismo existente en Inglaterra (y País de Gales por anexión), entre diferentes instituciones y organismos.

Figura 22. Detector de metales de juguete aprobado para el currículo escolar en la juguetería Hamleys de Londres (Fotografía: Jaime Almansa)

4.2. La protección de los yacimientos arqueológicos

A diferencia de lo habitual en países de la Europa continental, el régimen jurídico protector del patrimonio histórico, y de manera más concreta del arqueológico, del Reino Unido se caracteriza por el subdesarrollo de la acción pública, en beneficio de un exacerbado respeto de los derechos de propiedad, que han permanecido incólumes a lo largo de un dilatado itinerario de sucesivas reformas legales, pues el Reino Unido cuenta con una de las primeras leyes europeas sobre esta materia.

Esta legislación sectorial comparte, con la de los demás países, un núcleo fundamental compuesto por un instrumento de protección a cuyo amparo los bienes incluidos en él están, en cierta medida, al margen del tráfico jurídico ordinario. Sin embargo, a diferencia de lo que ocurre en el Reino Unido, otros ordenamientos nacionales, como el español, también desarrollan un tenue tamiz protector para todos aquellos bienes de los que sean predicables valores culturales, aunque no se hallen incluidos en el instrumento de protección (ya sea catálogo, inventario, registro o como quiera denominársele). Tamiz que, en el caso del patrimonio arqueológico, ha adquirido un grado considerable de espesor debido a su especial vulnerabilidad a la pérdida y destrucción, y a la cualificación profesional requerida para intervenir sobre él. Pues bien, el Reino Unido adolece de esa extensión del régimen jurídico protector más allá de los bienes que han sido incluidos en cualquiera de las categorías de protección creadas por el derecho positivo, para el caso de los bienes inmuebles, y unas características específicas de antigüedad o materiales de los que están fabricados, para los muebles. Fuera de esos márgenes, la persona titular de los terrenos donde se encuentre un yacimiento no solo es su propietaria, sino también de los objetos muebles e inmuebles que albergue[44].

Las primeras normas protectoras en el Reino Unido se remontan a la década de los setenta del siglo XIX, concretamente la Ancient Monuments Protection Act data de 1882. Con posterioridad se aprobaron nuevas leyes en 1900, 1913 y 1931. Cada una de ellas acrecentaba los

---
44 Como oportunamente comenta C. Renfrew (2006: 81), prácticamente todos los países sufren de expolio, pero se sorprende de que Reino Unido y Estados Unidos, dos de los países que más animan el tráfico ilícito de bienes culturales, sean de los que menos protegen su patrimonio arqueológico. En estos países sigue siendo lícito que quien posea una finca en la que se halle un yacimiento pueda destrozarlo a su libre albedrío (salvo que esté recogido en algún listado de protección, pero son los menos), sin que por tal acción sufra reproche jurídico alguno.

4. *El Dorado* del detectorismo

poderes del Gobierno para atender la preservación del legado histórico, pero desde un respeto exquisito a los derechos de propiedad. En todas ellas, los dueños de los yacimientos arqueológicos han tenido plena disposición sobre los mismos, sin cortapisa por parte de la Administración, a menos que cuente con cierto estatuto jurídico de protección.

Actualmente la legislación de aplicación para otorgar un estatuto jurídico de protección a los yacimientos arqueológicos, o demás inmuebles con este carácter, está representada por la Historic Buildings and Ancient Monuments Act de 1953 y la Ancient Monuments and Archaeological Areas Act de 1979 (AMAA). Para la protección de los pecios se publicó una norma específica, la Protection of Wrecks Act de 1973. Con menor incidencia está la National Heritage Act de 1983, básicamente dedicada a definir la Historic Buildings and Monuments Commission (esto es, English Heritage), cuyo ámbito de actuación es Inglaterra. En Escocia opera el Historic Scotland y el Cadw (dependiente del Welsh Ministers) en País de Gales.

En 2008 se presentó ante el Parlamento un borrador de proyecto de ley sobre la protección del patrimonio histórico, el Draft Heritage Protection Bill, para someterlo a escrutinio público prelegislativo[45]. Su tramitación se cayó del calendario legislativo del Gobierno de Brown para 2009/2010[46] y, en la presente situación, es difícil saber si se seguirá o no con ese borrador, o bien se retocará por el nuevo equipo, pero, en cualquier caso, merece la pena hacer algunas consideraciones sobre el mismo.

El proyecto en cuestión pretende reunir y unificar los instrumentos de protección, dispersos por diversas leyes, que afectan a bienes inmuebles de carácter histórico, tanto terrestres como subacuáticos. También se aprovecha la ocasión para clarificar su régimen jurídico y el sistema de autorizaciones que las administraciones competentes tienen sobre ellos. Debe aclararse que, en este caso, estas son English Heritage y el Welsh Ministers, por cuanto que la norma solo afectará a Inglaterra y País de Gales.

A los efectos de interés en este apartado, deben traerse a colación tres novedades aportadas por este proyecto. En primer lugar, la sustitución del tradicional apelativo de «monumento» para designar los bienes inmuebles protegidos por el de «estructura patrimonial», entendiendo por ella toda «estructura registrable» que posea, a juicio de

---

45 He consultado (julio 2010) el Draft Heritage Protection Bill Cm7349, en su versión de abril de 2008, en www.official-documents.gov.uk; por tanto los comentarios y citas vienen referidos a él.

46 http://www.britarch.ac.uk/conservation/heritageform (consultado en julio 2010).

las administraciones competentes, una especial importancia histórica, artística, arqueológica o arquitectónica. Entre el elenco de bienes susceptibles de ingresar en el concepto de «estructura registrable» están (ya se encuentren íntegros o solo conservados en parte) los edificios u otras estructuras inmuebles; aquellos relieves artificiales que modelan determinados paisajes histórico-arqueológicos[47]; cuevas y excavaciones; los lugares que contengan vestigios de los elementos citados anteriormente; los lugares que contengan vestigios de vehículos, barcos o aeronaves; otros yacimientos, aparte de los ya mencionados, que contengan evidencias de una previa actividad humana, así como agrupaciones de elementos antes reseñados; aunque sean de distinta naturaleza. Y todo ello con independencia de que se encuentren sobre tierra, bajo ella o total o parcialmente cubiertos por agua.

A juzgar por esta generosa definición, se ha ampliado de manera notable el rígido término de monumento tradicional en el derecho positivo inglés, para recoger otras entidades inmuebles históricas, menos emblemáticas, incluyendo tanto la construcción o sus restos y el sitio donde se ubica, amén de otros tipos abiertos dirigidos de manera específica al patrimonio arqueológico e, incluso, a la arqueología del paisaje.

Y aquí engancha otra nueva extensión. En efecto, el segundo punto de interés también se refiere a la ampliación tipológica, ya que junto a las estructuras patrimoniales, se consagra el término de «espacios abiertos patrimoniales» para designar aquellos «espacios abiertos registrables» que tengan una especial importancia histórica, arquitectónica, artística o arqueológica, de nuevo a juicio de las administraciones competentes. En este concepto surge cierta disparidad en su definición en razón del lugar de aplicación. En Inglaterra los espacios abiertos registrables deben pertenecer a las siguientes variedades: parques, jardines o campos de batalla, ya sean de manera íntegra, ya parcial. Sin embargo, en País de Gales, cualquier terreno puede caer dentro de esta categoría.

El tercer punto también se refiere a una extensión conceptual que, pesar de entrar en la órbita de los conceptos generales en boga en la legislación sectorial europea –o quizás a causa de ello–, ha cosechado cierto grado de críticas. Se trata de la sustitución del usual «importancia nacional» por el de «especial importancia arqueológica». A pesar de las apelaciones a la ambigüedad de la descripción, en ambos casos estamos ante actos jurídicos discrecionales que entrañan procesos valorativos,

---

47 Esta definición es una traducción libre y explicativa de los términos ingleses *earthworks, field system or other work* recogidos en el Draft.

4. *El Dorado* del detectorismo

por lo que no es bien entendible el origen del cuestionamiento de la oportunidad de usar esta locución[48].

De todas formas, como ya se ha señalado, todas estas leyes se caracterizan por su parquedad a la hora de dotar a la Administración pública de potestades e instrumentos para el control de las actividades arqueológicas, así como de aquellas otras con posibles efectos sobre el patrimonio arqueológico, salvo que tengan lugar en sitios especialmente protegidos.

De momento, el estatuto jurídico más alto es el otorgado por la AMAA, cuando un yacimiento arqueológico es considerado como de «importancia nacional» y, por tal motivo, se incluye en una lista denominada Schedule of Ancient Monuments, actualmente bajo dirección del Department of Culture, Media and Sport. Tales lugares son conocidos popularmente como *scheduled*. En la actualidad esta consideración afecta a unos 13.000 yacimientos en todo el Reino Unido. Para la inclusión de un monumento en el registro de los protegidos, la Administración puede actuar de oficio o a instancia de parte, siempre que el organismo competente (English Heritage, Historic Scotland o el Cadw) considere que así lo amerita. Esto suele tener lugar cuando concurren circunstancias que le confieren la ambigua y genérica calificación de ser de «importancia nacional». Dichas características suelen estar relacionadas con el tipo de monumento o yacimiento, su localización, grado de rareza, o la existencia o no de otros similares ya listados.

La selección de qué monumento, edificio o yacimiento proteger mediante la ley, se ha convertido en la primera tarea que han de desarrollar los gestores de patrimonio histórico (Saunders, 1989: 157 s.). En el caso concreto de la arqueología inglesa, para efectuar tal escrutinio se parte de los inventarios ya realizados a escala de condado, el Sites and Monuments Record (Lang, 1992), completándose con programas de catalogación efectuados por la Royal Commission on the Historical Monuments of England (Aberg y Leech, 1992). Posteriormente se someten los yacimientos a una evaluación progresiva distribuida en tres pasos (caracterización, discriminación y valoración), cuyos criterios están fijados previamente.

El primer paso, o caracterización, garantiza que la selección se efectúa sobre una muestra representativa de la riqueza patrimonial inglesa; la discriminación, que los elegidos son de importancia nacional;

---
48 El Council for British Archaeology (CBA) pide mayor claridad en el término «importancia nacional», considerándolo mejor que «especial importancia arqueológica».
http://www.britarch.ac.uk/sites/www.britarch.ac.uk/files/node-files/FINAL_Draft_Heritage_Report.pdf (visita realizada julio de 2010).

y la valoración tiene como finalidad realizar recomendaciones sobre su futura gestión. En general se tienen presentes los siguientes argumentos: grado de supervivencia del bien en relación con su potencial informativo, periodo, rareza, fragilidad y vulnerabilidad, diversidad, documentación previa y existencia de agrupaciones (Darvill, Saunders y Startin, 1987).

Aunque haya otros instrumentos de protección derivados de la legislación urbanística y medio ambiental, a la luz de lo expuesto, cabe señalar que el ordenamiento jurídico regulador del patrimonio arqueológico inmueble en Inglaterra (como botón de muestra de lo que acontece en el Reino Unido), se caracteriza por una aplicación selectiva que afecta, de manera específica, a aquellos yacimientos considerados como de importancia nacional, dejando el resto al albur de los instrumentos de planificación o de sistemas *ad hoc* creados para evaluar su potencial interés arqueológico.

La finalidad del procedimiento selectivo es que los monumentos protegidos (*scheduled*) representen la mejor muestra de la historia de toda Gran Bretaña, tanto por sus posibilidades didácticas, como científicas. Sin embargo, esta criba ha sido muy criticada por quienes piensan que, de esta forma, se potencian determinados criterios políticos y culturales, en detrimento de otros más atentos a garantizar la inviolabilidad de una amplia población de ítems arqueológicos. La concentración de la responsabilidad para discriminar qué elementos formarán parte del pasado, reconocido como tal, en unas élites minoritarias acentúa la segregación entre patrimonio arqueológico y sociedad, amén de facilitar la manipulación de la historia recobrada (Walsh 1992).

La propuesta de nueva legislación contenida en el Draft Protected Heritage Bill, aunque no resuelva la ausencia de un régimen jurídico protector del patrimonio arqueológico *per se*, como ocurre con otras legislaciones europeas más avanzadas, supone un importante adelanto, al reunificar todos los regímenes jurídicos de protección dispersos por todo el derecho positivo inglés, así como los procedimientos para la inclusión de tales bienes y los de autorización de obras y actividades en ellos, lo que afecta al tema central de esta obra, como se verá.

En el contexto de actual crisis económica se comienzan a escuchar algunas voces de responsables públicos contra los mecanismos de control arqueológico, sobre todo con las excavaciones previas pagadas por los promotores. En lugar de ello, se propone darse una vuelta por los yacimientos una vez hechos los desmontes para las cimentaciones (*The Guardian* 27/06/2011 titulaba la noticia «Archaeologists furious over councillor's 'bunny huggers' jibe»).

4.3. Bajo el imperio de la Treasure Trove

En este apartado me centraré en el análisis de la situación precedente a 1996, momento en que se aprobó la Treasure Act, así como sobre las causas que influyeron en su tardía reforma, ya que en buena medida explican sus contenidos.

Hasta la aparición de la Treasure Act en 1996, que entró en vigor en 1997, la regulación de los hallazgos de interés arqueológico, cuando estaban hechos de metales preciosos, sobre todo oro y plata, se fundamentaba en el derecho consuetudinario, en una norma conocida como Treasure Trove[49]. Su origen está, en opinión de los expertos, en el derecho germánico, de donde pasó a Inglaterra hacia comienzos del siglo X, de manos de los sajones. Se trata de una forma de prerrogativa real según la cual los objetos preciosos escondidos en la tierra que fuesen encontrados, ignorándose la identidad de la persona a que pertenecían, pasarían a la Corona. Aunque su finalidad inicial era puramente económica, desde finales del siglo XIX el Gobierno británico utilizó este derecho para acceder a la propiedad de hallazgos arqueológicos de interés, que posteriormente eran depositados en el British Museum, previo pago de su valor de mercado a quien hubiese realizado el hallazgo (Bland 2004: 273). Pago que no tenía función de compra, sino de recompensa.

En 1971 el Informe del Comité Brodrick, aunque formalmente versaba sobre otras cuestiones, estableció los cánones interpretativos para la actualización de esa vieja norma: solo sería considerado *treasure trove* si los objetos eran de oro o plata, si su propietario era desconocido y si estaba oculto *ex profeso* en la tierra o en algún edificio con la intención de su ulterior recuperación.

Como quiera que para el reconocimiento de un hallazgo como *treasure trove* debe instruirse una indagación judicial, la jurisprudencia fue estrechando aún más el círculo de condiciones necesarias para que un hallazgo adquiriese tal condición. De una parte, se cuestionó la cantidad de oro o plata que debían tener los objetos. Así, en la sentencia dictada sobre un litigio en torno a la propiedad de los 7811 antoninianos aparecidos mediante el uso de un detector de metales en Quarry Field (Lincolnshire) en 1980[50], se llegó al extremo de precisar la cantidad de oro o plata necesaria para poder predicarse de un hallazgo su condición de *treasure trove*. Aunque no se llegó al establecimiento

---

49 Este sintagma proviene del francés *trésor trové* (Addyman 1995: 164).

50 Attorney-General for the Duchy of Lancaster *vs* G. E. Overton (farms) Ltd (Palmer 1981).

de un porcentaje fijo, sí se estipuló que debía ser sustancialmente alto, rechazándose interpretar como tal cualquier aleación que lo contuviese en cantidades pobres (Palmer 1981: 178 ss.)

De otra, se reclamaba como preceptiva la seguridad de que se tratase de un escondrijo hecho a propósito, y no un mero abandono de los objetos, para que la Corona pudiese reclamar su propiedad. Esta circunstancia resultó decisiva para que el fabuloso ajuar encontrado en Sutton Hoo no fuese declarado como *treasure trove*, pasando finalmente a depositarse en el British Museum merced a la generosa donación de la propietaria de los terrenos, sobre quien recaía la titularidad de los ajuares (Palmer 1981 y O'Keefe y Prott 1984: 311 ss.).

Por no hablar de las anomalías resultantes de la aplicación del doble sistema: de penalización, en aplicación de la Ancient Monuments and Archaeological Areas Act de 1979, y recompensa por la ley del Treasure Trove. Así, Graham (2004: 310) da cuenta de esta circunstancia en el hallazgo de un tesorillo de monedas en Donhead St. Mary, yacimiento protegido en virtud de la ley de 1979. Como consecuencia de la ilegalidad de su acción, la persona que encontró el citado tesorillo fue sancionada con una multa de 100 £, pero al mismo tiempo fue recompensado con 2000 £, dejándole un saldo positivo de 1900 £ por cometer una infracción penal.

No obstante estos inconvenientes y lo manifiestamente inadecuada para usarse como legislación cultural, debido fundamentalmente a no haber nacido con esa finalidad, la ley del Treasure Trove copó la inexistencia de normas tendentes a la protección del patrimonio arqueológico mueble durante más de cien años. La causa fundamental de esa excepcional vigencia, incluso en el derecho británico, eran los pocos hallazgos que recibían esa consideración y que el pago de la cantidad estipulada resultaba muy asumible por el Estado (Cookson 1992: 401). Sin embargo, su obsolescencia quedó patente cuando, a partir de la década de los setenta, los hallazgos arqueológicos pasaron de ser algo excepcional a una afición semanal practicada por miles de personas (Bland 2004: 274). En su interesante exposición P. D. Spencer (2009: 125 ss.), aficionado al detectorismo, explica cómo la afición se vio favorecida y enaltecida al cambiar lugares, como playas, donde apenas si aparecían algunos objetos de época victoriana o posterior, por campos cultivados donde era fácil hallar objetos con cientos o miles de años de antigüedad.

La reacción de la arqueología fue de alarma. La caza de tesoros fue catalogada, con pocas excepciones, de grave amenaza a la integridad del patrimonio arqueológico. Si los arqueólogos ingleses ya eran conscientes de la inadecuación de la ley del Treasure Trove

4. *El Dorado* del detectorismo

para la protección de los bienes arqueológicos muebles y, de hecho, el Council for British Archaeology (CBA) llevaba desde su fundación en 1943 tratando de reformar esa legislación, la masiva irrupción del detectorismo renovó la necesidad de movilización. Desde la asociación *Rescue*, muy comprometida con su conservación, se pide al Gobierno que se dicten normas para proteger los nuevos yacimientos que aparezcan y que tales eventos no sean entendidos, de manera exclusiva por los detectoristas, como una oportunidad de oro para dar rienda suelta al *amateurismo* arqueológico (Addyman 1995: 164 ss. y 2009: 53).

De acuerdo con este autor –base fundamental para esta exposición– la reacción de los arqueólogos británicos no fue unánime, pues no compartían una misma postura a la hora de enmarcar el problema, aunque sí lo era el rechazo al efecto negativo sobre el patrimonio arqueológico por la búsqueda de objetos metálicos. Sobre todo cuando la inmensa mayoría de los usuarios de estas máquinas admitían abiertamente carecer de los mínimos rudimentos conceptuales de la arqueología. De hecho, como señala R. Bland (2004: 274) aludiendo a las noticias y comentarios aparecidos en los números de la revista *Treasure Hunting*, el detectorismo de esos momentos era bastante anárquico y estaba presidido por la idea del derecho a llevar las máquinas a cualquier lugar que eligiesen y quedarse con lo que hallasen.

Addyman (1995: 167) expone de forma viva esa situación trayendo a colación un artículo aparecido en *The Seacher* (abril de 1992), donde una pareja de detectoristas (*Old Yellowbelly* y *C-Scope Kid*) calculan la ratio entre las horas invertidas en buscar y los objetos recuperados en los últimos años. Una moneda de plata cada 7 horas y 36 minutos; para que fuese romana eran necesarias 119 horas y 15 minutos. Si se contabilizaban todos los objetos arqueológicos metálicos encontrados, la ratio bajaba a 4 horas y 35 minutos. Solo en 1991 habían dedicado a la detección 107 días y un total de 596 horas con 25 minutos. Lo más llamativo es que, para este autor, esta pareja eran detectoristas responsables, por los siguientes motivos:

> «[t]hey only operated with the permission of landowners, with whom they split their finds. Some they sold, splitting the profits with the landowners. Some were given as presents. Important find went to the local museum. Many pounds of lead were sold for scrap. Such metal detectorists probably belong to the National Council for Metal Detecting as well as a local club...» (ídem, ibídem).

Sin embargo, y a pesar de las diferentes sensibilidades que pudiesen existir en su interior, el CBA declaró la guerra al detectorismo, promoviendo la reforma de la Treasure Trove, algo en lo que ya llevaba una larga trayectoria de lucha infructuosa, que incluso llegaba a cuestionar su propia utilidad (Addyman 1995: 167). Durante las décadas de los sesenta y setenta se redactaron no menos de once propuestas de modificación; todas ellas caracterizadas por un endurecimiento del sistema con la intención de prohibir o someter a autorización el uso de aparatos detectores de metales[51]. Ninguna llegó a buen puerto.

Quizás el principal logro conseguido en este terreno fuese la sección 42 de la Ancient Monuments and Archaeological Areas Act de 1979, que sometía a previa autorización administrativa (en la actualidad a cargo del English Heritage en virtud de lo dispuesto en la Sección 4 60.1-6 de la Nacional Heritage Act de 1983) la utilización de estos aparatos en los casi 13.000 lugares incluidos en la lista creada por esa norma. El resto se estrelló ante la indiferencia de las autoridades inglesas.

Como señala P. V. Addyman (2009: 54 y 59), la nota dominante del clima que reinaba en esos momentos era la voluntad de no hacer nada por parte de la Administración[52], desamparando toda iniciativa emprendida por el CBA. De haber habido algún interés mayor, por parte del Gobierno británico, en la protección de los bienes muebles arqueológicos, quizás se hubiese llegado a la década de los ochenta en Inglaterra en una situación distinta, lo que le hubiese evitado adoptar medidas que le separasen tanto del acuerdo de la comunidad internacional europea manifestado en La Valletta.

De esta misma abulia da cuenta D. Graham (2004: 308), miembro de la Surrey Archaeological Society que finalmente pudo conseguir llevar al Parlamento una reforma de la Treasure Trove, cuando al relatar el proceso de enmienda de esa norma consuetudinaria menciona el clima de «abierta hostilidad» del Gobierno hacia cualquier intento de cambio. Incluso una vez conseguida la primera redacción del borrador,

> «various civil servants explained at length why it was impossible and indeed unnecessary to introduce new legislation, that there

---

51 La más conocida fue la Abinguer Bill. Su objetivo era bastante simple y su formato extremadamente corto: ampliaba la categoría de objetos susceptibles de alcanzar la categoría de *treasure trove* y, por otra parte, eliminaba el *animus revertendi*; pero carecía de cualquier estimación contra el crecimiento endiablado de buscadores de tesoros y tampoco se ocupaba de los derechos de los propietarios (Hanworth 1995: 174).

52 Incluso, aunque el propio Gobierno iniciase un procedimiento de encuestación de opiniones, con objeto de reformar esta norma en 1987 y 1988, nada se hizo con posterioridad (Hanworth 1995: 174).

4. El Dorado del detectorismo

131

was no Government time available and indeed that the Bill was
poorly drafted» (Graham 2004: 310).

Para mayor dificultad, la idea más difundida por los medios
de comunicación acerca de los detectores era de aventura, de pasión
por las antigüedades y, cómo no, de hacerse rico mediante un golpe
de suerte; lo que les granjeaba la simpática imagen de ciudadanos
entregados a su pasatiempo favorito (Bland 2004: 274). Por ello, la
acción del CBA también procuró contrarrestar esta buena acogida
dispensada, no solo por los círculos administrativos, sino también por
la opinión pública. Tras unos primeros intentos de protección directa
de yacimientos sembrando virutas metálicas (Addyman 2009: 54), la
principal muestra de esta línea de trabajo fue la campaña denominada
STOP, acrónimo de Stop Taking Our Past, comenzada en 1979 por la
CBA en unión con asociaciones de museos, de patrimonio histórico y de
arqueólogos. Su caballo de batalla fue concienciar a los propietarios de
los terrenos en los que se encontraban yacimientos arqueológicos, de
que prohibiesen el acceso a los detectoristas, ganando el apoyo en esta
iniciativa del National Trust, el tercer gran propietario de yacimientos
en el Reino Unido.

Se ha atribuido, como consecuencia de esta campaña,
una reacción en los usuarios de detectores de metal en forma de
asociacionismo en defensa de sus intereses. Si previamente lo habitual
eran pequeñas agrupaciones de carácter local, en 1981, cuando la
campaña estaba en su máximo apogeo, se creó el Nacional Council for
Metal Detecting y, un año más tarde, nació la Federation for Independent
Detectorists. Ambas asociaciones, pero en especial la primera, se
erigieron como la voz autorizada del detectorismo autodefinido como
responsable.

Los comentarios sobre esta campaña que conozco (Addyman
y Brodie 2002: 179 y Addyman 2009: 57; Thomas 2009b: 158 s) solo
le otorgan efectos negativos, siendo el de mayor alcance los recelos
provocados entre los dos colectivos. Sin embargo, de algunos de ellos
sería muy cuestionable ver solo el aspecto nocivo. Como recuerda
Addyman (2009: 57), esta campaña trajo como consecuencia el
planteamiento de si la apertura de las bases de datos al público en
general era algo bueno en sí mismo. Tiempo después de la extinción
de la campaña STOP, este mismo autor no parece partidario de esas
limitaciones en la información, si bien no deja de reconocer que
posiblemente gracias a esa conciencia sobre la facilidad de hacer daño
a un yacimiento, muchos de ellos se hayan salvado del expolio al no
haberse dado su situación.

Quizás esta astenia administrativa fuese provocada no tanto por la renuencia a todo cambio como por la dificultad de adoptar una decisión que diese alas a posturas de firmeza frente a los detectoristas, por mor de la protección del patrimonio arqueológico, tal y como venían exigiendo arqueólogos y conservadores de museos[53].

Quizás por eso también, ante los inequívocos signos de fracaso en su intento, las actitudes reveladas como con mayores posibilidades de éxito fuesen las, hasta entonces minoritarias, de acercamiento de arqueólogos a detectoristas, por ejemplo en York o en Norfolk (Gregory y Rogerson 1984, Dobinson y Denison 1995, Addyman 2009: 58).

A la pregunta de qué puede hacerse ante este estado de cosas, refiriéndose al poco interés gubernamental en proteger el patrimonio arqueológico mueble y en perseguir su expolio, Addyman (1995: 169) contestaba, antes de la aprobación de la Trasure Act y de la puesta en funcionamiento del Portable Antiquities Scheme (PAS), que la solución no era fácil, pero que en cualquier caso debería pasar por los siguientes puntos: educación, cooperación y regulación y, solo de manera limitada, legislación.

Admitido el nulo recorrido que tendría ante el Gobierno la exigencia de actitudes acordes a los pronunciamientos internacionales, la CBA y English Heritage exploraron nuevos caminos de acercamiento a esa problemática. Para lo cual encargaron un trabajo sobre el estado de la cuestión (Dobinson y Denison 1995), pero esta vez partiendo de una máxima distinta: la gran mayoría de los detectoristas son personas que desarrollan una afición legítima, cuyos hallazgos desgraciadamente no entran en los circuitos científicos a causa de la animadversión entre ambos colectivos. Lo importante era estimar cuánta información (reducida a conocimiento de lo encontrado) se produce y cuáles podrían ser los cauces para su recuperación.

Mediante una serie de encuestas realizadas entre 1993 y 1994, C. Dobinson y S. Denison, con la colaboración de otros arqueólogos y detectoristas, dibujaron el panorama de una realidad emergente, difícilmente soslayable. Calculaban en 30.000 los detectoristas en

---

53 La CBA y otras instituciones habían acordado una serie de principios referidos al tratamiento de bienes muebles arqueológicos, cuya vigencia apenas tuvo impacto alguno ya que poco después aparecieron la Trasure Act de 1996 y el Portable Antiquities Scheme (PAS). No obstante, es bastante interesante detenernos en su trasfondo jurídico: como los bienes muebles de carácter arqueológico son de un indudable valor para el conocimiento de pasado histórico, su custodia debe trascender la dogmática tradicional que los deja en manos de sus propietarios, los dueños de los fundos donde se hallan los yacimientos, para entrar dentro de las competencias de los poderes públicos. Es decir, que debido a su interés colectivo, debe ser el Estado quien asegure su preservación. Obviamente este modelo contrasta con el seguido en la práctica por el Gobierno británico (el texto del documento en cuestión está en Addyman 1995: 171 s.).

activo aunque, como ya se ha visto, esa cifra pareciese muy generosa a otros investigadores y quizás se debiese, más que a la exactitud del cálculo, al deseo de dar relieve a la magnitud de esa realidad. Más impactante era el monto estimado de objetos encontrados anualmente, unos 300.000, de los que solo un porcentaje ridículo era conocido por la arqueología e, inferior, aún era el número de los que accedían a la consideración de *treasure trove*. Si bien algunos museos locales tenían un mayor conocimiento de los hallazgos realizados en sus zonas de interés, lo cierto es que difícilmente superaban este ámbito local para entrar dentro del Site and Monuments Records, el organismo oficial para su inventario.

Esta evidencia es retomada en las conclusiones para aseverar que muchos yacimientos ingleses sufren un daño significativo a causa de la falta de regulación del uso de los detectores de metales. Ese daño se cifra no en el hecho de la propia actividad detectorista, sino en el minúsculo número de hallazgos notificados a los museos. Esta misma idea, y la necesidad de encauzar la ingente cantidad de bienes recogidos por los detectoristas, son las que articulan el resto de las propuestas de ese trabajo, cuyo carácter seminal para la nueva actitud hacia ellos ha sido ampliamente resaltado por la bibliografía posterior.

Sin embargo, no fueron sus valoraciones las que abrieron el proceso de reforma de la consuetudinaria Treasure Trove, aunque coadyuvasen a la ulterior implementación del Portable Antiquities Scheme.

No, la gota que parece haber colmado el vaso de la reticencia a la reforma fue de otra naturaleza también relacionada con los detectores de metales, pero con su vertiente menos amistosa. Ya el informe de C. Dobinson y S. Denison advertía de que los ataques de detectoristas a excavaciones arqueológicas eran algo frecuente, incluso crónico en las de larga duración. Y esto quizás no fuese lo peor. El nivel de daño producido por el detectorismo furtivo (los denominados *nighthawks*) en yacimientos especialmente protegidos era inaceptablemente alto. Tampoco callan los autores del informe la principal causa de este elevado índice de transgresiones de la ley: la persecución de detectoristas furtivos es prácticamente inexistente.

En efecto, en todo el Reino Unido son conocidos expolios en yacimientos arqueológicos que han conmocionado a la opinión pública, no solo por la devastación causada sino por el clima de impunidad en el que se han desenvuelto. Las máscaras de bronce y figuras de animales de época romana halladas en Icklinghan (Suffolk) a comienzos de los ochenta, actualmente en una colección norteamericana; o el tesoro de Salisbury excavado ilegalmente por dos detectoristas, que también pasó al mercado internacional, aunque en este caso pudo recuperarse una parte para el British Museum (Addyman y Brodie 2002: 179 s.), son muestras de este estado de cosas. Pero ninguno de estos expolios tuvo la repercusión y las consecuencias del perpetrado en el templo romano de Wanborough, en Surrey, de donde se extrajeron clandestinamente un número indeterminado de monedas, entre 9.000 y 20.000. Este pillaje mostró otra cara del detectorismo, pero sobre todo pesó como una losa sobre la ineficacia del sistema legal de protección.

El yacimiento de Wanborough se conocía desde finales de los sesenta, pero el interés de los detectoristas se desató en 1985. Dos años antes, dos personas habían contactado con las autoridades locales para dar a conocer el hallazgo de sendas monedas de oro y plata en ese lugar. Las investigaciones llevadas a cabo por el juez para determinar si eran susceptibles de clasificarse como *treasure trove* tuvieron una desafortunada publicidad, saltando a la prensa incluso el lugar exacto donde habían aparecido las monedas. Los resultados fueron desastrosos. En palabras de D. Graham (2004: 307):

> «[a]lmost immediately, a new breed of treasure hunters descended on the site in large numbers and thus started one of the worst cases of systematic looting that has ever been recorded on an archaeological site in Britain (...) The treasure hunters trampled all over the farmland digging large holes and destroying long sections of hedgeline in their search for coins. Indeed the situation became so bad that on one occasion the police found up to 30 looters present digging at night and surrounded by a ring of dealers buying the coins as they came out of the ground (Sgt Alan Bridgman, pers comm)».

Para colmo de males, algunos de los detectoristas fueron detenidos y llevados ante la justicia, pero ante la imposibilidad de imputar un delito de daños, puesto que el yacimiento no estaba especialmente protegido, la única forma posible de acceder por lo menos a la propiedad de lo hallado era declarar las monedas como *treasure trove*, algo imposible ante los requerimientos legales que conllevaba semejante calificación. Con lo cual todos los imputados fueron absueltos (Graham 2004: 307 s. y Thomas 2009b: 155).

De haberse quedado aquí, esta hubiese sido la crónica de un desastre más, de los muchos que asolan al patrimonio arqueológico por todo el mundo. Sin embargo, el tesón de la Surrey Archaeological Society logró, no sin un largo peregrinaje previo, que el suceso de Wanborough fuese la gota que colmase el vaso y que finalmente se llegase a la reforma de la Treasure Trove.

4. El Dorado del detectorismo 135

4.4. La Treasure Act de 1996

Tanto la Treasure Act de 1996 (que entró en vigor al año siguiente) como el programa conocido como Portable Antiquities Scheme (PAS) fundamentan los cambios operados, a escala legislativa y administrativa, en Inglaterra y País de Gales para tratar la cuestión espinosa –como se ha visto– de los hallazgos casuales de objetos arqueológicos. En realidad se trata de instrumentos complementarios. Mientras que el primero se dirige a la adquisición pública de ciertos bienes muebles de carácter arqueológico, el otro, con carácter más abarcador en cuanto a la gama de bienes a los que va dirigido, no busca la adquisición, sino el registro de lo hallado. Ambos componen la médula del «modelo inglés» referido a los usuarios de detectores de metales.

Retomando el relato del epígrafe anterior, debe señalarse que un grupo de personas pertenecientes a la Surrey Archaeological Society, a la vista de lo sucedido en el expolio de Wanborough, intentó de nuevo propiciar el cambio de la vigente normativa para los hallazgos arqueológicos, la ya mencionada ley consuetudinaria conocida como Treasure Trove. Siguiendo lo expuesto por uno de sus impulsores (Graham 2004: 310 ss.), sabemos que redactaron un proyecto de nueva norma. De su contenido inicial solo conozco la extensión del monto de objetos susceptibles de ser declarados *treasure trove*, incluyendo los pertenecientes a un mismo contexto, así como la consabida anulación del *animus revertendi* y, con cierto empeño restrictivo, amparar el derecho de los propietarios al considerar la entrada no autorizada en sus fincas como una ofensa criminal. Esto último se eliminó por exigencia del Gobierno (Hanworth 1995: 175).

Lo importante es que esta asociación emprendió una amplia campaña para recabar apoyos y masa crítica suficiente como para obligar al reticente Gobierno británico a moverse y jugar ficha.

En ese proceso contactaron con lord Perth, miembro de la Cámara de los Lores del Parlamento británico, de la que también forma parte C. Renfrew. Su apoyo fue decisivo para llevar a buen puerto esta empresa. También contactaron con destacados conservadores del British Museum, que prestaron su asesoramiento experto, ya que eran los encargados de la tramitación de los hallazgos declarados como *treasure trove*. Inicialmente tuvieron la oposición frontal del Nacional Council for Metal Detecting, pero más adelante obtuvieron su apoyo, tras conseguir la certeza de que los propósitos del Gobierno no pasaban por prohibir el uso de los detectores. Este proceso de búsqueda de apoyos evidenció que, mientras mayor era el número de personas e instituciones interesadas en propiciar el cambio, también resultaba más conveniente renunciar al carácter restrictivo inicial, si querían tener éxito:

> «[b]y this time, however, it had become clear that the Society's original aim of drastic reform of the law, to put it on similar footing to the law of bona vacantia in Scotland, was unlike to succeed, since the Government was reluctant to support any measure that would lead to an increase in public expenditure» (Graham 2004: 311).

Por tanto, se reformó el sentido del nuevo proyecto para que atendiese solo a los principales hallazgos y no hacerlo extensivo a cualquier tipo de bien mueble arqueológico. Como señala el propio D. Graham, el nuevo proyecto era más una evolución de la legislación anterior que la revolución inicialmente pretendida, aunque por lo menos la mejoraba.

No obstante esas concesiones quedaban tres núcleos importantes de resistencia: los detectoristas atrincherados en sus asociaciones, cuyo temor se derivaba más bien de la idea de que nada bueno podría venirles de un proyecto de reforma impulsado por arqueólogos, que de la lectura del propio texto. Temor alimentado también por la prensa que presentaba el proyecto como el comienzo del fin del detectorismo (Bland 2004: 276). Muchos de ellos recelaban, incluso después de que las asociaciones consiguieran la solemne promesa del secretario de Estado de que el Gobierno no tenía intención alguna de prohibir los detectores.

El segundo grupo estaba compuesto por personas ligadas al mundo del comercio de antigüedades, que veían la modificación planteada como lesiva para sus intereses comerciales. Y, por último, algunos arqueólogos insatisfechos con el mezquino alcance de la reforma; junto a otros que, por el contrario, opinaban que la expansión del manto protector del Estado a determinados bienes era tanto como su nacionalización, lo que resultaba un inconcebible ataque a la propiedad privada por parte del Gobierno. Actitud esta última que tuvo cierta acogida entre miembros del Parlamento, aunque no suficiente como para tumbar el proyecto de reforma.

El éxito de esta iniciativa también reside, en parte, en las propias transformaciones administrativas del Gobierno en materia de patrimonio histórico. A partir del 1992 se creó un nuevo ministerio denominado inicialmente Department of National Heritage (DNH) y en la actualidad Department for Culture, Media and Sport (DCMS),

4. *El Dorado* del detectorismo

centrando en él competencias hasta entonces dispersas. Como señala R. Bland (2004: 275) era difícil para un ministerio con tal nombre negar responsabilidades en la materia que pretendía reformarse desde la Surrey Archaeological Society.

Esta iniciativa popular entró en la Cámara de los Lores en 1994, donde pasó sin oposición alguna y recibiendo el compromiso expreso del Gobierno de atenderla. Tras superar ciertas dificultades en la Cámara de los Comunes, finalmente recibió su aprobación en 1996, con el nombre de Treasure Act. Se redactó un código de prácticas para aclarar los procedimientos y se distribuyó información sobre la nueva norma tanto a los operadores jurídicos como a los conservadores de los museos locales, una vez acordada su entrada en vigor a partir de 1997.

En definitiva, la propuesta de reforma que finalmente salió difería bastante de la deseada en principio. Quizás, como advierte R. Bland (2004: 278), la principal restricción no proviniese de los sectores profesionales o aficionados implicados, sino del propio Gobierno que no veía bien cualquier tipo de expansión del concepto de *treasure trove*, que impusiese gastos económicos mayores de los habidos hasta entonces. El freno a la expansión del concepto de *treasure trove*, presente en la nueva Treasure Act, a todas luces insostenible para una gestión actualizada de los bienes arqueológicos de carácter mueble, obligó a rectificar al Gobierno, que la ha ampliado con la Orden de 2002 denominada Treasure (Designation).

Tras todos estos avatares, la nueva Treasure Act elimina muchas de las trabas existentes en la norma consuetudinaria anterior, como el *animus revertendi*; es decir la necesidad de demostrar que la persona que lo había poseído lo ocultó con la intención de recuperarlo más tarde. Pero su principal objetivo es asentar los requerimientos para que los hallazgos metálicos, con una cantidad determinada de metal precioso, sean considerados como *treasure*[54].

En este sentido, esta nueva norma reformada (esto es, añadiendo la ampliación de 2002) establece que adquieran esa consideración todos aquellos objetos, que no sean monedas, de cuyo peso al menos el 10% sea oro o plata, y de una antigüedad superior a los 300 años cuando fuesen encontrados; también los objetos asociados a otro(s) declarado(s) *treasure*; y todas las monedas procedentes de un mismo hallazgo de, al menos, 300 años de antigüedad cuando fueron encontradas, si su contenido fuese menos del 10% de oro o plata, se exige un mínimo de 10 monedas procedentes del mismo hallazgo. Y la Orden de 2002 añade, entre los objetos prehistóricos, todos los metálicos igualmente procedentes de un mismo hallazgo.

---
54 Designación que sustituyó a la anterior de *treasure trove*.

La Treasure Act de 1996 innova sobre la legislación consuetudinaria anterior, al incorporar como destinatarios de la retribución que pueda recibir la persona halladora de la o las piezas en cuestión, tanto a los titulares de la propiedad de la finca donde se haya producido el hallazgo, como a quienes eventualmente detenten otros derechos reales sobre esos predios.

La norma también incorpora como novedad la obligación de dar parte del hallazgo cuando, a juicio de la persona halladora, exista una posibilidad de que lo encontrado pueda estar amparado por la definición de *treasure*. La inobservancia de esta obligación es considerada como un delito y penada por los tribunales con hasta dos años de cárcel.

Como guía a seguir, la Treasure Act establece la obligación de la Secretaría de Estado de Cultura de publicar y actualizar cuando sea necesario, un Código de Prácticas que oriente la actuación de todos los implicados en los procesos: desde la(s) persona(s) halladora(s) a los jueces que deben instruir el procedimiento que lleve a su declaración y las administraciones implicadas en él. El procedimiento es largo y complejo y, en definitiva, se caracteriza por una mayor flexibilidad del Estado para poder adquirir los bienes declarados como *treasure*, o bien dejarlos en manos de quien los hallase o, incluso, pasarlos a otra entidad distinta para su adquisición.

Quizás el elemento de mayor definición sea la constitución de comisiones de valoración de los hallazgos declarados como *treasure*, tras el correspondiente procedimiento, y la oposición al mismo por parte de los interesados, de valoraciones diferentes. También se instituyen plazos para proceder a la adquisición de las piezas, si bien su cumplimiento no siempre es posible. En este sentido, se han introducido reformas para residenciar en el British Museum toda la responsabilidad de la tramitación y evaluación, asumiendo así la parte que hasta 2007 era competencia del DCMS.

La aplicación práctica de la norma ha seguido por derroteros bastante asumibles, desde un punto de vista económico, aunque se han aumentado los supuestos en los que se han declarado los hallazgos como *treasure*. Frente a los 25 hallazgos por año, como media, declarados *treasure trove*, en los años siguientes a su aparición el número se elevó a 191, para instalarse en 223 y 221 en los sucesivos. A partir de 2003, el número ha ido creciendo de manera exponencial hasta situarse en 2007 por encima de los 700. El incremento a partir de 2002 ha venido de la mano del desarrollo del PAS, al que se hará mención más abajo.

La inmensa mayoría de los objetos declarados, en los tres primeros años, responde a hallazgos acaecidos con anterioridad, por

4. *El Dorado* del detectorismo

lo que parece ser que la nueva norma favoreció la obligación de poner en conocimiento de las autoridades los bienes de oro y plata hallados fuera de actividades arqueológicas. También resulta significativo que de ellos, el 92% fuese producido por el uso de aparatos detectores de metales, aunque la norma va dirigida a cualquier modo de hallazgo arqueológico fuera de una actividad de esa naturaleza.

La arqueología oficial no ha dudado en aplaudir el Treasure Act de 1996, junto con el PAS, como uno de los mejores logros de la gestión del patrimonio arqueológico inglés, ofreciéndolo como modelo a imitar (APPAG 2003: 24).

Sin embargo, el éxito parece haber ahogado la propia eficacia del sistema, pensado para adquirir solo una cantidad discreta de bienes. La lucha de los museos por adquirir piezas está tocando su fin y, en la actualidad, cerca de la mitad de los hallazgos son rechazados ante la imposibilidad de reunir el dinero necesario para su adquisición a precio de mercado (Bland 2004: 279 y ss; Bland 2009: 66 ss.).

Figura 23. Un detectorista en el río Támesis, Londres (Fotografía: Jaime Almansa)

4.5. El Portable Antiquities Scheme

En realidad la Treasure Act, por sí sola, no hubiese dado lugar a lo que se conoce como «modelo inglés». Como se ha visto, la nueva norma finalizó su recorrido bastante alejada del deseo inicial de sus propulsores. Parquedad, con respecto del derecho consuetudinario anterior, atribuible en mayor medida al empeño del Gobierno de no afrontar un mayor incremento en el gasto de adquisición de nuevos objetos arqueológicos encontrados, antes que a la presión de los detectoristas. Sin embargo, el proceso iniciado, tras el desfallecimiento de la campaña STOP, por English Heritage y la CBA, abría las puertas a una realidad nueva. Esta pasaba por la búsqueda de entendimiento y colaboración con los usuarios de detectores de metales, clasificados como miembros de la sociedad que se acercan de forma *amateur* a la arqueología. Había precedentes en diversas partes de Inglaterra de acercamiento entre detectoristas y arqueólogos, como ya se ha mencionado. Para dar cumplimiento a lo sugerido por el informe de Dobinson y Denison, se puso en marcha un programa voluntario denominado Portable Antiquities Scheme (PAS). Debe tenerse presente que la gran mayoría de los objetos arqueológicos encontrados en Inglaterra, País de Gales e Irlanda del Norte caían fuera del estatuto protector de la nueva ley. Luego el PAS debía complementar, desde otras bases jurídicas, la actuación tuteladora sobre el patrimonio mueble arqueológico. La función de este programa voluntario es que puedan registrarse los hallazgos acaecidos al margen de actividades arqueológicas.

En 1996, el mismo año en que se aprobó la Treasure Act, el DNH hizo público un documento titulado *Portable antiquities: a discussion document*. En él se dejaba claro la necesidad de dar respuesta a la magnitud de hallazgos que anualmente realizaban los detectoristas, y que no pasaban a engrosar las fuentes de conocimiento arqueológico. Situación que era interpretada como una grave merma para el patrimonio arqueológico de Inglaterra. Dos opciones cabían como respuesta: un código de buenas prácticas, de carácter voluntario, dirigido a favorecer el registro de los bienes hallados y, en segundo lugar, hacer lo mismo desde un requerimiento legal; pero en ningún caso se planteaba prohibir o limitar el uso de aparatos detectores.

La propuesta gubernamental, basándose en el resultado del Norfolk Museums Service, apuesta por iniciar el proceso con un sistema de carácter voluntario y cambiar a otro de imposición legal, en caso de que el primero no funcionase de manera correcta.

4. *El Dorado* del detectorismo

Tras este preliminar, el Gobierno británico anunció la financiación del PAS como programa piloto dirigido a propiciar el registro voluntario de todos los hallazgos arqueológicos en varias regiones de Inglaterra, a partir de septiembre de 1997. Hasta 1999, este programa piloto fue sufragado por el Gobierno a través del Council for Museums, Archives and Libraries en seis regiones. Pero a partir de 1999 el Heritage Lottery Fund añadió otras seis regiones. En 2003 el Heritage Lottery Fund extendió el PAS a toda Inglaterra y País de Gales. El programa cuenta con 38 *finds liason officers*, residenciados en autoridades y museos locales; seis *finds advisers* y cinco personas para el trabajo directivo y administrativo. Todos se encargan del registro y asesoramiento a las personas que hallen objetos arqueológicos y decidan dar parte de ello.

Sin embargo, recientemente (finales de 2007 y 2008) se han levantado voces que alertan sobre la continuidad del PAS, ante la retirada del Lottery Fund de este programa y los recortes presupuestarios que afectan de manera directa al DCMS. Se ha comenzado a despedir a personas y, a pesar de la fuerte campaña a favor de su continuidad[55], el actual escenario de ajuste presupuestario supone una seria traba para el mantenimiento del ritmo expansivo que había adquirido (Heyworth 2008).

La principal clave del PAS consiste en educar a los detectoristas en comportamientos adecuados con respecto al registro de sus hallazgos, esperando una conducta razonable por su parte. Aunque la bibliografía hace referencia de manera habitual a que no solo los detectoristas hallan objetos arqueológicos, la propia realidad y la documentación consultable referida a este programa, evidencian que son su centro de atención.

Según los datos consultables en el sitio web donde se aloja la base de datos del PAS (www.finds.org.uk), entre 1998 y mayo de 2010 hay contabilizados 388.699 registros, lo que supone un total de 551.731 objetos. Ordenando estas cifras por el modo en que se ha producido el hallazgo, y descontando de esos totales el número de registros de los que se ignora el método usado para su hallazgos, el 83% de ellos ha sido producto del uso de detectores de metales, mientras que solo el 1% lo ha sido como consecuencia de una actividad arqueológica controlada.

Como muestra del interés del PAS en el colectivo detectorista, en 2006 se publicó el nuevo Code of Practice on Responsible Metal

---
55 Es prácticamente unánime el respaldo que ha recibido su continuidad entre los profesionales, destacando entre ellos C. Renfrew, quien, ya sea desde el APPAG (2003: 25 s.), ya desde su blog personal, ha pedido la continuidad del programa véase: http://commentisfree.guardian.co.uk/andrew_colin_renfrew/2007/12/lost_or_found.html (visitado en enero de 2008).

Detecting al que se han adherido las principales asociaciones de detectoristas. La idea subyacente, tras este código, es que la educación y la autorregulación suponen la mejor manera de progresar. Como señala R. Bland (2009: 70) refiriéndose a este código, aunque no llega lo lejos que muchos arqueólogos desearían, por lo menos se marca objetivos bastante más abarcadores que los anteriores códigos emanados por las distintas asociaciones.

El principal resultado de este programa es la base de datos generada por el inventario y clasificación de los hallazgos, y su accesibilidad a cualquier persona. Esta cualidad le rinde una utilidad innegable en su conjunto y supone, con poco género de duda, su aspecto positivo más relevante. Las localizaciones exactas de los hallazgos fueron, en un inicio, un problema por las dificultades técnicas y de confianza, por parte del colectivo detectorista, para dar una información veraz. Pero, conforme ha crecido la confianza de los detectoristas en él, ha alcanzado cotas próximas al 90%. No obstante, se mantiene alguna cautela para evitar expolios indeseados, así como el respeto a cierto «derecho» de los descubridores para seguir explotando esos lugares sin la interferencia de otros detectoristas (Bland 2009: 71 s.). Esta actitud me parece representativa de la poca coherencia del colectivo de detectoristas. Por un lado reclaman el conveniente sigilo para explotar la localización sin competencia, pero no dudaron en criticar las restricciones impuestas a la difusión de la localización de yacimientos, preconizada por ciertos sectores de la arqueología durante la estigmatizada campaña STOP.

Como la principal fuente de información del PAS son los detectoristas, los objetos registrados suelen ser mayoritariamente metálicos (69%), frente a los cerámicos y los líticos (19% y 10%, respectivamente). Porcentajes inversos a la cantidad de objetos realizada, con esos materiales, por las culturas precontemporáneas. Es decir, aunque de época romana sean los objetos cerámicos, el tipo de bienes mueble más abundante que nos ha llegado, los detectoristas solo están interesados en los metálicos, por lo cual el PAS registra una mayoría de esta categoría de ítems.

De otro lado, los momentos históricos mejor representados son la época romana y la medieval (Bland 2009: 72 ss).

Aunque en palabras de R. Bland, el PAS no busque aumentar el número de detectoristas[56], lo cierto es que no duda en juzgarlo como un programa exitoso en atención al número de hallazgos documentados. Dato magnificado, sobre todo si se compara con los registrados en

---

[56] «Our philosophy is that we do not seek to encourage metal detecting but we recognise that it exists and is legal, provided the detector user has the landowner's permission and avoids scheduled sites» (Bland 2009: 70).

otras regiones del Reino Unido, como Escocia, donde la entrega de los objetos hallados no es volitiva sino obligatoria y la definición de qué es un hallazgo de interés arqueológico es mucho más extensa que en Inglaterra y País de Gales (Bland 2009: 79).

Resulta innegable atribuir al PAS un cambio en la tradicional relación entre arqueólogos y detectoristas que, sobre la base de la cooperación voluntaria, se han acercado a este programa. Son bastantes los casos en los que se han emprendido campañas de colaboración entre el personal del PAS y los clubes locales de detectorismo. Incluso ahora que el PAS está consolidado, algunos usuarios de detectores demandan profundizar en el propio trabajo arqueológico y reclaman, del PAS, que ofrezca también esta vía de mayor implicación (Austing 2009: 120).

El llamado proyecto VASLE (The Viking and Anglo-Saxon Landscape and Economy Project) (Richards y Naylor 2009), ha podido sacar conclusiones sobre la temprana Edad Media, a través de la interpretación de ítems significativos recogidos de manera sistemática en yacimientos (monedas, broches, etcétera), aplicando técnicas de arqueología espacial de escala semi-micro sobre secuencias de estratigrafía horizontal.

El descubrimiento y excavación de la necrópolis de Cumwhitton Norse Burial (Cumbria) (Simpson 2009) se produjeron gracias a la decisiva y entusiasta participación de los detectoristas, solo posible merced a la buena relación con los arqueólogos del enlace del PAS.

Hay de todas formas, ciertos aspectos que aún no parecen estar del todo resueltos en la relación entre el PAS y los detectoristas. El principal de ellos sigue siendo la desconfianza que los detectoristas sienten hacia la arqueología oficial. Según comenta un estudioso de las monedas, cercano a los ambientes detectoristas, a pesar de lo mucho conseguido, no todos los hallazgos se recogen en la base de datos del PAS, ni se da parte de ellos (Spencer 2009: 134). En el norte de Inglaterra, Walton y Boughton (2009: 148), que trabajan (o trabajaban) para el PAS como *finds liason officers* de esta región, reconocen la mala relación existente entre arqueólogos y detectoristas, habida cuenta de la actividad de expolio en yacimientos protegidos llevada a cabo por *nighthawks*. La principal consecuencia de esta desconfianza es cierta reluctancia a situar con precisión los hallazgos encontrados, ya sea porque piensen que así se facilitará su inclusión en catálogos que los protegerán, ya por miedo a que se haga pública su ubicación y vayan otros detectoristas.

Por último, si esta renuencia se viene mitigando, en cierta forma, por la colaboración y mínima intromisión del PAS en la actividad detectorista, fuera de los límites de este programa está plenamente extendida por otros organismos y agencias administrativas. Los documentos producidos por English Heritage o el National Trust, por ejemplo, son vistos con indisimulada beligerancia por los detectoristas (Austing 2009: 121 s.) por no haber contado con el *placet* del National Council for Metal Detecting. Estos intentos de establecer códigos de buenas prácticas o pautas de conducta no solo han carecido de eficacia, sino que son atribuidos a la existencia de ciertos sectores de la arqueología intransigentes y beligerantes con el detectorismo, porque no quieren entender la naturaleza de este pasatiempo. Lo importante, desde el punto de vista del autor citado, es ganarse la confianza de los detectoristas, ayudarles en sus dudas clasificatorias o en la conservación de lo que encuentren, pero siempre manteniéndose a distancia, dejando que este pasatiempo evolucione por sí mismo, sin intervencionismo; mucho menos, restricciones.

También la capacidad operativa del PAS parece necesitada de mayor soporte institucional. La necrópolis vikinga de Cumwhitton (Cumbria) ofrece un ejemplo que, a la postre, da idea de la precariedad en la que se mueve no solo el PAS sino también la gestión de las excavaciones en Inglaterra. Sin duda este caso puede servir de muestra para comprender mejor el funcionamiento de estas cuestiones en Inglaterra.

Una vez conocida la aparición en ese sitio de unas piezas, posiblemente pertenecientes a una inhumación de época vikinga, encontradas por un detectorista, el *finds liason officer* de Cumbria planteó una actuación urgente. Esta consistía, de un lado, en la evaluación del sitio de cara a ver qué potencial tenía y, de otro, en una serie de medidas para asegurar la conservación de las piezas extraídas por el detectorista. La financiación para ambas cuestiones no la soportó del PAS, ni tampoco de English Heritage, como en principio hubiese parecido lógico, sino de un conjunto heterogéneo de empresas de arqueología, museos y administraciones locales.

Comprobada tras esa primera aproximación que, en efecto, se trataba de una inhumación vikinga, English Heritage, reconociendo que entonces sí se cumplía el requisito de «importancia nacional», accedió a financiar una intervención de ocho semanas, a condición de que todos los derechos de propiedad debiesen estar resueltos con la renuncia del propietario del predio y del hallador a favor del museo local, excluyendo de tal acuerdo los susceptibles de ser considerados como *treasure*, dado que alcanzarían un alto valor económico.

Esta negociación, absolutamente extemporánea en España, puede dar idea de los acuerdos que el Code of Practice recomienda hacer por escrito entre detectoristas y propietarios, antes de iniciar una búsqueda con detectores en una finca particular.

4. *El Dorado* del detectorismo

En este mismo orden de cosas, la celebración de una subasta en la casa Christie's de Londres el 7 de octubre de 2010[57], de un casco de bronce, de época romana, de los que solían usarse en paradas militares y ejercicios deportivos a caballo, encontrado en Crosby Garrett (North Cumbria)[58], y su venta a un coleccionista privado por 1,7 millones de libras esterlinas, en detrimento de las opciones de compra por instituciones públicas inglesas, pone de manifiesto las limitaciones del modelo voluntarista sobre el que está basado el PAS.

Según manifestaciones de R. Bland, habría sido interesante que, al informar de este hallazgo al PAS, se hubiesen traído los fragmentos originales encontrados por la persona que los descubrió con el detector de metales, en lugar de haberlos llevados directamente a la casa de subastas y darlo a conocer, una vez restaurado, cuando han perdido buena parte de la información que podrían contener[59]. El Tullie House Museun en Carlisle, en conjunción con el British Museum, montó una campaña para captar fondos con objeto de poder competir en la subasta y abordar el pago del precio de remate (el precio de salida rondaba las 300.000 £)[60], pero no pudieron afrontar el precio de remate final. Parece ser que la persona propietaria del casco no lo ha sacado al exterior, al menos legalmente, dado que esa acción permitiría su posible adquisición al Gobierno británico pagando el precio de la subasta, pero sí se ha hurtado al disfrute público (*The Guardian* 13/09/2010, titula la noticia de la que he sacado estos datos «Roman cavalry helmet found with metal detector may go abroad at auction»).

Las críticas no se han hecho esperar, tanto entre quienes ven incomprensible que este tipo de objetos, tan raros como extraordinarios, puedan salir legalmente del país a engrosar colecciones privadas[61], como por los que ven en este tipo de actuaciones un medio para hacer pagar una cuantiosa suma de dinero público a una empresa de subastas, y preferirían que saliera del país para vergüenza de los gestores públicos que custodian el patrimonio arqueológico[62].

---

57 http://www.christies.com/lotfinder/lot_details.aspx?intObjectID=5358441 (visita realizada en septiembre de 2010).

58 http://www.finds.org.uk/database/artefacts/record/id/404767%20-%20LANCUM-E48D73 (visita realizada en septiembre de 2010).

59 http://www.detecting.org.uk/blog/2010/09/crosby-garret-helmet-now-on-portable-antiquities-scheme-website/ (visita realizada en septiembre de 2010).

60 http://www.tulliehouse.co.uk/romanhelmetappeal (visita realizada en septiembre de 2010).

61 http://heritage-key.com/blogs/ann/roman-crosby-garrett-cavalry-helmet-go-under-christies-auction-hammer (visita realizada en septiembre de 2010).

62 http://paul-barford.blogspot.com/2010/09/crosby-garrett-helmet-leaves-country.html (visita realizada en septiembre de 2010).

Cambiando de tema, pero dentro del PAS, la investigación arqueológica de los campos de batalla muestra las dos caras de este tipo de colaboraciones. Este tipo de proyectos viene recibiendo en los últimos tiempos cierta atención desde la arqueología profesional y desde la Administración, para la preservación de estos parajes singulares; de ahí su carácter emblemático.

En efecto, una de las aplicaciones de los detectores a la investigación histórico-arqueológica es en estos escenarios. Son paisajes en los que los vestigios de interés están compuestos, en su mayor parte, por objetos dispersos en los niveles superficiales de los suelos. Su falta de espectacularidad suele conllevar que apenas cuenten con protección jurídica. Sin embargo, poca duda cabe de que, por su propia naturaleza, estos lugares sean idóneos para la búsqueda de objetos metálicos.

A pesar de existir algunos ejemplos meritorios de tempranas interpretaciones de los acontecimientos que tuvieron lugar en ellos, ya sea por parte de arqueólogos, ya por usuarios de detectores, no suscitaron interés entre los profesionales hasta hace relativamente poco tiempo (Pollard 2009). Tampoco han sido los hallazgos encontrados por los detectoristas en ellos motivo de mayor curiosidad, almacenándose en cajas con todo tipo de desechos, siendo su destino final la venta como chatarra.

La situación no ha cambiado mucho en la actualidad, aunque desde 1994 English Heritage comenzase la elaboración del primer registro de campos de batalla. El PAS ha modificado en poco este desinterés, habida cuenta del escaso número de hallazgos procedentes de este tipo de yacimientos que pueden consultarse en sus informes anuales. Mientras en eBay, y otras páginas de subastas *on line*, sí aparece gran cantidad de objetos procedentes de campos de batalla, bajo el rótulo de *militaria*.

Sin duda existe poca conciencia del daño que se les provoca con los detectores; daño multiplicado al ser usados frecuentemente como espacios donde desarrollar competiciones entre detectoristas, muy populares en el Reino Unido. En ellas se dan cita normalmente varias centenas de concursantes. En ocasiones, aunque miembros del PAS estén presentes en ellas, no siempre hay tiempo material o voluntad de registrar todo lo aparecido.

Lo cierto es que la investigación arqueológica de los campos de batalla se enriquecería enormemente con la participación, metodológicamente ordenada, de los detectoristas. Pero siempre que haya un convencimiento previo del interés prioritario en la investigación arqueológica y su actuación no se derive del mero placer

4. *El Dorado* del detectorismo

de hallar vestigios. T. Pollard (2009) llevó a cabo una experiencia piloto en Culloden (Escocia) que puede marcar la senda a seguir para hacer fructífera esta colaboración.

Aparte de este ámbito concreto, hay otros en los que la investigación se viene alimentando con éxito de la base de datos de hallazgos arqueológicos del PAS, sobre todo referidos a publicaciones de objetos singulares o de otro tipo de ítems portadores de información peculiar (monedas, hebillas de cinturón, broches, *ampullae* o fíbulas, por señalar algunas categorías). Personalmente creo que es ahí donde radica el principal éxito y fracaso de este programa. Fuera de ese tipo peculiar de elementos, susceptibles de incorporar datos en sí mismos, la ausencia de todo contexto arqueológico limita y cuestiona su posible utilización en la producción de investigaciones científicas solventes, más allá de constatar lo evidente.

Una discusión entre diversos *blogueros*, a raíz justamente de la utilidad de las *ampullae* registradas en la base de datos del PAS, para cuestiones referidas a las prácticas religiosas inglesas durante la Edad Media, merece un juicio de Paul Barford (arqueólogo inglés que trabaja en Varsovia) que resume esta limitación:

> «[y]ou ask about the "use" of the potential data provided by "metal detecting" when (a minority of) artefact hunters responsibly report (some of) what they have found. The attempts by the pro-artefact hunting lobby to demonstrate the "usefulness" of these data are consistently directed to certain carefully selected and often pretty simplistic questions selected (on the principle of the 'law of the hammer') for the purpose rather than emerging from current archaeological directions or research needs. More frequently they concentrate on a single type of object, most of which are "addressed evidence", objects which are intended to convey information by virtue of their form, inscription or iconography. Your ampullae are a case in point. Another favorite "test case" are coins and seals, or objects related to specific ethnic groups or functions. Narrativisation of such objects, even when totally contextless, presents no great challenge to anyone and is easy to present to an audience. These minor artefactological triumphs should however not be allowed to obscure the wider issue»[63].

En mi opinión, la buena acogida del PAS, entendido como el paso a una situación mejor de la anterior, ha desanimado las críticas e incluso el debate sobre su verdadera aportación a la gestión del patrimonio

---

[63] http://politicalarchaeology.wordpress.com/2007/01/24/whats-the-point-of-metal-detecting/#comment·923 (visita realizada en mayo 2010).

arqueológico mueble y al conocimiento. S. Thomas (2009a: 5) relata cierto incidente, en la introducción al libro que coedita, que manifiesta este estado de cosas. Si durante la celebración de las jornadas, que le dan origen, todo fluyó como la seda y no hubo prácticamente desacuerdo, el anuncio de su celebración en el foro de debate de la CBA, *Britarch*, desató cierta crítica entre los usuarios habituales de ese medio. Sin embargo, cuando se les pidió participar en las jornadas o, al menos, mandar sus opiniones por escrito para ser publicadas, las respuestas recibidas fueron disculpas o rechazos a bajar a la arena[64].

4.6. Restricciones jurídicas al uso de los detectores de metales

Aunque lo dicho hasta ahora dé la impresión de que en Inglaterra y País de Gales no existe ninguna restricción al uso de los detectores de metales, nada más lejos de la realidad. De hecho se aprecia, bajo el discurso oficial, cierta tensión entre los responsables administrativos del PAS e English Heritage, que aflora en ámbitos más libres que las comunicaciones y exposiciones oficiales.

En primer lugar, debe señalarse que cuando el detectorismo estaba en su periodo de apogeo, y la respuesta administrativa era de abierto rechazo, también se buscó amparo en el ordenamiento jurídico, aunque por las razones ya comentadas solo fuese de aplicación en el elenco de bienes protegidos y no con carácter general. Sin embargo, la tendencia –como se verá más abajo– parece ir buscando una cierta extensión de ese régimen de restricciones por la vía de la ampliación de la tipología y ámbitos sometidos a la tutela de English Heritage; o bien a la de otras administraciones (o incluso particulares), sobre las que esta agencia posea cierta capacidad de influencia o consejo.

En la AMAA se adoptaron fórmulas para restringir el uso de estos aparatos en la medida de lo asumible en términos políticos. Si bien no pudo sustentarse una condena general sobre ellos, al menos en los yacimientos *scheduled*, se dispuso –de acuerdo con la sección 42 de dicha norma– la previa autorización administrativa para usar aparatos detectores. Es decir, para el legislador de 1979, en aquellos yacimientos protegidos, la regla con respecto a los detectores de metales era la prohibición de su empleo, salvo autorización.

Mientras que el PAS y la Treasure Act desplegaban todas sus posibilidades y emergían como la triunfante, nueva y distinta

---

64 Los mensajes pueden verse en: https://www.jiscmail.ac.uk/cgi-bin/webadmin?A0= BRITARCH (visita realizada en enero de 2011).

4. *El Dorado* del detectorismo

solución dada por la arqueología inglesa al problema del expolio perpetrado por los detectoristas, e incluso como modelo digno de imitarse fuera de sus fronteras (Fincham 2008), todo indicaba que la situación jurídica, limitada de manera exclusiva a los yacimientos especialmente protegidos, resultaba claramente insuficiente. Por ello, English Heritage no ha perdido oportunidad para incluir en diversos textos normativos nuevas limitaciones para el uso de los detectores en yacimientos arqueológicos. Resulta, sin duda, significativo de esta manera de proceder la Countryside and Rights of Way Act de 2000, según la cual queda prohibido el acceso a campo abierto a cualquier persona provista de un aparato detector de metales. En este mismo sentido, los reglamentos emanados tanto de autoridades locales, como de las rectoras de parques naturales, coinciden en someter a previa autorización, o prohibir de manera directa, el uso de estos aparatos en terrenos de su propiedad.

En un documento, *Our Portable Past* (English Heritage 2006), la agencia gubernamental inglesa expone las líneas principales de su política sobre esta cuestión, así como lo que considera buenas prácticas sobre los bienes muebles de carácter arqueológico recogidos en el contexto de actividades arqueológicas de campo o prospecciones, incluyendo el uso de aparatos detectores de metales. Ante la imposibilidad de establecer una normativa general, por ausencia de base jurídica suficiente para ello, los contenidos de este documento deben entenderse, en principio, limitados a las actividades competencia de English Heritage, ya porque se realicen por terceros en yacimientos protegidos, ya porque estén financiadas por esta institución, o bien porque sean directamente ejecutados por ella. A pesar de estas restricciones competenciales no se disimula el deseo de que los enunciados contenidos en él fuesen también aplicados por todos aquellos que, de forma directa o indirecta, deben dar su consentimiento para el desarrollo de actividades que impliquen la recogida de objetos.

Aunque no pretenda suplir el Code of Practice for Responsible Metal-Detecting, de aplicación voluntaria entre los usuarios de este tipo de instrumentos, sí que *Our Portable Past* busca erigirse como el modelo a seguir por los detectoristas, sobre todo si son autorizados a desarrollar localizaciones no solo en cualquier yacimiento que cuente con algún tipo de reconocimiento administrativo, sino también de aplicación en aquellos paisajes singularizados por una componente cultural, lo que incluye jardines históricos, campos de batalla, paisajes sumergidos y pecios históricos.

El documento expone cuál es el marco legislativo sustentador de los principios enumerados en él, pero en mi opinión lo más importante de este apartado no es la mera enumeración de preceptos, sino las consecuencias que English Heritage extrae de todo el marco legal en relación al uso de los detectores de metales:

> «[t]hat the use of metal detectors and other surface collection techniques should be restricted on sites and monuments that have been legally designates and protected».

La ausencia de la tradicional referencia expresa a los yacimientos *scheduled* en virtud de la AMAA, recurriendo a una genérica condición de protegidos y reconocidos legalmente, deja ver el interés de esta agencia gubernamental en avanzar en la línea del legislador de 1979 y excluir de forma taxativa, por la vía del sometimiento a autorización vinculante, el libre acceso a yacimientos de los detectoristas, aunque estos no gocen del reconocimiento de la condición de importancia a escala nacional.

Creo que también apuntan en esta dirección los principios clave que animan la política del English Heritage en esta materia. Por un lado, en ellos se reconocen los efectos de la alteración en las capas superficiales de los yacimientos, como causa de las labores agrícolas (argumento empleado tradicionalmente por los detectoristas y quienes apoyan esta forma de acceso a la arqueología[65], para justificar la recogida y el coleccionismo de objetos arqueológicos), para acto seguido exponer su deseo de controlar tales afecciones mediante la inducción de prácticas agrícolas más amables con la conservación de los vestigios arqueológicos, cortando de hecho los vuelos de la argumentación detectorista.

Este mismo mensaje se retroalimenta por el reconocimiento del interés e información arqueológica remanente incluso en esas capas de suelo, relativizando el término de «alteración» aplicado con demasiada frivolidad a esos contextos. Incluso el documento objeto de estos comentarios cuestiona la conveniencia de retirar siempre los objetos de esas ubicaciones, si no es mediante un riguroso sistema de registro de estratigrafía horizontal,

> «[i]n certain circumstances, such as when long-term management agreements are in place, English Heritage therefore recognises that the policy of preservation in situ can also be applied to

---

[65] Por ejemplo en su First Report, titulado «The Current State of Archaeology in the United Kingdom», el All-Party Parlamentary Archaeology Group consideraba que la detección metálica en muchos casos era el único método de investigación para cubrir superficies cultivadas, tan vulnerables al daño producido por los trabajos agrícolas (*vid.* APPAG 2003: 25).

4. El Dorado del detectorismo

cultural material and artefacts present in modern or ancient ploughsoils, and seabed sediments».

De tal manera que English Heritage anuncia que solo dará autorización (o aconsejará esa opción) para actividades con recogida de ítems cuando contribuya explícitamente a sus prioridades de investigación arqueológica. En este marco, el uso de detectores de metales debería estar integrado con otras técnicas de registro al uso en las prospecciones superficiales, con el objetivo de maximizar el potencial de la documentación de los hallazgos y la comprensión de su contexto.

En definitiva, English Heritage advierte de los daños que puede provocar no solo el uso furtivo de los detectores de metales, como hacen de manera habitual los responsables del PAS, sino también cuando estos aparatos se utilizan fuera de marcos de trabajo guiados por grupos de investigación arqueológica, ya que solo dentro de ellos se desarrollan estrategias destinadas al conocimiento histórico del lugar, trascendiendo el puro entretenimiento de encontrar cosas antiguas.

«Whilst English Heritage will not restrict the activities of responsible and law-abiding metal detectorist it will no fund, licence, or recommend permission be given for any metal detecting survey as part of an archaeological project on designated or undesignated sites unless it meets these requirements».

Sentadas estas bases, la agencia gubernamental vuelve a enfrentarse a la limitación, impuesta por la reducción de su campo competencial, a la excepción reflejada en la sección 42 de la AMAA. Expone claramente, en el documento que comentamos, su convicción de que los principios enumerados en él deberían trascender sus estrechas competencias para aplicarse a todos los yacimientos con algún tipo de reconocimiento administrativo; entre ellos, a los que obran en el registro del National Monuments Record, así como a los custodiados en registros de las administraciones locales e, incluso, dentro de aquellas áreas protegidas por cualquier otro tipo de normativa, aunque no sea arqueológica.

El reverso en forma de reproche sancionador a quienes incumplen la legislación está bastante disperso. Ya se ha hecho mención a la sección 42 de la AMAA. De acuerdo con la interpretación de Guisasola Lerma (2005: 124), se contienen dos tipos delictivos en ella: el uso de detectores de metales en lugares protegidos (*scheduled*) y, de otro lado, recoger los objetos aparecidos por ese medio sin la autorización pertinente, emitida por English Heritage. La sanción que conlleva este ilícito penal es, de manera habitual, de 200 £. Constituyen eximentes de la responsabilidad, probar que el uso de los aparatos iba dirigido a finalidad distinta de la búsqueda de vestigios arqueológicos o que, pese a poner toda la diligencia necesaria, había un error invencible en el conocimiento del grado de protección del lugar. Esta autora recoge algunas voces doctrinales que manifiestan lo exiguo de este aparato punitivo y la necesidad de proceder a su reforma.

La propia Treasure Act de 1996 considera delictivo no dar cuenta de la aparición de vestigios que, a juicio de la persona halladora, puedan ser considerados como *treasure*. Con anterioridad, dado el carácter de propiedad particular de los vestigios arqueológicos, la Theft Act de 1968 ya calificaba de posible robo la remoción de objetos, por otra persona distinta a la propietaria del suelo. La Protection of Military Remains Act de 1986 también recoge como delito la remoción de restos de aeronaves caídas en tierra o en el mar sin, previamente, haber obtenido autorización del Ministerio de Defensa.

Igualmente en el ámbito de la legislación penal, como venturosa consecuencia de la ratificación (eso sí bastante tardía ya que el instrumento de aceptación se firmó en 2002) de la Convención de la Unesco de 1970 sobre las Medidas que deben adoptarse para prohibir e impedir la importación, exportación y transferencia de propiedad ilícita de bienes culturales, se promulgó la Dealing in Cultural Objects (Offences) Act en 2003 (Parkhouse 2006)[66]. Esta ley ha incrementado de manera considerable los tipos delictivos referidos al tráfico ilícito, al considerar punitivo la adquisición, disposición, exportación o importación de bienes culturales de dudosa o ilegal procedencia, incluyendo como tipos colaterales las conductas de quienes colaboren o participen en ello. Sin embargo, la doctrina mira estas disposiciones con bastante escepticismo, habida cuenta las peculiaridades de este mercado que, en lo referente a la venta de antigüedades de procedencia ilícita, está todavía en los primeros estadios del paso de la legalidad a la ilegalidad (Mackenzie 2005).

En el ya mencionado Draft Protected Heritage Bill, que de alguna forma debiera interpretarse como la reforma de la AMAA, la situación no queda muy distinta, respecto de los detectores. En la parte tercera, capítulo primero, las cláusulas 161 y 162 vienen rubricadas con el expresivo título de «Restrictions on use of metal detectors». En la primera de ellas se mantiene el sistema de prohibición, por la vía

---

66 El Reino Unido sigue sin suscribir la Convención de 1995 Unidroit, a pesar de haber anunciado el Gobierno que lo haría, tras haberlo recomendado un comité parlamentario (*vid*. Renfrew 2006: 66 ss.).

4. *El Dorado* del detectorismo

de la autorización excepcional, extendiéndose tal ilícito a los espacios abiertos patrimoniales. Tampoco parece haber cambios en la naturaleza del injusto penal, cuya conducta abarca tanto los tipos de acción (el uso no autorizado) como la recogida de materiales provocados por ella (la remoción de objetos en ambas categorías de bienes, que afecten a su especial importancia arqueológica). En esta misma cláusula se señala la doble posibilidad de autorización: una de carácter genérica que afecte a determinados tipos de bienes y otra particularizada en contestación a una solicitud[67].

La cláusula 162 sigue eximiendo de la infracción a quien demuestre un error invencible, en cuanto al conocimiento de la protección del lugar donde fuese hallado detectando. También se hace eco de un criterio en la dosimetría punitiva, al sugerir que en el juicio, para imponer la cuantía de la multa, debe tenerse presente el lucro habido o incluso su posibilidad.

Sin embargo, como todos los autores citados en este capítulo no dudan en reconocer, no ha habido especial interés por parte de las autoridades públicas en aplicar estas restricciones; mucho menos, en asegurar su cumplimiento mediante la adecuada política punitiva, que sancionase las transgresiones. Incluso en el caso emblemático del expolio del yacimiento de Wanborough, de los seis juicios penales emprendidos contra aquellas personas que habían sido inculpados policialmente, solo tres fueron condenados con multas, la mayor de las cuales fue de 1000 £ (Thomas 2009b: 155). En otros casos de menor relevancia, está plenamente asumida la inutilidad de las pesquisas policiales. Por ejemplo, en el conocido como del «equipo de Indiana Jones» de Essex, ocurrido en fechas aún recientes (*The Saffron Walden Reporter* 3/10/2009)[68]. Dos expoliadores fueron sorprendidos realizando excavaciones clandestinas a las cinco de la mañana, sin siquiera permiso o conocimiento del dueño de los terrenos; en esos momentos habían sacado de la tierra hachas de bronce y otros materiales metálicos del I milenio ane. Estas piezas caen por razones cronológicas dentro de los bienes amparados por la Treasure Act de 1996, pero debido a que la conducta tipificada penalmente es la de no dar cuenta de los hallazgos acaecidos y no la de hurgar en un yacimiento sin metodología y finalidad arqueológica, salvo que se trate

---

[67] Con respecto de la primera, en las alegaciones presentadas por una serie de instituciones y agrupaciones profesionales de carácter arquitectónico se hace hincapié en la temeridad de eliminar esta restricción en lugares o edificaciones y sus entornos que, a primera vista no sean de obvio carácter arqueológico, ya que pueden existir partes derruidas bajo el suelo.
http://www.architecture.com/Files/RIBAHoldings/PolicyAndInternationalRelations/Policy/PublicAffairs/responseToHeritageBill.pdf (visita realizada en julio de 2010).

[68] http://www.saffronwaldenreporter.co.uk/content/saffron/news/story.aspx?brand=SAF (visita realizada en marzo de 2010).

de yacimientos especialmente protegidos, fueron absueltos en el juicio celebrado por esos hechos. Como se cita expresamente en el reportaje periodístico que dio cuenta del suceso, esta sentencia –seguida con gran expectación por los detectoristas– ha tenido gran trascendencia para todos los que salen al campo armados con un detector de metales en busca de tesoros.

English Heritage reconoce que la situación dista bastante de ser halagüeña. En 2006 se encargó un estudio específicamente dedicado al expolio de yacimientos arqueológicos entre 1995 y 2008, el *Nighthawking survey*[69]. Una de las principales constataciones realizadas en él es la persistente negligencia policial en emprender actuaciones de seguimiento y encausación de este tipo de expoliadores y sus consecuencias en cuanto a la expansión de un clima de absoluta impunidad. El informe da cuenta incluso de que las penas impuestas a estas personas son ahora inferiores a las de hace diez años.

> «The survey, published today, found that while bronze axes, Roman coins, Saxon jewels and other precious scraps of British history are being looted from officially protected sites and open farmland, few nighthawkers are being prosecuted. Many landowners do not report the thefts as they believe police will find them difficult to prove, or they think that even if a case reaches court the penalties will be paltry» (*The Guardian* 16/02/2009).

No en vano, la primera (y de momento única) persona condenada por no haber dado parte de un hallazgo susceptible de ser considerado *treasure* ha sido condenada en febrero de 2010, trece años después de la puesta en práctica de la norma (*Daily Mail* 27/02/2010)[70]. Como resulta increíble que en todo ese tiempo solo una persona haya cometido esa infracción a juzgar por todas las evidencias, habrá que concluir que la aplicación de la norma protectora del patrimonio arqueológico mueble no es uno de los desvelos de la Administración inglesa.

El APPAG en su informe (APPAG 2003: 25), ya sentenciaba a propósito de la Treasure Act de 1996 y del PAS que

> «[c]ompulsory reporting of all archaeological finds would be bureaucratic, very expensive to operate and impossible to enforce...».

---

69 http://www.helm.org.uk/nighthawking (visita realizada en junio 2010).

70 http://www.dailymail.co.uk/news/worldnews/article-1253991/Woman-coin-worth-2-0 (visita realizada en marzo de 2010).

Manifestación programática, habida cuenta de quienes la hacen, que deja poco lugar a dudas sobre la continuidad del carácter voluntario, como sustento del cumplimiento de las obligaciones impuestas por la legislación a los ciudadanos en relación con los bienes arqueológicos muebles, incluidos los producidos por el uso de detectores de metales. El Estado parece querer situarse uno o dos pasos por detrás de la sociedad, dejándole no solo iniciativas para su autorregulación, sino también la de defender el interés común predicable de la información que contienen este tipo de patrimonio arqueológico.

En este sentido, son interesantes los códigos de buenas prácticas, muy extendidos en este ámbito. El más común es el Code of Practice for Responsable Metal Detecting in England and Wales, editado por English Heritage, y que cuenta con el apoyo de las principales federaciones de clubes de detectoristas. Los consejos desplegados en este código se temporalizan en «antes», «durante» y «después» de detectar. Las principales cautelas antes de iniciar la actividad buscan el cumplimiento de la legalidad: pedir permiso a los propietarios o tenedores de las tierras y asegurarse de que no existe ningún tipo de protección especial en ese lugar que impida esa práctica. Pero también se les aconseja llegar a acuerdos por escrito con los propietarios sobre qué ocurrirá si aparecen vestigios valiosos; esto es, qué porcentaje han de repartirse. Esta precaución evitará litigios posteriores. Una vez iniciado el proceso, se aconseja minimizar el daño ocasionado (no traspasar la profundidad alcanzada por el arado, no dañar relieves topográficos que puedan ser de interés arqueológico) y procurar anotar con suficiente precisión el lugar de los hallazgos. Lógicamente, una vez concluida la tarea, se pone el acento en la conveniencia de notificar los hallazgos.

También es destacable, en este sentido, cierta transferencia de la labor de custodia y responsabilidad ante el expolio a propietarios y tenedores de los suelos. Historic Scotland, agencia similar a English Heritage competente en Escocia, ha publicado un folleto *Metal detecting, yes or not? Metal Detecting, Scheduled Monuments and the Law*. Sus destinatarios son los propietarios de suelo, apercibiéndoles de las obligaciones, que incumben a los detectoristas, de obtener su consentimiento para pasar por sus tierras, siempre y cuando los yacimientos de los que se trate no estén protegidos. Consentimiento que no es obligado otorgar. Depende de la voluntad de propietarios y tenedores de tierra a acceder, o no, a esa petición. En caso de sospecha o de encontrar personas no autorizadas usando detectores, les incumbe a ellos proteger sus propiedades avisando a la policía.

4.7. El uso ilícito de detectores de metales

El uso ilícito de los detectores de metales en Inglaterra y País de Gales y, en general, en todo el Reino Unido no es un problema reciente ni parece tener fácil solución. Frente a los intentos de presentar el programa inglés como la gran alternativa al expolio, la prensa da cuenta del grave incremento que supone esta amenaza. Así un rotativo británico (*The Guardian* 16/02/2009) denunciaba este estado de cosas, titulando un reportaje, sobre el expolio, como el paso del detectorismo *amateur* a la delincuencia semiprofesional.

Ya el documento, tantas veces mencionado, *Metal detecting and archaeology in England* dedicaba un capítulo entero a esta cuestión, demostrando que no era algo circunstancial o baladí, aunque se intentase reducirlo a quienes se etiquetaban como «halcones nocturnos» (*nighthawks*), grupo separado de la inmensa mayoría de los detectoristas, calificada de decente y cumplidora de las leyes.

La primera constatación de ese informe era la escasez de normas dedicadas a la tipificación de este tipo de delitos, así como la idea generalizada, a pesar de la dificultad para encontrar información concreta (o más bien a causa de ello), de que este tipo de infracciones eran escasamente perseguidas y penadas en Inglaterra.

En segundo lugar, se advertía de la proliferación de dos formas preeminentes de expolio: la detección no autorizada en yacimientos protegidos por la AMAA y, de otro lado, en yacimientos en curso de excavación. La naturaleza de los datos manejados en el informe de 1995 era bastante aproximativa, debido al excesivo espaciamiento de las visitas de inspección a los yacimientos protegidos. Incluso los aportados, basados en encuestas a quienes tienen la misión de inspección y a otros profesionales involucrados, parecían un tímido reflejo de una realidad bastante más adversa.

Ante la convicción de la dificultad de llevar a buen puerto la persecución policial de este tipo de delincuencia, proponen medidas paliativas, aunque personalmente las considero de eficacia relativa:

    a) La esterilización de los yacimientos mediante el agotamiento de todos los bienes susceptibles de interesar a los detectoristas, algo que los propios redactores del informe consideran extremadamente caro y difícil de ejecutar con éxito.

    b) La saturación, entendida como la diseminación de materiales metálicos que alteren el normal funcionamiento

4. *El Dorado* del detectorismo

de los detectores, propuesta que podría ser adecuada en determinados casos, pero que también tiene dificultades y contraindicaciones para llevarla a cabo de manera extensiva.

c) La señalización de las zonas arqueológicas, con objeto de advertir a los usuarios de detectores bienintencionados de que allí no pueden usarse esos aparatos.

d) La vigilancia directa, especialmente en las excavaciones.

e) Dejan para un último lugar, la cuestión legal limitada a la constatación de la ineficacia de los encausamientos habidos por estos motivos, sin que propongan nada alternativo o una reforma de la legislación con objeto de dotarla de la efectividad de la que parece carecer.

Opciones que resultan bastante draconianas, pero que parecen ir calando en los responsables y conocedores de la problemática.

El único intento que conozco de hacer un acercamiento a la sociología de los *nighthawks* aparece como dato accidental en el trabajo de Richards y Naylor (2009: 167 s). Según estos autores, no resulta ningún secreto que muchos usuarios de detectores de metales lleguen a las arqueológicamente fértiles tierras de Yorkshire procedentes del noreste de Inglaterra, donde los niveles de desempleo son más altos y la detección es menos productiva. En época de siembra se acercan a los campos tras la maquinaria agrícola «like vultures circling arround fresh carrion», señalando los lugares donde por la noche acudir a expoliar, en grupos bien organizados. En ocasiones están en connivencia con los propietarios de los terrenos que, salvo en caso de estar protegidos, pueden autorizar su aniquilación de manera absolutamente legal, deseosos de sacar tajada de la destrucción del pasado. Los propietarios de los terrenos, ante las muestras de hostilidad y las escasas ganas de socializar de los expoliadores, tampoco se sienten llamados a actuar en defensa de algo que siendo legalmente suyo, sin embargo no sienten como tal. La policía, en el supuesto de que quisiera actuar, ve imposible vigilar durante toda la noche todos los yacimientos dispersos en el medio rural.

Esta actividad, en su opinión, deja pingües beneficios, ya sea porque las piezas más importantes sean declaradas *treasure*, lo que mostraría que no todos los *nighthawks* son burladores de la ley de manera sistemática, sino que lo hacen en función de las distintas circunstancias. En esa misma lógica, quienes denuncian los hallazgos, especialmente los valiosos, no son siempre ciudadanos respetuosos de la ley. Cabría señalar, por tanto, que dentro del colectivo detectoristas hay una zona gris de contacto entre el *nighthawking* y el respeto por las normas.

Resulta curioso que, para estos autores, la posibilidad de prohibir el detectorismo (o siquiera negar el permiso de acceso a sus tierras por parte de los propietarios) contribuya en poco a la resolución del problema. Antes bien, este tipo de medidas tendería a exacerbarlo, al incluir en el mismo saco a quienes hacen un uso legal del mismo con quienes no lo hacen.

No sorprende, aunque no pueda evitar dejar de señalarlo, las dos condiciones que reinan bajo el concepto de detectoristas responsables: pedir permiso a la persona dueña de los terrenos y dar parte de ellos, compartiendo los beneficios obtenidos por su venta (ya sea a un tercero privado, ya a una institución pública) con ella.

Tras este cúmulo de circunstancias, la solución propuesta por estos autores se apunta a las ya expuestas por Dobinson y Denison. En aquellos lugares en que se presuma, o se sepa, la existencia de vestigios y que además hayan sido identificados como objetivos por parte de *nighthawks*, deberían realizarse, tras el arado, campañas de recogida masiva de objetos metálicos con detectoristas «honrados». Con ello se persigue el vaciado de posibles hallazgos esos parajes y, por tanto, que dejen de estar en el objetivo de los expoliadores. Cabe señalar que esta propuesta resulta irreal, ya que a lo más que podría llegarse sería a eliminar de la capa arada los objetos, mientras que los expoliadores severos podrían detectar y hallar estructuras arqueológicas intactas –tumbas, etcétera– que serían ahora los objetivos a expoliar.

Los estamentos oficiales también se han ocupado de estas cuestiones, pero no son más resolutivos. El *Nighthawking survey*, basado en 240 casos de expolio conocidos, resalta que posiblemente hayan bajado los ataques a yacimientos catalogados, aunque se documentan, por vez primera pues en el informe de 1995 de la CBA se habían omitido estos datos, expolios en yacimientos no protegidos. Por otra parte, evidencias indirectas, como la aparición en eBay de objetos procedentes de Inglaterra, vendrían a demostrar la persistencia del saqueo arqueológico. No obstante, como el propio documento reconoce, resulta complejo evaluar esta fuente indirecta, pues no ha habido investigación sobre si estas piezas puestas a la venta *on line* han sido sacadas con permiso de los propietarios de los yacimientos, con lo que sería legal su venta, o si bien carecían de él:

> «[i]n their monitoring of eBay for potential Treasure finds, the Portable Antiquities Scheme (PAS) have noted many metal-detected finds offered for sale with little or no provenance

4. *El Dorado* del detectorismo

attached. It is impossible to know whether these finds are being sold legally, and with the permission of the landowner, or are the proceeds of Nighthawking».

Por otra parte, este informe, así como el anterior de Dobinson y Denison, ponen especial acento en una práctica realmente sorprendente. Se trata del alto número (aunque la tendencia sea decreciente) de excavaciones en curso que han sido objeto de pillaje nocturno, hasta el punto de que la discreción, e incluso la contratación de servicios de vigilancia, se haya convertido en moneda corriente. Resulta alarmante y ciertamente turbador la advertencia dada por Simpson (2009: 141), en su relato sobre las excavaciones de la necrópolis vikinga de Cumwhitton (Cumbria), sobre la necesidad de llevarlas en sigilo ante la posibilidad, más real que ficticia, de que conocida la noticia pudiesen ser objeto de pillaje. Semejante comportamiento, incluso en expoliadores habituales, resulta bastante raro en España. Mi experiencia personal excavando en uno de los puntos negros del detectorismo en Andalucía (concretamente como arqueólogo municipal de Écija), así como la de otros compañeros, es ajena a episodios de esta naturaleza, salvo alguna excepción ya comentada. Por tanto, resulta extraño el poco caso hecho en estos informes a dibujar el perfil sociológico de los *nighthawks*, así como su contacto con el mundo del detectorismo.

Las principales conclusiones del *Nighthawks survey* podrían resumirse como sigue:

a) Sensibilizar a la policía y a los magistrados sobre los efectos perversos de los *nighthawks*, a la vez que pedir penas mayores para este tipo de delitos.

b) Dar mayor información a los propietarios de los terrenos donde se encuentran los yacimientos, que les pertenecen legalmente, sobre las actividades de estos expoliadores, animándoles a denunciar las incursiones en sus propiedades.

c) Desarrollar modos diseñados para conocer la dimensión del expolio arqueológico producido por la actividad de *nighthawking*.

d) Publicitar los efectos positivos de la detección responsable frente a los efectos devastadores del expolio.

e) Reforzar el PAS como instrumento de relación entre arqueólogos y detectoristas.

f) Integrar la detección en las actividades arqueológicas.

g) Introducir los cambios existentes en la legislación europea para incrementar la obligación de los vendedores de antigüedades de facilitar el lugar de procedencia de los bienes arqueológicos que venden, incluido eBay y otros portales de subastas.

La prensa cubrió de manera amplia la presentación de este informe, poniendo de relieve la magnitud del expolio ocasionado por el uso de detectores en sitios donde no debe hacerse, o bien está sometido a una autorización previa. Y ello a pesar de que, en la práctica, la mayor parte de los yacimientos conocidos en Inglaterra y País de Gales está a la libre disposición de los detectoristas, con la mera autorización de los propietarios de los terrenos.

Se han presentado diversas valoraciones sobre el efecto real de los *nighthawks*, aparecidas en revistas especializadas que han tenido eco en blogs dedicados a la arqueología, con participación de voces autorizadas sobre este particular. R. Moss, en una entrada en *Culture 24*, de 18/02/2009, titulada «Portable Antiquities Scheme moves to allay fears over nighthawking», cita la opinión de R. Bland, responsable del PAS, sobre el efecto mitigador de este programa (el PAS) del problema de expolio centrado en los *nighthawks*. Desde el punto de vista de Bland, lleno de optimismo, no se trata de un problema real[71]. Lectura del *Nighthawking survey* no compartida por la *blogosfera* especializada en arqueología. Por ejemplo, D. Gill descubre una suerte de contradicción entre las anteriores afirmaciones de Bland y la opinión de conservadores de English Heritage[72], concretamente publicadas en *The Northern Echo* de 17 de febrero de 2009, de las que se desprende que resultaría un error pensar que el problema de los *nighthawks* está solventado[73]. Esta diferencia de sensibilidad entre el PAS y English Heritage, no solo con respecto al uso ilícito de aparatos detectores de metales, sino en general con el detectorismo, también ha sido advertida por otro bloguero con amplia trayectoria en el tratamiento de cuestiones sobre arqueología, P. Barford[74], a raíz de las declaraciones de R. Bland.

De reflejar estos debates *on line* el estado real de las cosas, confirmarían la divergente opinión entre English Heritage y el PAS, cuyo

---

71 http://www.culture24.org.uk/history%20%26%20heritage/archaeology/art65930 (visita realizada en julio de 2010).

72 http://lootingmatters.blogspot.com/2009/02/to-say-problem-has-gone-is-absolutely.html (visita realizada en julio de 2010).

73 http://www.thenorthernecho.co.uk/news/4131619.Detectors_angry_at___nighthawk___slur/ (visita realizada en julio de 2010).

74 http://paul-barford.blogspot.com/2009/02/pas-moves-to-allay-fears-over.html (visita realizada en julio de 2010).

4. *El Dorado* del detectorismo

alcance se me escapa pues no trasciende al plano de la declaración oficial o, al menos, de la confrontación doctrinal abierta entre los responsables de ambas instituciones acerca de qué hacer con el detectorismo. En todo caso, English Heritage, como ya se ha visto, ha venido limitando los espacios donde sea legal buscar con un detector sin autorización, lo que trasluce por la vía de los hechos la sensación de que para esta institución la trayectoria permisiva no resuelve por sí sola el problema del expolio.

Más allá de esta eventual disparidad de opinión, me parece sorprendente la ausencia, en el trabajo de English Heritage, de una indagación sobre la sociología de los *nighthawks* que pudiese identificar sus perfiles y su relación con el colectivo detectorista. Parece un poco irreal que estos aspectos se despachen con lugares comunes, cuya piedra de toque sea una retahíla de descalificaciones y hacer especial hincapié en la radical separación de los detectoristas «honrados». Poco se distancia, en este aspecto, el informe de English Heritage de lo que venía siendo el discurso anterior. Años antes de que el *Nihgthawks survey* viese la luz, H. Sheldon (1995) los definía como un núcleo duro y minoritario, dentro del propio detectorismo, que trabajan en estructuras bien organizadas y cuyo elemento distintivo era su inmunidad a toda forma de educación y presión moral; su único interés es hacerse ricos a costa de las antigüedades que desentierran. En apoyo de estas afirmaciones traía a colación titulares periodísticos. Sin embargo, sin salirme de sus propias valoraciones, creo poder llegar a la conclusión de que la cuestión es bastante más compleja.

El *Daily Mail* de 10/10/1993 daba cuenta de que se había imputado a una persona por haber vendido -vía Christie's- a un museo alemán una placa de bronce con el retrato del emperador Claudio, valorada en 26000 £. Lo interesante es que la razón aducida para obrar de ese modo era que la había salvado de la destrucción por el arado. Esta respuesta demuestra, a los ojos de Sheldon, la escasa categoría moral del sujeto, pero lo cierto es que no se diferencia en nada de los argumentos dados por el resto del colectivo. Él mismo comenta que los expoliadores que asolaron, durante noches enteras, el yacimiento de Wanborough provenían de Kent, Dorset y Norfolk y estaban animados por artículos publicados en revistas de detectoristas. La opinión de los policías, a la luz de esta operación, era que el mundo del detectorismo se estaba convirtiendo en una subcultura con sombras, con cientos de personas listas para hacer dinero rápido sin preguntarse muchas cosas.

Sin embargo, con respecto a muchas de las opiniones particulares y oficiales vertidas después, Sheldon apostaba por una doble solución que, sin ser especialmente restrictiva, tampoco eludía reconocer la gravedad de los hechos. Para tratar con los detectoristas de buena fe, que también hacen daño, proponía canalizar su entusiasmo por el descubrimiento de antigüedades, a través de proyectos de investigación. Para el segundo grupo, los *nighthawks*, promover una norma que obligase a dar cuenta del hallazgo de objetos. Para lo cual, sería necesario traspasar la propiedad de los bienes muebles de los propietarios a la Corona, como ocurre en Escocia. Ya sabemos que ninguna de ellas tuvo el menor eco.

En fin, a pesar de la enorme preocupación que todos sienten por el detectorismo furtivo, y de la voluntad de acercamiento a ese problema mediante el encargo de informes, creo que no existe un enfoque objetivo del problema. Siempre se parte de la consagración de los principios estimulados por el PAS. Estos se basan en la división entre detectoristas «buenos» y «malos», como ya hizo en su informe el Defensor del Pueblo Andaluz, sin introducir matiz o cuestionamiento alguno, a pesar de la abundancia de indicios y voces que, no sin una exquisita prudencia, dan a entender lo erróneo de ese esquematismo. Algunas muestras ya se han traído a colación en los párrafos anteriores, pero su exposición más clara se debe de nuevo a P. Barford, al hilo de una discusión en su blog sobre una intervención conjunta entre arqueólogos y un club local de detectoristas en Binchester,

> «[w]hat has been happening on outlying areas of this complex is however another case of metal detector enabled portable antiquity assetstripping from a known site, something I have been looking into. It turns out that a commercial metal detecting rally was held in October 1999 on land which included an area of the Roman vicus attached to the Roman fort at Binchester. A search of the PAS database seems (one can never be sure these days) to reveal that none of these finds were entered on the PAS database (in 1999 the PAS covered only a limited number of counties and Durham was not among them). The Treasure Reports show however that metal detecting continues to take place here. The 2003 Treasure Report (Record T270, Page 56) features a gold (Roman?) finger ring found in May 2001 by Mr K Leach whilst searching with a metal detector in a field adjacent to the remains of the Roman fort of Vinovium.
>
> Obviously then, the landowner of fields adjacent to the scheduled site sees nothing wrong with allowing artefact hunters to strip the area of any interesting metal collectables. Finds from "near Binchester" found by metal detecting in 2006-9 are also illustrated on the UKDFD. None are reported anywhere else.
>
> One wonders just how many times the finds-rich fields in the vicinity of this scheduled site have been targeted by metal detector users (with or without the permission of the landowner)

4. *El Dorado* del detectorismo

and what has been taken with no record made whatsoever.

The mere fact that metal detectorists "come from all walks of life" and "take their hobby very seriously" and in whatever they do are mostly "law abiding decent people" really is beside the point. The issue is not how nice they are, but what is happening to the archaeological record of Britain as a result of current UK polices towards the hobby of these nice people. Some of them work very closely with the PAS but then not all do, and –what is significant is– that even at the level of the vicinity of a single site as here, we do not know to what extent compliance matches non-compliance. We have no way of controlling what information is lost in the course of this activity stretching now over several years.

The fact that some nice guys went over the 2009 Binchester excavation spoilheaps with metal detectors in no way relates to what nice guys are doing with metal detectors to the archaeological evidence in the fields over the fence. Both groups however want to be treated as archaeology's partners, no matter what is happening out there in the fields»[75].

En este mensaje Barford hace mención a una práctica que preocupa en grado sumo a los responsables administrativos del patrimonio arqueológico y, en general, a casi todos los profesionales de la arqueología inglesa: las competiciones de habilidad en la búsqueda de objetos entre detectoristas. Esta práctica, habitual en muchos países, incluida España, tiene en Inglaterra la peculiaridad de concentrar a varios cientos de personas y, sobre todo, de tener lugar en yacimientos auténticos, siendo los objetos encontrados piezas arqueológicas reales. Este tipo de competiciones, organizadas con ánimo lucrativo por clubes al alimón con los propietarios de los terrenos, suele dejar bastantes dividendos y se ha convertido en un modo de turismo nacional que gana más adeptos fuera de Inglaterra conforme pasa el tiempo[76]. Su incidencia en los yacimientos donde se celebran y otros paisajes arqueológicos, como campos de batalla, es alarmante, pues estas actividades están al margen de toda regulación y, por otra parte, controlar los hallazgos producidos en tales eventos está, con mucha frecuencia, fuera del alcance de las administraciones, incluido el personal del PAS aunque haya sido avisado de su realización.

---

75 http://paul-barford.blogspot.com/2009/08/metal-detector-archaeological.html (visita realizada en marzo de 2010).

76 Mientras redacto estas notas (10 agosto de 2010) solo en una página web inglesa dedicada al detectorismo, http://www.detecting.org.uk/html/Metal_Detecting_Rallies_In_The_United_Kingdom.html he contado 12 convocatorias de esta modalidad de competición entre esta fecha y el 10 de octubre.

Ya en su informe, el APPAG (2003: 26) recomendaba al Council for Metal Detecting la redacción de un Code of Practice para esta clase de competiciones, al menos en aquellas organizadas como magnas concentraciones de detectoristas, que facilitara la labor de los arqueólogos presentes. Ignoro las causas por las que la asociación detectorista no asumió este encargo, pero finalmente ha sido la CBA, junto con otros organismos, quien ha promovido en 2009 una Guidance on Metal-detecting Rallies in England and Wales[77], cuya finalidad es que servir como anexo para esta casuística al Code of Practice for Responsible Metal-detecting in England and Wales. Según la noticia citada en la nota anterior, la CBA ha conseguido que las dos empresas comerciales más importantes en la organización de este tipo de eventos accedieran a someterlos a los dieciséis puntos recogidos en la Guidance. De ellos, quizás los de mayor enjundia sean la anticipación, con doce semanas de adelanto, a las autoridades locales y al PAS de su celebración para poder prospectar la zona y, en caso de que se encuentren yacimientos, preparar los medios adecuados para atender al registro de los hallazgos que se produzcan durante el evento; animar a los organizadores a repartir el Code of Practice for Responsible Metal-detecting, así como la legislación relevante a los participantes; y, sobre todo, en los supuestos en que los lugares elegidos para la búsqueda libre de bienes arqueológicos sean colindantes con yacimientos protegidos, señalar los límites de la zona protegida o dejar una franja de separación de 20 metros.

La timidez de las recomendaciones vuelve a dar muestra de la debilidad de la posición, quizás por falta de respaldo político, que tienen las administraciones y los organismos con responsabilidad en la tutela del patrimonio arqueológico frente al detectorismo. De nuevo, también, en lugar de buscar formas de mayor implicación gubernamental en la protección del interés público, se prefiere hacer de la necesidad virtud mediante medidas de compromiso. S. Thomas (*on line*), quien en 2007 estaba realizando su tesis sobre las relaciones entre detectoristas y arqueólogos, asistió en esas fechas a una de estas competiciones, concretamente la que tuvo lugar en Durobrivae (Water Newton), en una finca próxima a la ciudad romana homónima. Al evento asistieron 324 detectoristas y tuvo de especial que fue grabado por la BBC para transmitirlo en su programación. Dada su repercusión, hubo arqueólogos trabajando junto a los organizadores con objeto de reconvertirlo en una gran prospección superficial del entorno de una ciudad romana. Para esta autora se convirtió, igualmente, en la posibilidad de aplicar metodología antropológica para la investigación de campo, mediante

---

77 http://www.britarch.ac.uk/news/091901-guidancenote (visita realizada en abril de 2010)

encuestas, entrevistas y notas. Quizás lo que más me llama la atención es el énfasis, dado por esta autora, sobre la bondad del acercamiento producido entre detectoristas y arqueólogos (que incluso compartieron un karaoke nocturno), restándole importancia a uno de los asertos más repetidos entre los usuarios de los detectores: mayoritariamente no veían mal la presencia de arqueólogos que clasificasen y registrasen sus hallazgos, pero el evento era sobre todo una competición entre ellos, a la que estaban invitados los arqueólogos.

Este episodio vuelve a poner en evidencia la naturaleza de la relación entre detectoristas y arqueólogos, una de las piezas clave del denominado «modelo inglés». Determinadas manifestaciones, como la recogida en el párrafo superior o las expresadas a lo largo de este capítulo (Spencer 2009: 134, Austing 2009: 121), en el sentido de que el PAS debería redoblar sus esfuerzos para tratar de eliminar las barreras de desconfianza, que aún remanen intactas en el colectivo detectorista; rechazo hecho extensivo, con mayor virulencia, a otros cuerpos administrativos o profesionales con responsabilidad en el patrimonio arqueológico. De momento, la convivencia entre ambos no viene de la armonización y una clara relación sobre qué debe ser prioritario: si el respeto al valor científico del registro arqueológico o el derecho a ejercitar un pasatiempo. Antes bien, la balanza se está resolviendo de manera negativa para los arqueólogos y la Administración, sobre cuyo tejado recae la obligación del acercamiento al colectivo, procurando no herir sensibilidades y pidiendo colaboraciones voluntarias.

Personalmente veo muy difícil que se me pueda convencer sobre la bondad de semejante modelo, a pesar de reconocer que otros modelos de carácter coercitivo tampoco son perfectos y este tiene muchos puntos favorables, como se ha señalado. La relación entre arqueólogos y detectoristas debe resolverse en términos de colaboración, pero la cuestión estriba en saber si es a los arqueólogos a quienes cumple todo el esfuerzo para llevar a cabo esa colaboración. O bien, deberían cambiarse las tornas para que el trabajo en común, dentro de proyectos científicos de investigación, fuese la única vía legítima para poder ejercer este pasatiempo, en aras del interés público del que son portadores los objetos muebles de carácter arqueológico.

4.8. Escocia e Irlanda del Norte

Otra de las peculiaridades del Reino Unido es que no en todo su territorio se aplica el «modelo inglés». En Escocia e Irlanda del Norte la regulación sobre los bienes muebles de carácter arqueológico es distinta, aunque normas de carácter general como la AMAA tengan plena vigencia.

En Escocia no ha sido derogada la norma consuetudinaria del Treasure Trove, pero con ciertos matices. Cualquier descubrimiento de bienes muebles de carácter arqueológico, estén estos realizados en materiales preciosos o no y tanto si fueron escondidos o simplemente perdidos, pertenecen a la Corona, en aplicación del principio de *bona vacantia*, aunque en realidad sean dos derechos distintos (Sheridan 1995: 195). Esto obviamente incluye a los usuarios de detectores de metales.

El incumplimiento de esta obligación impide la adquisición legal de su propiedad, así como cualquier clase de transmisión, además de constituir una violación de lo establecido en la Civic Government (Scotland) Act de 1982, actualizada en la Dealing in Cultural Objects (Offences) Act de 2003. Esta última atribuye a los bienes no declarados un estatuto adverso, señalándolos como «infectados».

Una vez puestos en conocimiento de la Administración, esta debe elegir entre reclamarlos para sí, en razón de su interés para la historia de Escocia, o bien devolverlos por falta de ese grado de relevancia, opción más frecuente. En el primero de los supuestos, se activa un procedimiento para su valoración y el pago de una suma a la persona halladora en concepto de gratificación, que no alcanza a los propietarios de los terrenos.

Por otra parte, el detectorismo en Escocia no está tan desarrollado como en Inglaterra, según los escasos datos disponibles. Los episodios culturales más destacados, en la historia de las tierras altas, han estado peor aprovisionados de objetos metálicos que en las tierras bajas, sin contar con los condicionantes orográficos y la menor disponibilidad de superficie arada.

La valoración de este sistema difiere entre los autores. Para Sheridan (1995: 198 ss.), el sistema no solo contaba con una implicación social y cultural mayor que el vigente inglés, e incluso en la reforma que se avecinaba, sino también con una ejecutoria bastante destacable. En 1995 podía alardear de haber realizado dos encausamientos judiciales a personas que no habían cumplido con su obligación de dar parte de los hallazgos. No obstante la exitosa comparación, Sheridan reconoce que el sistema está muy lejos de ser perfecto. Los principales fallos que le atribuye son: el desconocimiento generalizado de las normas y la limitada eficacia administrativa, ambos por cierto no achacables al entramado jurídico del sistema. Sin entrar en tanto detalle, la opinión transmitida por A. Saville (2009) es de un futuro de entendimiento y

4. *El Dorado* del detectorismo

colaboración entre las autoridades y el colectivo de detectoristas, pero sin necesidad de modificaciones legales.

En Irlanda del Norte (Hurl 2009), la situación es más restrictiva. La Historic Monuments Act de 1971 mantuvo la prohibición de excavar para buscar restos arqueológicos sin autorización gubernamental. Disposición que separa drásticamente a quienes buscan restos arqueológicos de quienes los hallan de manera casual. La norma de aplicación para los bienes muebles de carácter arqueológico es la Orden de 1995 Historic Monuments and Archaeological Objects. De acuerdo con su artículo 2, por objeto arqueológico debe entenderse:

> «(...) any object, being a chattel (whether in a manufactured or unmanufactured), which is, or appears to be, of archaeological or historical interest, a value substantially greater than its intrinsic value or the value of the materials of which it is composed».

La Orden incluye la obligación, según su artículo 42, de que la persona halladora de cualquier tipo de objeto arqueológico ponga en conocimiento de las autoridades esta circunstancia, en el curso de 14 días tras producido el evento. Las autoridades podrán retenerlo en su poder durante tres meses. Esta norma también mantiene la prohibición de realizar excavaciones o de buscar de objetos, sin autorización. Sin embargo, esta rotundidad manifestada en el plano legislativo no se ha traducido, según este autor, en políticas activas administrativas o policiales frente a quienes las incumplen. Esta ineficacia vuelve papel mojado las normas, cuyo cumplimiento queda a merced de la buena voluntad de los detectoristas; estimulación que se viene fomentando por la vía del contacto personal.

CAPÍTULO 5
El patrimonio arqueológico submarino

Este capítulo debe comenzar con dos aclaraciones terminológicas previas relativas al título que lo encabeza. La primera hace referencia al adjetivo arqueológico. Todo el libro viene referido a él, como parte integrante del patrimonio histórico o cultural[78], por tanto me ha parecido mejor dejarlo en lugar de usar el más aceptado internacionalmente de cultural. Ocurre que muchas recomendaciones e instrumentos normativos internacionales han optado por este último, para extender el alcance de las normas a bienes cuya pertenencia al patrimonio arqueológico podría ser discutible aplicando algunas legislaciones nacionales, que lo confinan a ser anterior a una fecha determinada[79], e incluso siguen denominándolo como «antigüedades». Sin embargo, para el caso español desde la aparición de la LPHE, la definición nace de la metodología empleada preferentemente para su estudio y no de un criterio filocronológico. A este respecto, resulta evidente que las actividades de investigación y eventual recuperación de los bienes

---

78 A los efectos del ordenamiento jurídico español debe tenerse presente que los adjetivos histórico y cultural que acompañan a la legislación sectorial, tanto a escala estatal como autonómica, carecen de un significado diverso, en función de la elección de uno u otro; ambos designan el mismo universo de bienes (Rodríguez Temiño 2010).

79 Existe una cierta controversia sobre la conveniencia o no de poner cierto tipo de barrera cronológica en la definición del patrimonio arqueológico (o histórico) submarino, cuya formulación extensa apareció por vez primera en la Recomendación 848 (1978) del Consejo de Europa. Esta norma que dio lugar a un borrador para una Convención europea sobre la Protección del Patrimonio Cultural Subacuático (1985) -que no pasó de ese estadio-, no precisaba barrera cronológica alguna. Tampoco la Convención de la ONU sobre el Derecho del Mar de 1982, la primera de esta naturaleza en dedicarle cierta atención, consideró necesario apurar más su genérica definición, ya que para designar los bienes culturales susceptibles de protección, se refiere a ellos como «objetos de naturaleza arqueológica o histórica encontrados en el mar». Sin embargo, la confluencia entre el derecho de carácter patrimonial con otro tipo de normas, singularmente las leyes de salvamento, aconsejan el establecimiento de una línea temporal a partir de la cual pueda determinarse cuál de los dos regímenes tiene preferencia, a pesar de la limitación que supone. Quizás por ello, la Convención de Unesco sobre la Protección del Patrimonio Cultural Subacuático (2001) adopta un criterio cronológico de 100 años (Strati 1995: 177-182. Sobre lo extraño de tal límite para el derecho español, Barcelona Llop 2002b: 64 s.).

sumergidos están regidas por los dictados de la arqueología, con lo cual todo patrimonio cultural o histórico al que nos referimos en este capítulo es también arqueológico, con independencia de su fecha de fabricación o de cuándo se produjo el hundimiento de la nave que lo transportaba.

La segunda tiene que ver con otro adjetivo, submarino esta vez, ya que no es el habitual ni en el ámbito de la arqueología ni en el de los textos y cartas internacionales. Sin embargo, creo muy oportuna la observación hecha por J. Barcelona (2002b: 47 n.1) para distinguir, a efectos jurídicos, entre arqueología subacuática y submarina. A pesar de lo que pudiese parecer *prima facie*, no son sinónimos. Existen dos motivos que me animan a elegir la segunda, menos común y más restrictiva, que la primera. De una parte, el expolio de pecios será el foco de atención de esta parte del libro, con lo cual, aun reconociendo la existencia de barcos hundidos en aguas interiores, parece evidente que por su abundancia debería abordar el estado de la cuestión en mares y océanos. De otra, dependiendo sobre todo de la separación de las costas, en el patrimonio arqueológico submarino (PASub) adquiere un protagonismo notable el derecho internacional público. El expolio de este patrimonio no tiene análoga entidad ni repercusión en aguas interiores, territoriales o internacionales; tampoco los instrumentos de prevención y persecución de este tipo de conductas son los mismos en uno u otro lugar. En puridad, el submarino no deja de ser una especialidad, en razón de su ubicación, del patrimonio subacuático, pero al hacer este inciso quiero dejar claro la importancia de esta distinción[80].

Realizadas estas aclaraciones, debe comenzarse matizando una afirmación habitual entre quienes tratan la cuestión de arqueología o patrimonio arqueológico subacuático. Para la inmensa mayoría de estos autores, el PASub arrastra importantes deficiencias en materia de protección y regulación de las actividades que tienen incidencia sobre él. Sin embargo, pienso que este planteamiento, aun siendo cierto, es menos radical de lo que suena.

En efecto, considero más oportuno hacer hincapié en que el PASub adolece de todos los problemas que afectan al patrimonio arqueológico terrestre, agravados por el hecho de estar en lugares aún más fuera de la vista y, por ello, menos presente en la mente de todos. La igualdad de criterios aplicables al patrimonio arqueológico, se encuentre este en tierra o bajo la superficie de las aguas, resulta perfectamente válida,

---

80 Esta distinción se ha consolidado doctrinalmente. Aznar Gómez (2004: 21 n.1) advierte de la diferencia, pero justifica su decantación por el término subacuático en razón de que es el más comúnmente usado por la arqueología. Carrera Hernández (2005: 18), por el contrario, elige para titular su obra el término submarino y no subacuático por las razones expuestas, entre otros, por Barcelona Llop en la obra citada.

aunque la cuestión no sea tan simple. Es preciso, e incluso urgente, una reforma del ordenamiento vigente que contemple ciertas circunstancias específicas del PASub, pero no veo la necesidad de formular una ley exclusiva para él.

En otro orden de cosas, pero con una afección directa sobre el PASub, debe considerarse que este no solo está sometido a la legislación doméstica de un país, como acontece con la arqueología terrestre; para la arqueología submarina será así solo si está en aguas de indiscutida soberanía de un Estado ribereño, pero habrá otras áreas donde sus leyes no alcancen. En esos casos deben aplicarse acuerdos internacionales, cuya redacción es bastante compleja para contentar a todos los firmantes y, normalmente, se saldan con expresiones bastante vagas en aras de favorecer adhesiones. Estas imprecisiones, e incluso auténticas lagunas en el ordenamiento internacional, favorecen actividades claramente expoliadoras por parte sobre todo de empresas dedicadas a la búsqueda y extracción, sin respetar las normas del registro arqueológico, de pecios.

Figura 24. Fase de excavación de un pecio. En primer término se observan las estructuras o cuadrículas de referencia para la excavación y documentación gráfica del pecio (Fotografía: CAS-IAPH)

En realidad, aunque exista una relación directa entre expolio del PASub y estas lagunas normativas, la raíz de los problemas sobre jurisdicción y soberanía de las distintas franjas en que se dividen mares y océanos no está causada por el patrimonio arqueológico, sino por motivos comerciales y de explotación de recursos marinos. El PASub aparece como perjudicado de un escenario diseñado sin pensar en él. Como se verá más abajo, justamente la labor de mediación de los organismos internacionales ha consistido en hacer notar su presencia en esos marcos.

Por otra parte, al igual que acontece con el terrestre, el propio concepto de PASub es deudor de la arqueología subacuática. Aún en nuestros días, no ha llegado a cuajar como una rama con identidad propia dentro de la ciencia arqueológica, no tanto por ser incapaz de exponer su especial problemática, como por no encontrar el necesario eco en las instancias académicas y administrativas. Por ello dedico un breve apartado final al desarrollo de la arqueología subacuática en España.

5.1. El marco jurídico internacional del patrimonio arqueológico submarino

Si del patrimonio arqueológico, como parte integrante del legado histórico, se predica su carácter universal por encima de adscripciones locales y nacionales, para el PASub esta universalidad se ha convertido en una de sus señas de identidad. Como se ha observado, aquí carece de rigurosidad hablar de comunidad local, ya que nadie ha nacido en el mar (Maarleveld 2008: 52).

En este sentido, la Carta del Icomos sobre Protección del Patrimonio Cultural Subacuático, firmada en Sofía en 1996, establece en su introducción cuatro razones por las que debe considerarse como un recurso internacional y, por tanto, acreedor a una respuesta normativa que atienda a su protección a esa escala.

a) Que se trata de un patrimonio ubicado en buena parte en aguas internacionales.

b) Que los pecios de barcos son vestigios de una actividad comercial o bélica internacional.

c) Que el patrimonio arqueológico debe contribuir a nuestro aprecio por el entorno y su futuro, de lo que se deduce una responsabilidad individual y colectiva por su pervivencia.

d) Que dada la función pública de la arqueología, en el sentido de satisfacción del deseo individual de construir la vida y la propia identidad sobre el conocimiento del pasado, otorga también legitimidad a todo el mundo para contribuir a su conservación por encima de asignaciones estrictamente nacionales.

La III Convención sobre el Derecho del Mar (Bahía Montego [Jamaica] 1982) (CDM), la primera de ellas en dedicar cierta atención al PASub, y a la que prestaremos mayor atención más abajo, no duda en proclamar que la razón última de la preservación de todos los objetos de carácter arqueológico e histórico hallados en la Zona es el beneficio de la humanidad.

No son los únicos casos, otras normas optan por distintos criterios, más o menos semejantes, pero todos ellos vienen a resumirse en dos: la existencia de una amplia parte de mares y océanos que son internacionales, cuya regulación guarda así mismo ese carácter, y la conciencia de fragilidad que define a esta herencia cultural que pertenece a un país concreto o a su historia, pero que también trasciende esa limitación para encajarse en la historia colectiva del género humano.

A pesar de las muchas lagunas y deficiencias que puedan encontrárseles, normas como la citada Carta de Icomos de Sofía o la Convención de Unesco de 2001 han otorgado al PASub un marco legislativo internacional bastante más avanzado que el nacional, al menos para el caso español.

Como ya se ha mencionado, la primera norma en hacer frente a la cuestión del patrimonio cultural subacuático, fue la Recomendación 848 del Consejo de Europa. Mediante ella, la Asamblea Parlamentaria de este organismo solicitaba al Comité de Ministros la elaboración de una convención europea sobre el patrimonio cultural subacuático abierta a los miembros del Consejo de Europa, pero también a los estados no miembros ribereños de los mares europeos. Fruto de esa iniciativa fue un proyecto de convenio europeo relativo a la protección del patrimonio cultural subacuático que no llegó a su aprobación por la oposición de Turquía, que deseaba ver extendido el ámbito de aplicación hasta las 200 millas, como se hacía en la Recomendación 848, y no restringido hasta la zona contigua como se propugnaba en el proyecto de convenio (Carrera Hernández 2005: 25).

Sin embargo, no siempre ha sido todo tan favorable a la preservación del legado cultural[81]. En todo caso, la fuerte influencia del derecho internacional público y privado hace necesario comenzar

---
81 Para Aznar Gómez (2004: 105) el derecho internacional ofrece un marco que, en el mejor de los casos, podría clasificarse de genérico e incompleto.

por este panorama transnacional. También se aclararán, de paso, las diversas situaciones, en cuestión de soberanía nacional, en que se encuentran las distintas franjas de mar desde las denominadas aguas interiores, frente a las costas, hasta la alta mar, ya que en función de ellas los estados mantienen o no sus competencias y son aplicables o no sus regímenes jurídicos propios a los pecios que se hallen en ellas.

Como puede verse, el problema para una protección eficaz del patrimonio cultural subacuático deriva en parte del fragmentado y lagunario ordenamiento jurídico al que se ven sometidos estos bienes, que recoge tanto normas de derecho internacional público y privado, como las nacionales del país ribereño o del país pabellón del buque. Entramado jurídico en el que se mueven intereses diversos y divergentes de una pluralidad de actores, difícilmente reconducibles a puntos de convergencia comunes: estados pabellón y estados ribereños; estados sufridores de pillaje y estados beneficiarios de ellos, más los representados por las comunidades científicas, los expertos en bienes culturales o los comerciales de las empresas dedicadas a la búsqueda de tesoros, entre los más obvios.

> «Nos encontramos, así, ante un objeto de estudio –la protección del patrimonio cultural subacuático– sobre el que inciden numerosos y a veces contradictorios ordenamientos jurídicos, que concierne a una pluralidad de actores con intereses dispares y que sitúa a la humanidad ante el reto de preservar un patrimonio histórico común en peligro» (Aznar Gómez 2004: 24).

El telón de fondo sobre el que deben imponerse las normas relativas a la protección del PASub, dentro del derecho público internacional, está dominado por las leyes de rescate y salvamento americanas[82]. Estas son unas normas de carácter consuetudinario, englobadas dentro del derecho internacional privado, pensadas para salvaguardar los intereses comerciales de propietarios de buques, de sus cargas y de

---

[82] Como señala Rodrigo de Larrucea (2002: 113), para los países con un derecho positivo dedicado al salvamento marítimo, e integrados dentro del sistema del derecho romano-germánico, conocido como *Civil Law*, hay una separación entre el salvamento de buques y la recuperación de pecios. Sin embargo, la orientación de la legislación de los países del *Common Law*, y de manera particular EE UU y el Reino Unido, han unido ambos en las *admiralty laws*. No obstante, el vigente convenio internacional sobre salvamento marítimo, firmado en 1989, prevé su inaplicabilidad a buques de guerra y otras naves de Estado. Del mismo modo establece una cláusula, aplicada por España y otros países con un rico patrimonio cultural submarino, de reserva para no someter a estas normas a aquellos bienes marítimos de interés cultural, cuando se hallen hundidos (Juste Ruiz 2009: 433).

5. El patrimonio arqueológico submarino

las empresas de salvamento[83]. Incompatibles y contraproducentes, por tanto, con los valores culturales, de interés público y científico que rodean y cualifican al PASub. Presididas por principios como el de la libertad de los mares, según el cual «el primero que llega, se sirve a su gusto lo que encuentra», son las enarboladas por las compañías de cazatesoros. Aznar Gómez (2004: 53-64), a quien sigo en estos comentarios, también se hace eco de la preocupación, e indisimulado disgusto, con que amplios sectores de la doctrina jurídica internacional ven cómo los tribunales norteamericanos frecuentemente entienden aplicables sus disposiciones fuera de sus jurisdicciones, basadas en las leyes de rescate y salvamento, transgrediendo claramente los confines de su territorialidad, con asombrosa eficacia.

Sobre este panorama –o mejor dicho contra él– la comunidad internacional ha debido dirimir sus diferencias para llegar a determinados acuerdos tendentes a la salvaguarda de este legado cultural de la humanidad.

5.1.1. El derecho del mar

Pieza principal en todo este entramado es el denominado derecho del mar, que procura armonizar todo el conglomerado de intereses divergentes que tienen como escenario la parte líquida de nuestro planeta[84].

El derecho del mar se ha consolidado a través de diversas convenciones de la ONU, la última de las cuales fue la mencionada III Convención signada en Jamaica (Bahía Montego) en 1982. En estas convenciones se han dividido los espacios marinos y submarinos en franjas determinadas por el grado de dominio estatal que sobre ellas se ejerce: aguas interiores, mar territorial (con una extensión máxima de 12 millas náuticas), zona contigua (con una extensión de 12 millas náuticas), zona económica exclusiva (ZEE hasta 200 millas incluyendo el mar territorial), plataforma continental y alta mar y fondos marinos y oceánicos.

---

83 Resulta pertinente aclarar que un buque o aeronave no pierde su estatuto, desde el punto de vista jurídico, por el hecho de estar hundido, lo que es relevante con los denominados barcos o aeronaves de Estado (Rodrigo de Larrucea 2002: 113 ss.).

84 Dejo de lado el denominado derecho de salvamento marítimo, regulado a escala internacional por la Convención de Salvamento Marítimo (Londres 1989), ratificada por España, porque en ella el artículo 30.1.d) dispensa de su aplicación los bienes culturales (*vide* Rodrigo de Larrucea 2002).

En las dos primeras categorías se acepta el dominio estatal costero sobre los espacios marinos bajo la figura jurídica de la soberanía. El problema comienza a partir de la zona contigua, donde se debate el alcance de los poderes de los estados ribereños, ya sea bajo la figura jurídica de soberanía o de jurisdicción. El patrimonio arqueológico e histórico está entre los elementos en discusión de la zona. A partir de las 24 millas náuticas, a pesar de algunas pretensiones de carácter nacional, la norma es que sobre el PASub los estados no ejercen soberanía, sino que los procedimientos deben ajustarse al derecho público internacional. El régimen de la ZEE, la plataforma y la alta mar y fondos marinos y oceánicos no contemplan ambas figuras jurídicas (salvo sobre sus propios buques y nacionales), para dar paso al concepto de patrimonio o bien común de la humanidad.

Entrando algo más en detalle debe señalarse que la CDM contiene previsiones sobre navegación de superficie y submarina, tendido de tuberías submarinas, exploración y explotación de toda clase de recursos, pesca, conservación racional y utilización de especies, investigación científica y preservación del medio marino, entre otros aspectos incluyendo también el PASub. Este fue un empeño debido a la presión ejercida por Grecia y Turquía, que despertó cierta sensibilidad en el seno de la ONU (Carrera Hernández 2005: 24). Sin embargo, está tratado de forma bastante poco definida, lo que ha sido excusa para interpretaciones muy laxas que han permitido expolios subacuáticos. Como señalan O'Keefe y Prott (1984: 101), el texto final de la CDM deja unas disposiciones referidas a la arqueología submarina bastante insatisfactorias, aunque probablemente sean mejor que nada.

Lo dispuesto sobre el PASub se ciñe a los artículos 149 y 303 CDM. El primero de ellos aconseja la preservación de todos los objetos de interés histórico y arqueológico encontrados en la zona, o bien su disposición para beneficio de la humanidad[85]. En su tratamiento deben tenerse en consideración los derechos de los estados, tanto bandera del buque como los que puedan acreditarse como originarios culturalmente de tales objetos. Se le ha reprochado falta de definición y ausencia de instrumentos precisos de control a este artículo. La causa de esas limitaciones está, como ha señalado Aznar Gómez (2004: 134 ss.), en la disputa entre los países que desean acrecentar el reconocimiento de cierta forma de soberanía en la ZEE, frente a quienes ven en ello un peligro no tanto por el PASub en sí mismo, sino por ser este un aspecto

---

[85] El artículo 149 CDM dice textualmente: «Todos los objetos de carácter arqueológico e histórico hallados en la Zona serán conservados o se dispondrá de ellos en beneficio de toda la humanidad, teniendo particularmente en cuenta los derechos preferentes del estado o país de origen, del estado de origen cultural o del estado de origen histórico y arqueológico».

5. El patrimonio arqueológico submarino

más para consolidar las pretensiones de los anteriores[86]. Este artículo ejemplifica muy bien uno de los problemas que afectan al PASub en el derecho internacional no específico: siempre sale perjudicado por cuestiones ajenas a él. Por tanto, poco más puede señalarse del artículo 149 CDM salvo que los términos ambiguos de su redacción le hacen una pía declaración de buenos propósitos carente de eficacia alguna.

Más literatura ha dejado el artículo 303 CDM, debido a las largas controversias abiertas en torno a su interpretación[87], así como al deseo de los analistas de extender sus escuetas disposiciones lo máximo posible.

Ello no es censurable, pues este artículo se ha convertido durante casi veinte años en el principal valladar contra el expolio del PASub. En opinión de Scovazzi (2003a: 4 ss), todo intento reciente de abordar su protección ha tenido que enfrentarse al escollo que supone este artículo, que si bien establece una obligación genérica de protección y cooperación internacional para garantizar la salvaguarda del PASub, no profundiza mucho en esos principios.

El segundo párrafo de ese artículo somete a jurisdicción del Estado ribereño los bienes culturales sumergidos dentro de las 12 millas de la zona contigua, consignadas en el artículo 33 CDM, pero solo se extiende con carácter restringido a cuestiones fiscales, sanitarias o de inmigración.

Para rematarlo, el tercer párrafo del artículo 303 CDM señala la compatibilidad de las obligaciones, con respecto del patrimonio cultural, con las leyes de salvamento marítimo, lo cual afirmaba la idea de una abstracta libertad de los mares, donde el primero en llegar

---

86 En términos generales podría decirse que la ZEE de 200 millas náuticas fue un logro de países subdesarrollados frente a las potencias del primer mundo, en orden a preservar los derechos sobre las riquezas naturales existentes en ella. Su formulación se hizo en la Declaración de Santiago, efectuada en Santiago de Chile en 1952.

87 El artículo 303 CDM se titula «Objetos arqueológicos e históricos hallados en el mar» y su tenor literal en español es el siguiente:
«1. Los Estados tienen la obligación de proteger los objetos de carácter arqueológico e histórico hallados en el mar y cooperarán a tal efecto.
2. A fin de fiscalizar el tráfico de tales objetos, el Estado ribereño, al aplicar el artículo 33, podrá presumir que la remoción de aquellos de los fondos marinos de la zona a que se refiere ese artículo sin su autorización constituye una infracción, cometida en su territorio o en su mar territorial, de las leyes y reglamentos mencionados en dicho artículo.
3. Nada de lo dispuesto en este artículo afectará a los derechos de los propietarios identificables, a las normas sobre salvamento u otras normas del derecho marítimo o a las leyes y prácticas en materia de intercambios culturales.
4. Este artículo se entenderá sin perjuicio de otros acuerdos internacionales y demás normas de derecho internacional relativos a la protección de los objetos de carácter arqueológico e histórico».

podía servirse sin cortapisa alguna. Idea esta de libertad en virtud del artículo 303 CDM también reseñada por otros autores (O'Keefe y Prott 1984: 102 ss. y Álvarez González 2008: 29).

Sin embargo hay quienes conservan cierta visión moderadamente positiva, no tanto por lo que la CDM manifiesta en torno al PASub, sino por el mero hecho de haberse detenido en él, ya que está fuera de los intereses prioritarios de esta Convención.

Por ejemplo, A. Strati (1995: 171 ss.) realiza unas consideraciones sobre la prevalencia o no de las *law of salvage* y otras *rules of admiralty* sobre la legislación protectora del patrimonio histórico, a partir del artículo 303. Su principal conclusión, para la zona contigua –una de las más interesantes desde el punto de vista de la existencia de pecios y del conflicto jurídico que genera–, es que

> «[t]he purpose of article 303 is the protection of archaeological and historical objects found at sea. To argue that the protected items should be interpreted restrictively so as to avoid interference with the law of salvage, in effect, reserves the situation and outweighs the balance in favour of the later. Article 303 simply emphasises the fact that the proposed scheme of protection will not abolish the law of salvage. There is nothing in article 303 to indicate that the commercial interests of private salvage companies should be given more weight than the protection of the underwater cultural heritage. In this respect, the use of a fixed period of 100 years as a qualifying factor of protection is a reasonable time limit for both the determination of the scope of salvage law and the interpretation of "archaeological" and "historical". The reservation of the law of salvage should be construed in a way that nullifies neither the jurisdictional rule of article 303(2) nor the duty of protection established by article 303(1). With respect to archaeological objects found within 24 miles off the shore, this reservation has been argued to find its limits in the public interest of the coastal State. Only the recognition of the legislative a judicial competence of the coastal State can ensure an effective scheme of protection» (Strati 1995: 173 s.).

Esta misma intención, de hacer lecturas extensas del artículo 303 CDM, anima a Strati (1995: 168 ss.) a considerar que lo dispuesto en el párrafo segundo de ese artículo es una ficción jurídica, según la cual se crea *de facto* una «24-mile archaeological zone distinct from the general contiguous zone», dentro de la cual estaría vigente la normativa patrimonial del Estado costero, cuya aplicación para la remoción de los objetos arqueológicos e históricos no solo sería preceptiva, sino preferente sobre las leyes de salvamento.

5. El patrimonio arqueológico submarino

«... the recognition of a full-fledged archaeological zone under article 303(2) will bring within coastal jurisdiction both the right to search for and the right to excavate sites in the contiguous zone» (Strati 1995: 179).

J. Barcelona (2002b: 54 ss.), sostiene la misma interpretación del artículo 303.2 CDM. Lo prescrito habilitaría a cualquier Estado costero a presumir como ilícitas las remociones de bienes arqueológicos (e históricos en el caso de que la legislación nacional aplicable al caso los distinga a partir de una cronología) sin contar con autorización. Prohibición que, por otro lado, conectaría bien con la prevención de infracciones de la legislación fiscal y aduanera referida a bienes culturales, ya que fuera de una actividad arqueológica no cabe razón válida para extraer este tipo de bienes.

Para Aznar Gómez (2004: 154 s.), aunque el artículo 303.2 cree una ficción jurídica, no es aceptable pensar en una «zona arqueológica virtual» que se extendiese hasta las 24 millas y que permitiese al Estado ribereño aplicar su normativa nacional. No obstante, la interpretación ofrecida por este autor es similar en su efecto. Según él, el propósito de tal cláusula es impedir la remoción de bienes históricos y arqueológicos de la zona contigua de un Estado en aplicación del *admiralty law*, ya que en virtud del mencionado artículo 302.2 tales normas estarían sometidas a previa autorización por parte del Estado ribereño, considerándose infracción en caso contrario.

El párrafo tercero del artículo 303 CDM introduce una gran confusión, al intentar compatibilizar la protección otorgada al PASub con las leyes de salvamento y rescate. El encaje hecho por algunos juristas tiende a subrayar su aplicación a objetos que no entren dentro del campo de los definidos como históricos o arqueológicos por la CDM, mediante el establecimiento de límites artificiales, como que sean de una antigüedad menor a 100 años (Strati 1995: 312, Aznar Gómez 2005: 94 ss.). Sin embargo, ninguna de las soluciones interpretativas propuestas ha sido unánimemente aceptada y este aspecto ha sido señalado, de manera expresa, como la razón última de que los batallones de abogados, que tienen las empresas de cazatesoros, presenten sus actuaciones como salvamentos de patrimonio cultural en peligro, aunque en realidad no lo esté (Villegas Zamora 2008: 25).

La CDM nada dice sobre el régimen al que debe someterse el PASub existente más allá de las 24 millas náuticas. Para alta mar y los fondos marinos y oceánicos la CDM reserva los buenos propósitos expuestos en el artículo 303.1 (Blake 1996: 824, Scovazzi 2003a: 6 s., Aznar Gómez 2004: 56 s.), basados en la necesidad de buscar soluciones de manera cooperativa. Como señalan O'Keefe y Prott (1984: 92), con anterioridad a la Convención Unesco de 2001:

> «[i]t has long been accepted that any state may take action against persons engaged in piracy on the high seas. To found such a universal basis jurisdiction, however, an international agreement to outlaw a particular course of behaviour would first be necessary, as well as an agreement to confer jurisdiction to seize and punish citizens of every state. While such agreement on cultural heritage offences in not impossible it is remote...».

A modo de resumen, Aznar Gómez (2004: 162) ha sintetizado los logros de la CDM en los siguientes puntos:

> «... simplemente (1) advierte sobre la necesidad genérica de proteger el patrimonio cultural subacuático, (2) salva determinados derechos de los Estados y, en su caso, de los legítimos propietarios de ciertos objetos susceptibles de ser catalogados como pertenecientes al patrimonio cultural subacuático, (3) llama la atención sobre la necesidad de preservar el interés de la Humanidad al respecto y (4) recuerda que la cooperación de los Estados en la concreción jurídica de todos estos los intereses en presencia es básica y típicamente alcanzable mediante la conclusión de acuerdos al efecto».

Estas lagunas en la CDM ejemplifican a la perfección una de las características ya apuntadas de la normativa protectora del patrimonio arqueológico, sumergido y terrestre: el poco interés que despierta su protección antes de que determinados sucesos golpeen la opinión pública internacional. En 1982, aunque en círculos profesionales los cazatesoros eran conocidos y, por ejemplo, Mel Fisher llevaba ya años buscando el *Atocha* en los cayos de Florida, aún no habían saltado las noticias que conmoverían la opinión pública internacional: el hallazgo de ese galeón español y su inmensa fortuna en oro, plata y joyas y el del *Titanic*, ambos acaecidos apenas tres años después de la publicación de la CDM. Por tanto, los redactores de esta normativa no debieron considerar urgente la protección de los pecios.

5.1.2. Legislación sobre el patrimonio cultural submarino

Acontecidos estos hechos, la reacción no fue ni inmediata ni rotunda. La mayoría de las cartas, recomendaciones e instrumentos normativos internacionales dirigidos directa o indirectamente al patrimonio arqueológico, seguirán recogiendo el PASub como una

5. El patrimonio arqueológico submarino

coletilla más, al que en teoría debía administrarse el mismo régimen que al terrestre, pero las previsiones específicas están pensadas para este último. Así el Convenio europeo sobre la Protección del Patrimonio Arqueológico (revisado) firmado en La Valletta en 1992, limita el concepto de patrimonio arqueológico interesado por él a que se localice dentro del territorio de los estados firmantes. Por otra parte, salvo las recomendaciones genéricas, el resto del articulado está diseñado para el patrimonio arqueológico terrestre en relación con las afecciones urbanísticas y de obra pública. Su aplicación a supuestos de obras de dragado resulta más difícil que al diseño y construcción de una autovía, por ejemplo.

Tampoco la Carta internacional para la gestión del Patrimonio Arqueológico de Icomos, adoptada por su Asamblea General en Lausana en 1990, profundizaba mucho más en las especificidades del PASub, aunque le fuese de aplicación todo lo expuesto en ese documento. En todo caso, este texto ha tenido una *addenda* que entra de lleno en el patrimonio subacuático. Se trata de la ya mencionada Carta internacional sobre la protección y gestión del Patrimonio Cultural Subacuático (Sofía 1996).

La introducción de este documento repasa varias de las características del patrimonio cultural sumergido, como su carácter internacional o la extrema vulnerabilidad al daño y la destrucción por obras públicas debido a que está apartado de la vista y su situación real se ignora, en la mayoría de las ocasiones. Amén de ello, los daños que pueda experimentar por la acción de buzos deseosos de «recuerdos», o bien el descarado e injustificable expolio por afán de lucro personal, son riesgos que se vuelven amenazas ciertas, debido también a la dificultad de control directo bajo las aguas. No obstante, el articulado de la Carta se centra, de forma exclusiva, en los requisitos y condicionantes que debieran cumplir los proyectos de investigación a desarrollar sobre este patrimonio, incluyendo el diseño de proyecto de investigación, personal adecuado, registro documental, medidas de conservación preventiva de los bienes muebles y del propio yacimiento *in situ*, así como para su difusión. Todo ello desde los principios de responsabilidad e intervención mínima. Con respecto al expolio, quizás dos sean las notas que de forma específica le atañen: la prohibición de que se financien actividades arqueológicas vendiendo los objetos recuperados en ellas y la, ya aludida, conveniencia de dejar el patrimonio sumergido donde está.

La Convención Unesco de 2001, sobre Protección del Patrimonio Cultural Subacuático, y cuya entrada en vigor ha sido en enero de 2009, es el instrumento normativo del derecho internacional más completo de los existentes (Barcelona Llop 2002b; Magán Perales 2002; Garabello y Scovazzi 2003; Aznar Gómez 2004; Maarleveld 2008 y Álvarez González 2008, todos ellos con citas de bibliografía más específica). Pero no solo en el plano internacional. Las recomendaciones técnicas de su Anexo suponen unas directrices, para las intervenciones arqueológicas subacuáticas, bastante más avanzadas que cualquiera de las contenidas en la legislación española y de otros muchos países de nuestro entorno.

El precedente de la Convención de Unesco de 2001 es un proyecto de convención de protección del patrimonio cultural subacuático de la International Law Association (ILA), aprobada en 1994 en Buenos Aires, tras un lago periplo en el que intervino Icomos entre otros organismos y que, finalmente, fue retomada por Unesco para establecer los primeros borradores de trabajo. Sin embargo, en el proceso posterior fue perdiendo los elementos más novedosos de la propuesta de la ILA (Aznar Gómez 2004: 209 s.).

En términos generales, podría decirse que la Convención Unesco de 2001 representa la aplicación de los principios rectores relativos a la protección del patrimonio arqueológico terrestre, y las intervenciones sobre él, al sumergido. Añadiéndole, además, la especificidad otorgada por la extraterritorialidad en que se encuentra buena parte del PASub. No puede ocultarse, sin embargo, que a pesar de los merecidos elogios que acapara esta norma, hay importantes carencias en cuanto a su relación con la CDM, cuyos dictados no ha podido superar. En este asunto, la Convención ha sido forzada a optar por la línea de la cooperación y la mediación, demostrando una vez más que, a pesar de la retórica de buenas palabras y sentimientos que suele acompañar este tipo de instrumentos del derecho internacional, los intereses económicos y las rivalidades entre países son los que dictan los textos y los responsables de las indefiniciones y las medias tintas.

En este sentido, la Convención es un acuerdo pragmático y posibilista de mínimos, sobre una cuestión compleja, enfrentada siempre a compromisos difíciles, habida cuenta del antagonismo de puntos de vista de muchos países y sectores sociales enfrentados. Buena prueba de ello, es el llamativamente largo periodo de tiempo que ha tardado en ratificarse por el mínimo de estados requerido para su entrada en vigor. Aún sigue siendo un porcentaje muy pequeño el número de países que se han adherido a ella[88].

---

88 En la actualidad (noviembre de 2011) son cuarenta los países que han aceptado o ratificado esta Convención; entre ellos Italia, Argentina, Honduras, México, Panamá, Portugal, Túnez y España. Faltan importantes países que amparan compañías cazatesoros o bien facilitan la venta de los cargamentos extraídos por ellas de los fondos marinos, como Estados Unidos, Gran Bretaña, Alemania o Japón.

La Convención se compone de dos partes diferenciadas: a) el propio texto de la Convención, cuya función es la de cubrir aspectos legales tanto de carácter general (esto es, cualquiera que sea el lugar donde se halle este patrimonio), como especial (aplicables dependiendo del lugar en que se encuentren); b) un Anexo con recomendaciones de naturaleza técnica y que ha recibido un apoyo generalizado de los países intervinientes, aunque manifestasen su rechazo a la Convención.

Siguiendo los muchos esquemas y resúmenes publicados por la propia Unesco, las principales características del texto podrían sintetizarse en los siguientes puntos:

1) Definición abarcadora de patrimonio cultural con la intención de aglutinar no solo el tradicionalmente considerado como arqueológico, sino también «todos los rastros de existencia humana que tengan un carácter cultural, histórico o arqueológico, que hayan estado bajo el agua, parcial o totalmente, de forma periódica o continua, por lo menos durante cien años» (artículo 1).

2) Obligación de preservar el patrimonio cultural subacuático. Los estados partes deben preservar el patrimonio cultural subacuático en beneficio de la humanidad y adoptar las medidas necesarias a tal efecto (párrafos 3 y 4 del artículo 2).

3) La preservación *in situ* como opción prioritaria. La preservación del patrimonio cultural subacuático *in situ* deberá considerarse la opción prioritaria, antes de autorizar o emprender actividades dirigidas a ese patrimonio. No obstante, la recuperación de vestigios podrá autorizarse cuando tenga por finalidad aportar una contribución significativa a la protección o al conocimiento del patrimonio cultural subacuático. El hecho de privilegiar la preservación *in situ* como opción prioritaria subraya la importancia del contexto histórico de los objetos culturales y su importancia científica (párrafo 5 del artículo 2)[89].

---

[89] Semejante pretensión no encuentra dificultades de comprensión entre la mayoría de los profesionales de la arqueología o de la tutela del patrimonio cultural, pero sí que choca frontalmente no solo con quienes hacen negocio con la apropiación y venta de tesoros hundidos, sino con otros muchos profesionales, incluso del derecho, que la tildan en el caso más benévolo de «fuertemente proteccionistas y bienintencionadas», pero poco realistas y abogan por aplicar «la conocida partición adrianea del tesoro oculto» a los pecios (Moreu 2003: 384). Semejantes propuestas, por muy realistas que puedan parecerles a sus autores, ignoran o desprecian las connotaciones que el patrimonio cultural tiene con respecto a otro tipo de cargamentos hundidos, así como las exigencias derivadas de los requerimientos científicos que conlleva una excavación, frente a la mera extracción de kilos de objetos preciosos.

4) No a la explotación comercial. La Convención Unesco de 2001 estipula que el patrimonio cultural subacuático no debe ser explotado comercialmente con fines de lucro o especulativos, ni tampoco debe ser diseminado de forma irremediable. Esta disposición es conforme a los principios éticos que ya se aplican al patrimonio cultural en tierra firme. Evidentemente, no debe interpretarse como una prohibición de los trabajos de investigación arqueológicos o del acceso de los turistas a los sitios (párrafo 7 del artículo 2).

5) Formación e intercambio de información. Actualmente, una de las desventajas más importantes para la protección del patrimonio cultural sumergido es que la arqueología subacuática sea una ciencia reciente. Numerosos estados todavía no disponen de arqueólogos subacuáticos suficientemente capacitados. En consecuencia, la Convención promueve la formación en arqueología subacuática, la transferencia de tecnología y el intercambio de información.

6) En la Convención Unesco de 2001 se llega a un notable compromiso (artículo 4) entre el imperativo de protección y las necesidades operativas, pues ninguna actividad relativa al patrimonio cultural subacuático a la que se aplique la Convención estará sujeta a las normas sobre rescate y hallazgos, a menos que:

   a) Esté autorizada por las autoridades competentes.

   b) Esté en plena conformidad con la Convención y se garantice que toda operación de recuperación de patrimonio cultural subacuático se realice con la máxima protección de este.

7) Cooperación entre estados. Dependiendo de la ubicación actual del patrimonio cultural subacuático, se aplicarán regímenes específicos de cooperación entre los estados de pabellón y ribereños (y excepcionalmente otros interesados) (artículos 7 a 13): los estados partes tienen el derecho exclusivo de reglamentar y autorizar las actividades dirigidas al patrimonio cultural subacuático en sus aguas interiores, archipelágicas y en su mar territorial (artículo 7); los estados partes podrán reglamentar y autorizar las actividades dirigidas al patrimonio cultural subacuático en su zona contigua (artículo 8). Para actuar dentro de la Zona Económica Exclusiva o la plataforma continental y dentro de la Zona (es decir, las aguas fuera de la jurisdicción

nacional), los artículos 9 a 11 de la Convención definen un régimen específico de cooperación internacional que entraña notificaciones, consultas y coordinación en la aplicación de medidas de protección.

Para Aznar Gómez (2004: 213 s.), tres fueron los ejes básicos sobre los que giraron los instrumentos y objetivos para poder vehicular los acuerdos: a) la responsabilidad de los estados en colaborar y cooperar para la protección de este patrimonio cultural en beneficio de la humanidad; b) la preservación preferentemente *in situ* de los vestigios que, en cualquier caso, deben estar sometidos a criterios uniformes de investigación arqueológica y cuya plasmación son las Normas del Anexo; y c) participación, sensibilización y formación del público, facilitando el acceso responsable a estos bienes. No extraña, desde la óptica de Th. J. Maarleveld (2008: 55), uno de sus principales impulsores, que:

«[e]sta Convención brinda una base sólida a las instancias nacionales e internacionales para una actuación coherente. Su enfoque, al mismo tiempo razonado y exhaustivo, fortalece tanto la credibilidad de las políticas internacionales de protección del patrimonio como las iniciativas nacionales en este campo».

Aznar Gómez (2004: 240-319) ha realizado un exhaustivo estudio de la Convención Unesco 2001, más allá de la mera enunciación de los precedentes y la reiterativa exposición del contenido de los artículos. Divide su análisis en lo que denomina «soluciones verticales», entendidas como las respuestas dadas a los problemas planteados por el PASub en las distintas franjas en las que la CDM había dividido mares y océanos; y «problemas transversales», aquellos focos de conflicto *per se*, con independencia de donde se encuentre el pecio. Por supuesto, no voy ahora a repetir (ni ahorrar su recomendable lectura) el texto citado, solo quisiera exponer de forma breve cuáles han sido las soluciones propuestas para compaginar el deseo de protección del PASub con los derechos históricos consolidados en la CDM, siguiendo el análisis de este autor.

El artículo 7 de la Convención Unesco 2001 respeta la norma consuetudinaria del derecho del mar, de extender la soberanía del Estado ribereño a su mar territorial, amén de las aguas interiores y archipelágicas. La novedad reside en traer a ese ámbito la aplicación de las normas expuestas en el Anexo, así como de incentivar los medios de colaboración (art. 7.3 Convenio Unesco 2001). La modificación introducida en el artículo 18 permite a los estados ribereños poder incautarse de los materiales de carácter arqueológico, portados por un barco en paso inocente por aguas territoriales, siempre que tales objetos se hayan extraído sin tener presente las normas expuestas en la Convención.

> «La solución adoptada no difiere mucho del régimen jurídico de lege data y recogido en la CNUDM [se refiere a la Convención de Naciones Unidas sobre el Derecho del Mar, Bahía Montego 1982] según el cual el Estado ribereño aplica su derecho soberano de "reglamentar y autorizar" las actividades dirigidas al patrimonio cultural subacuático hallado en sus aguas internas, su mar territorial y sus aguas archipelágicas, que no debe confundirse con la adquisición de título jurídico sobre dicho patrimonio» (Aznar Gómez 2004: 246).

La protección del PASub en la zona contigua, zona económica exclusiva y plataforma continental era una cuestión que había sido tratada en la convención del ILA. Sin embargo, los diferentes intereses contrapuestos, no tanto a causa del PASub sino sobre los recursos naturales de la plataforma continental, en beneficio de los estados costeros, impidieron abordar esta cuestión con la suficiente claridad y rotundidad, ordenando de manera adecuada los derechos y deberes de los estados interesados más allá de los límites del mar territorial. La redacción del actual artículo 3 de la Convención Unesco de 2001, que de manera expresa recoge su sumisión al derecho del mar y a la CDM, da al traste tanto con la propuesta del ILA como con lo expresado en los primeros borradores de esta Convención, acerca de crear una zona arqueológica destinada a la protección del patrimonio cultural hallado en la plataforma continental, bajo la responsabilidad de los estados costeros.

> «En definitiva, sin intentar apartarse de la CNUDM [La CDM de Bahía Montego 1982], la Convención UNESCO de 2001 pretende acomodar en cada espacio marino los intereses de los Estados, derivando los distintos derechos y obligaciones en razón de lo reconocido *de lege data* aunque proyectando nuevos desarrollos que, sin embargo, han tropezado con problemas que la Convención, también por no querer apartarse de la CNUDM, deja sin resolver completamente» (Aznar Gómez 2004: 247).

De nuevo, la llamada a la cooperación y a la colaboración de buena fe entre los diversos estados interesados, siguiendo un complicado sistema de notificaciones, es la solución menos mala a un problema que, frente a tantas tensiones e intereses económicos, parece irresoluble.

5. El patrimonio arqueológico submarino

> «El sistema adoptado para la protección del patrimonio cultural subacuático en la zona económica exclusive y la plataforma continental reposa, pues, sobre un principio básico –la cooperación– y se articula, como dijimos, alrededor de un sistema de información y notificación (artículo 9) y de un sistema de protección *cooperativa* (artículo 10). Sistemas innecesariamente complejos fruto del *horror jurisdictionis* de determinados Estados a reconocer un papel preponderante al Estado ribereño» (Aznar Gómez 2004: 263 s.).

La protección del PASub en la zona (artículos 11 y 12) ofreció menos problemas que en las anteriores franjas, incluso incorporó nuevos planteamientos, ausentes en el proyecto del ILA. Estos profundizaban, de alguna forma, en los principios enunciados en el artículo 149 CDM, como el papel mediador de la Unesco, a quien debía de informarse del hallazgo de un bien perteneciente al PASub. Si bien todo el sistema sigue estando en mano de los estados, que deben adoptar las medidas necesarias para evitar su destrucción.

Entre los principales problemas «transversales», Aznar sitúa dos: la delicada situación de los buques y aeronaves de Estado y la virtual erradicación, dentro de los principios de la Convención Unesco de 2001, de las leyes de salvamento. Esta segunda queda bastante clara tanto en el texto del Convenio como en las normas del Anexo, por lo que la solución a esta cuestión, cuya irresolución hubiese empañado la decidida sumisión de los principios de intervención sobre el PASub a la metodología arqueológica, hay que sumarla al haber de la Convención Unesco de 2001.

Con respecto de la primera, debe recordarse que para el derecho internacional los buques y aeronaves de Estado siguen gozando de inmunidad, aún después de haber sido hundidos, siendo limitadas las excepciones a esta regla. El proyecto de convención del ILA mantenía el principio de inmunidad y exceptuaba su aplicación a los buques y aeronaves de Estado, salvo que hubiesen sido abandonados. Pero mantener su inviolabilidad podría, en cierta medida, perjudicarlos:

> «[e]l problema es que los restos de gran parte de esos buques y aeronaves de Estado pueden ser considerados como patrimonio cultural subacuático y, como tal, merecer y necesitar la protección que la Convención UNESCO de 2001 pudiera ofrecer» (Aznar Gómez 2004: 247).

Las posiciones enfrentadas partían de puntos de vista distintos, según se tratase de países que habían tenido flotas repartidas por todos los mares (Reino Unido y España, por ejemplo) o que tuviesen en sus aguas jurisdiccionales barcos hundidos extranjeros, que veían como una intromisión injustificable dentro de su soberanía el respeto de esa inmunidad.

Inicialmente la decisión fue respetar el sentido de inmunidad otorgado a los buques y aeronaves de Estado, consolidado por la práctica internacional, pero en las sesiones finales, las polémicas fueron constantes entorno a este punto. Finalmente se intentó llegar a una solución de compromiso entre las dos posturas, definiendo qué Estado (pabellón y costero) puede hacer qué cosa en estos casos. Así el texto aprobado prevé que el Estado ribereño deba autorizar la intervención sobre un buque o aeronave de Estado de otro país, dentro de sus aguas territoriales o archipelágicas, con la sola traba de un deber condicional (el artículo 7.3 de la Convención Unesco 2001 dice textualmente «debería» en sustitución de la inicial propuesta de «debe») de contar con el previo permiso del Estado pabellón, en aras de fomentar la cooperación. La solución no alcanzó el consenso unánime de los participantes, debiéndose llegar a una votación en la que se opusieron o abstuvieron los países con importantes flotas históricas que han dejado pecios en los mares de todo el mundo, excepto España que votó con la mayoría, de manera ciertamente incomprensible (Aznar Gómez 2004: 282).

La parte comúnmente conocida, y más ampliamente aplicada de la Convención Unesco de 2001, es sin duda su Anexo. Se trata de las directivas más importantes disponibles para los arqueólogos subacuáticos hoy en día. Contiene las denominadas «Normas relativas a las actividades dirigidas al patrimonio cultural subacuático», muy influenciadas por las publicadas por el Icomos en su Carta de 1996. Son consideraciones reconocidas, aunque no siempre se apliquen.

De acuerdo con el estudio dedicado a ellas por H. Cassan (2003)[90], estas normas cumplen un papel interpretador de la Convención Unesco 2001 y armonizador de su aplicación. Por sus contenidos se distribuyen en tres grandes grupos. En primer lugar, las denominadas de carácter ético, que despliegan principios inspirados de la propia Convención. Entre ellas se incluyen los principios de la preservación *in situ*; la no comercialización de dicho patrimonio y el intercambio de información en aras a fomentar la cooperación sobre la mejor manera de intervenir sobre el PASub.

El segundo grupo está dedicado a los principios técnicos, con el objetivo de armonizar los modos de intervenir sobre este patrimonio en

---
90 Citado en Aznar Gómez 2004: 293 s.

5. El patrimonio arqueológico submarino

los distintos países. Son de interés las reglas sobre la manera en que se ha de preparar un proyecto; directrices sobre las competencias y calificaciones exigidas a las personas que realicen actividades; además de métodos de conservación y gestión de sitios.

El tercero está inspirado en principios ecológicos e incluye la recomendación de preparar políticas medioambientales destinadas a garantizar la no perturbación de los fondos y vida marina, integrada en la preparación de los proyectos de intervención y gestión.

De hecho, las treinta y seis normas del Anexo ofrecen un esquema operativo directamente aplicable a las intervenciones subacuáticas. Con el transcurso de los años, se han convertido en un documento de referencia en el ámbito de la arqueología y las excavaciones subacuáticas, por su voluntad de contribuir a una gestión responsable de este tipo de patrimonio cultural.

5.2. La legislación cultural española y el patrimonio arqueológico submarino

Desde que el RD de 1912, de desarrollo de la Ley de Excavaciones Arqueológicas de 1911, incluyese las excavaciones subacuáticas corrigiendo el olvido en que había caído la LEA, el patrimonio subacuático ha sido tratado por la legislación española como apéndice del terrestre. Resulta obvio, como acertadamente apunta J. Barcelona (2006: 221), que en materia de actividades arqueológicas haya una identificación en cuanto a su objetivo teleológico: el conocimiento del pasado y que, por ello, los requisitos y controles administrativos para su autorización deban ser los mismos en uno y otro caso. Salvedad hecha de los relativos a las condiciones para la inmersión del equipo o, cuanto menos, de parte del mismo. Se trata de superar con ello la atávica división entre arqueólogos que permanecían en tierra mientras que buzos deportivos accedían al yacimiento bajo las aguas.

Sin embargo esta unidad de tratamiento no es fruto consciente de una reflexión que respete las especificidades del patrimonio subacuático, sino producto de la más absoluta desatención. Minusvaloración e indiferencia que se ha querido tapar «estirando» las disposiciones previstas para el patrimonio terrestre. Frente a esta situación, nuevas voces vienen reclamando una atención exclusiva al patrimonio subacuático que atienda, de paso, las características específicas del PASub. Normalmente se piensa en una mayor dedicación al mismo en una futura ley general sobre el patrimonio histórico o cultural (Aznar *et alii* 2010), pero tampoco faltan quienes apuestas por una norma de rango legal exclusiva para él (Aznar 2004: 421 ss., Álvarez González 2008 y 2009 y Alcoceba Gallego 2009). Personalmente opino que, de cumplirse el anuncio de una nueva ley estatal sobre patrimonio histórico (o cultural), ese sería el marco en que debieran solventarse determinadas carencias históricas sobre el patrimonio y la arqueología subacuáticos. Pero me parece excesivo reclamar una ley específica para ello. No solo porque no veo nada positivo en romper la unidad de tratamiento del régimen jurídico del patrimonio histórico, que había iniciado la LPHE frente a la dispersión normativa anterior, sino también porque tampoco considero que ni el patrimonio arqueológico sumergido, ni la arqueología subacuática, sean tan específicas que reclamen un tratamiento ajeno al general que regula al patrimonio arqueológico terrestre y las intervenciones sobre él.

Son muchas las cuestiones debatidas *de lege ferenda*, pero todas pivotan sobre un postulado: la necesidad de internalizar en el derecho positivo español los principios y las normas contenidas en el Anexo de la Convención Unesco 2001.

Por obvias razones de respeto a la especialización de quienes han redactado el *Libro Verde del Plan Nacional de Protección del Patrimonio Cultural Subacuático Español* (Aznar *et alii* 2010), remito a sus propuestas que, en cualquier caso, seguiré en esta exposición. Respeto que, no obstante, no me impide mostrar mi desacuerdo en aquellos casos en que mantengo discrepancias.

En primer lugar, cabe destacar la cuestión competencial. Los juristas suelen hacer hincapié sobre las competencias autorizatorias de las actividades arqueológicas submarinas, especialmente tras el conato de conflicto de competencias entre la Administración general del Estado y la Junta de Andalucía surgido a raíz del denominado «caso Odyssey» (Álvarez González 2009 y Alcoceba Gallego 2009). Pero por muy interesante y sugerente que sea esta cuestión, debe reconocerse que la legislación autonómica ha venido recabando esa competencia para sí y la práctica administrativa ha reforzado estas pretensiones, con independencia de las contradicciones que puedan entrañar, los casos de excepción (como aconteció con la empresa Odyssey Marine Exploration Inc.[91] [OME]) o las disquisiciones doctrinales que, sin lugar a dudas, convendría tener presente en la nueva ley. En todo caso, cabe advertir que la titularidad de un bien no excluye el ejercicio de las competencias atribuidas a otro ente público no titular (Álvarez González 2008: 45).

---

91 Sobre el denominado «caso Odyssey» nos extenderemos en otro capítulo, pero sobre el conflicto de autorizaciones puede consultarse Aznar Gómez 2004: 416 ss., 2008 y Carrera Fernández 2009.

5. El patrimonio arqueológico submarino

El *Libro Verde* (Aznar *et alii* 2010: 48 ss.) hace unas consideraciones, de carácter teórico sobre la necesidad de compaginar la definición de qué sea patrimonio arqueológico, según se recoge en el artículo 40 LPHE, con la realizada sobre el patrimonio cultural subacuático en la Convención Unesco 2001. Propone esta como un mínimo, pero reconoce que la norma española ha adelantado a la internacional al eliminar el límite de tiempo de 100 años. De esa forma tendrían esa consideración pecios de naves y aeronaves hundidas hace menos tiempo, pero el suficiente como para no estar sometidos a la legislación de salvamento marítimo.

Para ordenar el resto de las consideraciones, seguiré la técnica expuesta por diversos autores (Querol y Martínez 1996: 121 ss y García Fernández 2002) de dividir la regulación del patrimonio arqueológico (ya sea terrestre ya subacuático), entre las disposiciones que atienden a la defensa de los bienes de esta naturaleza, ya sean conocidos o presuntos, y las que disciplinan la actividades generadoras de nuevos bienes, es decir que desvelan el que está oculto: a saber, las actividades arqueológicas y los hallazgos casuales.

De las actividades arqueológicas, en general, ya me he ocupado en otro momento (Rodríguez Temiño 2009), y ello evita repetir ahora esas reflexiones que, de manera general afectan al patrimonio arqueológico sea terrestre o subacuático. Solo añadir que, como es bien conocido, la legislación autonómica ha desarrollado los procedimientos de autorización de las actividades, contemplando de manera habitual los condicionantes específicos, exigibles a quienes soliciten intervenciones subacuáticas, para garantizar que el equipo de arqueólogos esté capacitado y autorizado para realizar inmersiones. Exigencia que en modo alguno es nueva. Solo cabría recalcar la conveniencia de recoger en las leyes, o en sus reglamentos, los principios básicos expuestos en las normas anejas al texto de la Convención Unesco de 2001, que hemos denominado tanto éticos como de carácter técnico, lo que también viene recogido en las propuestas del *Libro Verde*. Sus redactores (Aznar *et alii* 2010: 19) reivindican la necesidad de potenciar el buceo científico entre los arqueólogos frente al deportivo o recreativo, como bagaje más adecuado al cometido de la arqueología, lo cual parece lógico.

Más relevancia tiene la cuestión de la dominicalización de los restos arqueológicos que actualmente hace el artículo 44.1 LPHE y análogos de la legislación infraestatal. Sobre esta cuestión el *Libro Verde* (Aznar *et alii* 2010: 57 s.) propone eliminar el concepto de hallazgo casual con derecho a premio, si no de todo el fondo marino al menos de las zonas especialmente protegidas.

Ciertamente la previsión legal contenida en el artículo 44.1 LPHE, muy valorada por casi toda la doctrina, estaba pensada especialmente para bienes antiguos cuyo dueño se desconocía, pero recientes sucesos nos han hecho reparar en las limitaciones que tiene su aplicación en materia del patrimonio submarino. En efecto, el caso de la búsqueda, por encargo del Gobierno británico, del *HMS Sussex*, buque de la armada inglesa hundido 1694 mientras realizaba una misión oficial, a la empresa norteamericana OME, puso sobre el tapete que no todos los bienes susceptibles de hallazgo arqueológico (o salidos a la luz como producto de una actividad arqueológica) pueden ingresar en el dominio público español *sensu lato*. En este caso, resulta evidente que su cargamento no es *res nullius* o cosa sin dueño, sino que tiene uno legítimo y no ha acontecido abandono expreso de él[92]. Si bien es cierto que para los expertos en el derecho del mar, como hemos visto, esta cuestión estaba bastante clara, muy pocos estudios doctrinales sobre la LPHE han reparado en ese límite, lo cual sirve de botón de muestra del orillamiento en que ha vivido la arqueología subacuática.

Sobre la protección del PASub, la legislación vigente adolece de concreción y adecuación cuando se trata de aplicar el instrumental diseñado por las leyes al patrimonio arqueológico sumergido.

La propia figura de la Zona Arqueológica, con el cúmulo de obligaciones inherentes, encaja mal con el patrimonio subacuático. Recuérdese que la mecánica interna de la LPHE, y del resto de la legislación sectorial infraestatal, es la imposición de un régimen de autorizaciones previas, cuya finalidad es forzar la vehiculación de la tutela a través del planeamiento urbanístico (artículo 20 LPHE), siguiendo de manera analógica el sistema ideado para los Conjuntos Históricos. Si ya parece cuestionable su aplicación al patrimonio arqueológico terrestre, cuando se trata de yacimientos destinados a perdurar, menos sentido tiene aún en el sumergido. En principio una Zona Arqueológica declarada como Bien de Interés Cultural debería tener un régimen similar a la categoría de Monumento, menos dinámica que la de Conjunto Histórico, ideada para hacer frente a las

---

[92] Esta circunstancia ha sido puesta de manifiesto por A. Strati (1995: 174) al hilo de sus comentarios sobre el artículo 303 CDM: «[u]nder article 303(3), the rights of identificable owners must be taken into consideration by the coastal State when applying its law in the 24-mile zone. Article 303(3) should be read as a disclaimer of any effect on private law rights and not as a repudiation of the duty to protect archaeological objects. Archaeological and historical objects with identificable owners should be also protected. Nevertheless, coastal States will not be entitled to assert title to at least, wrecks of foreign origin, if their owner can be found or is known. In relation to coastal rights over archaeological objects in the contiguous zone, international law acts as an enabling force and determines their scope *ratione materiae*».

5. El patrimonio arqueológico submarino

necesidades de la vida urbana[93]. Por eso, aunque no se haya teorizado de manera explícita, la legislación autonómica ha ido creando figuras de gestión más dúctiles, destinadas al tratamiento de bienes de los que se conoce su existencia, pero están ocultos[94], y requieren medidas para armonizar su desaparición con la posibilidad de registro e incluso de preservación puntual. Extrapolando esto al patrimonio subacuático, sobre todo en el caso de los pecios, creo que sería necesario estudiar figuras de protección destinadas a perpetuar su preservación *in situ*, estableciendo un catálogo de actuaciones prohibidas, así como otras cuya realización estaría sometida a previa autorización o a evaluación, junto a otras de carácter preventivo que les permita compatibilizarlas con otros usos.

Las propuestas realizadas en el *Libro Verde* sobre la protección (Aznar *et alii* 2010: 54) creo que no son incompatibles con lo expuesto aquí, aunque, siguiendo la experiencia andaluza y catalana, distinguen la categoría de Zona Arqueológica y la Zona de Protección Arqueológica en razón del grado de conocimiento existente sobre los yacimientos y bienes arqueológicos en ellas. Esa aproximación, que es la aplicada en caso de la arqueología terrestre, me parece que orilla los argumentos de perdurabilidad que considero esenciales, tanto en tierra como bajo la aguas. No obstante, el resto de las consideraciones sobre la creación de parques arqueológicos y la conveniencia de que la ley declarase por su ministerio los yacimientos conocidos, me parecen incuestionables[95].

Mientras no se cambien las leyes, hay que jugar con los instrumentos que tenemos a nuestra disposición en la actualidad. En este sentido,

---

93 Parce una ironía de mal gusto que muchas de las Zonas Arqueológicas declaradas Bienes de Interés Cultural, el grado más alto de protección otorgado por la legislación española, estén destinadas a la desaparición (todas las situadas bajo las ciudades actuales, por ejemplo). Algo impensable para los inmuebles declarados Bienes de Interés Cultural con la categoría de Monumento o Jardín Histórico.

94 La Necrópolis romana de la antigua ciudad de Carmo (la actual Carmona, en la provincia de Sevilla), situada en fincas que actualmente son propiedad pública y gestionadas desde finales del siglo XIX como yacimiento visitable por el Conjunto Arqueológico homónimo, no puede tener el mismo régimen que el resto de la ciudad, situada, bajo el casco de Carmona: a mi juicio, al menos, resulta evidente que una requiere una serie de consideraciones más parecidas a las que presenta la figura de Monumento (de hecho no cuenta con plan especial u otra figura cualquiera de planeamiento urbanístico, sino con un plan director que es un ejercicio de planificación de inversiones y de gestión), mientras que la otra sí debe encontrar un equilibrio entre el respeto por el pasado y las necesidades del presente, cuyo punto de encuentro es el planeamiento urbanístico, como recoge la Zona Arqueológica.

95 Máxime cuando buena parte de los pecios existentes en las aguas interiores y el mar territorial, con una cierta antigüedad, pertenecen al dominio público; para los más recientes habría que estar a la bandera del buque y a lo establecido en el artículo 29 de la Ley 60/1962, de 24 de diciembre, sobre auxilios, salvamentos, remolques, hallazgos y extracciones marítimos.

la incoación y declaración de zonas arqueológicas, de servidumbre arqueológica u otras análogas con carácter preventivo, sigue siendo la mejor medida para proteger estos pecios, una vez culminada la ingente labor de inventario iniciada hace más de veinte años.

Por último quisiera hacer una consideración sobre algo que preocupa a todos, pero que no parece tener solución fácil. Quizás en el marco de una nueva ley podría encontrarse una solución satisfactoria. Me refiero al acceso indiscriminado a los archivos donde se custodian legajos con información sobre hundimientos de barcos y la carga que portaban.

La obra de C. Bonifacio, quien se califica como corsario, está llena no solo de datos sobre buques naufragados, que hacían la carrera de Indias, sacados del Archivo de Indias, sino de pormenores de sus tratos con buscatesoros para obtener ganancias de ello. Como dice el prologuista de este libro:

> «Claudio hizo de esta actividad su medio de vida: la desarrolló como pasión y la convirtió en su razón de vivir. Durante los últimos 25 años hemos mantenido un contacto permanente, alimentado por un mismos ardor: los barcos antiguos hundidos, su búsqueda y posterior rescate» (Bonifacio 2009: 9)[96].

También es conocido que OME había contratado en 2005 a una documentalista para recabar toda la información relativa al navío *Nuestra Sra. de las Mercedes*, hundido en 1804, en la batalla del Cabo de Santa María, en aguas internacionales del Estrecho de Gibraltar (*Abc* de 25/09/2008 y Carrera Hernández 2009).

Frente a esos hechos conocidos y contrastados, es descorazonador que la respuesta sea de este tenor:

> «[p]or lo tanto podríamos cuestionarnos si puede ser impedida la consulta a un potencial expoliador del patrimonio histórico, y en principio deberíamos responder que ningún archivo puede prohibir a priori esta consulta: primero porque no puede conocer la intención de la consulta; segundo porque no está previsto en la legislación vigente» (Cruces Blanco 2009: 29).

La autora se cuestiona la posibilidad de negar el acceso (o limitarlo) a los documentos y legajos que contienen la situación en que

---

96 Quien esto firma se autodefine como «corsario del Río de la Plata», cuya patente de corso es dividir el valor de la venta de lo expoliado, con quien patrocine el expolio, al 50%.

5. El patrimonio arqueológico submarino

se hallan los pecios, aludiendo al derecho a la información. Advierte de la inexistencia de desarrollo reglamentario respecto de los archivos. Cruces Blanco, responsable del Archivo de Indias, no se muestra indiferente ante el expolio del PASub, y es conocedora de la valiosa ayuda que presta la información archivística en esos casos, pero se siente atada por una legislación y práctica administrativa poco sensibles a estos problemas.

> «… en los archivos públicos españoles lo que está fallando es este control del usuario, sea del tipo que sea, pero muy especialmente el del investigador, ya que a pesar de las normas citadas no se regulan ni establecen órdenes específicas para ello. El control de los usuarios apenas se ejerce y en la mayor parte de las ocasiones queda al criterio y buen hacer de cada archivo, a veces con una mala entendida liberalidad e interpretación laxa del concepto de acceso» (Cruces Blanco 2009: 67).

Para colmo en otras materias administrativas se está llevando a cabo este control de los usuarios. También en materia de patrimonio histórico, el artículo 22.3 del Decreto 111/1986, de 10 de enero, de desarrollo de la LPHE admite, para el caso del patrimonio arqueológico (habla de zonas arqueológicas cuyos yacimientos no estén abiertos a la visita pública) la posibilidad de negar esa parte de la documentación, la referida a la localización. Luego algo podría hacerse, sobre todo cuando hablamos en supuestos *de lege ferenda*, para otorgar instrumentos y respaldo legal a los responsables de archivos públicos con objeto de poder cerciorarse, en la medida de lo posible, de que la finalidad de la consulta de tales documentos en la investigación y el conocimiento histórico y no la venta a compañías cazatesoros. Tampoco me parece fuera de lugar, como también sugiere E. Cruces, tipificar esas conductas en el Código Penal.

Lo más llamativo de esta situación de histórica dejación española sobre la política de protección de los pecios es su contradicción con el evidente interés, que debía existir por su conservación, al ser uno de los países con mayor número de ellos tanto en sus costas, como en las de otros países y alta mar. Pecios que han sido y siguen siendo objeto de expolio y ante los que solo se ha comenzado a reaccionar a finales de los años noventa.

Las razones últimas de este olvido no son otras que el escaso desarrollo de la arqueología subacuática, en el contexto general de la arqueología española, y la dejación administrativa sobre la tutela de lo que por ser de todos parece no pertenecer a nadie, característica de la Administración española. No obstante, no siempre que se recurre a cargar las tintas contra la dejadez administrativa (*vide*, por ejemplo, Almagro-Gorbea 2009), se hace mención de que esa preterición solo es reflejo del escaso entusiasmo con que la arqueología académica ha visto al patrimonio subacuático, como se analizará a continuación.

5.3. El patrimonio arqueológico submarino y la arqueología española

La situación en que se encuentra el patrimonio arqueológico sumergido, en general, y el PASub, en particular, está relacionada de manera indisoluble con la consideración de la arqueología subacuática dentro de la propia disciplina.

A pesar de su juventud, la arqueología subacuática española presenta un itinerario susceptible de dividirse en varias etapas (Mederos y Escribano 2006), cuya característica principal ha sido su progresiva consolidación institucional y, en menor medida, académica. No obstante los avances habidos en los últimos veinte años, su situación dista mucho del lugar que merece, de lo cual también se resiente la gestión del PASub, porque a cada una de esas etapas le corresponde *grosso modo* un modelo de conceptuación y administración del PASub.

Para hacer más comprensible la relación entre la configuración del concepto de PASub y su gestión con el desarrollo disciplinar de la arqueología subacuática, reduciré las fases establecidas por Mederos y Escribano a dos: la primera ocuparía prácticamente desde las primeras actuaciones en el siglo XX hasta comienzos de la década de los ochenta y la segunda, desde entonces a la actualidad. La principal diferencia entre ambas sería la unión, en una misma persona, de las condiciones de arqueóloga y buzo, ya que eso le permitirá el acceso a los fondos marinos, el control directo de las intervenciones arqueológicas y una percepción directa del PASub *in situ*.

La disponibilidad del mundo subacuático, a partir de la segunda posguerra mundial, se vio mermada por la ausencia de interés de la arqueología oficial en la investigación de los pecios. La principal demanda consistía en que quienes tenían capacidad para hacerlo emergiesen los materiales que yacían en los fondos marinos. No existía conciencia clara de la necesidad de que los arqueólogos bajasen a excavar: bastaba con que lo hiciesen buceadores profesionales o deportivos; los arqueólogos ya clasificarían tipológicamente los hallazgos en tierra firme.

5. El patrimonio arqueológico submarino

Como recuerda G. Volpe (2001: 323 s.), la primera excavación subacuática llevada a cabo en Francia, en el Grand Congloué, cerca de Marsella, fue dirigida por F. Benoît en tierra, mientras que J. Cousteau lo hacía bajo el agua. No haber visto el contexto del que salieron las más de 2000 ánforas, entre otros materiales, motivó que Benoît cayese en el error interpretativo de unir en un mismo cargamento dos conjuntos cerámicos que se distanciaban un siglo. No advirtió –como se comprobó con posterioridad *in situ*– que se trataba de dos embarcaciones distintas superpuestas, que Cousteau no había sabido diferenciar. N. Lamboglia, reputado padre de la arqueología subacuática italiana, no solo no se sumergía, sino que teorizó sobre la conveniencia de que los arqueólogos no lo hiciesen. Sus actuaciones en la costa provenzal y ligur son de la mayor importancia para el caso español, pues una de sus notas características en los comienzos de su andadura fue la imitación de estos modelos, como refleja la bibliografía de la época (*vid*. por ejemplo Balil 1953-54), y la presencia de N. Lamboglia y de F. Benoît en los cursos internacionales de Ampurias, ventana abierta de la arqueología española al extranjero (Mederos y Escribano 2008: 365).

En todo caso, tanto en España como en otros países, actitudes como estas no propiciaban que en una misma persona se diese la doble circunstancia de ser arqueóloga y buzo; aspecto sobre el que también incidieron, sin duda, las especiales características físicas necesarias para sumergirse, lo que se encontraba fuera del alcance de muchos arqueólogos. Esto abrió la puerta a que los buceadores deportivos, asociados en clubes, fuesen quienes localizasen y recogiesen el material arqueológico.

El primer centro en dedicarse a la arqueología subacuática en España fue el Centro de Recuperación e Investigaciones Submarinas (CRIS) en 1954, en Barcelona. Organización de buceadores gracias a la cual pudo celebrarse en 1961 el III Congreso Internacional de Arqueología Submarina en la Ciudad Condal. En Tarragona apareció la Sociedad de Exploraciones Submarinas de Tarragona, coordinada por la Real Sociedad Arqueológica de Tarragona. A estos grupos catalanes les siguieron otros por el resto del país. El CRIS desarrolló una actividad de localización de hallazgos incesante, merced al estímulo recibido por el sistema de reconocimientos honoríficos creado por la organización. Estos hallazgos tuvieron entrada en los circuitos académicos gracias a la labor de diversos arqueólogos que, desde sus atribuciones como delegados de la Comisaría Nacional de Excavaciones, eran sus receptores.

Esta tenue disponibilidad de acceso al patrimonio submarino fue aprovechada por la Administración para consolidar una infraestructura en tal sentido. Aparecieron entonces los Patronatos de Excavaciones

Arqueológicas de las Provincias Marítimas, obra de M. Almagro Basch en 1970, consagrando los núcleos que ya eran activos y estaban vinculados a personajes que traducían esos hallazgos en los circuitos arqueológicos. El epítome del proceso fue la creación en 1970 del Patronato de Excavaciones Arqueológicas de la Provincia Marítima de Cartagena, culminando el anclaje institucional en la celebración de las I Jornadas Nacionales de Arqueología Submarina en Cartagena, con objeto de la creación del Centro Nacional de Investigaciones Arqueológicas Submarinas, que tuvo por vez primera taller para el tratamiento de los restos recuperados.

La arqueología oficial, estimulada por los ejemplos italofranceses, mostraba interés en la arqueología subacuática, atraída sobre todo por las posibilidades de estudio de objetos enteros, más difíciles de encontrar en tierra. Sin embargo, esa mirada amable, «simpática», por usar el adjetivo empleado para calificar la arqueología submarina en la conferencia de clausura del III Congreso Internacional de Arqueología Submarina (Aznar *et alii* 2010: 22), no se correspondía con una intención de integrarla dentro de la disciplina, sino que manifestaba su idea de que se trataba de algo aparte.

En este Congreso, cuyas conclusiones aún hoy se reivindican como válidas (Ídem, ibídem), manifiesta ese interés distante. Como afirman los autores del *Libro Verde,* de los nueve españoles firmantes de ponencias en el congreso, ninguno era arqueólogo titulado, todos eran submarinistas o estudiosos, algunos brillantes, pero no profesionales de la arqueología. A pesar de que como presidentes, secretarios, vocales o simples oyentes, asistieron al congreso eminentes doctores responsables de la arqueología española, como M. Almagro, J. Maluquer, A. Martín, L. Pericot o E. Ripoll (Aznar *et alii* 2010: 22). En fin, esta primera época se destaca por una gran efervescencia en la que se llevan a cabo numerosas localizaciones, muchas de las cuales pasaron a la bibliografía arqueológica (Mederos y Escribano 2008: 365 ss.).

A finales de los setenta este entusiasmo del buceo deportivo por la colaboración con la arqueología decae, como prueba el hecho de que el emblemático CRIS se transformase en un club social, sin mayor interés por la arqueología subacuática (Mederos y Escribano 2006: 370 ss.). No obstante, alguna actividad se aprecia, como fue el caso del convenio entre el Servicio de Investigaciones Arqueológicas y Prehistóricas de la Diputación de Castellón y el club de actividades subacuáticas Escorpa de Castellón, firmado en 1976. A través del cual los buzos se comprometían al registro de cualquier cosa de interés arqueológico, por insignificante que fuese, existente en la costa castellonense (Fernández Izquierdo 1976). Sin embargo, como señalan Medero y Escribano (2006: 275 s.),

5. El patrimonio arqueológico submarino

las monografías sobre Cales Coves, que si bien no fueron producto de actividades subacuáticas realizadas por arqueólogos, sino del estudio museístico de fondos públicos y privados sacados de forma incontrolada de diversos pecios de la zona, marcan el final de esta época y el tránsito a una nueva.

Las consecuencias de esta apertura al buceo deportivo han sido calificadas de nefastas, tanto para la conservación del patrimonio arqueológico subacuático como para el desarrollo del registro arqueológico en medio acuático.

Durante mucho tiempo, la arqueología subacuática solo fue vista por parte de la investigación como aportadora de objetos descontextualizados, perdurando hasta hace relativamente poco tiempo la fase de separación entre arqueólogos y buzos. Todavía las excavaciones realizadas en pecios mediterráneos, durante la década de los setenta, fueron llevadas a cabo por buceadores deportivos, no diferenciándose en nada a meras extracciones de objetos.

> «La proliferación del buceo deportivo, gracias a la escafandra autónoma, favoreció durante más de tres décadas lo que sería una de las características de la arqueología subacuática española: la casi exclusividad de los clubes de buceo a la hora de actuar sobre el patrimonio sumergido. Las dificultades propias de todo trabajo subacuático primaron sobre los aspectos científicos, lo que redujo la arqueología subacuática a una mera labor de rescate de materiales y unos incipientes inventarios de los pecios» (Blánquez *et alii*, 1998: 19).

Con estos mimbres no es extraño pensar que la idea de lo que hoy entendemos como PASub se circunscribiese a los bienes muebles que componían la carga de pecios de navíos antiguos o medievales. Incluso cuando, a comienzos de la década de los ochenta, el Ministerio de Cultura contaba con programas de actuación sobre el patrimonio arqueológico submarino, prácticamente todos los hallazgos se circunscribieron a pecios de esta época (Martínez Díaz 1983), sin alusión alguna a buques de la carrera de Indias, por ejemplo. Tampoco, durante esta primera etapa, se extendió la aplicación de los instrumentos de protección previstos en la LTAN al patrimonio arqueológico submarino, mucho menos pensar en desarrollar otros específicos para él, aunque los inicios del proceso de catalogación de los pecios conocidos arrancase a comienzos de los sesenta; cuando, durante la celebración del III Congreso Internacional de Arqueología Submarina, se presentó un inventario de 23 yacimientos del litoral catalán.

El expolio provocado por acciones inconscientes, como el arrastre de objetos en las artes de pesca o su extracción incontrolada por parte de buzos aficionados, era la moneda corriente. En ocasiones, las intervenciones arqueológicas del momento propiciaron nuevos expolios, como ocurrió con la excavación del pecio del Sec, en Mallorca, donde para facilitar el acceso de los submarinistas se voló la costra que protegía el casco, dejándolo expuesto a los recolectores de trofeos. La principal técnica de lucha contra el expolio se reducía a la adquisición de piezas señeras por los museos (Mederos y Escribano 2006: 374).

Superada, en la mayor parte del territorio español esa etapa, los comienzos de la década de los ochenta vieron el despertar del interés por el patrimonio sumergido. Como había ocurrido con la arqueología terrestre, pero con mucha menor intensidad, se produjo en esas fechas un repunte de la actividad arqueológica impulsada por el Ministerio de Cultura, materializada en el ámbito preventivo por el Plan Nacional de Documentación y Protección del Patrimonio Arqueológico Subacuático (Martínez Díez 1983). Programa que estaba encaminado sobre todo a sentar las bases de un progresivo inventario de bienes pertenecientes a este patrimonio especial. Las cartas arqueológicas fueron las principales manifestaciones de este plan, cuya distribución abarcaba las costas de la Comunidad de Valencia, de Almería, Málaga-Almuñécar y de las Islas Canarias. Este momento también vio la unión, en las mismas personas, de la doble condición de arqueólogas y buzos, lo que permitió comenzar a exigir esta doble titulación para autorizar las intervenciones de esta clase (Ídem, ibídem: 354).

No obstante, el cambio definitivo del panorama de la arqueología subacuática no llegó hasta el traspaso de competencias del Estado a las comunidades autónomas en materia de patrimonio histórico. El efecto principal de esta desconcentración fue un importante auge experimentado por la arqueología subacuática, aunque fuese menor del que se imprimió a la arqueología terrestre. Las administraciones autonómicas potenciarán la creación de centros de arqueología subacuática, de manera que en la actualidad las comunidades de la costa mediterránea cuentan con una de esas instituciones. A pesar de que la situación en general es calificada de manera unánime como deficitaria en personal y medios técnicos, justamente cuando la presión sobre el patrimonio subacuático se está agudizando, este impulso autonómico es la nota más destacada por los autores, tanto nacionales (por ejemplo en Blánquez *et alii*, 1998; Nieto Prieto 1999 y 2001; Aznar *et alii* 2010), como de fuera (Volpe, 2001).

La primera labor a la que se han dedicado estos centros ha sido la elaboración y/o continuación de las cartas arqueológicas de las aguas

5. El patrimonio arqueológico submarino

que tienen bajo su responsabilidad. Sin embargo, no se trata de una tarea fácil. Prospectar bajo el mar no es simplemente sumergirse, debe realizarse mediante técnicas específicas que permitan la ubicación exacta de lo hallado, así como con instrumentos de apoyo que mejoren el rendimiento durante el tiempo de inmersión, lo que supone un incremento económico nada despreciable y, en la práctica, una ralentización del progreso de los trabajos. Como ocurre en el caso del patrimonio arqueológico terrestre, se trata de una tarea administrativa que no tiene final, por eso sigue siendo una reivindicación constante desde las conclusiones del III Congreso Internacional de Arqueología Submarina de comienzo de los sesenta hasta el presente. En este sentido, es perfectamente lógico que una de las principales reivindicaciones del *Libro Verde* consista en la culminación de la Carta Arqueológica del Patrimonio Arqueológico Subacuático en España. Empresa en la que deben comprometerse todas las administraciones competentes (Aznar *et alii* 2010: 16 s.).

Conviene tener presente que la mayoría de este esfuerzo catalogador se ha realizado en áreas objeto de atención preferente por parte de la arqueología. Esto es, el Mediterráneo. Los navíos hundidos vinculados al comercio de Indias estaban bastante al margen del interés tanto de investigadores como de las administraciones, hasta hace bien poco tiempo. Además estos presentaban la peculiaridad de precisar de un apoyo documental, principalmente el archivo de la Casa de la Contratación (Archivo de Indias), que no estaba incardinado en la práctica arqueológica al uso. De hecho, la primera prospección se desarrolló en los años 1984 y 1985, en el golfo de Cádiz, merced a un convenio entre el Ministerio de Cultura y el Institute of Nautical Archaeology de Texas (EE UU). Esta actividad fue pionera en este tipo de trabajos, ya que se conjuntaron estudios bibliográficos y archivísticos con la prospección del área afectada que, además, pudo contar con medios geofísicos.

Todas las comunidades han realizado similares labores de inventario e investigación, con mayores o menores recursos. Lo acontecido en Andalucía puede servir de ejemplo de lo hecho en otras partes. En esta comunidad, se creó en 1997 el Centro de Arqueología Subacuática, dependiente del Instituto Andaluz de Patrimonio Histórico. El personal que actualmente presta sus servicios en él viene trabajando, incluso desde antes de su creación, en inventariar el patrimonio arqueológico sumergido (no solo en el mar, sino también dentro de aguas continentales), así como en determinar las causas que más afectan a su integridad (Alzaga *et alii*, 1999), entre otros proyectos. Incluso, Andalucía cuenta ya con bienes de carácter subacuático declarados como bienes de interés cultural, o bien como zonas de servidumbre arqueológica, en función del grado de conocimiento y la superficie abarcada por la declaración[97].

Esta madurez de la arqueología subacuática española se muestra, como es lógico, en una visión integral del PASub que, como en otros campos, trasciende el mero objeto –por completo o valioso que sea– para entrar en conceptos bastante más abarcadores referidos a yacimientos o incluso a paisajes arqueológicos sumergidos, como recoge la Convención de Unesco de 2001, en su clasificación de las modalidades del patrimonio cultural subacuático. Tampoco queda al margen de esta visión integral del PASub, la atención necesaria para cerrar todo el ciclo de la tutela, desde la protección e investigación hasta la valorización pública. Merced a la existencia de museos y centros de arqueología subacuática en España, muchos profesionales se están formando en la conservación y restauración de bienes arqueológicos sumergidos, así como de los propios vestigios de los pecios (Aznar *et alii* 2010: 74-80, con un panorama actualizado de la situación en España). Por otra parte, afortunadamente son muchos los proyectos que han culminado con la musealización del pecio, inicialmente una vez emergido a tierra firme, como el famoso *Wasa*[98], pero en la actualidad se tiende a la conservación y musealización *in situ*, como recomienda la Convención de la Unesco de 2001 (Scott-Ireton, 2006, Manders 2008, Martínez, Garrido y Navarro 2009, citados a modo de ejemplo).

Convendría llegados a este punto, en el que se asume el carácter moderno de la arqueología subacuática española, poner el acento en señalar la salvedad hecha por los autores del mencionado *Libro Verde*:

> «[a] partir de este diagnostico de la situación que no por resumida deja de ser objetiva, tendríamos que deducir que se dan las circunstancias para que la arqueología subacuática española produzca unos resultados aceptables, pero por desgracia esto no sucede» (Aznar *et alii* 2010: 32)

Las causas expuestas para responder al porqué de la falta de resultados aceptables de la arqueología subacuática española ante los retos que se le presentan, son variadas. Algunas ya se han mencionado

---

97 Concretamente han sido declarados 42 espacios definidos en las aguas continentales e interiores de Andalucía, mar territorial y plataforma continental ribereña al territorio andaluz (BOJA nº 101 de 28/05/2009) y 56 zonas arqueológicas subacuáticas sitas en esas mismas aguas (BOJA nº 129 de 06/07/2009).

98 Barco de guerra sueco naufragado en su botadura en 1628 y localizado, excavado y restaurado desde 1961 hasta 1987, momento en que se inauguró el Museo Wasa en Estocolmo.

5. El patrimonio arqueológico submarino

al hablar de las necesarias reformas legales; otras tan importantes o más que las anteriores, como pueda ser la ausencia de una formación reglada para los profesionales que desean trabajar en este ámbito, se escapan al interés prioritario de este trabajo y remito a la obra citada para quienes deseen profundizar más en ellas.

Sí importa decir ahora que, de la multiplicidad de estas causas (la presión turística, las obras públicas, etcétera) que amenazan la preservación para el futuro del PASub, el expolio supone una externalidad muy preocupante por lo que puede conocerse en la actualidad, aunque no quepa hacer aún un diagnóstico exhaustivo de sus consecuencias, por la falta de documentación sistemática sobre sus efectos. Precariedad que no permite hacer valoraciones absolutas sobre el monto de yacimientos existentes y localizaciones, en su más variada tipología. Las prospecciones están lejos de haber cubierto la totalidad de los fondos marinos de las costas españolas.

Como muestra de esta insuficiencia, solo cabe señalar que de los aproximadamente 14.000 registros que tiene el Sistema de Información del Patrimonio Histórico Andaluz (SIPHA), solo 80 son subacuáticos (Alonso *et alii*, 2007: 28). Y ello, a pesar de que se tienen documentados 871 naufragios, entre los siglo XV y XX, solo en la Bahía de Cádiz. Lo cual significa que ninguna de las conclusiones extraíbles del proyecto MAPA, visto para el patrimonio arqueológico terrestre, sería aplicable al PASub, en tanto no se colmaten las lagunas de información actualmente existentes. Por fortuna esta situación tiende a superarse, se están creando los instrumentos de conocimiento y gestión adecuados a este tipo de patrimonio. El *SIGnauta* es un primer paso en la consecución de este objetivo.

No obstante, como desarrollo de las propuestas contenidas en el *Libro Verde*, el Ministerio de Cultura y el de Defensa han firmado un acuerdo para proteger los pecios con apoyo de buques de la Armada, además de prospectar las costas españolas, comenzando por las andaluzas.

Figura 25. Reconocimiento del subsuelo del lecho marino mediante el uso de picas de acero. Este sistema se emplea para detectar la presencia de posibles elementos arqueológicos enterrados y delimitar la extensión de los mismos (Fotografía: CAS-IAHP)

Figura 26. Retirada de sedimentos de los restos del casco del navío de línea francés Fougueaux (1805) mediante el uso de dos mangas de succión en San Fernando, Cádiz (Fotografía: CAS-IAHP)

CAPÍTULO 6
A la búsqueda del tesoro

Las características del patrimonio arqueológico subacuático, derivadas de su propia idiosincrasia, generan unos perfiles específicos entre quienes suelen ocasionarle daños de forma más o menos consciente, máxime cuando ha imperado la idea de que estos bienes carecían de dueño o se encontraban apartados del interés de las administraciones públicas.

Creo que hay una estrecha relación entre las evidentes lagunas de legislación descritas en el capítulo anterior y la magnitud de los atentados que tienen por objeto el PASub, aunque sería erróneo justificar la depredación de este patrimonio por esas ausencias legales. Una vez vista la legislación internacional y nacional que regula el PASub, ahora cabe acercarnos a su depredación, tanto lo conocido de la devastación submarina como también los perfiles más característicos de quienes le profieren semejante daño, con especial atención al fenómeno de los cazatesoros.

La idea de conjunto es reforzar la conexión existente entre esos factores: legislación, expolio y expoliadores, ya que todo intento legislativo debe tener presente no solo las mencionadas condiciones particulares de estos bienes, sino también la magnitud de la merma producida y los modos de trabajar de quienes se lucran con ese proceder. No puede olvidarse que si N. Brodie (2002: 1), pensando en el expolio terrestre, consideraba que su inmensa mayoría se hacía por cuestiones económicas, en el sumergido este porcentaje alcanza casi el cien por cien.

La experiencia dice que las reformas legales suelen surgir a raíz de casos que conmocionan la opinión pública, al poner de manifiesto las insuficiencias legislativas y de medios, cuando no la falta de interés de los poderes públicos en evitar semejantes episodios. Ya aconteció en Australia a propósito del expolio del *Queen of Nations*, mercante naufragado en 1881 frente a las costas de Nueva Gales del Sur, que en 1991 fue objeto de una sistemática denudación de su cargamento por buceadores aficionados. En esa ocasión, aunque los pecios tenían una cierta protección en virtud del Historic Shipwrecks Act de 1976, se evidenció la necesidad de aligerar los procedimientos de declaración y los mecanismos de coordinación interadministrativa (Nutley 2006).

En España está ocurriendo algo de eso tras lo sucedido con Odyssey Marine Explorations Inc (OME), aunque la respuesta dada no parece de momento suficiente para conjurar la magnitud de la amenaza. La principal actuación en materia del PASub dada por el Gobierno, tras el denominado «caso Odyssey», ha sido la formulación de un Plan Nacional de Protección del Patrimonio Cultural Subacuático (Lafuente Batanero 2003 y Aznar *et alii* 2010). Este Plan, concretado en el *Libro Verde*, se ha fijado un programa de actuaciones administrativas, incluyendo reformas legales, así como diversas líneas de coordinación interadministrativas muy ambiciosas, que obtuvieron refrendo gubernamental al ser aprobado por el Consejo de Ministros el 30 de noviembre de 2007. Alguna de estas iniciativas está viendo la luz actualmente, como el mencionado convenio entre los ministerios de Cultura y Defensa[99].

6.1. La devastación submarina

Si el grado de desconocimiento del expolio del patrimonio arqueológico terrestre resulta, como estamos viendo, lamentable; con respecto del subacuático, la situación adquiere tintes trágicos. Todo expolio se realiza de forma clandestina, pero la ubicación del patrimonio arqueológico subacuático en lugares desaparecidos de la vista y de difícil control, hace que el daño sea especialmente silencioso, escapando al conocimiento general, lo que aumenta la dificultad para detectarlo y evaluar sus efectos. Los expertos admiten que, en muchas ocasiones, se conoce el expolio por la entrada en el mercado de piezas de procedencia submarina, resultando muy difícil saber su origen, puesto que, al contrario de lo que sucede en tierra, las remociones submarinas dejan poca huella (Alonso y Navarro 2002: 49 y Carrera Tellado 2009: 241 ss.).

Casi todo lo sabido de la devastación del patrimonio arqueológico subacuático está basado en opiniones extraídas de quienes tienen un conocimiento directo, aunque parcial, de esa realidad sin que haya

---

99 «Cazaminas contra cazatesoros» titulaba el diario *El País* de 06/10/2010, en su edición de Andalucía, la noticia sobre las prospecciones subacuáticas realizadas por la Armada en las costas gaditanas, con objeto de detectar y proteger pecios de interés histórico y arqueológico. Más recientemente, España y EE UU han firmado un acuerdo para la recuperación de buques hundidos (*Univisión.com/noticias* 01/12/2010).

6. A la búsqueda del tesoro

habido visiones conjuntas o, al menos, aditivas. También en este terreno nos movemos fundamentalmente por extrapolaciones guiadas por un pesimismo generalizado, ante la falta de respuestas contundentes de los poderes públicos. También aquí, esas visiones negativas están más cercanas a la realidad que a la ficción[100].

Este grado de aproximación no es exclusivo de Andalucía o España, sino que, ante la falta de estudios sistemáticos sobre esta lacra, en todos los países predomina esa indefinición. Para el sur francés, Volpe (2001: 325) ha calculado que a lo largo de ese tramo de costa (entre los Pirineos y el golfo de Génova) menos del 5%, de los casi 600 restos antiguos conocidos, datados entre los siglos IV ane y VII dne, todavía esté intacto. En Cataluña, según la opinión de X. Nieto, entonces director del Centro de Arqueología Subacuática de Cataluña, el 95% de los 780 yacimientos localizados en las costas de esa comunidad estaban afectados por el expolio[101]. Otros estudios de elaboración privada, como el realizado por la empresa Nerea a petición de la Asociación de Profesionales de la Arqueología Subacuática, establece una ratio de ocho de cada diez pecios expoliados en las costas españolas, proporción plausible extraída de la experiencia del equipo profesional de la empresa (*El País* de 05/02/2004 y Noriega Hernández 2009).

La mayor parte de este patrimonio resulta relativamente accesible a los buceadores debido a su poca profundidad, lo que ha facilitado su expolio ocasional, o sistemático. Pero tampoco el más profundo, hasta ahora prácticamente intacto, resiste mejor la presión antrópica.

> «[d]e las grandes profundidades podrían llegar importantes novedades históricas sobre el comercio, las mercancías y la navegación de la Antigüedad, siempre que los arqueólogos sepan vencer el desafío de organizaciones de excavadores clandestinos y los mercados del arte, que aprovechando el actual régimen legislativo y la disponibilidad, cada vez mayor, de sumergibles, podrían destruir rápidamente estos preciosos contextos arqueológicos» (Volpe 2001: 329).

En esta admonición, Volpe refleja la realidad que mejor conoce: el mundo franco-italiano relacionado con el comercio antiguo en el Mediterráneo, aunque habla en términos generales sobre la arqueología

---

100 A modo de ejemplo, cabe recordar que el cazatesoros Robert Marx se vanagloriaba de haber encontrado y alterado más de 2500 pecios en todos los mares del planeta. Sin embargo, ahora, tras el «caso Odyssey», parece haber dado marcha atrás y reconocía que debían dejar de ser cazatesoros y calificada a OME de actuar como ladrones (*Abc* de 09/09/2009).

101 *El Mundo* de 03/12/2006.

subacuática. Obvia, por tanto, que el principal objetivo de esas redes no son precisamente los navíos antiguos, sino los modernos que seguían la carrera de Indias. Piénsese, a modo de ejemplo, que el tramo de costa entre la desembocadura del Guadalquivir y la Bahía de Cádiz, quizás sea de los puntos del planeta con mayor cantidad de naufragios, habida cuenta de la intensidad del tráfico marítimo soportado y la dificultad de navegación de sus aguas (Alonso *et alii* 2007: 29). Para más inri, no se trata de objetos de un valor arqueológico incalculable, pero escaso valor en el mercado, sino de metales preciosos y bienes que dejan beneficios astronómicos.

Como resume X. Nieto (2001: 96), el camino a recorrer no resulta fácil. La creencia, aún muy extendida, de que lo existente en el mar es para quien lo encuentra está muy arraigada y supone un serio inconveniente, al que debe añadirse la dificultad de detectar un acto de expolio bajo las aguas. Pero la situación actual dista mucho de la predominante hace solo unos años, cuando se contaban con los dedos de una mano a quienes les importaba qué sucediese con el patrimonio subacuático.

Como ya se ha referido en el capítulo anterior, las cartas arqueológicas del litoral español, a pesar de que su culminación sigue reivindicándose en la actualidad como una asignatura pendiente desde 1960 (Aznar *et alii* 2010: 16), están dando una aproximación bastante afinada a este panorama del expolio subacuático, al menos en las aguas sometidas a jurisdicción española.

En el caso concreto del litoral andaluz, el Centro de Arqueología Subacuática ha venido desarrollando un proyecto de carta arqueológica, con el objetivo global de disponer de un catálogo de yacimientos arqueológicos a los que proteger, introduciéndolos en el Sistema de Información del Patrimonio Histórico de Andalucía (SIPHA). Merced a esta labor se han identificado cerca de 900 naufragios en aguas andaluzas, de los cuales 638 se localizan en aguas del Golfo de Cádiz (García y Alzaga 2009).

No obstante, como han puesto de manifiesto los primeros estudios realizados sobre el estado de conservación del patrimonio arqueológico sumergido (Rodríguez y Alzaga 2001: 100 ss.), los yacimientos más cercanos a la costa, compuestos usualmente de material cerámico, han desaparecido en su totalidad, quedando de ellos noticias orales o escritas. En el caso de navíos con cañones, estos permanecen cuando son de hierro, pues los de bronce, al estar en mejor estado de conservación y ser más codiciados en el mercado negro, suelen expoliarse.

6. A la búsqueda del tesoro

>«En algunas zonas costeras de Andalucía el expolio representa la causa principal de destrucción y pérdida de los registros arqueológicos, contribuyendo a ello la dificultad de ejercer un control sobre este tipo de extracciones y la falta de una conciencia pública con respecto al patrimonio» (Alzaga *et alii* 1999: 128).

En la actualidad, para Andalucía –como recuerdan las autoras citadas anteriormente– no resulta factible cuantificar todo el daño causado por ese factor al patrimonio arqueológico subacuático, al desconocerse su estado originario. Sin embargo, a partir del abundante material de procedencia subacuática, que desde la década de los ochenta empezó a ser depositado en los museos y ayuntamientos, se puede deducir que la cantidad de piezas expoliadas o descontextualizadas desde entonces ha sido considerable. Pero en nuestros días no solo asistimos a las formas tradicionales de expolio, representado por los buceadores deportivos que buscan objetos de recuerdo; la presencia de empresas dedicadas a la caza de tesoros submarinos ha cambiado el panorama de manera radical.

6.2. «A nosotros nos interesa el oro, los arqueólogos pueden quedarse con el resto...»

Con pocas variaciones, se da bastante unanimidad a la hora de caracterizar a los expoliadores de pecios (Cortés 2002 y 2006, Alonso y Navarro 2002, Castro 2005, Alzaga 2006, Villegas Zamora 2008 y Noriega Hernández 2009). Son tres los prototipos, con dinámicas comisivas de sus infracciones y delitos distintas, como también lo son los lugares donde actúan y el tipo de materiales que buscan.

Por un lado, el aumento del turismo playero y la difusión del buceo deportivo han provocado una creciente presión sobre aquellos pecios, o materiales arqueológicos sueltos procedentes de barcos hundidos, situados relativamente cerca de la costa. En estos casos no existe una premeditación de expoliar, pero cuando se encuentran casualmente con alguna pieza, o aglomeración de ellas, no desprecian la oportunidad de llevarse un recuerdo, creyendo que al estar en el mar pertenecen a su hallador/a. Estas piezas, normalmente ánforas o anclas de barcos, suelen terminar en casa de estos buceadores o en las sedes sociales de los clubes de buceo. Por regla general, no ignoran que se trata de bienes arqueológicos, ni tampoco de la existencia de normas protectoras, pero desconocen su contenido o si debe aplicarse a un hallazgo casual. Así mismo, manifiestan no entender qué mal hacen llevándose un objeto a casa.

En este sentido, X. Nieto (2001: 92 ss.) comenta la forma en que los submarinistas de los años sesenta y setenta fueron auténticos descubridores de un mundo nuevo, no siendo conscientes de la necesidad de su conservación...

> «(...) y es terrible escuchar relatos sobre barcos romanos o griegos intactos que desaparecieron en pocos días. Lo cierto es que cuando se pudo realizar la catalogación del patrimonio arqueológico submarino de Cataluña, se comprobó que el cien por ciento de los yacimientos descubiertos con anterioridad a 1980 estaba expoliado y que un ochenta por ciento de estos había perdido todo o prácticamente todo su valor como documentos históricos. Un trabajo periodístico evaluó en más de 5.000.000.000 ptas de 1980 el valor en el mercado negro de todo el material arqueológico extraído durante veinticinco años, únicamente en la Costa Brava, una zona costera de algo más de cien kilómetros de longitud» (Nieto 2001: 92 ss.).

En segundo lugar, están quienes, solos o en pequeños grupos, se sumergen en lugares donde saben de la existencia de un pecio o tienen noticia de ello. Van buscando la mercancía que transportaba y suelen ser conscientes de su valor histórico. Normalmente son también coleccionistas de esos objetos o, en ocasiones, vendedores o intermediarios en compraventas. A diferencia de los anteriores, estos sí suelen llevar detectores de metales específicos para trabajar bajo el agua.

El destrozo provocado tanto por los halladores casuales, que se apropian de las piezas, como por los expoliadores sistemáticos no suele ser intenso cada vez que se sumergen. Pero desde una perspectiva temporal amplia son devastadores, siendo los responsables de la aniquilación de pecios y depósitos de materiales arqueológicos que no corrían peligro alguno, como se ha analizado más arriba.

No son estos pecios costeros los únicos en sufrir los embates del expolio: la profundidad ha dejado ya de ser un seguro de vida para los restos de naufragios. Los pecios pelágicos han mantenido al margen de la destrucción natural y de la codicia humana sus preciados cargamentos hasta hace varios decenios. Pero desde entonces se ha iniciado una frenética carrera por arrasar todos y cada uno de los conocidos o que puedan llegarse a localizar. Aquí entra el tercer tipo de expoliadores, los denominados popularmente como cazatesoros, grupo también susceptible de clasificación (Castro 2005).

Como es bien sabido, a partir de la conquista española de América Central y del Sur, se estableció una ruta comercial que traía oro y plata

6. A la búsqueda del tesoro

de las minas de aquellos virreinatos: la carrera de Indias. El tráfico era regulado por la Casa de Contratación de las Indias, en Sevilla hasta su traslado a Cádiz en el siglo XVIII, cuyo puerto ostentaba el monopolio del mercado. Entre 1503 y 1560 llegaron a Sevilla cargamentos de cerca de 16 millones de kilos de plata. La utilización de naves grandes y pesadas motivó muchos hundimientos por la dificultad de maniobrar con ellas cerca de las costas, tanto en el Caribe, como en el golfo de Cádiz. Eso ha hecho de ambos lugares tradicionales caladeros de tesoros sumergidos. Sin embargo, no son los únicos.

Ningún mar del planeta está libre del asedio de los cazatesoros. Los mares de China y todas las rutas orientales frecuentadas por la Compañía Holandesa de las Indias Orientales están siendo objeto de *raids* por este tipo de empresas en busca de los ricos cargamentos de porcelanas chinas, aunque el mercado de subastas de obras de arte esté dando muestras de incapacidad para asumir las toneladas de vajillas que han sido emergidas en los últimos tiempos[102].

J. Noriega (2009) ha publicado un estudio completo en el que desgrana las etapas cronológicas en que podría dividirse el proceso de formación de las modernas empresas de cazatesoros. Sus comienzos no son muy distintos del *amateurismo* de los buceadores deportivos. El expolio de *La Capitana*, en 1938, por Art McKee[103], da inicio a esta etapa. Según Noriega (2009: 113), las hazañas publicadas por los primeros en encontrar tesoros sumergidos llamaron a otros muchos aficionados a seguir sus pasos. Su labor constante y destructiva ha privado al Caribe y a las costas de Virginia y Florida del PASub existente hasta entonces en esos lugares. La fiebre por encontrar tesoros ocultos impulsa la aparición de una abundante bibliografía, sobre esta temática, en la que alternan biografías con auténticos manuales de cómo lograr tus sueños encontrando un tesoro sumergido. Robert Marx ya explotó con éxito la información del Archivo de Indias para sacar información útil sobre dónde se hundieron barcos y qué cargamentos traían. La década de los sesenta, setenta y ochenta vinieron marcadas por la expansión del fenómeno a todos los mares del planeta, así como por el nacimiento de las primeras empresas y la búsqueda de recursos financieros para el desarrollo de esta actividad, cada vez más costosa.

---

[102] En su espléndido e ilustrativo trabajo, T. Villegas Zamora (2008: 28 ss.) da cuenta de algunos de los pecios saqueados, en ocasiones de forma legal, así como del caso del expolio del *Tek Sing*, un junco de 1000 toneladas también conocido como el «*Titanic chino*», naufragado en 1822 en los mares del sur de China, y del que se extrajeron 350.000 piezas de porcelana en el año 2000. Pero, frustrando las expectativas de los expoliadores y de los inversionistas que apoyaban financieramente la operación, la mitad de los lotes no encontraron comprador cuando se subastaron en Stuttgart.

[103] http://thethunderchild.com/GhostGunsVirginia/TreasureWrecks/ArtMcKee.html (visitado en diciembre de 2010).

1985 fue un año especial para los cazatesoros. Por un lado, en junio de ese año, y tras dieciséis de búsqueda, Mel Fisher encuentra al *Atocha*[104] (Mathewson III 1986), naufragado en 1622, extrayendo un fabuloso botín cuya propiedad fue reconocida por un tribunal norteamericano, ante el débil empeño del Gobierno español para erigirse en su dueño-heredero. De otro, Robert Ballard y Jean Louis Michel ofrecían la primicia del descubrimiento del mítico Titanic (Ballard 1998), aunque en este caso un acuerdo internacional liderado por Estados Unidos, llevó adelante su consideración como cementerio submarino, poniendo severas condiciones para entrar en su bodega, donde permanecen los cuerpos de quienes perdieron la vida en el trágico suceso (Varmer 2006).

Quizás el desinterés de la defensa que hizo el Estado español de sus derechos y competencias sobre el *Atocha* animó a la empresa de Fisher, y otras análogas, a mirar el golfo de Cádiz como lugar para desplegar sus actividades. Desde entonces, las aguas territoriales españolas comparten con las del mar Caribe, el «honor» de ser consideradas como una especie de «Potosí subacuático» en busca de dueño.

De la década de los noventa a la actualidad, Noriega (2009: 121 ss.) califica esa etapa de los cazatesoros por dos características concretas: la revolución tecnológica que permite el acceso a los pecios depositados en aguas profundas y, de otro lado, la creciente complejidad de la arquitectura financiera de estas compañías que comienzan a cotizar en bolsa.

Caracteriza a todos los cazatesoros (o *wreckers*, como también se les conoce) el escaso respeto que muestran por los protocolos científicos de la arqueología, a pesar de que en ocasiones alardeen de tener muchos más medios que los arqueólogos y, como señala T. Villegas (2008: 24), se presenten como la única oportunidad de acceder a la investigación de tal o cual pecio. Las historias de sus peripecias no suelen mostrar, aunque procuren disimularlo con un tenue barniz científico, respeto por el PASub sino una descarada avidez por todo aquello de lo que puedan sacar provecho económico.

Su existencia es uno de los fenómenos más característicos del expolio del PASub. Aunque muestran interés por todo aquello que tenga rentabilidad comercial, su principal objetivo han venido siendo los navíos españoles de la carrera de Indias. Sus cargamentos de monedas y metales preciosos han alimentado el imaginario colectivo a través de películas de tesoros fabulosos, piratas y bucaneros.

---

104 www.melfisher.com (visitado en diciembre 2010).

6. A la búsqueda del tesoro

F. Castro (2005) ha analizado también los perfiles de quienes son calificados como cazatesoros, llegando a la conclusión, no sin cierta salvedad, de que bajo ese calificativo se mezclan personas (y sus empresas asociadas) distintas con diversos *modus operandi*. Este autor ha dividido ese conglomerado en tres grupos, en cierta forma análogos a las etapas descritas por J. Noriega.

> «É sempre difícil definir grupos de pessoas, e é sempre estúpido fazer generalizações, mas ao fim de 10 anos de convivência com estas empresas atrevome a postular aqui que os caçadores de tesouros podem ser divididos sem grande dificuldade em três grupos mais ou menos homogéneos» (Castro 2005).

El primer tipo estaría compuesto por profesionales altamente eficaces, que desarrollan su trabajo con la mayor discreción posible, y de los cuales solo se oye hablar cuando las piezas de su expolio están ya en las casas de subastas. También suelen caracterizarse por no dejar huellas sobre el terreno, destruyendo los restos de los que provienen los materiales salidos a las subastas.

El segundo grupo, es el más abundante y más visible. Está constituido por pequeñas empresas propietarias de un barco de pequeñas dimensiones. Su radio de actividad es reducido y suelen dedicarse a expoliar pecios, ya largamente expoliados, durante fines de semana. Los restos que sacan normalmente no cubren los gastos que les provocan. Suelen residir la mayoría de estos cazatesoros *amateurs* en Florida y podría decirse que son «fin de raza», habida cuenta de su decreciente número y las dificultades cada vez mayores que encuentran para conseguir financiación.

El tercer grupo no está científicamente mejor preparado que el anterior, pero parece jugar en otra liga. Se compone de aquellas empresas cotizadas en bolsa, que gozan de cierto favor del público menos informado y que también reciben la atención de muchos medios de comunicación. Son, sin lugar a dudas, los más peligrosos para el PASub. Frente a los primeros, hacen gala de visibilidad y siempre suelen intentar barnizar sus actividades de un cierto aroma de investigación histórica, aprovechando la «oportunidad única» que les otorga haber encontrado el pecio de una nave con un cargamento valioso. Sin embargo, el tono de sus discursos, y la forma en la que tratan de vender la necesidad de sacar partido a esa «oportunidad única», son de una trivialidad y falta de rigor realmente apabullante.

Su modo de trabajar también está bien estudiado. Sus actividades, como ya ha sido comentado, suelen comenzar encargando investigaciones a expertos y estudiosos en archivos, con objeto de precisar sus localizaciones. Es bien conocido el cambio de rumbo emprendido en las búsquedas del *Atocha* por Mel Fisher, a partir del encargo que este realizó a Eugene Lyon, especialista en naufragios y conocedor del Archivo de Indias –institución de la que Fisher desconocía su existencia, dicho sea de paso–, gracias al cual pudo localizar el grueso del naufragio. Hasta entonces las fuentes de información del afamado buscatesoros se reducían a pequeños hallazgos e informaciones suministrados por los pescadores locales (Mathewson III 1986: *passim*). Robert Marx, como ya se ha dicho, buscó él mismo en el Archivo de Indias para localizar la flota naufragada en 1733. Más recientemente, en 2005 OME encargó a una persona la identificación de determinados pecios que había localizado en el Estrecho de Gibraltar y su entorno, lo que le permitió el expolio de la fragata *Nuestra Señora de las Mercedes*.

En la *operación Bahía I*, la Guardia Civil pudo incautarse de una importante cantidad de material documental, gran parte del cual había sido copiado del Archivo de Indias (*El País* de 05/02/2006). Para ello la trama contaba con los servicios profesionales de eruditos y conocedores de esa documentación. Claudio Bonifacio, quien se considera a sí mismo como un corsario (y no un pirata), explica en una entrevista cuál es su trabajo para este tipo de empresas:

> «-¿En qué consiste su trabajo? [pregunta el periodista]
> -Identificación histórica, relaciones públicas, firmar contratos, buscar documentos. No buceo profesionalmente. Trato de reducir el área de búsqueda, en base a la investigación histórica. [responde Claudio Bonifacio]
> -Dicen que posee más información que el Archivo de Indias. [p]
> -No es cierto. Tengo información, y se acabó. Tenía 3.000 fichas guardadas, de otros tantos hundimientos, que se llevó la Guardia Civil, y 18.000 fotocopias de documentos del Archivo de Indias. [C.B.]»
> (*Diario Montañés* de 25/05/2007).

Una vez efectivamente localizado, o con la mera posibilidad de ello, viene la fase de conseguir los fondos económicos, normalmente de inversores que nada tienen que ver con el mundo de los rescates submarinos. Es el momento de la publicidad y la exageración. Normalmente se convocan previamente ruedas de prensa, se filman documentales y se dejan claros los dividendos económicos de la operación, aunque no falten cantos a la «oportunidad histórica» de poder llegar al barco y desvelar sus secretos. Conseguido el respaldo económico, el siguiente paso es obtener los permisos oportunos del país

6. A la búsqueda del tesoro

ribereño, en caso de que se encuentre en sus aguas jurisdiccionales. Si bien cada vez resulta más difícil ser autorizado autorización para estas operaciones de pillaje, hasta hace poco tiempo muchos países los otorgaban a cambio de un porcentaje de las ventas. Esta situación parece ir cambiando conforme las malas experiencias del pasado se alían con la difusión y aceptación de la Convención de Unesco de 2001.

Por último llega la intervención y el expolio que suele ser más bien discreto. Aunque se rueden documentales del mismo no se publicitan hasta haber puesto el cargamento a salvo de posibles intervenciones estatales o de terceros. En la citada *operación Bahía I*, a pesar de que lo más llamativo encontrado por la Guardia Civil fueron fusiles de asalto, en la bodega del *Louisa* se encontraba el siguiente material del que se incautó el instituto armado: una cámara de descompresión, lo que significa que buceaban hasta cotas muy bajas; sesenta y cinco botellas de oxígeno, alguna de ellas con un dispositivo de doble fondo para introducir restos arqueológicos; un ROV (robot marino de alta tecnología para inspeccionar el fondo); ocho detectores de metal subacuáticos; dos sondas para escanear el fondo marino; treinta metros de manguera succionadora; dos toberas para ponerlas sobre las hélices y mover las capas de fondo marino; cuatro GPS, cinco ordenadores portátiles y tres discos duros extraíbles, cámara hiperbárica, dos motores compresores, y boyas de manufacturación casera para la delimitación de zonas de expolio, entre otras cosas[105].

Localizado el pecio se extrae su carga a través de una manga de succión, de un diámetro varias veces mayor del usado por los arqueólogos, para absorber todo el material con valor económico, dejando los restos del barco casi huérfanos de interés documental.

Por su reluctancia a firmar acuerdos internacionales tendentes a la protección del PASub, como la Convención sobre el Derecho del Mar y la Convención de Unesco de 2001, EE UU, amén de ser el país donde radica el mayor número de estas compañías, se ha convertido en uno de los lugares preferidos para depositar los cargamentos. Las subastas, sin embargo, pueden hacerse tanto en ese país como en cualquier otro, con el requisito de que cuente no solo con una buena casa de subastas especializadas en obras de arte, sino con coleccionistas ávidos de adquirirlas.

En España, cuando se refieren a este tipo de organizaciones, suelen calificarlas como «redes» (Alzaga 2006). Sin embargo, lo cierto es que –como se acaba de explicar– no presentan ese hálito mafioso y oscuro que evoca ese término en el argot policial. Antes bien, han

---

[105] http://www.guardiacivil.es/prensa/notas/noticia.jsp?idnoticia=1872 (visita diciembre 2010).

sabido vender una imagen, a través de reportajes y documentales, de aventureros y arriesgados rescatadores de tesoros perdidos, que no hacen mal a nadie ni a nada por recuperar lo que está olvidado y carece de dueño conocido y, supuestamente, se encuentra en peligro de pérdida por la acción de las corrientes marinas u otra causa natural. Por ello resulta más correcto hablar de empresas legalmente constituidas, algunas de las cuales –como OME– cotizan en bolsa.

El intento de acallar críticas lo realizan presentándose como proyectos de investigación universitaria, aunque en realidad nunca hayan publicado una línea sobre los pecios en los que han intervenido. Pero, en fin, toda esa parafernalia le permite, al contrario que otros expoliadores terrestres o marinos, mostrarse abiertamente, sin necesidad de ocultarse o, al menos, buscar la discreción. Es más, como veremos con detalle más adelante, la prensa los representa como arriesgados y románticos aventureros, cuando no genuinos bienhechores sociales[106].

Contrasta este perfil ofrecido por los medios de comunicación, con la opinión de los profesionales de la tutela del patrimonio arqueológico subacuático. Por ejemplo, R. Grenier (2006), presidente del Comité científico internacional de Icomos para la protección del Patrimonio Arqueológico Subacuático, no solo titula de forma elocuente su introducción al volumen especial de *Heritage at Risk* («El Verdadero Peligro del Patrimonio Subacuático son los Hombres y, a veces, la Naturaleza»), sino que además advierte de que los cazatesoros se presentan como salvadores de un rico patrimonio cultural en riesgo de destrucción, en peligro por la acción de las fuerzas de la naturaleza, pero el auténtico riesgo son ellos mismos y su codicia por el apreciado botín. También puede mencionarse el artículo de Villegas Zamora (2008), dedicado a contrastar los protocolos arqueológicos con los empleados por los cazatesoros, de quienes dice que sus métodos son a la arqueología lo que una sierra a un bisturí en cirugía.

Desde la fecha en que se conoció la firma del convenio entre el Reino Unido y OME para que esta se hiciese con el cargamento que llevaba el *HMS Sussex*, se hizo pública la reacción contraria de los arqueólogos británicos, manifestada a través de responsables del Council for British Archaeology (CBA) y English Heritage, cuyo temor era que la voracidad por el oro dañase restos culturales importantes (*El Mundo* de 25/06/2003), a la que pronto se unieron la de los españoles,

---

106 Claudio Bonifacio, del que ya se ha hablado en este trabajo, concluye su obra donde enumera todos los pecios de los que ha sacado documentación en el Archivo de Indias y a quiénes ha vendido esa documentación, con la pía aseveración de que todo esto lo ha hecho no por mor de conseguir fortuna personal sino, haciendo gala a la etimología de su apellido (*bonum facio*), para que los gobiernos levanten escuelas y hospitales y la Unicef pueda acabar con el hambre en el mundo (Bonifacio 2009: 16 y 223).

americanos y franceses, como señalaba en una entrevista Javier Noriega, gerente de la empresa especializada en arqueología subacuática Nerea Arqueología, para *La Gaceta* de 02/06/2007.

Resulta imposible terminar este capítulo dedicado al expolio subacuático sin hacer una referencia al denominado «caso Odyssey», debido a la trascendencia que tiene para España, en particular, pero también para la protección del PASub universal.

6.3. El mayor tesoro submarino de la historia...

Lo acontecido con la empresa Odyssey Marine Exploration Inc. (OME) en lo que se conoce como «caso Odyssey» sirve de ejemplo del modo de actuar de los cazatesoros. Para la comprensión de lo que se exponga a continuación, debe tenerse presente que bajo la denominación de «caso Odyssey» se engloban dos procedimientos distintos, uno de carácter administrativo y el otro, judicial. El primero está centrado en la búsqueda del pecio del *HMS Sussex*, por parte de OME; y el segundo, en el expolio de la *Nuestra Señora de las Mercedes*, a cargo de la misma empresa y las acciones de España ante la jurisdicción estadounidense para evitar que OME se apropie legalmente del cargamento extraído del pecio. Bien cierto es que hay una conexión entre ambos, no solo por ser la misma empresa la protagonista de ellos, sino por la consecución temporal entre ellos.

6.3.1. «El caso Sussex»

El *HMS Sussex* era un navío de guerra británico armado con ochenta cañones que naufragó debido a una fuerte tormenta en 1694, frente a Gibraltar. En el momento de su hundimiento llevaba un cargamento de nueve toneladas de oro, valorado en la actualidad en cuatro millones y medio de dólares, cuyo destino era comprar el favor del duque de Saboya para que ayudase a los ingleses frente a Luis XIV.

OME comenzó el rastreo del *Sussex* en 1995, según señalaba en su propia página web[107] (Dromgoole 2004: 190), extremo que ahora no puede confirmarse al haber modificado la información contenida en ese sitio. En todo caso, hacia 1998 seguía realizando pesquisas para localizar el pecio, pero esta vez con el consentimiento del Ministerio de Defensa

---

107 www.shipwreck.net

británico, quien ejerce como legítimo propietario del buque hundido, aunque se desconozca el contenido de ese acuerdo (Dromgoole 2004: 190).

Con el apoyo del Gobierno británico, OME solicitó autorización a las autoridades españolas para desarrollar el denominado «Project Cambridge», cuya finalidad era la localización del pecio del *Sussex*, si bien parece ser que ya contaba con autorización de Gibraltar (Aznar Gómez 2004: 418).

De acuerdo con el relato de los hechos descrito por Aznar Gómez (2004: 369 ss.), tras tener acceso al expediente administrativo[108], debido a las posibles implicaciones internacionales del asunto –habida cuenta de que el pecio podía estar en aguas de titularidad disputada entre España y Gibraltar y por tratarse de un buque de guerra– el Ministerio de Asuntos Exteriores se puso en contacto con el de Cultura y, aun reconociendo la competencia de la Junta de Andalucía para autorizar intervenciones arqueológicas en las aguas españolas frente a sus costas, decidió que en esta ocasión debería quedarse en sede del Gobierno del Estado.

Cuando OME, a través de un despacho de abogados de Madrid, pide autorización al Gobierno español para realizar prospecciones, el Ministerio de Asuntos Exteriores, en diversos escritos, le solicita que adecúe su petición a la legislación vigente sobre prospecciones arqueológicas subacuáticas (LPHE). Tras diversas correcciones, en 1999 se notificó a OME la concesión de la correspondiente autorización, con conocimiento del Museo Naval e informe favorable del Centro Nacional de Investigaciones Arqueológicas Submarinas.

Esta autorización puede parecer descabellada, puesto que, por mucha adecuación del proyecto, resulta inverosímil que una compañía de cazatesoros se reconvierta a la metodología arqueológica. Sin embargo España tenía poco margen de maniobra a este respecto; y de hecho lo usó para garantizar, de la mejor manera posible, que la actividad se realizase en fases y tener siempre la seguridad de que afectase solo al pecio del *MHS Sussex*.

Para entender el porqué de esa estrechez en el margen de maniobra, debemos volver a los principios jurídicos internacionales explicados en el capítulo anterior y aplicarlos a este caso concreto. No estaba en discusión que el *MHS Sussex* fuese un barco de Estado en misión oficial cuando se hundió; condición jurídica de buques y

---

[108] No deja de ser algo sorprendente que este autor al hacer referencia a los documentos administrativos, no cite la signatura del expediente, sino la copia que guarda en su archivo personal.

6. A la búsqueda del tesoro

aeronaves que no pierden tras haber naufragado, extendiéndose también a su cargamento (Abad Camacho 2003)[109]. Una vez aceptado el postulado anterior, y con independencia de dónde se halle, ser un buque de Estado implica, en aplicación de los principios de la CDM, que tal pecio goza de una inmunidad soberana, recayendo en el Reino Unido la potestad de decidir su destino y, consecuentemente, a quién le concede la encomienda para realizar su rescate[110] (Juste Ruiz 2009: 437).

Aunque no fuesen de aplicación en este primer momento los principios de la Convención Unesco de 2001 sobre la protección del patrimonio cultural subacuático, por ser anterior a su aprobación por la Asamblea del organismo internacional, algunos autores han reprochado de esta Convención que no aporte mecanismos para equilibrar los valores culturales y comerciales de los barcos hundidos, sobre todo cuando sean astronómicos, como resulta en este caso (Dromgoole 2004: 197).

Debe observarse también que, reconocida la titularidad extranjera del pecio y su carga, no cabe la aplicación a este supuesto del precepto contenido en el artículo 44 LPHE sobre el dominio público de los hallazgos arqueológicos y los bienes de esa misma naturaleza producto de intervenciones arqueológicas, por no tratarse de una *res nullius*, sino que tienen propietario conocido que no ha hecho dejación de sus derechos, antes bien los está ejerciendo.

No obstante, el Gobierno español no se limitó a una mera respuesta positiva a la solicitud de OME, sino que aprovechó el acto autorizatorio para limitar el alcance de la actividad. En efecto, las autorizaciones de las actividades arqueológicas son de las llamadas operativas (Barcelona Llop 2002a), esto es que permiten ser acompañadas de cláusulas de obligado cumplimiento por formar parte de la propia autorización. Usando esta técnica, se concretó el objeto de la búsqueda a los restos del *MHS Sussex*, debiendo dar cuenta a las autoridades españolas de cualquier otro hallazgo; también se establecieron condiciones limitativas en el orden temporal de la vigencia de la autorización (noventa días ampliables por cuestiones meteorológicas) y espacial, confinándola al espacio delimitado por unas coordenadas concretas.

---

[109] Esta misma tesis ha sido defendida por España en diversos contenciosos internacionales, singularmente en el caso de los pecios de *La Galga* y de la *Juno*, dos barcos españoles hundidos en aguas estadounidenses reclamados por la empresa cazatesoros *Sea Hunt*, que los había localizado. Finalmente los tribunales norteamericanos dieron la razón a España denegando las reclamaciones presentadas por la compañía comercial (Aznar Gómez 2004: 348 ss.).

[110] En este caso, término más adecuado que el de intervención arqueológica, aunque el Gobierno británico y OME quisieran revestirlo de proyecto de investigación.

Junto a estas limitaciones se pusieron otros condicionamientos con incidencia en la forma en que debería desarrollarse el trabajo. Concretamente OME no tenía autorización para realizar ninguna extracción, quedando obligada a notificar toda la información científica derivada de la actividad, así como a permitir la presencia de un representante de la Armada española para colaborar en las tareas científicas. Por último, se recordaba que esa autorización no les eximía de solicitar las demás que fuesen pertinentes (Aznar Gómez 2004: 372 ss.).

Siguiendo el relato de esta parte de los hechos expuestos por Aznar Gómez (2004: 274 ss.), el próximo hito fue el conocimiento por parte de la Administración española, en 2001, de la localización de un conjunto de piezas de artillería y un ancla por OME; así como la autorización para su extracción, bajo estrictas condiciones, en ese mismo año. Como la vez anterior, estas se extendían a la prohibición de que los buques de OME recalasen en Gibraltar, la presencia de representantes de la Armada y, eventualmente, de arqueólogos en ellos y, finalmente, la limitación de la autorización a la extracción de las piezas señaladas.

Las piezas fueron extraídas y, aunque el informe del Museo Nacional de Cartagena sobre una pieza de hierro fundido procedente de esa actuación, determina que no puede precisarse de manera rotunda su procedencia[111], OME sí aseguró al Gobierno británico que su procedencia era el *Sussex*. Ello permitió la conclusión de un acuerdo económico para la explotación del pecio entre el Gobierno británico y OME, firmado en 2002 (Dromgoole 2004: 190). Momento en que el asunto salta a la prensa[112], y se produce una virulenta reacción de la principal asociación de arqueólogos británicos, la CBA (Ídem, ibídem 190 y ss.), cuyo principal argumento era la contradicción existente entre ese acuerdo y la aceptación del Reino Unido de los principios anejos a la Convención de Unesco de 2001. Debe recordarse que, si bien ese país no firmó el acuerdo internacional, sí se comprometió de forma pública a inspirar sus actuaciones en su Anexo[113].

En fin, aunque este acuerdo fuese presentado como un proyecto de investigación conjunto entre un organismo público y una empresa

---

111 La opinión de otros expertos coincide con la de Museo (*Diario de Sevilla* de 22/04/2005).

112 *The New York Times* 24/02/2002; *El País* 27/02/2002; *Abc* 28/02/2002; *The Independent* 07/09/2002; *Daily Telegraph* y *The Times* 13/09/2002.

113 Se ha hecho hincapié en que este acuerdo también vulnera el Convenio de Protección del Patrimonio Arqueológico (Renovado), firmado en La Valletta en 1992 y suscrito por el Reino Unido, donde entró en vigor en 2001. Sin embargo, como el propio Gobierno británico explicó, solo son de aplicación sus principios donde los estados suscriptores tengan jurisdicción, lo que en razón del lugar (fuera del mar territorial británico) no ocurre con el pecio del *Sussex* (Dromgoole 2004: 191).

privada[114], ha sido objeto de crítica por parte de la CBA, miembros del Parlamento británico y profesionales de la tutela del patrimonio arqueológico sumergido. De hecho, la rotundidad del rechazo ha provocado que el «caso *Sussex*» haya pasado a la literatura especializada como lo contrario a un modelo a seguir.

> «Un caso célebre en curso es el del Sussex, en la costa de Gibraltar, hundido en 1694, a miles de metros de profundidad. A esa profundidad no hay ningún peligro que amenace a ese buque inglés que contiene una increíble riqueza, salvo la alta tecnología de los empresarios que participan en su salvamento y a los que nunca se les debería haber dado permiso» (Grenier 2006: XV).

Tampoco desde el ámbito jurídico el análisis de lo conocido del acuerdo ha salido bien parado. Para S. Dromgoole (2004), una de las voces más escuchadas en este terreno, la principal causa de rechazo es el descarado interés mercantilista que esconde la operación, a pesar de los esfuerzos desplegados por el Gobierno británico para hacerlo pasar por un proyecto de investigación arqueológica auspiciado por él y ejecutado por una empresa privada. Sin embargo, no se quedan aquí sus razonamientos. Dromgoole hace dos consideraciones más que resultan de interés traerlas a colación aquí. Por un lado, siguiendo críticas ya esbozadas por ella en escritos anteriores (Dromgoole 2002), el acuerdo entre el Gobierno británico y OME muestra los límites de la Convención de Unesco de 2001, carente de mecanismos para equilibrar el valor cultural y el comercial del cargamento de los barcos hundidos, especialmente cuando este es incalculable. De otro, recuerda que la naturaleza comercial del acuerdo del Gobierno británico con OME es perfectamente coherente con la política y el derecho positivo británico sobre patrimonio arqueológico mueble en el Reino Unido (al menos Inglaterra y País de Gales). La Treasure Act establece que los bienes que tengan tal declaración serán adquiridos, en primera instancia, por museos previo pago del precio de mercado. En caso de que ningún museo los quieran, podrán ser ofrecidos en pública subasta o, de no ser así, devueltos a quien los hubiese hallado para que disponga a su antojo de ellos,

> «[t]herefore, the intentions of the parties to the *Sussex* agreement with respect to disposal do not seem to be significantly out of line with the position in relation to finds on land, contrary to suggestions of opponents to the agreement» (Dromgoole 2004: 196).

---
114 Sobre esa misma idea sigue insistiendo la Embajada británica cuando es preguntada sobre el acuerdo, bastante tiempo después de la firma (*Diario de Sevilla* 23/01/2006).

A través de la Guardia Civil, en 2001 conoció la Junta de Andalucía los permisos dados por el Gobierno de España a OME para la localización del *MHS Sussex*, tras lo cual el Consejo de Gobierno andaluz autorizó a su gabinete jurídico a plantear un conflicto de competencias, por entender que se trataba de una injerencia del Estado en competencias autonómicas. Pero la respuesta del Gobierno, atendiendo a las circunstancias extraordinarias que rodeaban el «caso *Sussex*», convencieron a la Junta de Andalucía, que aparcó su inicial propósito[115].

Sin embargo este conato de desencuentro competencial entre el Gobierno central y el de la Junta de Andalucía trajo como consecuencia que, a partir de ese momento, fuese esta quien asumiese la competencia sobre las ulteriores autorizaciones solicitadas por OME[116]. En diversas sesiones de la Comisión Andaluza de Arqueología celebradas entre 2002 y 2004, de la que formaba yo parte por entonces[117], se vieron diversas versiones de proyectos de excavación remitidos por OME, por ser necesario su informe como fundamento técnico para las resoluciones de la Dirección General de Bienes Culturales (art. 18.4 del Reglamento de Actividades Arqueológicas de Andalucía, aprobado por Decreto 168/2003, de 17 de junio). En lo que yo recuerdo, todos los proyectos fueron informados negativamente por la Comisión, atendiendo a diversos motivos tanto formales como de fondo. Con posterioridad, los informes de la Comisión han sido igualmente desfavorables a las pretensiones de la empresa cazatesoros, al negarse a dar las coordenadas donde había localizado el supuesto pecio del *Sussex*. M. A. Alcoceba (2009: 457), basándose en la información ofrecida por la entonces ministra de Cultura en su comparecencia ante la Comisión de Cultura del Parlamento en 2007 relativa a estos hechos, también afirma que OME nunca tuvo autorización de las autoridades españolas para realizar el rescate del *Sussex*. Afirmación que también ha sido divulgada por los medios de comunicación, a partir de las declaraciones de la entonces ministra de Cultura (*Abc* de 29/05/2007)[118].

---

115 Esta información la he tomado de Aznar Gómez (2004: 416 ss.), quien aporta fechas concretas y una explicación exhaustiva del conflicto de competencias planteado, que se han omitido aquí por no ser de interés en este relato.

116 Debo esta información, que nadie ha reflejado, a la comunicación personal de compañeros conocedores de primera mano de las conversaciones llevadas a cabo entre la Junta de Andalucía y los diversos ministerios implicados.

117 Ver Orden de 20 de enero de 2000, por la que se nombran Presidente y vocales de la Comisión Andaluza de Arqueología (BOJA nº 27 de 04/03/2000).

118 Esto resulta relevante porque pocas fechas antes se habían malinterpretado algunas informaciones y se decía claramente que la Junta de Andalucía, en connivencia con el Ministerio de Asuntos Exteriores había autorizado la actuación arqueológica (*Cádiz Información* de 23/23/2007).

6. A la búsqueda del tesoro

Sin embargo, la estrategia de OME no se redujo a presentar los proyectos. Por la información ofrecida por diversos medios de comunicación, se sabe que su actividad no paró por la mera ausencia de autorización autonómica.

Después de que el acuerdo entre el Gobierno británico y OME hubiese saltado a la prensa en 2002, el tema careció de seguimiento por parte de la opinión pública, incluso entre voces expertas[119]. Sin embargo, un detenido escrutinio de las hemerotecas de las principales cabeceras de la prensa escrita nacional y extranjera, así como archivos administrativos públicos, ofrece datos de enorme interés para comprender la estrategia de OME.

A comienzos de 2005 se conoce que la Guardia Civil mantiene un operativo de vigilancia en aguas del Estrecho, al menos desde noviembre del año anterior, por petición de la Junta de Andalucía, ante la presencia de un barco de OME realizando actividades de búsqueda no autorizadas por el Gobierno autonómico (*Diario de Sevilla* de 21/02/2005). En julio de 2005, el Ministerio de Asuntos Exteriores comunicó a la Embajada de EE UU, por Nota Verbal 241/18, la autorización a OME para la realización de las labores de identificación del *HMS Sussex*, sujeto a las condiciones impuestas para ello por la Consejería de Cultura de la Junta de Andalucía y el Ministerio de Cultura, entre ellas la de contar con personal técnico designado por la Administración andaluza para inspeccionar el desarrollo de la actividad, recayendo sobre OME la responsabilidad de solicitarlo[120]. Cuando OME solicitó la designación del

---

[119] Resulta llamativo a este respecto que, entre las razones enumeradas por el fiscal jefe del Tribunal Superior de Justicia de Andalucía para la implementación de nuevas leyes protectoras del patrimonio arqueológico, no haga referencia al PASub (*Abc*. Sevilla de 09/11/2004).

[120] Aunque ante la opinión pública se dice que la actuación del Ministerio de Asuntos Exteriores estaba coordinada con el de Cultura y la Junta de Andalucía, ahora, tras la revelación de documentación confidencial entre la Embajada de EE UU en Madrid y sus superiores hecha por Wikileaks y difundida por diversos diarios, entre ellos *El País*, se sabe que miembros relevantes del Ministerio de Cultura, incluida la propia ministra, se encontraban enormemente disgustados con la injerencia de Exteriores, cuyos responsables son conscientes de que están ayudando a los cazatesoros frente al ministerio español. Con el apoyo del Ministerio de Exteriores, OME se siente confiada y sale en busca del *Sussex*, aun siendo consciente de que puede tener problemas con la Guardia Civil y las autoridades culturales andaluzas. Por ello, cuando OME anuncia que ha llevado a EE UU un tesoro de monedas en mayo de 2007, dicen sentirse traicionados y notifican el fin del permiso concedido por Nota Verbal 78/11, de 22 de mayo de 2007 (*El País* de 08/12/2010 titula la noticia «Odyssey reveló su estrategia a EE.UU.»).
Las razones de esta ayuda no son fáciles de conocer, pero en los meses de mayo y junio de 2007, tanto la prensa soberanista gibraltareña como alguna revista española, afirmaban que el encubrimiento de las acciones de OME era producto de un acuerdo entre los gobiernos de España y el Reino Unido, adoptado en el seno de unas conversaciones entre el Ministerio de Asuntos Exteriores español y el Foreing Office británico, a cambio de la

nombramiento de la persona experta, tanto la Dirección General de Bienes Culturales de la Junta de Andalucía, como la de Bellas Artes y Bienes Culturales del Ministerio de Cultura, comunicaron a la empresa que debía primero obtener autorización para la realización de la actividad arqueológica[121].

Ya en 2006, la persistencia de OME en su intento de localizar el *Sussex*, aún sin poseer autorización administrativa para ello (*Diario de Sevilla* de 17/01/2006), motiva una nueva intervención del instituto armado que denuncia ante el juzgado de La Línea de la Concepción la resistencia de la empresa a abandonar aguas españolas (*El País* de 12/01/2006). Para OME resulta innecesario tener una nueva autorización de la Consejería de Cultura, ya que poseen la del Ministerio de Asuntos Exteriores (*Diario de Sevilla* de 19/01/2006). Esta contestación, agravada por una creciente presión social y movilización de grupos ecologistas (*El Mundo* de 26/01/2006), parece mover a intervenir de manera directa al Ministerio de Asuntos Exteriores español, que reclama ante la embajada de EE UU, la suspensión de la búsqueda del *Sussex* por parte de OME[122] (*El Mundo* de 27/01/2006). La empresa finalmente desiste de su empeño, tras recoger «muestras arqueológicas» (*Diario de Sevilla* y *El País* de 28/01/2006).

Este rifirrafe entre la Administración autonómica y OME tuvo consecuencias administrativas. En marzo de 2006, la Consejería de Cultura abrió expediente sancionador a OME por realización de actividades arqueológicas, sin autorización, a nueve millas náuticas de la playa Atunara (dentro de las aguas territoriales). Procedimiento que adquirió firmeza por Orden de la Consejera de Cultura de abril de 2007,

---

petición española de no hablar en las mismas de la soberanía de las aguas gibraltareñas (*La Gaceta* de 16/06/2007). No obstante, tras el informe y recomendaciones de la corte de Tampa, de junio de 2009, de la que se hablará más abajo, algún alto funcionario del Ministerio de Asuntos Exteriores exigió públicas disculpas a quienes les habían acusado de favorecer las pretensiones del Reino Unido y OME frente a las autoridades culturales españolas, atribuyéndose el mérito del dictamen favorable a España y que desde ese Ministerio se habían hecho bien las cosas (*Diario de Sevilla* de 09/06/2009 publica una carta al director con el título «Odyssey, por fin la verdad»). Si damos crédito a los cables revelados por Wikileaks, habría de decir que, si bien posiblemente nunca se sabrán del todo las negociaciones realizadas entre las diplomacias española y británica, ahora estamos más cerca de la verdad. Y la actuación del Ministerio de Asuntos Exteriores pudo servir a otros intereses españoles, pero desde luego no a la defensa de su patrimonio histórico.

121 Esta información la he extraído de la respuesta dada por el Gobierno a una pregunta presentada por el Grupo Popular en el Senado, *vid.* Senado, BOCG, serie I nº 818, pregunta nº 684/059679. http://www.senado.es/legis8/publicaciones/html/maestro/index_I0818.html (consulta septiembre 2010) y de la STSJA de 27 de mayo de 2010 sobre el Recurso nº 396/2007.

122 Mediante Nota Verbal 12/11 de enero de 2006. La fuente es la citada en la nota anterior.

6. A la búsqueda del tesoro

en la que se estimaba parcialmente el recurso de alzada interpuesto por la empresa, quedando fijada la cuantía de la sanción en 60.101,21 €. Recurrido ante la jurisdicción contenciosa-administrativa esta Orden, el Tribunal Superior de Justicia de Andalucía dictó sentencia el 27 de mayo de 2010 (Recurso n° 396/2007), desestimando el recurso interpuesto por OME y confirmando la multa impuesta (Ortiz Sánchez y Albert Muñoz 2011).

Años después se ha sabido que, por esas fechas, OME encargó a especialistas en naufragios la búsqueda de información sobre la carga y lugar de hundimiento de varios barcos en aguas del Estrecho, en el Archivo de Indias, en lo que denominó «proyecto Amsterdam». Entre ellos la *Nuestra Señora de las Mercedes*, fragata de bandera española que se hundió en aguas internacionales, frente al cabo de San Vicente, en 1804 (*Diario de Sevilla* de 27/09/2008).

Sobre el pecio de este navío volveré en breve, pero de momento debemos centrarnos en las informaciones de 2007, cuando se precipitan los acontecimientos. OME y el Gobierno británico parecen haber aprendido la lección. En lugar de volver a trabajar obviando todos los requisitos necesarios para ello, se busca, de nuevo mediante la inapreciable mediación del Ministerio de Asuntos Exteriores español, un permiso de la Junta de Andalucía para rescatar el cargamento del *Sussex*[123]. Tal permiso no llegó a otorgarse en ningún momento, aunque hubo conversaciones al respecto. La negativa de OME a facilitar las coordenadas del lugar donde pensaba operar en la búsqueda del pecio británico, fue el mayor escollo para la concesión de la autorización interesada por la Embajada británica. No obstante, el *Odyssey Explorer* y el *Ocean Alert*, barco de apoyo del anterior, habían recorrido, sin control alguno, aguas cercanas al Estrecho, una vez que sabían las coordenadas del pecio de la *Nuestra Señora de las Mercedes*. Las siguientes noticias aparecidas ya no tienen relación con la búsqueda del *MHS Sussex*, sino con el expolio de la fragata española.

Un elemento más debe traerse a colación. En 2006 se llevó a cabo por la Guardia Civil la segunda fase de la denominada *operación Bahía* (*Abc* de 05 y 06/02/2006), a la que ya se ha hecho mención. Según información de fuentes policiales de la investigación, recogidas por la prensa, la red tenía una serie de empresas tapaderas que solicitaban permisos para buscar sedimentos en fondos marinos, lo que les permitía fletar barcos para expoliar los pecios de los que tenían conocimiento por las investigaciones realizadas por una de las personas integradas

---

[123] Así se afirma en nota de prensa del Ministerio de Asuntos Exteriores, difundida por la agencia Europa Press «España/R.Unido.- Madrid y Londres acuerdan que la empresa Odyssey identifique el navío hundido en el Mar de Alborán», de 23/03/2007.

en la red, Claudio Bonifacio. Junto a él también fueron investigados, un armador Luis Varela, que ha sido representante de la compañía cazatesoros norteamericana Sea Hunt, y quien en 2010 dijo, con pocas pruebas, haber descubierto el pecio del *Santo Cristo de Maracaibo*, mítico galeón hundido en las Cíes de Vigo en 1702 (*La Voz de Galicia* de 28 y 29/05/2010); así como Lorenzo Sarmineto, según relata Santiago Mata, periodista de *La Gaceta* en su blog[124]. La importancia de estos hechos es que, algunos de las personas mencionadas serán relevantes en el conocimiento del expolio de la *Nuestra Señora de las Mercedes*, así como para su tratamiento periodístico, que se verá en el capítulo 11.

6.3.2. «El caso de la Nuestra Señora de las Mercedes»

Los inicios cabe buscarlos en el «proyecto Amsterdam», dedicado a la ubicación de barcos hundidos, emprendido por OME en 2006[125]. También se sabe que la empresa pidió al Gobierno español autorización para su explotación, a finales de ese año, según se recoge en el sumario abierto en el juzgado de Tampa (Florida) por este caso[126]. Concesión que fue negada por las autoridades españolas. No obstante, aunque los servicios de vigilancia de control marítimo tuvieron localizados de manera constante los barcos de OME, durante los meses de abril y mayo de 2007 perdieron su rastro en aguas del Atlántico, permaneciendo fuera de los localizadores casi un mes (Carrera Hernández 2009).

En un clima donde las tensiones entre las administraciones implicadas, fundamentalmente el Ministerio de Asuntos Exteriores y la Consejería de Cultura de la Junta de Andalucía, para que esta autorizase las actividades de OME en el mar de Alborán, apenas si tenían hueco en

---

124 El blog se denomina *Paracuellos'36* y la entrada es de 28 de febrero de 2012, bajo el título «Para terminar con Odyssey» http://www.intereconomia.com/blog/paracuellos36/para-terminar-odyssey-20120226 (visitado marzo de 2012).

125 Producto de ese proyecto OME encontró, entre otros varios pecios sobre los que ha buscado reconocimiento judicial de sus derechos de salvamento: el buque mercante inglés *Royal Merchant*, naufragado en 1641en aguas del Canal de la Mancha, la *Nuestra Señora de las Mercedes* y el *Ancona*, navío italiano hundido en 1915 frente a las costas de Cerdeña (Juste Ruiz 2009: 429-431).

126 En realidad he consultado dos expedientes, aunque el segundo también contiene al primero: a) Case Nº. 8:07-CV-614-SDM-MAP. United States District Court. Middle District of Florida. Tampa Division. *Odyssey marine exploration, inc. (plaintiff) v. The Unidentified Shipwrecked Vessel (defendant In rem) and The Kingdom of Spain, The Republic of Peru*. b) Case nº: 8:07-cv-614-23MAP, *Odyssey Marine Exploration Inc., (plaintiff) vs. Unidestified shipwrecked vessel, (defendant) and Kingdom of Spain et alii (claimants)*. Ambos son accesibles en http://amlawdaily.typepad.com/ (consultado en septiembre de 2010).

6. A la búsqueda del tesoro

la prensa[127], aquella se afanaba en eliminar cualquier relación con el expolio en la finalidad y modo de actuar de las empresas cazatesoros, en general, y de OME, en particular. El 17 de mayo OME mostró su auténtico rostro. Ese día, el *Tampa Bay News* reproducía un comunicado de prensa en el que OME ponía en conocimiento de la opinión pública[128], la presentación de sendas acciones judiciales para reclamar la propiedad y derecho de explotación de dos pecios: uno era el del *Ancona* y el otro, envuelto en el mayor de los secretismos, denominado *Black Swan*. De él solo dijeron que estaba situado a cien millas al oeste de Gibraltar y a mil cien metros de profundidad.

El distinto eco que tuvo esta noticia, distribuida por la agencia Efe al día siguiente en la prensa española, muestra hasta qué punto tenía la mayoría de los periódicos adormecida su capacidad crítica, y cómo el giro dado por OME les cogió con el «paso cambiado»; explicación plausible de por qué tardaron en reaccionar y ver la dimensión real de lo ocurrido.

El día 18 de mayo de 2007 tres rotativos dieron la noticia de Efe. Todos merecen cierto comentario. El diario *El Mundo* reproduce con pocas incorporaciones el comunicado de la agencia, incluidas informaciones emitidas por OME, como que el pecio había sido hallado en aguas cercanas al Canal de la Mancha, repitiendo no solo el secretismo con que la propia empresa rodeó esta noticia en lo referente a la identificación del navío, sino también la valoración económica del «hallazgo». Por su parte, *El País* buscó un título evocador para la noticia, que conectaba con el mundo de piratas, aventuras y tesoros escondidos: «¡Piezas de a ocho!»[129]. Merece la pena reproducir el texto íntegro:

> «¡[p]iezas de a ocho, piezas de a ocho! Un tesoro inmenso y un misterio que quizás tarde algún tiempo en resolverse. La compañía estadounidense Odyssey Marine Exploration, puntera en la investigación arqueológica de pecios, ha encontrado en el fondo del mar unas 500.000 monedas de oro y plata, posiblemente el mayor tesoro del mundo encontrado jamás en un barco hundido.

---

127 Por ejemplo, la noticia dada por *El País* de 07/05/2007, sobre la intención de la Administración autonómica en proteger más de cien yacimientos arqueológicos subacuáticos, sobre todo pecios, resulta significativa de la preocupación por su desprotección jurídica. Esta alarma se activó por la presencia de OME en aguas españolas, aunque no se haga referencia alguna a ello en el cuerpo de la noticia o en las declaraciones que la sustentan.

128 http://www.shipwreck.net/pr134.php

129 Como se recordará esta era la frase que repetía el loro de Long John Silver, célebre personaje de la novela *La Isla del Tesoro*.

No se sabe mucho más, por ahora. La empresa, con sede en Florida, no ha dado pistas sobre el barco y su localización por razones de seguridad y porque según ha comunicado a este periódico aún es pronto para hacer conjeturas sobre la identidad del pecio. Sólo ha dicho que se trata de un barco de la época colonial y que se encuentra en algún lugar del océano Atlántico, en un área codificada por la compañía como El cisne negro (*The Black Swan*) que podría estar llena de pecios de similares características. Odyssey señala que el hallazgo se ha hecho de acuerdo con las leyes internacionales de salvamento.

El tesoro encontrado consta de 500.000 monedas de plata, con un peso de unas 17 toneladas, cientos de oro, piezas de oro labrado y otros objetos de valor. Aunque aún es pronto para establecer su valor, los expertos en numismática que han realizado el estudio preliminar del tesoro aseguran que algunas de las monedas de plata podrían llegar a valer unos 4.000 dólares, bastante más las de oro. Todas las piezas recuperadas han sido llevadas a Estados Unidos a un lugar seguro donde se llevará a cabo su documentación y su conservación.

"Nuestras investigaciones sugieren que un gran número de naves del período colonial se perdieron en esta zona, así que tenemos que ser muy cautelosos antes de especular con la identidad del pecio", señala John Morris, cofundador de Odyssey. "Sin embargo, hemos tratado este hallazgo con mucho cuidado y creo que nuestro equipo arqueológico ha hecho un trabajo excelente. Estamos convencidos de que el hallazgo tendrá una enorme relevancia para la historia", comenta.

Los últimos años han sido muy rentables para esta compañía estadounidense, que juega en bolsa y obtiene un sustancial rendimiento a sus investigaciones. En el año 2004 presentó los resultados de la excavación del *SS Republic*, un barco de guerra estadounidense hundido tras un huracán en 1868. El oro obtenido reportó a Odyssey unos 75 millones de dólares (unos 55. millones de euros), una ínfima cantidad si se compara con la que podría albergar el Sussex, un galeón hundido en 1694 en el Estrecho de Gibraltar, que Odyssey busca desde hace años y cuyo hallazgo parece estar cerca después de que el Gobierno español y la Junta de Andalucía diesen permiso a los investigadores para realizar prospecciones en la zona del mar de Alborán y tratar así de localizar el pecio. El tesoro del *Sussex* podría llegar a las 20 toneladas de oro y plata, uno 800 millones de euros, según algunas estimaciones de la compañía. Las dos cifras podrían quedarse cortas con el nuevo tesoro de 17 toneladas que encierra la nave en el fondo de El cisne negro, un extraño y hermoso misterio en el mar cuyas consecuencias sólo podrían medirse una vez descubierto.»

6. A la búsqueda del tesoro

Tres elementos destacan del tratamiento de la información por este medio, completada con la procedente de una entrevista con una persona responsable de OME y cierta investigación sobre su cotización en bolsa. En primer lugar, reproduce, como el anterior, el secretismo sobre la identidad y lugar del hallazgo, sin que tal actitud levante sospecha alguna, a pesar de saber que OME llevaba operando en aguas españolas durante los cinco últimos años, al menos. Antes bien, parece de lo más normal que OME se niegue a dar más información sobre el particular, «por razones de seguridad». En segundo lugar, resulta sorprendente la amabilidad en el trato dispensado a OME por el diario, a la que califica de «empresa puntera en la investigación arqueológica de pecios» y a sus componentes de «investigadores». Cortesía extendida a la aplicación de eufemismos, tales como «encontrar» o «hallazgo», para suavizar la naturaleza de las actividades realizadas por OME[130]. Por último, como el anterior, también se deja seducir por las cantidades: 500.000 monedas y su valor (4.000 dólares podrían pagarse por algunas de plata, las de oro aún podrían costar más), todo ello para culminar con la solvencia económica de la cotización en bolsa de la empresa, cuyo futuro encontrando tesoros hundidos promete ser de lo más halagüeño.

Por fortuna no solo estas cabeceras dieron la noticia. *La Gaceta* también se hizo eco de ella, pero la trató de forma distinta. Dos artículos aparecieron esa misma fecha, el 18 de mayo de 2007. Uno titulado, «El *Odyssey* busca algo más que el *Sussex* cerca de las costas de España», en el que rendía cuenta de lo publicado el día anterior por el *Tampa Bay News*. Completaba esta noticia con diversas informaciones, extraídas de la prensa gibraltareña, donde se divulgaba que OME había fletado un avión para transportar el cargamento de plata y oro desde el aeropuerto de la Roca a EE UU. Aunque no se reproduzca íntegramente ahora, sí debe resaltarse que el tratamiento dado por este rotativo al asunto distaba bastante del tono épico y eufemístico del resto de la prensa española, no solo porque les denomine «los piratas del siglo XXI», sino también por encajar en este relato lo sucedido en los meses anteriores,

> «[e]l interés de la compañía norteamericana se remonta a 2005 cuando logró que Londres le autorizase a buscar el *Sussex*... a cambio de una parte sustancial (y secreta) del tesoro que se encuentre. El Ejecutivo español ordenó la suspensión de la búsqueda en enero de 2006, debido a la presión de la Junta andaluza, cuando comprobó que sus inspectores no podían subir a bordo durante las primeras extracciones. Desde ese momento se sucedieron los contactos y negociaciones diplomáticas».

---
130 Quizás hubiese sido más acorde con el tono de aventura de piratas enunciado en el título, usar otros términos como «abordar» o «botín», para definir la actuación de OME sobre el pecio del barco del que se extrajo el tesoro.

Este artículo se complementa con otro, firmado por S. Mata y titulado «¿Un museo en Gibraltar con patrimonio español?», en el que, tras comentar la promesa de última hora hecha por los responsables de OME sobre la creación de un museo en Gibraltar mientras cargaban el botín en el avión, avanza una interpretación sagaz de lo sucedido que, sin duda, le atribuye el honor de haber sido el primero en darse cuenta del expolio, a pesar de algún error de interpretación cometido, como que la acción judicial llevada a cabo por OME le autorizaba la explotación del pecio. Su texto es el siguiente:

«[l]a llegada a Gibraltar en vuelo directo desde el aeropuerto JFK de Nueva York de un avión fletado por Odyssey, y su partida ayer hacia EE.UU., pilló desprevenidas a las dos autoridades españolas que tienen firmado un trato con los buscapecios norteamericanos: no hubo comentarios ni del Ministerio de Exteriores ni de la Junta de Andalucía. Los responsables de Odyssey cuyo barco de exploración lleva rondando las costas españolas desde 1998, hicieron un brindis a la opinión pública gibraltareña al anunciar que abrirán un museo arqueológico en la colonia. ¿Un bote de humo para no decir qué cargaban en el avión? La interpretación de lo sucedido es difícil, pero para ello pueden servir dos datos: el 10 de mayo, Odyssey presentó balance (de sus pérdidas) del primer trimestre de 2007 y, en segundo lugar, el miércoles, el juzgado del distrito de Florida (Middle) que corresponde a la sede de Odyssey (Tampa) autorizó a la empresa a arrogarse en exclusiva la propiedad de cualquier pecio de período colonial, sea del país que fuere, con tal de que esté en aguas internacionales. Si a estos datos sumamos la promesa (hasta ahora incumplida) de la Junta de Andalucía, de controlar las actividades de Odyssey, algunas piezas del puzzle encajan. El *Sussex* está a demasiada profundidad (900 metros) y Gran Bretaña sólo dará a Odyssey la mitad de lo rescatado: Odyssey ni siquiera ha identificado el pecio. Pero en su larga década de exploraciones sin permiso de España (hasta el 23 de marzo de 2007), dicen haber identificado 418 objetos submarinos. Los accionistas quieren resultados, sean o no el *Sussex*. Los galeones en peligro se acercaban a la costa, y todos los conocidos están cerca de ella. Pero, ¿quién podrá comprobar si algo se sacó de aguas internacionales o españolas? Una vez que esté en Tampa, Florida, nadie... La Junta llega tarde».

Es evidente que su pronóstico final no se ha cumplido, por fortuna[131].

---

131 Ahora, una vez concluido el «caso de la *Nuestra Señora de las Mercedes*», se conocen algunos datos más sobre el inicio de la sospecha del expolio. Al parecer fueron Claudio Bonifacio y Lorenzo Sarmiento quienes pusieron en alerta a Santiago Mata sobre las andanzas de OME. Así lo refleja este en una entrada en un blog, titulada «Odyssey: Guía para perplejos». http://centroeu.com/cultura/modules.php?name=News&file=article&sid

6. A la búsqueda del tesoro

Pronto, la Administración española sospechó que este relato era cierto y comunicó a la Embajada de EE UU, mediante Nota Verbal 78/11 de 22 de mayo del Ministerio de Asuntos Exteriores[132], la suspensión inmediata de cualquier tipo de actuación de OME. Después planteó acciones jurídicas para recuperar el cargamento del pecio (*Abc* de 31/05/2007), que no tardó en identificar como el de la *Nuestra Señora de las Mercedes*. La prensa, a la vista del cariz que tomaban los acontecimientos, también modificó el tono épico con el que trataban esta cuestión hasta entonces, pero esto será objeto de análisis en otro lugar de esta obra, de momento seguimos con el modo de actuar de OME.

Del proceso judicial abierto en los tribunales estadounidenses es bien conocido que todos los pronunciamientos judiciales han sido favorables a España, donde por fin llegó el cargamento de monedas en febrero de 2012. Sería largo y prolijo enumerar las incontables vicisitudes habidas en él, por eso ofreceré un breve resumen de los hitos más relevantes, siguiendo nuevamente información de personas expertas, singularmente J. Carrera Hernández (2009), y diversas noticias oficiales de las que se ha hecho eco la prensa.

Para que un tribunal federal de EE UU sea competente para entender de los derechos de propiedad sobre un pecio en aguas internacionales, debe de producirse una ficción jurídica, denominada «causa *in rem*». Gracias a ella OME deposita un objeto físico procedente del pecio, que sería la *res*, pidiendo que se ponga «bajo arresto»[133]. En

=309 (visitado en marzo 2012). Resulta de interés señalar que, para ciertas personas, la *operación Bahía* de la Guardia Civil en la que fueron investigados, Lorenzo Sarmiento, Luis Varela y Claudio Bonifacio fue tramada por OME para eliminar competencia. Así se refleja en un vídeo en el portal You Tube titulado «Todos en Bahía II, salvo el abogado», subido por alguien con el *nickname* «ClaudioBonifacio» el 07/09/2008 y en el que se recoge la parte de un programa de Antea 3 titulado *7 días 7 noches* (cuya fecha de emisión no he podido localizar) donde se tocaba el tema de la búsqueda del *MHS Sussex* y en el que participaron Valero, Bonifacio y Sarmiento, amén del Goñi, abogado de OME en España. Es indicador de esta atribución no solo el título del vídeo, sino también el comentario hecho por la persona con ese *nickname*: «Todos los que aparecimos en este programa hemos sido incriminados en la "Operación Bahía II", salvo el abogado de Odyssey. ¡Muy curioso!».

http://www.youtube.com/watch?v=t_34XsSWEDU
(visitado en marzo de 2012)

132 La fuente es la respuesta dada por el Gobierno a una pregunta presentada por el Grupo Popular en el Senado, *vid*. Senado, BOCG, serie I nº 818, pregunta nº 684/059679. http://www.senado.es/legis8/publicaciones/html/maestro/index_I0818.html (consulta septiembre 2010).

133 Los textos originales del caso usan la expresión en inglés *arrest warrant*, cuya traducción directa sería orden de arresto, y así ha sido hecha por los especialistas, entre otros Carrera Hernández (2009). Adviértase que los litigantes en el caso eran, por un lado OME y, de otro, los pecios; la personación de España fue como parte, como se observa en el título. Ignoro si quizás el término jurídico más adecuado para traducir esta ficción jurídica fuese el de custodia judicial.

realidad los magistrados no deciden sobre todo el cargamento, sino solo acerca de la petición sobre la cosa depositada en el juzgado (en el caso que nos ocupa parte de la culata de bronce de un cañón), pero su decisión se extiende al resto. Esta es la forma de eludir el principio de extraterritorialidad de los tribunales norteamericanos, en cuestiones de rescate marítimo y expolio del PASub.

También interesa decir que la justicia estadounidense, a pesar de que concretamente España ha podido conseguir algunos pronunciamientos favorables, casos de *La Galga* y la *Juno*, no es un «terreno de juego» neutral, si se me permite usar esta expresión deportiva. Y ello por el simple motivo de que EE UU no ha reconocido la CDM[134], ni tampoco la Convención de Unesco de 2001 sobre la Protección del Patrimonio Cultural Subacuático. Por el contrario, aplica normas de derecho interno privado (la *admiralty law*)[135], favorables a considerar los accesos a pecios, no como intervenciones arqueológicas, sino como meros salvamentos.

La primera parte del procedimiento ha estado caracterizada por los innumerables obstáculos puestos por OME. Primero fueron reticencias a facilitar las coordenadas del lugar donde se encontraba el pecio y, después, la identificación del navío (*Abc* de 16/06/2007). Se aceptó más tarde que, en efecto, se trataba de la *Nuestra Señora de las Mercedes*. En segundo lugar, también hubo oposición a que se examinase la carga, lo que pudo finalmente conseguirse por orden del tribunal que entendía del pleito (Europa Press 05/04/2008). Una vez acreditados estos extremos, el litigio siguió un curso previsible. A pesar de tratarse de técnicas jurídicas muy específicas, sería conveniente explicar su propia naturaleza. Estas resoluciones e informes judiciales producidos son fiel reflejo de una doctrina internacional cada vez más favorable a la protección de PASub.

El magistrado de la District Court del Middle District of Florida, Tampa División, Mark A. Pizzo, dictó un informe y unas recomendaciones el 3 de junio de 2009 a su superior, en las que se recoge que debe inhibirse de entender sobre este asunto, así como que los objetos expoliados por OME habrán de devolverse a España, sin derecho a recompensa alguna. El nudo jurídico de este caso ha sido el reconocimiento, por parte del juez instructor, de que la *Nuestra Señora de las Mercedes* era de un buque de Estado y, por tanto, sujeto a la inmunidad soberana

---

[134] Motivo por el cual, los tribunales que han resuelto sobre el caso de la *Nuestra Señora de las Mercedes* entienden que el pecio se encuentra en aguas internacionales, aunque esté en la zona contigua o, en todo caso, en la plataforma continental portuguesa. Recuérdese que las definiciones de tales franjas marítimas y su extensión se adoptaron en esa Convención.

[135] Sobre el «abuso» que supone esta práctica, Aznar Gómez (2004: 53 ss.).

6. A la búsqueda del tesoro

de España, que nunca había renunciado a ella[136]. Una vez reconocida esta circunstancia, se han desestimado las pretensiones de Perú, que se había personado en este caso al entender que le cabían derechos por haber salido el cargamento de su territorio.

Debe resaltarse que la postura de las autoridades estadounidenses ha sido de total y plena colaboración con los intereses de España (*El País* de 02/09/2009), en aplicación de diversos acuerdos bilaterales, cuyo origen se remonta al final de la guerra de Cuba y que fueron revalidados por el Gobierno de Clinton en 2001[137].

Posteriormente, el magistrado Steven D. Merryday, dictó una sentencia el 22 de diciembre de 2009, en la que asumía el contenido del informe de las recomendaciones del anterior, concluyendo que

> «[t]he ineffable truth of this case is that the *Mercedes* is a naval vessel of Spain and that the wreck of this naval vessel, the vessel's cargo, and any human remains are the natural and legal patrimony of Spain and are entitled in good conscience and in law to lay undisturbed in perpetuity absent the consent of Spain and despite any man's aspiration to the contrary. That the *Mercedes* is now irreparably disturbed and her cargo brought to the United States, without the consent of Spain and athwart venerable principles of law, neither bestows jurisdiction on the United States to litigate conflicting claims of ownership (to all or part of the cargo) nor empowers the United States to compel the sovereign nation of Spain to appear and defend in a court of the United States».

Por tanto entendía que la justicia de EE UU debía inhibirse de este caso y los objetos extraídos de forma ilegal de la *Nuestra Señora de las Mercedes*, ser devueltos a España en un plazo de diez días, con la salvedad de poder seguir custodiándolos en caso de apelación.

El 21 de septiembre de 2011, el Tribunal de Apelación de Atlanta ha ratificado que OME debe entregar a España el cargamento de la *Nuestra Señora de las Mercedes*, dando por válidos los argumentos esgrimidos por el Tribunal Federal en diciembre de 2009 (*El País* de 21/09/2011).

---

136 En Carrera Hernández (2009) se da una aproximación más técnica, desde el punto de vista jurídico.

137 Ahora se sabe, por las revelaciones de los mensajes que se cruzaban entre la Embajada de EE UU en Madrid y la Secretaría de Estado de ese mismo país hechas por Wikileaks y difundidas por *El País*, que en 2008 se propuso al ministro de Cultura español ayudar en este litigio a cambio de un cuadro, obra de Pissarro, actualmente propiedad de la Fundación Thyssen-Borsmeniza, que fue vendido en 1939 a un marchante de arte nazi por la familia de un influyente ciudadano norteamericano, que quería recuperarlo (*El País* de 08/12/2010, con el titular de «Cambiamos tesoro por 'pissarro'»).

Este mismo tribunal ha desestimado el recurso interpuesto por OME contra la sentencia mencionada en el párrafo anterior (*El País* de 30/11/2011). Esta renuncia a entender del caso no era firme y aún quedaba determinados recursos, el principal de los cuales era ante el Tribunal Supremo; si bien en opinión de los expertos en justicia norteamericana, recogida en la noticia citada en el párrafo anterior, resultaba probable que el Tribunal Supremo no entrase a juzgar este caso. Los dos primeros meses de 2012 han visto decaer todos los intentos de OME de dar la vuelta a los adversos resultados obtenidos hasta ese momento, primero, y más tarde de impedir la devolución de las monedas. Finalmente, el 9 de febrero de 2012 se conoció la noticia de que el Tribunal Supremo rechazaba suspender la entrega de las monedas a España, decisión que dejaba expedito el camino para la repatriación de las más de quinientas mil monedas que habían sido llevadas a EE UU de forma fraudulenta en 2007.

Por último, los contenedores cargados con el preciado tesoro fueron traídos a España en sendos aviones militares desde la Tampa, llegando el día 25 de febrero. Ahora parece que la discusión se centra en qué hacer con las monedas y entre qué instituciones se repartirán. Sin duda, todas las resoluciones judiciales habidas en torno a este caso suponen una auténtica revolución en el derecho internacional de protección del PASub y no solo para los intereses de España. La lógica satisfacción del Gobierno español, reflejada por la prensa (*El País*, *Abc* y *El Mundo* de 25/02/2012), tiene como contraste la preocupación de OME por el efecto que tiene en la cotización en bolsa de sus acciones[138], porque no debe olvidarse que se trata, a fin de cuentas, de una empresa que considera el PASub desde un exclusivo ángulo comercial[139].

Sin embargo, esta alegría general no debiera distraernos de la realidad: España ha ganado en el ámbito jurisdiccional norteamericano, donde la administración de justicia parece ser rápida y expeditiva. La justicia estadounidense ha tardado menos de cinco años en agotar todas las instancias previstas para resolver este caso, cuya virtualidad

---

[138] En junio, al conocerse el informe y las recomendaciones del juez Pizzo, las acciones de OME cayeron un 41% en el índice tecnológico Nasdaq, según informaba la prensa española (*Abc* de 04/06/2009). El mismo día en que el juez de Tampa autorizó la salida de las monedas hacia España, OME decía en un comunicado que este era un «día triste» para el patrimonio cultural español (*El País* de 25/02/2012).

[139] No obstante, parece que OME ha sabido sortear el temporal ofreciendo a los inversores nuevas oportunidades de negocio. «Odyssey Marine Exploration Finally Presents Opportunity» titulaba un artículo el 7 de marzo de 2012 una web de inversionistas, minimizando el impacto adverso de la sentencia sobre el tesoro de la *Nuestra Señora de las Mercedes* http://seekingalpha.com/article/417241-odyssey-marine-exploration-finally-presents-opportunity?source=yahoo (visita en marzo de 2012).

6. A la búsqueda del tesoro

era dirimir la procedencia y propiedad del cargamento de monedas[140]. Por el contrario, en España la cuestión no tiene visos de prosperar.

El Juzgado de Primera Instancia e Instrucción número 3 de La Línea (Cádiz), abrió diligencias penales sobre las actividades de OME, pero poco se sabe de ellas. Posiblemente, con respecto al expolio de la fragata *Nuestra Señora de las Mercedes*, exista una cuestión de extraterritorialidad para declararse competente el citado juzgado, aunque según parece a él le corresponde decidir sobre el tesoro devuelto por EE UU[141]. En cualquier caso, existen comportamientos de OME que ameritan ser investigados por la justicia española; pero mucho me temo que poco o nada se haga en este sentido. La última noticia que conozco de las diligencias penales emprendidas por el Juzgado era que el juez instructor había dictado un auto para que G. Stemm, cofundador de OME, declarase como imputado de un presunto delito de expolio contra el patrimonio histórico español, en 2008 (*Abc* de 13/02/2008).

Es probable que la lentitud e ineficacia de la justicia española hagan que de este caso quede impune el expolio del PASub cometido por OME. La alegría por la recuperación del cargamento sustraído por la empresa de cazatesoros no debe hacernos olvidar esto. El propio ministro de Cultura no parece muy interesado en que se sigan las investigaciones; tampoco tiene prisas en reclamar los costes procesales a OME, posibilidad apuntada por el juez de Tampa[142].

* * *

---

140 La realidad viene a contradecir las predicciones (o deseos) de García Calero (2009: 216), quien confiaba más en la justicia española que en la norteamericana. Debe dársele, sin embargo, toda la razón al señalar que en Tampa no se dirime la cuestión básica, el expolio del PASub perpetrado.

141 Esta cuestión es harto compleja. En opinión acreditada de juristas, como Antonio Roma, podrían existir razonamientos jurídicos para argumentar la competencia de la justicia española en el caso del expolio de la fragata *Nuestra Señora de las Mercedes*.

142 En *La Gaceta* de 28/02/2012 en la noticia titulada «Cultura perdona a Odyssey y "considera cerrado el caso"», pone en boca del ministro de Cultura, en la rueda de prensa en la que daba a conocer el regreso de las monedas, la frase «el Ministerio de Cultura considera cerrado este caso». En la noticia de *Abc* de 28/02/2012, «Hay un antes y un después del caso Odyssey», donde se recoge la misma rueda de prensa, también se pone en boca del ministro la frase: «El tesoro ha llegado a su destinatario final, Cultura, así que damos el caso por cerrado, aunque no renunciamos a exigir las piezas que permanecen en Gibraltar». Los dos medios también señalan que el Ministerio de Educación, Cultura y Deporte no ha decidido si solicitar los gastos procesales.

Figura 27. 21/02/12 Las especialistas españolas enviadas por el Ministerio de Cultura para recoger el cargamento de la Nuestra Señora de las Mercedes posan junto a varios contenedores en su hotel de Sarasota, EE UU (Fotografía: EFE/Craig Litten)

Figura 28. 25/02/12 Descarga de los contenedores con el cargamento de la Nuestra Señora de las Mercedes en el aeropuerto de Torrejón (Fotografía: EFE/Emilio Naranjo)

6. A la búsqueda del tesoro

A modo de conclusión, aunque lógicamente provisional, podríamos decir que el «caso Odyssey» no ha dejado las cosas como estaban. De una parte, los cazatesoros comienzan a percibir un cambio en el panorama general de tolerancia con sus actividades existente hasta ahora. Así lo reconoce, tras el juicio de Tampa, R. Marx conocido depredador de pecios españoles[143], cuya afirmación debería deja lugar a pocas dudas:

> «[t]enemos que dejar de ser cazatesoros. Quien siga el ejemplo de Odyssey sólo perderá dinero y se enredará en demasiados y carísimos pleitos» (*Abc* de 02/09/2009).

También OME procura seguir negociando con el Gobierno británico el rescate de otros barcos de su propiedad, hundidos en aguas menos conflictivas (*The Times* de 21/05/2009). Sin embargo, no cabe lanzar las campanas al vuelo. De la lectura completa de las entrevistas realizadas tanto a Marx como a Stemm, se desprende que el cambio sustancial en su *modus operandi* es que ahora saben que deben pedir permiso a los estados pabellón de los pecios y a los ribereños[144], pero nada más[145]. Por otra parte, como ya se ha explicado, OME parece haber sorteado el temporal, para preocupación de todos.

De otro lado, también se dan pasos positivos en evitación de nuevos casos de este tipo, aunque las reformas necesarias están aún inmaduras o no van a un ritmo lento. A nivel normativo a escala internacional, resultaría conveniente completar la Convención de Unesco de 2001, sobre Protección del Patrimonio Cultural Subacuático, en el sentido apuntado por Dromgoole, de compaginar el valor económico de los cargamentos de muchos barcos hundidos, especialmente cuando se trata de monedas de oro y plata o metales de esa naturaleza, y su interés cultural. En el orden doméstico, ya se han apuntado en el capítulo anterior las necesidades que habría de cubrir la nueva ley sobre el patrimonio cultural español, en relación con el PASub. En el plano práctico, las campañas de investigación y protección conjuntas con entre el Ministerio de Cultura y la Armada, de las que no se ha vuelto a

---

143 http://thethunderchild.com/GhostGunsVirginia/TreasureWrecks/RobertMax.html
No obstante haber expoliado durante casi toda su vida pecios españoles, España le galardonó con el otorgamiento de la medalla de la Orden de Isabel la Católica (Noriega 2009: 114).

144 De hecho el motivo de las noticias es la proposición a los gobiernos de España y el Reino Unido de sendos acuerdos para localizar navíos hundidos y extraer su carga.

145 En el artículo de opinión de Jesús García Calero «Trabajar en España, el nuevo sueño de Odyssey», publicado en el diario *Abc* de 01/032012, ante la noticia de que OME quiere colaborar con el Gobierno español, el periodista con tono satírico les agradece su deseo de venir a España, pero les sugiere que primero pasen por el Juzgado de La Línea de la Concepción, que lleva años intentando dar con ellos.

tener más noticia, han sido sustituidas por la extensión del SIVE a todo el mar territorial español, ya que antes solo estaba operativo en aquellas zonas que eran frontera de la Unión Europea (*Abc* de 09/03/2012). Por último queda implementar de forma efectiva el Plan de Protección del Patrimonio Subacuático Español.

Al calor de la victoria jurídica en EE UU de España ante OME, también están surgiendo grupos de presión que, no solo se alzan como los auténticos héroes del combate contra los cazatesoros, apoyados en determinados medios de comunicación (*La Gaceta* y *Abc*), sino que también se apuntan a «hacer algo» con el inmenso patrimonio sumergido español, especialmente aquel compuesto por ingentes cantidades de objetos monedas de oro y plata. Recientemente, Jesús García Calero, periodista del diario *Abc* que ha seguido el tema del «caso Odyssey», firmaba un reportaje que avanza alguna de esas propuestas (*Abc* 11/03/2012, «Un enorme tesoro en el fondo del mar»). Según sus palabras, al calor de un discreta cena de la que no puede mencionar el nombre de sus comensales, entre ellos «[c]onocidos empresarios de diversos sectores, algunos relacionados con el mar, otros con la tecnología; oficiales de uniforme, gente de leyes, personas con amplia experiencia en la configuración de proyectos multidisciplinares complejos...», se habló de cómo evitar nuevos atropellos contra el PASub español, siempre entendido como «tesoro», ya que las medidas adoptadas por el Gobierno central y los autonómicos parecen despertar en este elenco de próceres mucha desconfianza. La idea que corre por la cabeza de este, y otros *lobbies* similares de los que dice el autor tener conocimiento, es la de crear un organismo público con participación privada dedicado a excavar todos los pecios de mayor rendimiento económico, antes de que vengan otros y se los lleven. «Un conocido empresario –prosigue el artículo–, interesado en el asunto, imagina 'levantar un fondo de inversión bajo la promesa de beneficios' ¿Qué hacer con un millón de monedas igual? ¿Y con tres? Si las piezas más valiosas se musealizan, ¿podría dedicarse, una vez realizado el trabajo arqueológico, parte de los restos al coleccionismo, en un modelo mixto de negocio?». Ya se ha comentado la necesidad de acompasar valor cultural y económico, pero también debe tenerse en cuenta la recomendación de la Convención de Unesco de 2001 sobre la conservación *in situ* y su significación. A mí, personalmente, lo más preocupante de estas propuestas no es la desconfianza en la actuación pública, sino el uso del mismo lenguaje y la identidad de finalidad que las compañías cazatesoros. Si a ello unimos el mismo desprecio por lo que supone el PASub en toda su integridad; su reducción al cargamento de los buques de la carrera de Indias, podremos concluir que, en el futuro, nos vemos abocados a conjurar el peligro exterior y también el interior.

CAPÍTULO 7
El ordenamiento jurídico frente al expolio

Desde que las antigüedades comenzaron a valorarse a partir del Renacimiento, paradójicamente se incrementó su ritmo de destrucción. Sin embargo, la conciencia de esta vulnerabilidad ha sido también motor y acicate de acciones y normas proteccionistas. Hasta comienzos del siglo XIX, la principal causa de esta pérdida de patrimonio arqueológico radicaba, sobre todo, en la falta de aprecio sobre aquello que ya no era útil. Sentimiento alimentado por el grado de incultura general, que imposibilitaba estimar los testimonios de épocas pasadas. Así se recoge, de forma explícita, en la introducción de una *Instrucción* de 1803, cuyo objetivo era justamente preservarlas:

> «Sabed, que á conseqüencia de lo que tuve a bien encargar á mi Real Academia de la Historia con el deseo de hallar algun medio que pusiese á cubierto las antigüedades que se descubren en la Península de la ignorancia que suele destruirlas, con daño de los conocimientos históricos y de las artes, á cuyos progresos contribuyen en gran manera...»

En esos tiempos de deterioro y destrucción, ya fuese por desidia, ya por el atraso cultural con respecto a países más avanzados, solo una pequeña minoría clamaba ante esa situación, frente a la indiferencia general. Pero este estado de cosas, por lamentable que fuese, no podría clasificarse con propiedad de expolio. Para que se hubiese dado, debería haber mediado un acto de fuerza. En efecto, desde las primeras ediciones del *Diccionario de la Real Academia Española*, expoliar resulta casi sinónimo de despojar, en el sentido de desposeer a alguien de algo de lo que tiene y goza, con violencia.

Será durante el siglo XIX cuando pueda aplicarse el término expolio en toda su crudeza. Guerras, revoluciones y desamortizaciones, provocaron la pérdida irreparable de numerosos bienes históricos pertenecientes al colectivo nacional (López Trujillo 2006). Pero, aunque fuesen posiblemente los principales, no fueron estos episodios los únicos que mermaron la riqueza histórica española. Desde mitad del ochocientos, España era recorrida por arqueólogos y anticuarios extranjeros como «un país de misión» en feliz expresión de Alberto Balil (1991). A esta predación se unieron las excavaciones realizadas por eruditos locales y coleccionistas nacionales que, aún a finales del siglo XIX, conocerán una época de esplendor vinculada al movimiento tardorromántico. Ejemplo de este coleccionismo será la acumulación de objetos y antigüedades italicenses realizado por Regla Manjón, Condesa de Lebrija, en su palacio sevillano de la calle Cuna (Lleó Cañal 1995). O la instalación de la colección de piezas arqueológicas recuperadas en sus excavaciones de los yacimientos de Los Alcores, por George E. Bonsor en el castillo de Mairena del Alcor (Sevilla), donde recrea una versión romántica del gabinete humanista (Amores y Fernández 1994).

A fines del siglo XIX y en los primeros decenios del siguiente, la alarma producida por la pérdida irreparable de importantes bienes, así como la necesidad de regular la exportación y extracción de elementos, especialmente artísticos, motivarán la aparición de normas e instrumentos (los catálogos) que legitimarán, en teoría, la intromisión de los poderes públicos en los bienes privados. Así mismo, las excavaciones serán objeto igualmente de control administrativo, consolidándose el patrimonio arqueológico bajo un régimen especial de autorizaciones, aún hoy vigente.

Como garante de tales medidas normativas se armó una administración dedicada al patrimonio arqueológico, cuya principal nota distintiva fue su debilidad y frecuente ineficacia, confiada a administradores honorarios, académicos de Bellas Artes y los miembros de las Comisiones Provinciales de Monumentos (García de Enterría 1983).

Ante semejante situación, la política protectora del patrimonio histórico como bien común, no podía ser otra cosa que una sucesión de proyectos bien intencionados, pero destinados a surtir poco efecto.

A partir de los setenta la popularización de ciertas actividades lúdicas, como el uso de aparatos detectores de metales o el buceo, posibilitará el acceso a bienes arqueológicos a un amplio segmento del público, iniciándose una voraz depredación de estos que, en muchas ocasiones, van a parar al mercado internacional. La alarma social, canalizada por los medios de comunicación, generará una conciencia sobre la necesidad de parar esa sangría que impregnará la voluntad de los legisladores, comenzando por la propia Constitución de 1978.

En este capítulo se prestará especial atención al ordenamiento jurídico vigente a escala internacional, estatal y subestatal destinado a

7. El ordenamiento jurídico frente al expolio

la prevención del expolio y el comercio ilícito de bienes pertenecientes al patrimonio arqueológico, así como a sancionar aquellas conductas que lo sean o pongan en peligro estos bienes. No obstante, no deseo hacer un prolijo detalle de todas las normas afectadas y, menos aún, una retahíla de citas de preceptos legales, sobre todo porque la abundancia de leyes sobre patrimonio histórico o cultural no ha propiciado variedad de soluciones, sino tediosas repeticiones ayunas de innovación. Por ello se limitará mucho el campo de indagación al tema principal de este trabajo, el expolio en su relación con el uso no autorizado de aparatos detectores de metales y otras acciones relacionadas con él. Esto quizás demande más que en otras ocasiones hacer su lectura teniendo presentes los textos legislativos citados aquí.

7.1. La legislación internacional sobre los detectores de metales en relación al patrimonio arqueológico

La legislación internacional protectora del patrimonio cultural nació ante la consternación por la ingente vastedad de los daños que le provocaban los episodios bélicos: ya fuese por la perduración de la antigua idea del derecho al botín, ya como consecuencia indirecta de la creciente capacidad devastadora del potencial bélico (Bugnion 2004). De ahí amplió sus objetivos a otros supuestos en tiempos de paz, entre ellos, evitar que la transformación de la superficie de la tierra no se lleve a cabo con menosprecio e indiferencia hacia el patrimonio arqueológico o poner límites al tráfico internacional, para que no sean posibles transacciones legales cuando estos bienes han sido extraídos de forma ilícita. También ha sido objeto de importantes tratados internacionales la institución de formas de cooperación policial para perseguir este tipo de conductas y recuperar, cuando es posible, los bienes exportados sin autorización. En la actualidad, el panorama legislativo internacional se manifiesta como un haz de normas que busca fomentar pautas en cada país para proteger y valorizar una gama, cada vez más amplia, de facetas del patrimonio cultural. Repertorio que, lejos de ser estático, se ve sometido a periódicas actualizaciones.

Las principales regulaciones internacionales dedicadas de forma específica al patrimonio arqueológico nacieron de la preocupación por las excavaciones ilícitas, al margen de todo control administrativo. Se instaba a los estados firmantes a la elaboración de normas que permitiesen regular la ejecución de las excavaciones arqueológicas, que asegurasen su finalidad y metodología científica y la competencia profesional de sus directores. A este aparato cabría añadir la Recomendación de

Unesco de 1956 por la que se definen «los principios internacionales que deberán aplicarse a las Excavaciones Arqueológicas» y, el más conocido, Convenio europeo para la protección del Patrimonio Arqueológico.

En las décadas siguientes, los peligros que amenazaban al patrimonio arqueológico se incrementaron con el aumento de la capacidad transformadora del medio ambiente, con motivo del trazado de nuevas infraestructuras, lo que ha provocado la destrucción sin precedentes de una gran cantidad de yacimientos arqueológicos. La reacción de estos organismos internacionales fue elaborar nuevas normas que procuraban conjurar esos riesgos, haciendo hincapié en la necesidad de que los estados firmantes desarrollasen estrategias para la gestionarlos a través de medidas preventivas[146]: es el caso de la revisión de la anterior convención europea, firmada en La Valletta en 1992. Sin embargo, estos nuevos frentes no hicieron olvidar que los anteriores, de excavaciones clandestinas y tráfico ilícito de objetos arqueológicos, no solo persistían sino que también había aumentado el expolio y los instrumentos que lo posibilitaban, entre ellos los detectores de metales.

Como ya se ha señalado en diversas ocasiones a lo largo de esta obra, el uso de detectores de metales por personas aficionadas a la búsqueda de restos arqueológicos, o de cualquier tipo de vestigios históricos susceptibles de ser incluidos dentro de esa categoría, ha estado siempre en el punto de mira de arqueólogos y de las autoridades responsables de la tutela de los bienes culturales. Eso ha sido siempre así, casi desde el principio. Cuando la popularidad de su empleo para buscar tesoros escondidos en EE UU les hizo ser objeto de cierta atención en los medios de comunicación, ya se advertía de que este debía ser responsable y estaba totalmente prohibido en determinados lugares públicos, así como las normas de hacerlo en tierras privadas.

> «But remember to stay out of state and national parks with your detector. A stiff fine may be imposed for digging in there locations, and your detector may be confiscated. On privet land, come to an agreement with the owner *before* hunting. The average spilt is 50-50, but negotiate any reasonable deal. If you make a find before asking permission, he'll descend on you with the law and likely take it all!» (*Popular Science*, abril 1963, p. 202).

---

146 Existe una abundante bibliografía a este respecto, pero en el libro de M. Á. Querol y B. Martínez (1996: 69-86) se encuentra una explicación detallada de los objetivos de los distintos documentos internacionales sobre protección del patrimonio arqueológico; también es recomendable, con carácter general sobre el patrimonio cultural leer a Morente del Monte (2004).

7. El ordenamiento jurídico frente al expolio 243

Cuando a partir de finales de los setenta y los ochenta se hicieron presentes en casi toda Europa, el Consejo de Europa mostró su preocupación por los efectos devastadores que estaban teniendo sobre el patrimonio arqueológico en la Directiva 921 (1981). En ella señalaba, en su recomendación 14.ii), que se considerase la adopción por los gobiernos de aquellas disposiciones necesarias para «instituir un sistema de licencias o registro de usuarios de detectores de metales». Mensaje repetido en la mencionada Convención de Malta (La Valletta 1992). Su artículo 3.iii) prevé, con el fin de preservar el patrimonio arqueológico y para garantizar el carácter científico de las actividades de investigación arqueológica, que cada país se comprometa a «[s]ometer a autorización previa específica en los casos previstos por la legislación interna de cada Estado, el empleo de detectores de metales y de otros equipos de detección».

Este mensaje pretendía ser bastante más tajante, pero la intervención de los representantes del Gobierno británico la dulcificó para favorecer la firma final por parte del Reino Unido, como ya se ha comentado al hablar de los detectores de metales en Inglaterra. Sin embargo, con independencia de que se hubiese deseado una mayor rotundidad en la condena de los aparatos detectores de metal en esta Convención (como reclamaba Cleere [1993: 401]), ambas normas indican explícitamente la conveniencia de que cada país establezca un tipo de licencias específicas para el uso de estos aparatos, como medio para controlar su afección al patrimonio arqueológico y separar aquellas indagaciones científicas de las que no lo son.

7.2. Los detectores de metales en el ordenamiento jurídico español sobre patrimonio histórico o cultural

7.2.1. La lucha contra el expolio como valor constitucional

Se ha celebrado con justo reconocimiento la apuesta hecha en la Constitución española por la cultura en sus más diversas acepciones (Prieto de Pedro 1993), entendida sobre todo como medio esencial para el desarrollo de la persona, incluyendo en esta procura esencial, cuyo acceso debe estar garantizado por los poderes públicos, el patrimonio histórico y cultural. Dentro de lo que se ha denominado la «constitución cultural» (Pérez Moreno, 1990) tiene especial significación el artículo 46 CE:

> «[l]os poderes públicos garantizarán la conservación y promoverán el enriquecimiento del patrimonio histórico, cultural y artístico de los pueblos de España y de los bienes que lo integran, cualquiera que sea su régimen jurídico y su titularidad. La ley penal sancionará los atentados contra este patrimonio».

El último inciso de este artículo, que recoge un mandato explícito para que se reenvíe a la ley penal la sanción contra las agresiones más graves que pueda sufrir el patrimonio histórico, artístico y cultural, responde a la conmoción social, por discutible que fuese su magnitud real, provocada por la pérdida indiscriminada de bienes pertenecientes al patrimonio histórico vivida por esas fechas.

En efecto, el periodo de expansión económica de los sesenta desató un *tsunami* destructor que encontró como único valladar una Administración, en su mayoría honoraria y escasamente preparada, asistida por una legislación insuficiente y desfasada[147]. El resultado fue el previsible. Pero, a pesar de que fuese a un ritmo demasiado lento, esa sangría de bienes culturales impactó en minorías sensibles muy movilizadas y activas política y socialmente, que fueron las protagonistas del cambio político que trajo la Constitución de 1978. Por tanto, no es extraño que esta preocupación social se traspasase al texto constitucional.

El propio término usado en el artículo 46 CE, atentado, refuerza el sentido de alarma y la gravedad de las agresiones que experimentaba el patrimonio histórico en aquellos momentos. Quizás sea ese el sentido del inciso aludido: servir como toque de atención sobre la necesidad de atender a la preservación de estos bienes, no solo con acciones promocionales, sino también desde el *ius puniendi* del Estado.

El análisis del complejo título VIII de la Constitución refuerza esta idea sobre la preeminencia dada en ella a la lucha contra el expolio. El Estado mantiene como atribución exclusiva la defensa del patrimonio cultural, artístico y monumental contra la exportación ilícita y la expoliación.

Para García Fernández (2004: 38) esa competencia básica estatal implica dos cuestiones. En primer lugar, definir qué sea expolio, aunque este autor no explica por qué debe realizarse una nueva definición al

---

[147] M. R. Alonso (1992: 31 ss.) hace recaer la situación de deterioro en que se encontraba el patrimonio arqueológico, a la entrada en vigor de la Constitución, en tres ineficacias: la extrema penuria de inversión pública en su mantenimiento, la derivada de la falta de cualificación de la Administración cultural y, por último, la ausencia de una normativa acorde a la magnitud de los retos a los que debía enfrentarse la conservación de este patrimonio.

7. El ordenamiento jurídico frente al expolio

margen de la existente en el *Diccionario de la Real Academia Española*. También supone establecer procedimientos, instrumentos y órganos específicos encargados de controlar el expolio. Todo ello mediante una ley, en concordancia con los principios inspiradores del ordenamiento económico y social, recogidos en el capítulo III del Título I, donde se inserta el artículo 46 CE y sus concordantes.

Siguiendo este trabajo de síntesis, cabe puntualizar dos aspectos más en torno a esta cuestión: que los diversos estatutos de autonomía han asumido competencias igualmente contra el expolio, al hacerlo sobre la conservación del patrimonio histórico radicado en su comunidad[148]. En segundo lugar, que en el periodo entre la promulgación de la Constitución y la aprobación de la Ley 16/1985 del Patrimonio Histórico Español (LPHE) no hubo ningún conflicto entre el Estado y las comunidades autónomas que tuviese como centro el expolio, aunque sí la distribución de competencias en materia de cultura.

Como bien señalan T. Alibrandi y P. G. Ferri (1996: 89 ss.), el derecho tutelador de los bienes culturales nace de la confrontación entre su protección y el derecho de propiedad, que el Estado debía limitar en sus manifestaciones más extremas para evitar la desaparición de estos bienes. Se ha tratado, pues, de un derecho reactivo, preocupado solo por las potestades de policía de las administraciones en relación con estos bienes. Muy a menudo, como acabamos de observar, se legisla como respuesta a sucesos lamentables que han escandalizado a la opinión pública.

7.2.2. El expolio y el patrimonio arqueológico en la LPHE

El siguiente paso en la cadena legislativa fue la promulgación de la mencionada LPHE. Esta norma tiene la condición de legislación básica de aplicación estatal. Tal y como salió de las Cortes, mantenía un acusado centralismo en cuanto a las competencias que reservaba al Estado, pero tras la Sentencia del Tribunal Constitucional 17/1991, que reinterpreta algunos de los preceptos de la norma para no derogarlos, y la aparición en todas las comunidades autónomas (salvo Ceuta y Melilla) de sus respectivas legislaciones sobre patrimonio histórico y cultural, ha adquirido un carácter de aplicación subsidiaria, al igual que la propia intervención del Estado.

---

148 Cabe advertir que las nuevas redacciones de los estatutos de autonomía, en las comunidades autónomas que los han reformado recientemente, apenas si han cambiado sus determinaciones en esta materia, ya que estaba asumido que los entes autonómicos poseían competencias plenas en ellos.

En el artículo 4 LPHE se define el expolio como «toda acción u omisión que ponga en peligro de pérdida o destrucción todos o algunos de los valores de los bienes integrantes del Patrimonio Histórico Español o perturbe el cumplimiento de su función social». Se ha comentado hasta la saciedad la amplitud otorgada al concepto de expoliación en ese artículo; amplitud acorde con la preocupación suscitada en torno a ese fenómeno y que, como acabamos de ver, se mantenía como uno de los pilares del conjunto de competencias en manos del Estado, como recuerda el artículo 6.b. LPHE.

El artículo 4 LPHE se completa con un procedimiento para tales casos, mediante el cual la Administración de Estado «*podrá interesar del Departamento competente del Consejo de Gobierno de la Comunidad Autónoma correspondiente la adopción con urgencia de las medidas conducentes a evitar la expoliación. Si se desatendiere el requerimiento, la Administración del Estado dispondrá de lo necesario para la recuperación y protección, tanto legal como técnica, del bien expoliado*» (el énfasis en la trascripción de este artículo es lógicamente añadido). Este procedimiento que habilita a la Administración general del Estado a la intromisión directa encuentra amparo en el artículo 155 CE.

Sobre este artículo M. R. Alonso (1992: 106 s.) observa que la efectividad de estas atribuciones de vigilancia y ejecución subsidiaria, respecto a la acción de los órganos a los que se les atribuye la competencia de ejecución, requeriría órganos específicos para esta labor, concretamente inspectores habilitados para efectuar esta supervisión.

> «No hay en la Ley precisiones en este punto, con lo que se corre el riesgo de que en la práctica esos mecanismos de vigilancia y control en garantía de la ejecución de la legislación estatal no sean operativos y el peligro de expoliación esté siempre presente» (Alonso Ibáñez, 1992: 107).

Contra la LPHE se interpusieron recursos de inconstitucionalidad los gobiernos de la Generalitat de Cataluña, el País Vasco y Galicia, así como el Parlamento de Cataluña, cuya respuesta conjunta por el Tribunal Constitucional fue la Sentencia 17/991. Entre las diversas objeciones puestas contra esa norma, ahora interesa sobre todo el rechazo a la extensión del concepto de expolio, que desbordaba la acepción dada en el *Diccionario de la Real Academia Española*, considerando en especial que:

> «...la extensión del concepto a los supuestos en que se 'perturbe el cumplimiento de su función social' incurre en vicio de inconstitucionalidad, al sobrepasar el título competencial específico que el Estado tiene constitucionalmente atribuido, esto es, la defensa contra la expoliación» (Sentencia del Tribunal Constitucional 17/1991, antecedente 3.b).)

La principal respuesta dada por el Tribunal Constitucional fue declarar la constitucionalidad de la LPHE, a salvo de algunas ligeras modificaciones introducidas por la vía de la reinterpretación de lo escrito en la norma. Sobre el artículo 4 LPHE, la sentencia perfila su contenido en relación a unos razonamientos que, sin lugar a dudas, han traído consecuencias.

En primer lugar, reafirma la idea ya expresada en sentencias anteriores de que la cultura es una materia donde no caben competencias excluyentes entre las diversas administraciones públicas, sino concurrentes (fundamento jurídico 3º). Sobre la constitucionalidad del concepto de expolio planteado en el artículo 4 LPHE, la sentencia afirma que si por expolio solo se entendiese su significado semántico («despojo con violencia o iniquidad») bastaba con aplicar el Código Penal.

> «Pero algún mayor alcance habrá que atribuir al término que delimita, en el artículo 149.1.28, la competencia para la defensa contra la expoliación, cuya mención en otro caso sería innecesaria. La utilización del concepto de defensa contra la expoliación ha de entenderse como definitoria de un plus de protección respecto de unos bienes dotados de características especiales. Por ello mismo abarca un conjunto de medidas de defensa que a más de referirse a su deterioro o destrucción tratan de extenderse a la privación arbitraria o irracional del cumplimiento normal de aquello que constituye el propio fin del bien según su naturaleza, en cuanto portador de valores de interés general necesitados, estos valores también, de ser preservados» (STC 17/1991 fundamento jurídico 7º).

Una última reflexión se hace a este respecto merecedora de reseñarse. Si el alto tribunal no ve inconstitucionalidad en la dicción literal del precepto, de ello no cabe deducir que, por esa vía, quepa toda injerencia estatal, sino exclusivamente la que «racionalmente debe integrar la protección de estos bienes en un significado finalista», derivado de su propia naturaleza histórica, y no otro cualquiera. La segunda parte de este cuestionado artículo, que no fue impugnada, deja patente el carácter subsidiario de esta competencia de la Administración

General del Estado, frente a la general de conservación y protección que compete a las comunidades autónomas. Por tanto, concluye la sentencia este apartado (fundamento jurídico 7º), recordando que si bien no ve vicio de inconstitucionalidad, tal y como manifestaban los gobiernos autonómicos catalanes y vasco, una aplicación extensiva e irracional o desmedida del mismo daría lugar a una invasión de competencias.

No obstante esta cláusula, como señala Ruiz-Rico (2004: 68), al comentar esta sentencia, una acepción del expolio como la hecha en el artículo 4 LPHE y ratificada en lo esencial por el Tribunal Constitucional, permite extender la competencia estatal hasta límites imprevistos por el poder constituyente, en la medida en que su intervención quedará justificada en cualquier situación de riesgo, no solo físico de los bienes, sino siempre que afecte al cumplimiento de su función social, con los límites antes comentados.

Debe tenerse presente que la función de la definición del expolio parece ser la de permitir la intervención estatal en el ámbito de las comunidades autónomas, ya que con una definición tan abierta como esta resulta prácticamente imposible establecer sanciones a quienes perpetren expolio *sensu lato*. Como se verá más abajo, el cuadro de sanciones establecido en la LPHE coadyuva a la lucha contra el expolio pero está sacado del incumplimiento de obligaciones concretas, en aras de la seguridad jurídica dimanada de la precisión tipificadora.

Validada la constitucionalidad de la norma, entraremos en un somero análisis de su estructura para atender a la protección y defensa del patrimonio arqueológico. Interesa destacar, de la forma en que la LPHE trata el patrimonio arqueológico, tres notas que considero claves para afrontar después otros aspectos. Se verán la novedosa definición dada de patrimonio arqueológico, la situación jurídica en que puede encontrarse y las categorías de protección establecidas por la norma. El resto de características ha sido objeto de innumerables sistematizaciones[149], por lo que remito a ellas para quienes deseen documentarse.

Incluido como un patrimonio especial, el arqueológico aparece definido en el artículo 40 LPHE, como el patrimonio histórico susceptible de ser estudiado con metodología arqueológica, haya sido o no excavado, desplazando el criterio tradicional de antigüedad a otro novedoso, de carácter científico. Con esto la norma ha querido asumir las disposiciones internacionales que ya lo recogían así y, en definitiva, la innovación de la Comisión Franceschini (Franceschini, [pdte] 1966), reelaborada posteriormente por M. S. Giannini (1976).

---

149 La más sintética se encuentra en la obra de M.Á. Querol y B. Martínez (1996: 121 ss).

7. El ordenamiento jurídico frente al expolio

Sobre esta definición, M. A. Querol y B. Martínez (1996: 121-126) infieren una consideración importante y que, en cierta medida, explicará el desarrollo de algunas figuras de protección específicas del patrimonio arqueológico presentes en la legislación autonómica. Según estas autoras, la expresa mención hecha en el artículo a que «hayan sido o no extraídos» implica la inclusión, junto a los bienes conocidos, de otros desconocidos o presuntos; esto es, aquellos que aún están bajo la superficie del suelo. Así dividen los diversos regímenes de protección del patrimonio arqueológico en función de su grado de conocimiento (conocido, presunto y desconocido), aunque aúnan en un mismo conjunto las situaciones del patrimonio arqueológico desconocido y presunto.

El patrimonio arqueológico conocido tiene una escala de protección en función de la importancia otorgada al bien en particular. Por un lado están los englobados por la definición contenida en el citado artículo 1.2 LPHE, de los cuales los más importantes corresponden a los denominados bienes de interés cultural, y los incluidos en el Inventario General de Bienes Muebles. Dicho de otro modo, las medidas de protección (y fomento) no se despliegan de modo uniforme sobre la totalidad de los bienes que se consideran integrantes del patrimonio arqueológico español, sino solo sobre los bienes «más relevantes» del mismo, que deberán ser inventariados (para bienes muebles) o declarados de interés cultural tanto para muebles como inmuebles.

La LPHE prevé determinadas consecuencias para los bienes declarados de interés cultural, para el caso que nos ocupa ya sea con la categoría de Zona Arqueológica ya con la de Monumento. Para ambos, existe un conjunto de obligaciones que incumbe a sus propietarios, así como a los ayuntamientos de los términos municipales donde radiquen. Pero, sin lugar a dudas, la técnica de protección principal es el sometimiento a previa autorización de las actuaciones que tanto los particulares como las administraciones deseen llevar a cabo en ellos.

Para la generalidad de bienes pertenecientes al patrimonio histórico español, que no hayan sido declarados de interés cultural o incluidos en el Inventario General de Bienes Muebles, la LPHE no contiene criterios de identificación e individualización, salvo para los patrimonios especiales (arqueológico, etnográfico, documental y bibliográfico). En este sentido, resultan interesantes las consideraciones realizadas por M. R. Alonso Ibáñez (1992: 155 s.). Según esta autora, la constancia identificativa de que un bien concreto pertenece al patrimonio arqueológico puede obtenerse mediante diversas fórmulas: declaración tras la substanciación de un expediente administrativo, aunque no esté dedicado a esta finalidad (catálogos urbanísticos o expedientes para exportaciones, por ejemplo), o bien sería suficiente con la publicación, no necesariamente administrativa, de cualquier instituto de investigación. Este reconocimiento sería suficiente para aplicar sobre estos bienes los principios tuitivos, también en el ámbito penal como se verá oportunamente, que la LPHE y muchas legislaciones autonómicas otorgan al patrimonio arqueológico conocido.

En efecto, los bienes pertenecientes al patrimonio arqueológico de los que existe constancia de su existencia gozan de un suelo protector, con independencia de que determinados bienes relevantes tengan además un estatuto protector superior[150]. La principal de estas protecciones alcanza a las formas en que afloran nuevos bienes: las actividades arqueológicas regladas y los hallazgos casuales.

Las actividades arqueológicas vienen regladas en la LPHE a través de unos requisitos que afectan a su finalidad, metodología, equipo director y destino final de los materiales recuperados en ellas (Barcelona Llop 2002a, García Fernández 2002 y Rodríguez Temiño 2009a). La regulación de los hallazgos casuales, cuya casuística es más cercana al tema que nos ocupa, ha sido objeto del primer instituto jurídico protector del patrimonio histórico, cuando entonces solo se denominaban antigüedades. Desde esa época hasta el presente, todas las leyes sobre patrimonio histórico han dedicado unos artículos al establecimiento de medidas para evitar que los objetos arqueológicos, aparecidos al margen de cualquier actividad científica, estén amparados (Rodríguez Temiño 2010b). Frente al régimen jurídico de las actividades arqueológicas, más centrado en disciplinar la acción dinámica de búsqueda de información histórica a partir de las evidencias arqueológicas, a través de los hallazgos casuales se articulan técnicas jurídicas y administrativas dirigidas a la clarificación de la situación jurídica de la cosa, una vez hallada (Alibrandi y Ferri 1996: 164 ss.). En estos supuestos, la acción desencadenante del descubrimiento no interesa al derecho, siempre que tanto por su finalidad como por el lugar donde se desarrolla sea ajena al hallazgo de bienes arqueológicos[151], cuanto sí lo hace la tutela

---

150 Aunque este sistema presenta severas carencias, como por ejemplo que la destrucción de un yacimiento no catalogado como bien de interés cultural quede impune ante la falta de tipificación de esa conducta en la LPHE. Tampoco la legislación autonómica ha avanzado mucho más para los yacimientos no incluidos en sus respectivos instrumentos, lo cual hace que el único reproche legal de tales atentados deba arbitrarse a través de la ley penal.

151 La Ley del Patrimonio Histórico Español separa las dos formas de aparición de nuevos bienes de carácter arqueológico: una como producto de actividades arqueológicas encaminadas a su descubrimiento e investigación; y la otra, cuando afloran como resultado de acciones que entrañen búsquedas y movimientos de tierra sin finalidad científica. La ausencia de este propósito de incremento del conocimiento arqueológico las confina dentro de un apartado sometido a normas rectoras, cuya principal orientación es la evitación de tales hallazgos no deseados o, en caso inevitable, minimizar los efectos negativos para el patrimonio arqueológico y su función social a los que pudieran verse expuestos como consecuencia de esa aparición fortuita.

7. El ordenamiento jurídico frente al expolio

de lo descubierto para evitar su pérdida. No es ahora momento para volver a entrar en el complejo debate, aún abierto sobre la naturaleza jurídica de este instituto y sus reminiscencias con legislaciones más antiguas como la romanista del tesoro. Solo cabe señalar dos aspectos de trascendencia para los temas abiertos en este libro. Primero que, como ya se ha visto a la hora de describir el funcionamiento de los aparatos detectores de metales, con ellos no se producen hallazgos casuales, sino causales. En lo cual está prácticamente de acuerdo la doctrina (Barcelona Llop, 2000 y 2002a, Moreu Ballonga 1993 y Rodríguez Temiño 2010b) y la jurisprudencia[152].

En segundo lugar, sería impreciso decir que el legislador de 1985 dejase a su suerte los restos arqueológicos. Para Barcelona Llop (2000: 137 ss.), la creación del dominio público arqueológico en el artículo 44.1 LPHE responde a la conciencia de la fragilidad de los restos arqueológicos y procura su amparo ante su vulnerabilidad a múltiples agresiones, sencillas de practicar. Con esta medida se reclaman las ordinarias consecuencias tuitivas de la demanialidad.

En tercer lugar, cabe situar las medidas coercitivas para sancionar aquellas conductas que deterioren o pongan en peligro este patrimonio especial. La LPHE, como el resto de las normas sobre patrimonio histórico y cultural autonómicas, regula la potestad sancionadora a partir de tres importantes directrices: evitar que la actuación contra los bienes pertenecientes al patrimonio histórico pueda ser fuente de lucro para los infractores, la necesidad de restitución y la indemnización por los daños y perjuicios causados (Teijeiro Lillo 2001). Con este bagaje, el artículo 76 LPHE recoge determinadas conductas dañosas, por acción u omisión, así como los incumplimientos de las obligaciones impuestas en la parte dispositiva de la norma, aunque no devengan en daños a los bienes, hayan sido estos declarados de interés cultural, incluidos en el Inventario de Bienes Muebles o simplemente se encuentren recogidos

---

En todo caso, aunque parezca una obviedad, no se dará un hallazgo casual si la naturaleza de la actividad de la que traiga causa esa aparición está, de alguna manera, relacionada con la arqueología, ya sea porque se estén buscando restos arqueológicos al margen de todo proyecto científico, ya porque se efectúen los trabajos en lugares donde cualquier movimiento de tierra pueda ponerlos al descubierto, como ha reconocido ampliamente la jurisprudencia. Por tanto, como he venido sosteniendo en diversas ocasiones (Rodríguez Temiño 2004a y 2006), no considero plausible aplicar este instituto jurídico a la aparición de restos arqueológicos como consecuencia de la utilización de un detector de metales, ya que su diseño y prestaciones los convierten en instrumentos idóneos para su hallazgo.

152 También la Sentencia del Tribunal Supremo (Sala de lo Contencioso-Administrativo, sección 3ª) de 10 de abril (Arz. 3472) sobre la eventual indemnización como premio que habría de dársele al autor del hallazgo de un tesorillo en Padilla de Duero (Valladolid), encontrado usando un detector de metales, razona que tal hallazgo no puede reputarse de casual, sino como producto de la búsqueda de restos arqueológicos mediante el empleo para ello los detectores de metales.

en la definición de patrimonio histórico español (art. 1.2 LPHE). Tales conductas son tipificadas como infracciones administrativas, cuando por su gravedad no sean consideradas como delitos.

En concreto para el patrimonio arqueológico se echa en falta una definición *ad hoc* de expoliación, no referida al incumplimiento de los preceptos contenidos en los artículos 42 y 44 LPHE, sino a la realización de *escarbaciones*, o rebuscas de objetos arqueológicos, aunque no haya mediado un hallazgo casual previo. En este sentido, como he venido insistiendo en trabajos precedentes, una de las grandes ausencias del mencionado artículo 76 LPHE es la no tipificación del uso, fuera de una actividad arqueológica, de aparatos detectores de metales como infracción administrativa[153].

En efecto, dando por descontado que con un detector de metales se producen hallazgos causales de objetos arqueológicos, lo dispuesto en los artículos 41.1 y 41.2 LPHE está destinado a someter a previa autorización determinadas prácticas: prospecciones y excavaciones (art. 42 LPHE), cuyo objetivo fundamental es la investigación, como se deduce de las definiciones que da el legislador de ambas técnicas. Consecuentemente, lo dispuesto en el artículo 76.1.f LPHE, en relación al 42.3 LPHE (esto es, la realización de estas actividades sin autorización), no es aplicable a la conducta de los detectoristas, al no ser la investigación su objetivo. Cabría suponer que las remociones de tierra posteriores a la realización de un hallazgo casual, a las que se refiere el artículo 42.3 LPHE, podrían entrar en este género de ilícitos, pero para ello debería admitirse que con un detector de metales se producen hallazgos casuales, lo que resulta bastante inverosímil.

7.2.3. La legislación sobre patrimonio histórico y cultural de las comunidades autónomas

La legislación sectorial de ámbito subestatal ha mejorado notablemente la capacidad preventiva de la legislación estatal, mediante la ampliación del catálogo de figuras destinadas a controlar los riesgos que se ciernen sobre el patrimonio arqueológico, escalonando las figuras de protección en razón de la importancia de los bienes[154].

---

153 Tampoco aquellas destrucciones de yacimientos arqueológicos que no estén declarados de interés cultural o, al menos, tengan incoado el procedimiento para ello, haya o no mediado la intervención de aparatos detectores de metales para su localización.

154 Sobre los sistemas de protección del patrimonio arqueológico articulados por la legislación remito a los trabajos de M. Á. Querol y B. Martínez (Querol y Martínez 1996, 1998 y 2001 y la síntesis Martínez y Querol 2004).

7. El ordenamiento jurídico frente al expolio

Por otro lado, dado que las autorizaciones de las actividades arqueológicas recaen en los órganos competentes para la aplicación de la legislación sobre patrimonio histórico y cultural de las comunidades autónomas, también se ha reglamentado el proceso de autorización de actividades arqueológicas, cuya tipología se ha visto así mismo aumentada. Sin embargo, el cuadro de infracciones y sanciones ha variado poco con respecto a la LPHE, salvo una estructuración sistemática más clara, dividiéndola en tres niveles, en función de su gravedad. Quizás la principal novedad, al menos para el tema de esta obra, haya sido la tipificación del uso de los aparatos detectores sin autorización como infracción administrativa.

Esta regulación ya ha sido objeto de un detenido análisis (Rodríguez Temiño 1998, 2000 y 2004a), cuyos principales fundamentos se traen de nuevo a colación de forma abreviada para dar mayor agilidad a la lectura de este, ya de por sí, bastante árido capítulo.

La forma en cómo han abordado estas normas la cuestión de los detectores de metales podría agruparse, en cuanto a la técnica administrativa usada, en dos supuestos:

a) Asimilación del uso de los detectores de metal a la prospección arqueológica, o bien como agravante de conductas ya ilícitas (la realización de una actividad arqueológica sin la obligatoria autorización administrativa). En este primer modelo, se intenta en cierta forma desarrollar la LPHE en esta materia, mediante normas de diverso rango, para poder aplicar el régimen sancionador previsto en ella. El medio elegido ha sido la ampliación del concepto de prospección arqueológica, definido con algunas variaciones de manera similar a lo expresado en el artículo 41.2 LPHE, para dar cabida a prácticas formalmente análogas, pero careciendo de finalidad y metodología arqueológica. Por esta vía se considera la utilización de estos aparatos u otros similares asimilable a una clase de prospección, con independencia de que no sea predicable de ellas el componente finalista de investigación arqueológica, integrante de la mencionada definición del 41.2 LPHE.

La Ley 4/1990, de 30 de mayo, del Patrimonio Histórico de Castilla-La Mancha (LPHC-LM), la Ley 7/1990, de 3 de julio, de Patrimonio Cultural Vasco (LPCV), la Ley 10/1998, de 9 de julio, de Patrimonio Histórico de la Comunidad de Madrid (LPHM), la Ley 11/1998, de 13 de octubre, de Patrimonio Cultural de Cantabria (LPCCan), la Ley 1/2001, de 6 de marzo, de Patrimonio Cultural del Principado de Asturias (LPCPA) y la Ley 12/2002, de 11 de julio, de Patrimonio Cultural de Castilla y León (LPCCyL), se acogen, de una u otra forma, a este modelo.

b) Sometimiento del uso de detectores de metal a licencia previa, cuando no se prohíbe de forma taxativa su uso fuera de una actividad arqueológica lícita[155]. Tanto la antigua Ley 1/1991, de 3 de julio, de Patrimonio Histórico de Andalucía (LPHA'91), como la vigente Ley 14/2007, de 26 de noviembre, de Patrimonio Histórico de Andalucía (LPHA'07)[156], la Ley 8/1995, de 30 de octubre, del Patrimonio Cultural de Galicia (LPCG), la Ley 2/1999, de 29 de marzo, de Patrimonio Histórico y Cultural de Extremadura (LPHCE), la Ley 12/1998, de 21 de diciembre, del Patrimonio Histórico de las Islas Baleares (LPHIB) y la Ley 3/1999, de 3 de marzo, de Patrimonio Cultural Aragonés (LPCAr), siguen este segundo modelo.

---

155 Opinión que en lo sustancial también es compartida por J. Barcelona (2002a: 120 s.), aunque no coincidamos en los argumentos.

156 Tras la aprobación de la Ley 7/2011 de Archivos, Documentos y Patrimonio Documental de Andalucía, el artículo 60 LPHA'07 queda redactado de la siguiente manera: «1. El uso de detectores de metales u otras herramientas o técnicas que permitan localizar restos arqueológicos, aun sin ser ésta su finalidad, deberá ser autorizado por la Consejería competente en materia de patrimonio histórico. Podrán eximirse de esta autorización los usos que se establezcan reglamentariamente. Asimismo, reglamentariamente se establecerán las prohibiciones de estos usos.
2. La persona interesada deberá presentar solicitud en la que indicará el ámbito territorial y fecha o plazo para el uso de detectores de metales u otras herramientas y demás requisitos que se establezcan reglamentariamente. En todo caso, la solicitud se acompañará de la autorización del propietario de los terrenos.
3. La autorización deberá ser resuelta y notificada en el plazo de tres meses. Transcurrido dicho plazo, la persona interesada podrá entender desestimada la solicitud.
4. La autorización se otorgará con carácter personal e intransferible, debiendo indicarse el ámbito territorial y la fecha o plazo para su ejercicio. La Administración comunicará esta autorización a los agentes de las Fuerzas y Cuerpos de Seguridad.
5. En todo caso, cuando con ocasión de la ejecución del uso o actividad autorizados se detectara la presencia de restos arqueológicos de cualquier índole, la persona autorizada suspenderá de inmediato el uso o actividad autorizados, se abstendrá de realizar remoción del terreno o intervención de cualesquiera otra naturaleza y estará obligada a dar conocimiento, antes del término de veinticuatro horas, a la Consejería competente en materia de patrimonio histórico o al Ayuntamiento del término en el que se haya detectado el resto arqueológico, o, en su defecto, a la dependencia más próxima de las Fuerzas y Cuerpos de Seguridad.
6. En los hallazgos a que se refiere el apartado 5, no habrá derecho a indemnización ni a premio alguno.
7. Los Estatutos de las asociaciones y demás entidades con personalidad jurídica propia entre cuyos fines se encuentre la detección de objetos, metálicos o de cualquier otra naturaleza, que se encuentren en el subsuelo deberán recoger, de forma expresa, la obligatoriedad de obtener la autorización de la Consejería competente en materia de patrimonio histórico para la localización de restos arqueológicos».

7. El ordenamiento jurídico frente al expolio

Esto no significa que cada norma haya optado por una técnica distinta, puesto que hay leyes en las que conviven las dos, a veces sin demasiada armonía, como la LPCCan. Incluso las hay que no han tipificado esta conducta. Es el caso, entre otras (pocas, a decir verdad), de la Ley 4/2007, de 16 de marzo, de Patrimonio Cultural de la Comunidad Autónoma de la Región de Murcia. Esta ausencia es sorprendente no solo por ser una de las últimas en salir, lo que implica la existencia de muchos precedentes de normas que sancionan su uso no autorizado, sino porque la Región de Murcia fue la primera comunidad en dar cursos a los Cuerpos y Fuerzas de Seguridad del Estado sobre esta materia, en 1994 (*Curso: Protección del patrimonio arqueológico...* 1996), lo que hacía pensar en cierta sensibilidad sobre el daño que provocan.

7.2.4. Consecuencias jurídicas de ambos modelos

El ordenamiento jurídico emanado de la legislación sobre arqueología ha concebido esta disciplina como un saber especializado destinado a conocer nuestros orígenes, que ha hecho de la excavación su principal instrumento de indagación. Esta especialización supone el reconocimiento de que no todo el mundo sabe o puede hacer excavaciones, siendo las administraciones competentes las encargadas de resolver sobre las solicitudes. Desde esta óptica, se ha procedido a la tipificación de las conductas antijurídicas, en relación con las actividades arqueológicas, atendiendo exclusivamente al hecho de no contar con la autorización.

Esta focalización sobre la legalidad de unas actividades arqueológicas, previamente definidas, en la existencia o no de justo título de legitimación –que ha heredado la LPHE– es la que han remodelado las normas autonómicas, del primer modelo, para hacer entrar la utilización de aparatos detectores de metal. La forma en que lo han hecho ha sido desvirtuar la finalidad investigadora preconizada por la LPHE de toda intervención sobre el patrimonio arqueológico, añadiendo la simple búsqueda de restos arqueológicos (art. 17 LPHC-LM) o, como se recoge de forma explícita en el artículo 46 LPCV, cualquier finalidad ajena a esta ciencia, siempre que se empleen estos instrumentos.

Sin embargo, no todo queda en eso. Con esta asimilación del uso de detectores de metal a la prospección arqueológica, el empleo de estos aparatos no se convierte en la prueba fehaciente de la conducta infractora. Aunque se trate de una infracción de mera actividad, que no precise de resultados concretos para su comisión, como reconoce el TSJA (Sala de lo Contencioso-Administrativo, de Sevilla, Sección 1ª) en varias sentencias (por ejemplo, de 5 de octubre de 2000 [recurso nº 1326/1998]), de 21 de octubre de 2001 [recurso 1959/1997] y 19 de septiembre de 2001 [recurso 850/1998], entre otras), para sancionar será preciso demostrar que la persona sorprendida estaba buscando restos arqueológicos y no otra cosa (minerales, por ejemplo), elemento subjetivo del tipo sin cuyo concurso no se acreditará el ilícito. Esto no siempre resulta fácil, ya que se trata de cuestiones relativas al conocimiento y la voluntad, no perceptibles por los sentidos. Para ello, si no media confesión de la persona inculpada, deberá recurrirse a pruebas indiciarias. Estas son, como se define en el artículo 1253 CC y en diversas sentencias del Tribunal Constitucional y del Tribunal Supremo, presunciones deducidas según las reglas del criterio racional, mediante enlaces lógicos y precisos, a partir de unos hechos tenidos por ciertos[157]. Esto no será mayor problema si quien fue sorprendido usando el detector tenía en su poder objetos arqueológicos, llevaba algún instrumento para realizar pequeños hoyos en el suelo para acceder a lo detectado o se encontraba en un yacimiento, o más de una cosa a la vez. Pero lo cierto es que los patrones de comportamiento de quienes se dedican al expolio han cambiado y solo los aficionados de «fin de semana» suelen guardar lo que encuentran. Los expoliadores profesionales se limitan en sus búsquedas a localizar necrópolis u otros sitios de interés y señalizarlos, para volver con nocturnidad al lugar y poder escarbar con mayor impunidad (Cortés Ruiz 2002a). Con lo cual, lo habitual es que vayan provistos solo del detector y que apenas si recojan alguna pieza. En esos casos, la única prueba indiciaria para suponer con certidumbre que su intención era la búsqueda de restos arqueológicos será que, al ser sorprendido por la fuerza actuante, se encuentre en un yacimiento o en sus cercanías.

En diversas sentencias del TSJA sobre recursos contenciosos administrativos interpuestos por personas sancionadas por el uso no autorizado de detectores de metal, se ha admitido como prueba indiciaria para acreditar la intencionalidad del uso del aparato para la búsqueda de restos arqueológicos la proximidad de yacimientos arqueológicos al lugar donde se encontraba la persona imputada de la comisión de la infracción. Con ello se desvirtúa la presunción de inocencia aludida por los inculpados. Dicha prueba proviene de las unidades del Seprona de la Guardia Civil en sus denuncias o de los informes técnicos emitidos durante la instrucción del procedimiento[158]. Dadas las características

---

157 Sobre su aplicación al derecho administrativo sancionador, *vid.* Garberí Llobregat (1994: 332-336); Nieto García (1994: 380 ss.), que tratan la cuestión desde acercamientos ciertamente distintos.

158 Por ejemplo, Sala de lo Contencioso-Administrativo, sede de Sevilla, Sección 3ª, de 7 de octubre de 1999 (recurso núm. 2593/1996); 14 de octubre de 1999 (recurso núm. 1133/1997); 21 de octubre de 1999 (recurso núm. 1959/1997); 1 de febrero de 2001 (recurso núm. 2266/1998).

del patrimonio arqueológico, no es difícil que alguien se encuentre en las cercanías de un yacimiento, salvo que ande buscando por las playas, en otras formaciones sedimentarias recientes o en lugares donde no sea pensable huella humana por las condiciones medio ambientales. Sin embargo, esta teórica facilidad para poder argumentar este indicio, del que concluir el uso del aparato, no resulta satisfactoria debido a que en muchas áreas donde se sospecha la existencia de yacimientos, la falta de inventarios y prospecciones hace difícil demostrarlo. De hecho, no es infrecuente el archivo de las denuncias, cuando se comprueba que la persona usuaria de los aparatos no estaba en un yacimiento o no llevaba ningún objeto arqueológico encima, en algunas administraciones culturales.

Este argumento sobre el lugar donde se ha sorprendido a la persona usando el detector se ha convertido en una cuestión cardinal, por cuanto que son muchos quienes creen que el ámbito propio de una legislación sectorial –como la de patrimonio histórico o cultural– para la imposición de restricciones al libre uso de un aparato, con el que también pueden descubrirse minerales, será solo el del patrimonio arqueológico en razón de su competencia. Tesis que sustentan las asociaciones de detectoristas, así como algunos legisladores autónomos que han incluido en los artículos referencias concretas a que debe estar usándose en lugares donde hallen restos arqueológicos, o se presuma su existencia, para que tal manejo sea considerado como actividad arqueológica (art. 63.2 LPCPA). Para la LPCV es además necesario demostrar el conocimiento previo de su existencia, lo cual es un *handicap* añadido. Por fortuna el País Vasco cuenta con una protección natural, en forma de cubierta vegetal, que debe dificultar la actividad detectorista porque no se lo ha puesto precisamente fácil la legislación a la Administración. Si la diputación foral correspondiente desea imponer una multa a una persona sorprendida con un detector, aquí más que en ningún otro sitio deberá demostrarse el dolo de querer expoliar.

Por otra parte, la vía de considerar el uso de estos aparatos u otros similares como agravante de tipos antijurídicos (art. 130.j. LPCCan), normalmente prospecciones o excavaciones, aunque de una lógica aplastante, no resuelve del todo la tipificación de las conductas de los detectoristas, por cuanto que subyace la necesidad previa de que se realice una actividad ilícita, en la que se constate la presencia de este tipo de instrumentos.

En cualquier caso, esta técnica administrativa para someter el uso de detectores de metales a previa autorización por parte de la Administración cultural trastoca la línea establecida en el derecho español, desde la promulgación de la LEA, de cualificar científicamente este tipo de actividades para diferenciarlas de las expoliaciones. Separación que ha sido más nítida conforme la arqueología ha ganado en rigor metodológico y epistemológico, hasta el punto de haberse convertido, la propia metodología arqueológica, en el criterio identificativo de este patrimonio especial. Si resulta necesario sancionar aquellas actividades que, sin metodología arqueológica o con una de carácter burdo, causen daños al patrimonio arqueológico, no parece preciso para ello incluirlas en el mismo saco de las científicamente ortodoxas.

A mi juicio, el segundo modelo sigue más fielmente la manera de actuar predicable de una correcta política punitiva. Esta, según A. de Palma del Teso (1996: 32), debe caminar por un proceso lógico previo en el que hayan debido tomarse en consideración datos como la naturaleza o significación del bien jurídico protegido, su reconocimiento por la Constitución, el comportamiento que lo pone en peligro, los efectos o consecuencias sociales de ese comportamiento y la reacción más adecuada frente al mismo.

En las disposiciones que han optado por esta segunda vía (la LPHA'91, LPHA'07 y la LPCG; en algunos artículos la LPCCan y la LPHCE; en el ámbito del patrimonio declarado la LPHM y en el de los bienes integrantes del patrimonio histórico de cada comunidad, la LPHIB y la LPCAr), el elemento relevante que conviene destacar es que todas someten a previa autorización el uso de estos aparatos, con independencia de la finalidad del mismo, reprochándose y, por tanto, sancionado cuando se hace sin ese consentimiento administrativo. Como se ha argumentado para la interpretación del 113.5 LPHA'91 (Rodríguez Temiño 2000) es de los detectores de metal de quien se predica su destino o aptitud para la búsqueda y localización de objetos metálicos enterrados, un importantísimo y –recordemos– no renovable porcentaje de los cuales pertenecen al patrimonio arqueológico. Esto quiere decir que lo sometido a previa autorización es la actividad, sin que tenga especial significación, a este respecto, la existencia del elemento subjetivo de buscar restos arqueológicos. A diferencia del primer caso visto, no se trata de una actividad arqueológica en la que la intencionalidad de la persona autora, normalmente deducida a través de pruebas indiciarias, sea determinante para llegar a la convicción de que se ha consumado la infracción. En los supuestos que comentamos, la técnica administrativa sería la de prevención de un riesgo. El peligro para el patrimonio arqueológico representado por el uso libre de estos aparatos reclama como solución una protección anticipada, de carácter preventivo, ya que esa conducta está avocada a la lesión del bien tutelado.

Esta técnica no es nueva, sino que tiene bastantes aplicaciones. Por ejemplo, la Ley 4/1989, de 17 de marzo, de Protección de los

7. El ordenamiento jurídico frente al expolio

Espacios Naturales y de la Fauna y la Flora Silvestres hace uso de ella para prohibir y sancionar la utilización de métodos masivos y no selectivos de caza (trampas, cepos, lazos, etcétera), sin que en su tipificación se hayan tenido en cuenta criterios de intencionalidad o si el lugar donde se colocan tiene una especial protección o no. La Ley andaluza 8/2003, de 28 de octubre, de la flora y la fauna silvestres, abunda en este particular añadiendo a la prohibición de uso, la de su tenencia y comercialización. En efecto, en su artículo 8 prohíbe, salvo en supuestos excepcionales sujetos a previa autorización de la Consejería de Medio Ambiente, la «tenencia, utilización o comercialización de todo tipo de instrumentos o artes de captura o muerte de animales masiva o no selectiva», así como el uso de procedimientos que pudieran causar localmente la desaparición de una especie o alterar gravemente las condiciones de vida de sus poblaciones. En un anexo de la citada norma se detallan de forma expresa aquellas artes de captura a las que se refiere el citado artículo.

El fundamento de estas disposiciones es que estos modos de caza no discriminan si la pieza capturada pertenece o no a una especie protegida y, para salvaguardarla de su extinción, se evita el empleo de estas artes. Debe tenerse igualmente presente que esta prohibición no afecta de forma exclusiva a los hábitats protegidos donde suelen morar las especies en peligro de desaparición, sino a todo el ámbito de aplicación de las normas, ya que no resulta infrecuente que uno de estos animales se encuentre fuera de ellos.

Pues bien, en nuestro caso, el detector registra lo mismo un bien perteneciente al patrimonio arqueológico que otro objeto metálico que no lo sea (es más, como se ha visto, estos aparatos están equipados con funciones que les permiten por un lado discriminar metales contemporáneos como el aluminio y, por otro, advertir de la presencia de rasgos sedimentológicos, como oquedades, que favorecen el abrigo de la esperanza de encontrar asociados a las mismos acumulaciones de objetos). Por tanto, para evitar la merma de bienes arqueológicos se somete a previa autorización su uso, sancionándose a quien no cuente con ella o incumpla los condicionantes impuestos en la misma.

Así, en teoría, en esas comunidades autónomas si alguien es denunciado por usar un detector de metales sin autorización, puede incoarse el correspondiente procedimiento sancionador, y eventualmente sancionarle, con solo demostrar que carecía de la autorización administrativa, ya que se dan así todas las características para que un hecho pueda ser sancionado administrativamente: antijuricidad y una conducta dolosa o culposa atribuible a una persona a título de autor. Como explica A. de Palma del Teso (1996: 134 ss.), esta conducta puede ser un dolo de mera inobservancia (art. 130.1 de la Ley 30/1992, de 26 de noviembre, de Régimen Jurídico de las Administraciones Públicas y del Procedimiento Administrativo Común [LRJ-PA]), sin que por ello se esté hablando de responsabilidades objetivas[159]. Esta misma postura ya había sido defendida con anterioridad por A. Nieto García (1994: 388 ss.) al hablar de aquellas infracciones surgidas como consecuencia de un deber genérico previo de diligencia y cuidado, en evitación de un daño previsible. Pero si, además, se llega a la conclusión, por la concurrencia de las pruebas a las que antes se hacía referencia, de que lo estaba usando para buscar bienes pertenecientes al patrimonio arqueológico, poniéndose de manifiesto el elemento subjetivo de la culpabilidad, al quedar demostrada la utilización de la capacidad técnica de ese aparato para la detección de tales bienes, no se estaría ya en el mero anudamiento de los hechos para encajarlos en la tipificación legal, sino evidenciándose una intencionalidad manifiesta, lo que agravaría la calificación de la sanción, ya que este dolo figura entre los factores de dosimetría punitiva previstos en esos textos legales (por ejemplo, los arts. 117.2 LPHA'91; 95.4 LPCG y 133.4 LPCCan; y de forma general el artículo 131.3.a) LRJ-PAC), por estar el principio de proporcionalidad unido al de culpabilidad[160]. Con lo cual, la cuantía de la multa debería ser mayor que la de aquella a quien solo se la halle responsable de una infracción a título de mera inobservancia del precepto de contar con autorización para el uso del detector de metales[161].

En la sentencia del TSJA, Sala de lo Contencioso Administrativo, sede de Sevilla, sección 1ª, de 9 de octubre de 2000 (recurso núm. 1327/1998), el magistrado ponente en su razonamiento sigue por caminos muy similares a los expuestos aquí. El demandante alegaba hallarse en posesión de un aparato detector de metales y no de un aparato destinado a la detección de restos arqueológicos. También que su intención no era la de buscar restos arqueológicos, sino simplemente «ir campo a través» e ignoraba que en la zona existiesen yacimientos. Tampoco tenía en su poder ningún resto ni portaba instrumento alguno para la remoción del terreno. Sin embargo, para el magistrado la mera posesión del aparato supone ya un indicio del que deducir la actividad. Su argumentación es la siguiente:

---

159 Como se verá más abajo, al hablar de la protección penal del patrimonio arqueológico, también en estos supuestos se considera que el dolo necesario para la comisión de los delitos tipificados en los artículos 321 y 323 CP es menor que para otros supuestos delictivos contra bienes de distinta naturaleza (García Calderón 2008: 72).

160 Este principio parece haberse quebrado, a mi juicio, con la nueva LPHA'07.

161 A este respecto también debería tenerse presente como criterio, a la hora de fijar la cuantía de la sanción, en el supuesto de que la persona imputada de la comisión de la infracción sea portadora de objetos arqueológicos, el presupuesto normalmente barajado para hacer la prospección de un yacimiento, ya que de esa forma se evalúa la información estratigráfica perdida.

7. El ordenamiento jurídico frente al expolio

«[e]fectivamente, al sancionarse por la mera posesión de aparatos detectores de metales o de restos arqueológicos, es claro que ha de hacerse un proceso deductivo para concluir si, en efecto, como afirma el actor, su intención no era la búsqueda de restos arqueológicos o, por el contrario, como sostiene la Administración, la posesión del aparato estaba finalísticamente destinada a buscar –y eventualmente encontrar– restos arqueológicos. El hecho base indudable, admitido por el demandante, es la posesión de un aparato detector. Las posibilidades de encontrar con el mismo metales o restos arqueológicos no se ha discutido tampoco: era hábil para ambas cosas; y ello sobre la base de que existen restos de interés arqueológico que son metálicos.

La cuestión central del debate es la finalidad de la posesión del aparato. Con independencia de que en lugar más o menos próximo al de la denuncia existan yacimientos declarados o no, existe un indicio, a nuestro juicio poderoso. La posesión de un aparato detector de metales (y de restos arqueológicos) no tiene explicación en sí misma; es decir, nadie lleva un aparato de este tipo sin razón alguna; siempre, es lo lógico, se lleva para algo. Y ese algo está constituido por las utilidades que el aparato en cuestión puede dar. Pues bien, el actor, pese al esfuerzo dialéctico desplegado por la demanda, no acredita cuál podía ser ese fin, si es que había alguno, descartado como está la mera posesión. Conocida la funcionalidad de los aparatos detectores, descubierta su posesión en zona generalmente apta para la búsqueda, con independencia de que el hallazgo sea más o menos difícil, lo cierto es que tenemos indicios que sirven para anudar al hecho base la consecuencia lógica: el aparato se poseía para buscar restos arqueológicos....»

No obstante, la experiencia de gestión y los efectos vistos hasta el momento de aplicación de la normativa andaluza, me llevan a considerar que la regulación idónea del uso de aparatos detectores de metales, fuera de actividades arqueológicas, sería simplemente su prohibición directa y taxativa, con incautación del aparato en caso de ser sorprendida una persona haciendo uso del mismo. La técnica de la autorización excepcional que, de uno u otro modo, es la elegida en la actualidad por las legislaciones tiende a complicarse y a un desarrollo burocrático inconcebible, cuando el objetivo finalista es el mismo: evitar su uso indiscriminado. Espero que se pueda llegar al convencimiento de los responsables públicos de que esta medida es la mejor salvaguarda del patrimonio arqueológico mueble.

7.3. La regulación del tráfico de bienes arqueológicos

El comercio ilícito de objetos pertenecientes al patrimonio histórico, y concretamente al arqueológico, ha sido fuente de alarma social y de reclamación de actuaciones a los poderes públicos, al menos, desde finales del siglo XIX, cuando surgen voces que claman por el abandono en que se encuentran y la impunidad con que salen del país (Navarro Ledesma 1897 y Yáñez y Lavín 1999). Semejante preocupación tampoco ha decaído a lo largo del siglo XX, antes bien se ha visto ampliada por el eco tenido en ámbitos internacionales.

Unesco concluyó un nuevo instrumento normativo destinado a combatir la práctica del tráfico ilícito, sin distinción de la situación del país con respecto a un posible conflicto armado, con el fin de atajar el progresivo empobrecimiento del patrimonio cultural que se estaba operando en muchos países. Nació así la Convención de París de 1970 sobre el tráfico ilícito de bienes culturales.

Según García Labajo (2008: 124):

> «[e]l principio básico y nuclear que se establece en dicho instrumento es el de la ilicitud del tráfico de bienes culturales que se efectúa con infracción del derecho interno de los Estados Partes en la Convención, o sea, de las disposiciones adoptadas en su Ordenamiento Jurídico por los Estados en establecimiento de las medidas de intervención y control previstas en la Convención».

Por su propia naturaleza, las regulaciones internacionales sobre tráfico ilícito tienden a reforzar las restricciones internas de cada Estado a la salida indiscriminada de bienes culturales. La función de los tratados internacionales suele ser fomentar la colaboración entre los estados signatarios, respetando los criterios adoptados por cada uno de ellos en relación al control de sus propias fronteras.

Las medidas de colaboración internacional establecidas en la Convención de 1970, para ayudar a cada Estado en la lucha contra el tráfico ilícito de bienes culturales, son susceptibles de clasificarse en las dirigidas a la intervención y control, las sancionadoras y las de restitución (García Labajo 2008: 124 s.).

Estas medidas valen de poco si cada Estado no se ha comprometido a realizar inventarios y catálogos de sus principales bienes, aspecto en el que insiste toda la normativa internacional y que no deja de ser remachado por sus analistas (García Labajo 2008: 126 y Magán Perales 2001a: 131-162).

7. El ordenamiento jurídico frente al expolio

La Convención Unidroit de 1995 complementa, en cierta forma, la Convención de 1970, ya que se dedica sobre todo a las relaciones internacionales jurídico privadas. Este instrumento, a petición de la Unesco, fue preparado por el Instituto Internacional para la Unificación del Derecho Privado (Unidroit). La Convención se aplica a bienes culturales robados o exportados de manera ilegal y establece unas normas jurídicas, amén de unos requisitos, para las demandas de restitución o devolución de esos bienes. Su finalidad última es que los traficantes no saquen provecho de las discordancias entre los distintos ordenamientos jurídicos de cada país.

No cabe duda, como repite Magán Perales a lo largo de su obra sobre la circulación ilícita de bienes culturales (Magán Perales 2001a: 184), que todo lo relativo al comercio ilegal resulta especialmente complejo por la diversidad de intereses en juego, representados por el posicionamiento de cada país en el comercio, lícito y no, de obras de arte. De forma que existe una cierta contradicción entre la severidad de muchos países en lo que respecta a las exportaciones de bienes culturales, sujetos además a complicados procedimientos burocráticos, y la laxitud a las importaciones de bienes de esa misma naturaleza.

No obstante esta dificultad, y el doble rasero de medir, según sean bienes culturales propios o ajenos, F. Isman (2009: 35 ss) relata los éxitos conseguidos, por la sección especializada en obras de arte del arma de Carabinieri, junto con la justicia italiana, en la recuperación de importantes piezas arqueológicas expoliadas y sacadas de manera clandestina del país. Son pocas en comparación de las decenas de miles de las que aún siguen en manos de coleccionistas privados y públicos. Pero cada vez resulta más difícil que «prestigiosas» instituciones, con amplios historiales en adquisición y blanqueo de obras de arte antiguas, como la Paul Getty o el Metropolitan Museum de Boston o de Nueva York, puedan resistir la presión internacional y no admitan la procedencia ilícita de piezas y su devolución, aunque sigan resistiéndose a minimizar el impacto de estos procesos.

España, como la gran mayoría de países de nuestro entorno, mantiene una regulación de la exportación de bienes culturales basada en la imposición de limitaciones y trabas para algunas categorías de ellos, pero el resto puede ser exportado libremente. En efecto, se ha hecho notar, de forma oportuna, que la LPHE parte del principio de libertad de enajenación de los bienes culturales no porque así lo diga expresamente, sino porque no restringe la facultad inherente al derecho de propiedad, sin perjuicio del establecimiento de límites y excepciones (Fidalgo Martín 2008: 56). En este sentido, está a mitad de camino entre aquellos países que tienen vedada toda exportación y los que apenas la única posibilidad estatal de hacerse con un bien sujeto a ella es su adquisición (Magán Perales 2001a: 183 s.).

El artículo 5.1 LPHE define de manera amplia el concepto de exportación como la mera salida del territorio español de cualquier bien integrante del patrimonio histórico español, concepto también abarcado que reenvía a la definición expuesta en el artículo 1.2 LPHE. El Estado se arroga de ciertas competencias en materia de control de las exportaciones y defensa de las salidas ilegales de territorio español. Entre ellas, autorizar con carácter firme las exportaciones y fijar sus condiciones (art. 5 LPHE y 45 a 48 RPHE) y decidir la salida temporal de España (art. 31 LPHE) o realizar los actos de recuperación de los bienes exportados ilícitamente (art. 29 LPHE y 24 a 27 RPHE) (Magán Perales 2001a: 240).

El mencionado artículo 5.3 LPHE prohíbe de manera absoluta la exportación de bienes declarados de interés cultural, a los que pueden sumarse aquellos que merezcan esa consideración a juicio de la Administración, en tanto no sean incluidos en alguna de las categorías de protección previstas en la LPHE. En relación con este precepto, el artículo 51 RPHE extiende con carácter cautelar la posibilidad de inexportabilidad a otros bienes cuando estén pendientes de ser declarados BIC, así como a los que considere susceptibles de obtener esa declaración. Facultades que, de momento en lo que yo sé al menos, nunca se han ejercido por la Administración.

Siguiendo la exposición de Magán Perales (2001a: 242 ss.), el siguiente escalón está compuesto por aquellos bienes muebles inscritos en el Catálogo General de Bienes Muebles, o que tengan incoado procedimiento para su inclusión, o los que posean una antigüedad mayor de cien años. En estos supuestos, el artículo 5.2 LPHE prevé la instrucción de un procedimiento para recabar la preceptiva autorización de exportación, sea temporal o definitiva. También están sometidos a este régimen los bienes importados durante los diez años siguientes a su entrada en España, aunque en este caso la autorización debe ser forzosamente concedida y sin derecho a adquisición preferente por parte del Estado. En los casos anteriores, la denegación del permiso de exportación habilita el uso de la vía expropiatoria (art. 33 LPHE y 50 RPHE).

Magán Perales (2001a: 245) echa en falta la regulación de cuestiones tan importantes como la forma de poner en conocimiento de la Administración la intención de exportar, el plazo en que debe hacerse o las condiciones que han de regir las autorizaciones, cuestiones que no ha desvelado el desarrollo reglamentario. Por el contrario, la ley se

7. El ordenamiento jurídico frente al expolio

centra en exceso –en su opinión– sobre cuestiones de orden menor como las tasas a las que están sujetas las exportaciones.

Por exclusión, el resto de bienes pueden exportarse definitivamente sin autorización de ninguna clase.

Las transacciones que no impliquen salida al exterior están amparadas por el mencionado respeto al derecho de propiedad. Por tanto, su realización solo está sometida a dar conocimiento de la misma a las autoridades competentes, que podrán ejercer el derecho de tanteo ante la oferta, o el de retracto si no se comunicó (art. 38 LPHE).

La exportación ilegal de bienes culturales, así como el incumplimiento de los plazos de retorno en las salidas temporales, están tipificados como infracciones en los artículos 76.1.h) e i), respectivamente. Pero además conlleva la atribución de los mismos al Estado (art. 29.1 LPHE), adquiriendo la condición de inalienables e imprescriptibles, con lo cual se refuerza su posición en los procesos de devolución de tales bienes (Magán Perales 2001a: 248 ss.). La Administración General del Estado, a través del Ministerio de Cultura, mantiene órganos expertos en materia de exportación, fundamentalmente la Junta de Calificación, Valoración y Exportación de Bienes del Patrimonio Histórico Español prevista en la LPHE, así como actividades tendentes a la formación y sensibilización del personal de aduanas, sobre cuyo trabajo recae bastante responsabilidad en el control de las exportaciones (Barraca de Ramos 2008).

A pesar de todos estos controles administrativos y prescripciones legales, la realidad nos muestra, a través de los medios de comunicación, la existencia de un mercado nacional e internacional de bienes arqueológicos bastante floreciente y en modo alguno limitado. En teoría sería imposible que bienes arqueológicos saliesen de las fronteras españolas sin autorización expresa, pero esa prohibición casa mal con los centenares de anuncios en eBay, y otras casas de subastas *on line*, donde se vende este tipo de objetos. En la actualidad, las unidades policiales especializadas en la lucha contra el comercio ilegal de antigüedades (Cortés Ruiz 2002b) hacen hincapié en que son los propios expoliadores quienes ponen los objetos arqueológicos en circulación a través de internet. Característica que también han puesto de manifiesto, de cara a su prevención penal, otros autores (Roma Valdés 2008).

Tampoco se tiene una idea aproximada de los delitos referidos a la exportación ilícita de obras de arte, como reconoce la propia Interpol, que por otro lado advierte de que este tipo de criminalidad no es prioritaria en su agenda (Bisquert Cebrián 2008: 93).

A diferencia de lo que ocurre en otros países como Italia, donde buena parte de la acción policial se ha desarrollado en el extranjero para recuperar parte del ingente caudal de bienes exportados ilegalmente (Conforti 2002), en España los cuerpos y fuerzas de seguridad del Estado despliegan su campo de actuación en la persecución de delitos cometidos en el interior de nuestras fronteras, siendo poco significativas las actuaciones en el exterior (Sánchez Arroyo 1998, Vallès Pena 1998 y Cortés Ruiz 2002a y 2002b).

En España ha tenido especial incidencia el tratamiento dado hasta 1992 de los bienes culturales como meros objetos de comercio por la, entonces, Comunidad Europea. Desde el Tratado de Maastricht, con reflejo en el actual artículo 151 del Tratado constitutivo de la Comunidad Europea, la política cultural ha pasado a ser un factor clave en los procesos de la Unión Europea. El Acta Única Europea de 1986 fijó como límite para el establecimiento de un mercado comunitario sin fronteras el 31 de diciembre de 1992, lo cual levantó alertas sobre el efecto que podría tener en el tráfico ilegal de obras de antigüedades robadas o de otras procedencias ilícitas[162]. No obstante, el Tratado advierte sobre la posibilidad de excepcionar del mismo aquellos bienes culturales que así sean considerados por cada Estado.

Sin embargo, la cuestión no era nada fácil y estas medidas en poco paliaban el núcleo central del problema, resumido de la siguiente forma por Rodríguez Fernández (2008: 155):

«la necesaria supresión de los controles aduaneros haría ineficaz cualquier medida protectora nacional sobre exportación de bienes culturales dentro del territorio comunitario».

En opinión de este autor, al menos eran necesarias dos medidas: el establecimiento de un mecanismo rápido y efectivo de restitución de bienes culturales exportados ilegalmente entre estados comunitarios, y una adecuada regulación de la exportación a terceros países fuera del espacio europeo. Para corregir estas deficiencias nació la Directiva 93/7/CEE, de 15 de marzo de 1993, sobre restitución de bienes culturales. No obstante, la creciente cooperación comunitaria en materia penal, y la aceptación generalizada del principio de reconocimiento mutuo de los órganos jurisdiccionales, está dejando obsoleta esta Directiva, en aras de relaciones mucho más fluidas.

---

162 *Vid.* «Patrimonio histórico y Mercado Único» en *Foro del Patrimonio Histórico*, Fundación Cultural Banesto, Madrid 1994: 63-96.

7. El ordenamiento jurídico frente al expolio

Eppur si muove, «y, sin embargo, se mueve». Esta frase atribuida a Galileo Galilei viene a colación ahora para señalar que, a pesar de todo –vuelvo a repetir–, hay esperanza, que las administraciones no están quietas. En efecto, una mirada atenta alrededor revela que la pesada y adiposa maquinaria de las administraciones públicas se mueve, lenta pero inexorablemente. Puede haber desidia y dejadez, pero también muchas personas que trabajan con ilusión e interés para que la actuación administrativa y judicial contra el expolio no acabe en un patético desastre.

CAPÍTULO 8
La defensa de la legalidad

El expolio arqueológico es un fenómeno con tantos matices como personas dedicadas a ello, ya sea de manera profesional ya esporádica. En cada caso, las motivaciones varían; la conciencia del daño cometido y su antijuridicidad, también. Ni siquiera unos mismos hechos, aunque sean igualmente lesivos para el patrimonio arqueológico, concitan el mismo reproche moral sobre sus autores, según hayan sido perpetrados por unos humildes campesinos acosados por el hambre y la necesidad, en cualquier país subdesarrollado, o por unos buscadores clandestinos en otro, desarrollado. Tampoco, en este segundo supuesto, resulta equiparable que la acción dañosa esté guiada por la avidez de lucro, que por un atrofiado sentido del coleccionismo o el entretenimiento.

Para combatirlo de forma eficaz no puede olvidarse este polifacetismo, ni la casuística que lo envuelve. Deben formularse actuaciones que lo ataquen en todos sus frentes. En esos países, donde la pobreza lleva a muchas personas a vivir del expolio, las políticas nacionales e internacionales tienden a reconducir su conducta convenciéndoles de que la valorización de ese patrimonio aliviará sus maltrechas economías, mejor que malvendiéndolo (Politis 2002). En España, y otros países de nuestro entorno, la situación por fortuna es menos dramática y las fórmulas para intentar corregir, o disminuir los casos de expolio, se basan en tres soportes:

a) Las labores preventivas, dimanantes de las acciones tuitivas de las administraciones competentes: inventarios, catalogaciones, restauraciones, vigilancia, etcétera.

b) El reproche administrativo y penal, en función de su gravedad, de las conductas expoliadoras.

c) Y, por último, pero no en último lugar, la acción educativa, tanto a niveles generales, como la dirigida de manera específica hacia la sensibilización sobre el valor social del patrimonio arqueológico.

La dirección parece clara, pero lo realmente difícil es mantener políticas de larga duración dirigidas a cubrir esos objetivos. Los cambios sociales y la educación en valores requieren tiempos largos y políticas sostenidas, que casan mal con el cortoplacismo, la improvisación y la falta de continuidad, característicos de nuestras políticas culturales. Cuando no debemos enfrentarnos a empeños megalómanos realizados a costa de la continuidad de programas esenciales, pero de los que no se espera rédito electoral (o quizás mejor sería decir, personal) inmediato.

Para solventar esa dificultad deben confluir otras circunstancias, otras voluntades que aseguren su ejecución y la disposición a solventar los escollos que surjan en el camino. Tan importante como la calidad conceptual de las propuestas, es contar con la voluntad política y administrativa de llevarlas a cabo. Estas ideas pueden parecer verdades de Perogrullo, pero bajo su aparente simpleza esconden una problemática de ardua resolución, a la vez que de una trascendencia vital para nuestro trabajo.

El patrimonio arqueológico ha dejado de ser una pieza importante en el discurso social y político, como lo fuera a principio de los ochenta del pasado siglo y, en consecuencia, las políticas sobre el mismo tienden inevitablemente al estancamiento. Más drástico aún ha sido el desaprovechamiento de ese tiempo de bonanza para instituir las bases sobre las que habrían de discurrir las actuaciones en esta materia, sumiendo la acción administrativa a un vaivén pendular de criterios poco definidos y oportunamente mutables, cuyo fruto más inmediato ha sido la imposibilidad de seguir y culminar programas sectoriales, desdibujando la trayectoria de la Administración cultural ante los ciudadanos y las demás administraciones.

En efecto, es mucho lo que queda por hacer y posiblemente no se ha hecho todo lo que se debía, pero sería injusto mirar solo la mitad vacía de la botella. Incluso cuando la persona más escéptica mire hacia atrás no podrá dejar de reconocer que se han realizado muchas cosas, que los objetivos no se han cubierto porque, en buena medida, eran inalcanzables, de puro utópicos. Sin embargo, en referencia al expolio del patrimonio arqueológico, no es poco lo recorrido, a pesar de que no haya sido nunca una prioridad.

Este capítulo está dedicado a esta irregular, y en no pocas ocasiones contradictoria, trayectoria de combate contra el expolio. Para su comprensión cabal debe entenderse que está inextricablemente unido al siguiente, donde abordo el mismo tipo de problemática, pero desde otro punto de vista complementario: las labores preventivas y los programas educativos. Sobre ellos recae mi convicción de que los *indianas jones* carecen de futuro. Sin embargo, a pesar del valor primordial que tienen estas áreas de trabajo de carácter preventivo y educativo, ellas solas resultan insuficientes para atajar el problema del expolio, sobre todo a corto plazo. Es precisa la actuación punitiva del Estado.

En efecto, la actuación basada sobre todo en el rol de la formación parte de la siguiente premisa: los procesos volitivos están fundados en decisiones racionales, para ello dar información que los receptores evalúen es el mejor modo de modificar actitudes. Pero esto no parece tan sencillo. Las campañas publicitarias informativas sobre los efectos perniciosos del tabaco, de conducir bajo los efectos del alcohol o de la polución ambiental, a pesar de contar con medios ingentes si se comparan con los usados por las administraciones culturales, han causado muy poco efecto a pesar del tiempo que llevan bombardeándonos con ellas, como se ha hecho notar (Uzzell 1989: 15). Para conseguir efectos apreciables en la modificación de las conductas, a la información ha sido preciso añadirle, en dosis variables pero desde luego superiores a las que hasta entonces existentes, medidas de carácter coercitivo o recrudecimientos del reproche jurídico que ameritan tales conductas. La prohibición de fumar en espacios públicos, incluidos los de ocio cualquiera que sea su tamaño, o el denominado carnet de conducir por puntos, han supuesto un antes y un después en la eficacia de las políticas destinadas a la reducción de accidentes mortales en carreteras y de las afecciones a la salud por tabaquismo. Como señala A. Nieto García (2002: 29), el régimen sancionador es una consecuencia inevitable de la intervención pública en el orden social.

8.1. La potestad sancionadora de la Administración

Este apartado está dedicado a una manifestación muy concreta del la potestad sancionadora de la Administración: la instrucción y ejecución de procedimientos sancionadores abiertos por infracciones de la LPHA'91 y LPHA'07 en materia de protección el patrimonio arqueológico, de los que destacan por su abundancia los que tienen como causa el uso no autorizado de detectores de metales. El ámbito, ya supuesto por el elenco de normas referidas, es Andalucía, pero sobre todo la provincia de Sevilla. También se hará un ligero análisis de las sentencias judiciales habidas sobre ellos. Previamente expondré las bases fundamentales para el ejercicio de esta potestad sancionadora, advirtiendo de que los problemas concretos, sobre tipicidad de la conducta infractora y la culpabilidad necesaria para acreditar la infracción, ya han sido vistos en el capítulo referido al ordenamiento jurídico del patrimonio histórico y cultural.

8.1.1. Principios y normas de la potestad administrativa sancionadora

En este apartado pretendo realizar un apretado resumen de aquellos principios y normas que rigen el ejercicio de la potestad sancionadora de la Administración. En general, con diversas matizaciones, para la bibliografía que he usado (Nieto García 2002, Fuentes Bardají [dir.] 2005 y Rebollo Puig *et alii* 2005, con aportaciones de otros autores que se citarán oportunamente) las cuestiones aquí planteadas son pacíficas, lo que facilita su exposición. En cualquier caso, remito a estos autores para profundizar sobre estos y otros aspectos relativos a la materia.

No me resisto a sintetizar los planteamientos de A. Nieto García (2002: 30 ss.) sobre los que basar una política represiva eficaz, ya que sin ser principios jurídicos, perfilan las condiciones necesarias para que estos puedan aplicarse.

Partiendo del fundamento de que la mejor política represiva es la que tiene por objetivo no tanto sancionar, sino que la mera amenaza logre el cumplimiento efectivo de las normas, Nieto García señala varias ideas guía que apuntalen una acción punitiva de utilidad para los fines sociales previstos en el ordenamiento jurídico. A saber: que las sanciones puedan ser cumplidas por los destinatarios; que no pasen los límites a los que llegue el aparato inspector y represivo del Estado; no sancionar, sin advertencia previa, por infracciones a normas cuyo incumplimiento es sistemáticamente tolerado; las normas sancionadoras deben ser conocidas por aquellos sectores específicos a los que van destinadas; la sanción siempre debe considerarse como la última ratio del Estado, solo debe acudirse a ella cuando las demás medidas persuasivas no han funcionado; por último, y en aplicación del principio de proporcionalidad, no deberían calificarse como infracciones, ni por tanto, conminadas con sanciones conductas de contenido antijurídico mínimo.

Queda a juicio de los lectores no solo valorar la pertinencia de este *hexálogo* de principios, sino también si se cumplen o no en materia de represión del expolio del patrimonio arqueológico. Por mi parte, ahora toca recordar algunos principios jurídicos y normas básicas del derecho administrativo sancionador como fundamento para, en el apartado siguiente, desgranar los pasos de los procedimientos sancionadores en esta materia.

El artículo 23 CE consagra un *ius puniendi* del Estado único que, según los casos, se administrará por jueces y tribunales o por las autoridades administrativas, pero ambos comparten unos

8. La defensa de la legalidad

mismos principios, aunque con matizaciones y cautelas en el derecho administrativo sancionador. Esto supone que las sanciones administrativas participen de un régimen parcialmente inspirado en el derecho penal y procesal penal. Con esta peculiaridad se procura ofrecer mayores garantías que en los procedimientos administrativos ordinarios, equiparables a las que tienen frente a jueces y tribunales (Rebollo Puig *et alii* 2005: 23). A. Nieto (2002: 80 s.) advierte, además, de que la potestad punitiva única del Estado dota al derecho administrativo sancionador de un aparato conceptual y práctico del que hasta ahora carecía. No obstante esta unidad, resalta que nos encontramos ante el ejercicio de una potestad sancionadora que pende de la matriz administrativa.

A este respecto establece, este autor, una diferencia rotunda entre el derecho administrativo sancionador y el derecho penal. Mientras que este logra disuadir de la acción injusta mediante la amenaza de castigo; en aquel la prevención no se dirige directamente contra el resultado, sino contra la utilización de los medios adecuados a su producción.

> «La amenaza de sanción administrativa es también disuasoria (…), pero lo que se trata de evitar directamente no es el resultado lesivo para el bien jurídico protegido, sino la utilización de medios adecuados o idóneos para producirlo. No se trata, en definitiva, de evitar la lesión, sino de evitar la posibilidad de que se produzca» (Nieto García 2002: 185).

De ello se deriva que el derecho administrativo sancionador trata de controlar los riesgos anudando una amenaza de sanción a una orden de hacer o no hacer.

> «Desde el punto de vista lógico, el desvalor de la conducta sancionable habría de ser, pues, la producción de un riesgo ('peligro concreto' en la dogmática penal)» (Ídem, ibídem).

Reflexión que, si bien el autor la deriva luego a otra línea argumental, entra de lleno en la función preventiva de la legislación administrativa y cuya aplicación al supuesto, previsto en las leyes sobre patrimonio histórico o cultural, del uso no autorizado de aparatos detectores de metales, me parece impecable.

La definición, no recogida en ninguna norma, de qué sea una infracción administrativa, como aquella acción u omisión antijurídica, típica y culpable para la que la ley prevé la imposición de una sanción por alguna autoridad administrativa (Rebollo Puig *et alii*

2005: 26 s.), nos sirve para traer a colación el conjunto de normas que deben aplicarse en el ejercicio de la potestad sancionadora. Los principios ordenadores y procedimentales se encuentran en la legislación administrativa, concretamente en la Ley 30/1992, de 26 de noviembre, de Régimen Jurídico de las Administraciones Públicas y del Procedimiento Administrativo Común (LRJ-PAC). Su título IX está dedicado a la potestad sancionadora (arts. 127-138). Estos artículos han sido desarrollados en el Reglamento del procedimiento para el ejercicio de la potestad sancionadora, aprobado por Real Decreto 1398/1993, de 4 de agosto (RPS). Sin embargo, en ellas no aparecen ni las tipificaciones de las infracciones administrativas ni el régimen de sanciones que deba aplicarse. Esos pormenores están, lógicamente, en la legislación sobre patrimonio histórico y cultural vigente en cada comunidad autónoma, que será con aplicación preferente la norma autonómica y con carácter subsidiario la LPHE.

Terminaré este apartado con un recuerdo sobre los principios básicos por los que se rige esta potestad y que deben ser tenidos en cuenta a la hora de la instrucción de un procedimiento sancionador[163].

1. Principio de legalidad (art. 25 CE y 127 LRJ-PAC), estipula que nadie sea sancionado por conductas (acciones u omisiones) que en el momento de producirse no constituyan una infracción administrativa, de acuerdo con la legislación vigente en ese momento. Aunque la reserva de ley requiere que las infracciones y sanciones estén recogidas en una norma con rango de ley, la jurisprudencia autoriza a que los reglamentos puedan completar los artículos de una ley pormenorizándolos o desarrollándolos (art. 129 LRJ-PAC).

2. Tipicidad (art. 129 LRJ-PAC). La ley debe definir la conducta que constituye la infracción administrativa con precisión y certeza, mandamiento que no solo afecta a la hora de legislar, sino también en el momento aplicativo a través de la potestad sancionadora (Fuentes Bardají [dir.] 2005: 156 s.).

3. Proporcionalidad de las sanciones. La dosimetría punitiva debe corresponderse con la gravedad de la infracción (art. 131 LRJ-PAC).

4. Principio de irretroactividad de las normas sancionadoras. El artículo 25.1 CE prohíbe la aplicación retroactiva de las normas penales y sancionadoras administrativas.

5. Principio de responsabilidad. Para la imposición de una sanción

---

163 Por abreviar este apartado he denominado a todos los factores enumerados a continuación «principios», aunque algún sector de la doctrina prefiere restringir ese término a los componentes básicos, usando otras denominaciones para el resto como mandatos o acuerdos (Nieto García 2002: *passim*).

8. La defensa de la legalidad

se exige que la conducta típica haya sido cometida con intencionalidad y voluntariamente, es decir con dolo o negligencia (art. 130 LRJ-PAC). No obstante, el derecho administrativo extiende considerablemente el principio de diligencia, que incluye la obligación de informarse, por lo que demostrar un error invencible resulta más difícil que en el derecho penal.

El derecho administrativo sancionador admite ciertas matizaciones en relación a este principio de responsabilidad o culpabilidad, que son de interés para el tema general del que trata este trabajo y que, como ya he hecho mención al hablar de los dos modelos de tipificación del uso no autorizado de los aparatos detectores de metales, tiene una traducción en la instrucción de procedimientos sancionadores incoados por esta causa.

Por un lado, la inexigibilidad de dolo como regla general. La intención maliciosa, o dolo, no es exigible para responder de la comisión de una infracción administrativa, salvo excepciones en que estén previstas en la tipificación. La concurrencia de dolo sería, como norma general, un agravante y no, por tanto, elemento constituyente de la conducta. Solo es preciso demostrar la existencia de culpa o dolo levísimo de mera inobservancia (Fuentes Bardají [dir.] 2005: 179 ss. y Palma del Teso 1996: 47 y 134 ss.).

De otro, como regla general, tampoco puede exigirse voluntariedad del resultado, en aplicación del principio de culpabilidad. Resulta suficiente con la voluntariedad de la acción

> «[y] ello porque, a diferencia de las infracciones penales, que tipifican directamente lesiones de bienes jurídicos protegidos, las infracciones administrativas consisten, en su práctica totalidad, en el incumplimiento de una norma (inobservancia de una obligación o transgresión de una prohibición) que suele producirse por una mera conducta, sin exigir transformación externa adicional (resultado)» (Fuentes Bardají [dir.] 2005: 179 s.).

Estas consideraciones no abogan por resucitar el sistema de responsabilidad objetiva, proscrito jurisprudencialmente; pero tienen una importante aplicabilidad en la instrucción de ciertos procedimientos sancionadores, en cuanto que esa culpabilidad está implícita en la conducta típica, sin necesidad de ser demostrada mediante la concurrencia de una prueba específica.

> «... la prueba del nexo psicológico que precisa la realización del juicio de culpabilidad está normalmente implícita en la realización de la acción infractora y, con ello, que la esencia

de tal juicio de culpabilidad se desplazará a la acreditación por el sujeto infractor, previa alegación, de que concurren causas de exclusión de la responsabilidad. Ello no implica afirmar que la culpa no deba ser objeto de prueba, sino que, en múltiples ocasiones, los elementos volitivos y cognoscitivos para apreciar la infracción forman parte de la conducta típica» (Fuentes Bardají [dir.] 2005: 182).

Los autores de la cita traen en su apoyo diversas sentencias del Tribunal Supremo, como la de 23 de mayo de 1998 (RJ 1998, 601) o la de 23 de julio de 2002 (RJ 2002, 9471). Por último, la suficiencia de la mera inobservancia como forma de culpabilidad refuerza la inadmisión del desconocimiento de la norma como forma de error invencible (Fuentes Bardají [dir.] 2005: 183).

6. Principio del *non bis in idem*. Se rechaza la imposición de dos castigos por un mismo hecho, cuando haya identidad de hechos cometidos por la misma persona y con los mismos fundamentos jurídicos (art. 133 LRJ-PAC).

8.1.2. Los detectores de metales en la provincia de Sevilla

La instrucción de un procedimiento sancionador tipo viene prefigurada en la legislación administrativa mencionada más arriba, así como explicada con toda rigurosidad en alguna de la bibliografía mencionada (sobre todo, Garberí Llobregat 1994 y Fuentes Bardají [dir.] 2005: 303-423). No pretendo reproducir lo expuesto en esos lugares, me referiré a la situación en Andalucía, según mi propia experiencia, como instructor de expedientes sancionadores entre 2002 y 2007[164], y la de otros compañeros en las distintas delegaciones provinciales de la Consejería de Cultura.

En primer lugar debe resaltarse que, a pesar de las peculiaridades de cada provincia, según se recoge en un informe conjunto elaborado en 2005 (*La protección del Patrimonio...* 2006: *passim* en los diversos informes provinciales expuestos en el CD-Rom que acompaña la publicación), la principal infracción administrativa referida al patrimonio arqueológico en el periodo analizado, 1999-2004, es el uso no autorizado de aparatos detectores de metales. Esta relevancia proviene del número de denuncias efectuadas de manera habitual por

---

[164] Existen datos comparativos sobre los distintos tipos de infracciones denunciadas, pero el periodo analizado termina en abril de 2005 (Rodríguez Temiño 2006b). Para este trabajo he ampliado el cómputo hasta abril de 2011, pero por el contrario me he centrado exclusivamente en los expedientes de detectores de metales.

8. La defensa de la legalidad

las patrullas del Seprona de Guardia Civil y no necesariamente por la gravedad de los daños ocasionados.

Salvo en la provincia de Almería, donde no se recoge ninguna denuncia, según los técnicos de la Delegación Provincial (Suárez de Urbina 2006) y en Málaga, donde el porcentaje mayor son otras tipologías de infracciones administrativas ([Delegación Provincial de la Consejería de Cultura en Málaga] 2006); en Cádiz alcanzan el 95% de las denuncias (Muñoz y García 2006: 15); Córdoba, el 74% ([Delegación Provincial de la Consejería de Cultura en Córdoba] 2006); también en Huelva, aunque no se especifique porcentaje sobre el total de denuncias recibidas (Aguilera, Cumbrera y Domínguez 2006); en Jaén se constata igualmente la superioridad numérica recae sobre los detectores de metales, que supera en todos los casos el 50%, llegando incluso en 2000 al 99% (Estévez Moya 2006: 33); y, el mismo tenor se advierte en la provincia de Sevilla (Rodríguez Temiño 2006b: 46)[165].

Sin embargo, de esta provincia resulta que hay datos completos sobre la secuencia entre 1991 y el mes de abril de 2011, así como de la transformación de las denuncias en procedimientos sancionadores, por ello se hará un análisis algo más extenso a continuación, extrayendo de aquí también los principales pasos para su instrucción.

En primer lugar debe recalcarse que la provincia de Sevilla es la que, sin duda, ha venido recibiendo más denuncias por el uso no autorizado de aparatos detectores de metales, lo que confirman no solo el parcial cotejo realizado más arriba sino también los datos proporcionados por la Guardia Civil.

Aunque, como ya se ha explicado con anterioridad, esta incidencia no significa que deba ser la provincia más expoliada de España, tampoco debía frivolizarse con esta cuestión. Los datos elaborados por la Delegación Provincial de Sevilla contienen el detalle analizado año por año.

Se advierte que la secuencia es bastante irregular, si bien es posible que los datos aportados no reflejen todas las denuncias, por la sencilla razón de que, para algunos años, las archivadas no hayan sido todas las recibidas; tampoco todas ellas dieron lugar a la apertura de expedientes.

Varias consecuencias pueden extraerse de la tabla. En primer lugar que el número de denuncias realizadas, de las que se tenga

---

165 Existen pocos datos publicados sobre los expedientes abiertos por esta causa en otras provincias del Estado español, pero ninguna parece de esa magnitud. Por ejemplo, en Lleida entre 1984 y 1990 solo se abrieron siete, lo cual no deja de ser un número muy bajo (Campillo Quintana 2007: 369).

constancia en la Delegación Provincial de la Consejería de Cultura en Sevilla, durante este periodo ha sido de 793, aunque carezca de datos comparativos con el resto de las provincias españolas, me atrevería a asegurar por todos los indicios que es el más alto.

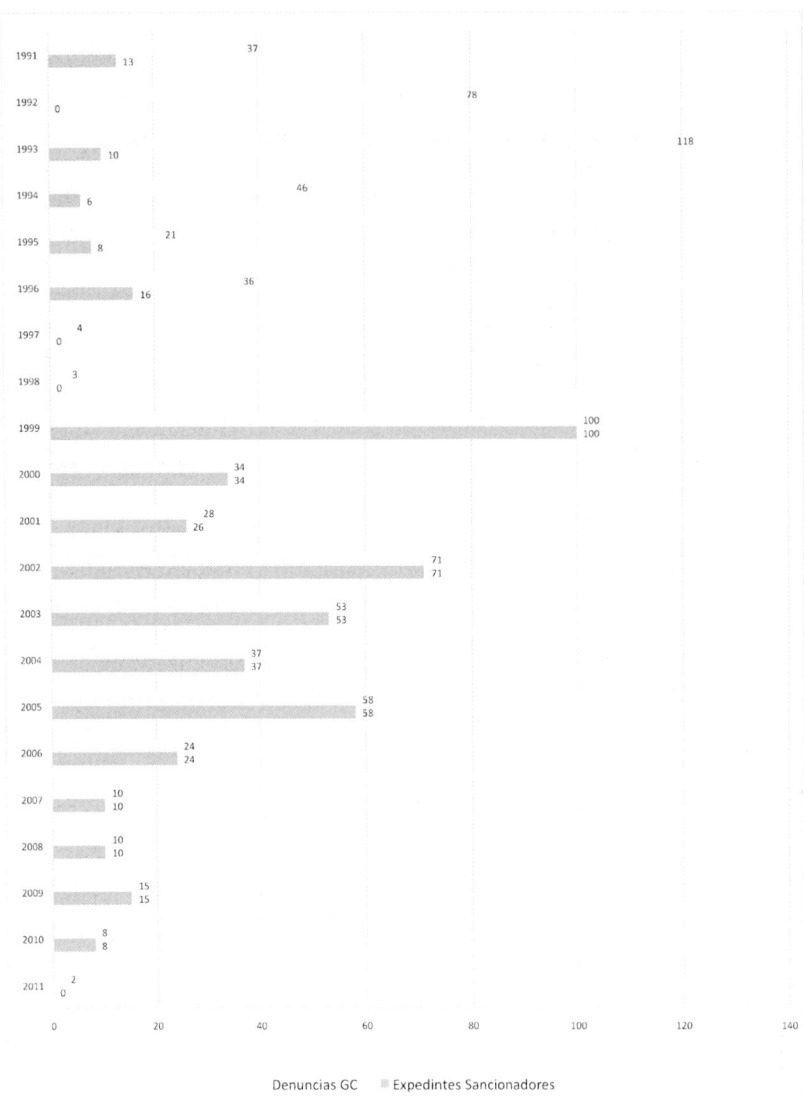

Figura 29. Estadística comparativa en la provincia de Sevilla entre los expedientes sancionadores abiertos por la Administración y las denuncias de la Guardia Civil sobre el uso no autorizado de detectores de metales, entre 1991 y 2011 (Elaboración del autor)

8. La defensa de la legalidad

En segundo lugar, este alto porcentaje indica que el expolio realizado por los detectoristas era objeto de atención por las fuerzas y cuerpos de Seguridad del Estado, desde mucho antes de que apareciese la LPHA'91, aunque sea a partir de entonces cuando pudieron instruirse procedimientos sancionadores. Esta sensibilización se debe, sin duda, tanto a la beligerancia administrativa contra la expansión del uso de estos aparatos, como ya se ha comentado, como a la alarma social proyectada por los medios de difusión.

La estadística muestra, ya en 1991, un alto número de denuncias, aunque no todas llegaron a incoarse como procedimientos sancionadores. Durante esos años, cuando no se encontraba a la persona infractora en un yacimiento inventariado se consideraba que no se cumplía el tipo y, por falta de tipificación, se archivaban las denuncias. El escalón existente en los años siguientes podría de verse a que, una vez que fueron conocedores del criterio administrativo, las denuncias decrecieran significativamente. Pero también es posible que muchas de las remitidas hayan sido archivadas, en algún lugar o con algún criterio desconocidos, y no se hayan encontrado, según los datos que he podido recabar personalmente en el archivo de la Delegación. De todas formas se aprecia que los expedientes incoados también decrecieron. No obstante lo cual, el número de denuncias en 1999 fue singularmente alto, 100.

Cuando en 2002 tomé posesión de la jefatura del Departamento de Protección del Patrimonio Histórico en ese centro, retomé la instrucción de aquellos que no habían prescrito, cambiando también el criterio sobre la necesidad de que la persona usuaria del detector se encontrase en un yacimiento, ya que no forma parte del tipo, contrariamente a lo que se había acordado con anterioridad. Iniciado esta nueva etapa en las denuncias de 1999, se abrieron tantos expedientes como partes se habían enviado y, así, en lo sucesivo.

También debe señalarse que, a partir del año 2000, se han venido celebrando cursos anuales en todas y cada una de las provincias andaluzas, lo que ha fomentado la sensibilización sobre esta particular y, por tanto, la denuncia de este tipo de hechos. Sin embargo, el lapso de tiempo entre la denuncia y la incoación no pudo corregirse en la práctica hasta 2005, ganando la acción en inmediatez lo que aumentó el efecto perseguido de inhibición de los detectoristas. Durante este tiempo mi participación personal en foros dedicados a este «pasatiempo» multiplicó la notoriedad de las actuaciones administrativas en la Delegación Provincial de Sevilla, que se convirtió en un lugar poco «amable» para el detectorismo.

El descenso paulatino de las denuncias responde a la menor actividad de los usuarios de estos aparatos. La sensación transmitida por los guardias civiles, con los que he tenido la ocasión de hablar en estos años, coincide en que el número de denuncias ha descendido porque ya no se ven tantos *piteros* como se veían con anterioridad.

Por último, la negativa a autorizar su uso, como resultado del procedimiento abierto por la LPHA'07, al contrario de lo que parece ser que ha ocurrido en algunas provincias costeras, también ha debido jugar un papel desincentivador entre los usuarios, así como la incautación de aparatos detectores y las actuaciones policiales contra redes de expoliadores. Las noticias procedentes de las asociaciones de detectoristas, que deben tenerse por bien informadas, también confirman el descenso incluso de usuarios de estos aparatos en la provincia de Sevilla.

Por tanto, podría concluirse que, al menos de momento, el fenómeno del expolio provocado por los detectores de metales se ha reducido en un porcentaje superior al 95% en el curso de seis años, en la provincia de Sevilla, que posiblemente había llegado a ser la más castigada por esta modalidad de expolio en el Estado español.

8.1.3. *La instrucción de procedimientos sancionadores por el uso no autorizado de aparatos detectores de metales*

Convendría comenzar reconociendo que este tipo de procedimientos sancionadores han entrado en una fase de instrucción mecánica, conformándose como una mera sucesión de trámites que, en definitiva, no hacen variar la opinión inicial de la Administración que ordenó su incoación y que termina corroborando la idea inicial de sancionar (Trayter Jiménez 2001: 76). También es cierto que, la inmensa mayoría de ellos, presentan unos componentes comunes con poca variabilidad de supuestos jurídicos, lo cual desemboca en esa práctica mecánica, sin que se soslayen o socaven derechos fundamentales. Es más, en alguna ocasión las sentencias de juzgados de lo contencioso administrativo han alabado el rigor en su instrucción[166].

---

[166] Por ejemplo en la Sentencia nº 18/04 del Juzgado de lo Contencioso-Administrativo nº 2 de Jaén (procedimiento abreviado nº 407/03) de 29 de enero de 2004, ante la alegación por parte de la recurrente de falta de motivación en la resolución sancionadora, se dice los siguiente: «Respecto a la falta de motivación de la resolución sancionadora, estimo que es una alegación sin ningún fundamento, ya que la misma cuenta con 8 folios, donde se hace un análisis extenso, detallado y minucioso de todas las alegaciones invocadas por el recurrente, lo que conduce a no realizar más consideraciones al respecto, pues, en contadas ocasiones hemos tenido la oportunidad de tener una resolución administrativa tan motivada y fundamentada» (fundamento jurídico 2°). El sentido de la misma, como cabe esperar de los extraído, fue desestimatorio.

8. La defensa de la legalidad

Tres consideraciones deben realizarse, con carácter previo, acerca de este tipo de procedimientos. En primer lugar, que en aplicación del artículo 134.2 LRJ-PAC, la instrucción la realiza un órgano (la jefatura del Departamento de Protección del Patrimonio Histórico), mientras que la incoación y resolución lo hace el/la delegado/a provincial de Cultura. En realidad esta diferenciación entre ambos órganos no resulta tan radical como en los procedimientos penales, ya que quien incoa posteriormente resuelve. No obstante, esta menor rigidez en la aplicación de la separación orgánica entre la fase instructora y la sancionadora, está avalada por la jurisprudencia (Fuentes Bardají [dir.] 2005: 325).

En segundo lugar, aunque se vea de nuevo más abajo, conviene señalar aquellos derechos que cumplen a las personas responsables de este tipo de infracciones. Estos vienen recogidos en los artículos 35 (con carácter general), 135 y 137 LRJ-PAC. Aparte del derecho a la presunción de inocencia señalado en este último, el catálogo se completa con los derechos a conocer los hechos que se le imputen, así como de las infracciones y sanciones a que pudiesen dar lugar. Con respecto del procedimiento es obligación de la Administración informarle de la identidad de la persona que instruirá el procedimiento, la autoridad competente para imponer la sanción, en su caso, y de la norma que le atribuye tal competencia. También cumple a su derecho formular alegaciones y utilizar todos los medios admisibles por el ordenamiento jurídico para su defensa, además de los previstos en el mencionado artículo 35 LRJ-PAC.

También el artículo 3 RPS despliega un conjunto de obligaciones para la Administración competente en la instrucción, traducidas en derechos de las personas imputadas, como son la posibilidad de conocer en todo momento su estado de tramitación; a que esta sea sucesiva y ordenada y que el expediente a que dé lugar sea custodiado bajo la responsabilidad del órgano competente para la tramitación.

Como se ha mencionado ya en varias ocasiones, la principal fuente de denuncias de hechos que podrían constituir infracciones administrativas tipificadas primero en el 113.5 LPHA'91 y, más adelante, en los artículos 109 q) y 110 j) LPHA'07, proceden de patrullas del Seprona de Guardia Civil de los diversos puestos repartidos por la provincia de Sevilla. Como norma cada una de ellas da origen a un expediente distinto, aunque sea habitual que se denuncien por los mismos hechos a dos o tres personas que usan detectores de metales en el mismo momento y en el mismo sitio. Es decir, que suele tratarse de un grupo que se ha organizado para proceder a la actividad de manera conjunta, lo que implica cierto grado de predeterminación, por ejemplo, en la elección del lugar para realizar la búsqueda. Esto, evidentemente, refuerza la existencia de un dolo eventual en la comisión del injusto administrativo.

Los atestados policiales suelen venir bastante completos, en el sentido de que son suficientes para constituir pruebas de cargo. En ellos, amén de la identificación del lugar de los hechos y las personas denunciadas, se recogen datos que serán decisivos en la instrucción del procedimiento sancionador. Descripción objetiva de qué estaban haciendo, sin prejuzgar intenciones[167], descripción de la máquina y número de serie, si llevaba algún tipo de elemento auxiliar, como pequeñas azadas, legones o similar. Si había huellas en el terreno, como pequeños hoyos, etcétera; o bien, si llevaba objetos arqueológicos. Esto implica un cacheo o, incluso, registro del automóvil en que se desplazan. Lo cual debe realizarse con especial cuidado de respetar la legalidad vigente (Rodríguez León 2006: 141 s.). Sobre todos estos aspectos se ha abundado en los cursos dados a los cuerpos y fuerzas de seguridad del Estado, sobre protección del patrimonio arqueológico (Iniesta Sanmartín 1996, Cortés 2002a, Alonso y Navarro 2002, Alzaga García 2006, Rodríguez León 2006, Suárez Suárez 2006 y Cortés 2006, Rabadán Retortillo 2007, entre otros).

Otra circunstancia a tener presente es si la acción denunciada es constitutiva de una sola infracción (el uso no autorizado de aparatos detectores) o bien existe un concurso medial de infracciones[168], ya que en estos supuestos se incoará la tipificación más grave (art. 4.4 RPS), siendo discutible si tal concurso puede ser usado como agravante en la dosimetría punitiva (Fuentes Bardejí [dir.] 2005: 266).

Una vez recibida la denuncia suele pasar un tiempo, acortado imperiosamente con las medidas cautelares previstas en la LPHA'07, antes de incoar el procedimiento. Pero este lapso de tiempo no resulta ocioso, se ha utilizado para la realización de diligencias previas (art. 12 RPS). Estas han consistido en la ratificación de la denuncia por los agentes que la redactaron, lo que permite no solo reforzar la carga probatoria de esa prueba de cargo privilegiada (art. 137 LRJ-PAC), sino también verificar la existencia de las circunstancias que ameritan la instrucción del procedimiento. Si no hay ratificación en la denuncia,

---

167 Por ejemplo, decir que buscaba restos arqueológicos es una presunción que no puede estar en los documentos de partida, aunque se lo pueda parecer a los agentes; es preferible describir la actividad, usar el detector, batear el terreno o expresiones similares. Y así suelen hacerlo los agentes.

168 Por tal concepto debe entenderse cuando varios hechos son constitutivos de distintas infracciones, pero alguna de ellas es medio necesario para la comisión de las demás (Fuentes Bardají [dir] 2005: 265).

8. La defensa de la legalidad

por las razones que fuesen, o existe duda ulterior sobre la autoría de los hechos denunciados, no debería abrirse expediente al haber base racional para sospechar que este no prospere. Se evita así hacer pasar a personas por la desagradable vicisitud de verse incurso en un procedimiento de este tipo.

La otra actuación adelantada a la incoación suele ser un informe, solicitado a algunos de los arqueólogos de la Delegación Provincial, para que efectúe un reconocimiento del lugar donde ha sido sorprendida la persona denunciada, con objeto de evaluar la existencia en ese mismo sitio o su entorno de vestigios arqueológicos. Como ya he expresado en el capítulo correspondiente, no era imprescindible este informe, que daba lugar a una prueba indiciaria, pues la conducta típica del artículo 113.5 LPHA'91 no implicaba la necesidad de que se encontrase en un yacimiento o su entorno, ni siquiera que estuviese buscando restos arqueológicos. Pero se había consolidado en la práctica este refuerzo probatorio, con buena acogida jurisprudencial, por lo que constituía un paso obligado. No obstante, la reelaboración del tipo en los artículos 109 q) y 110 j) LPHA'07 sí obliga a la expedición de este informe. El momento de su evacuación puede ser previo al inicio, como ocurría con anterioridad, o bien en la fase probatoria, una vez incoado el procedimiento.

La información y documentación recabada en esta fase preliminar, que no es propiamente el procedimiento sancionador, deben incorporarse al procedimiento para ser sometidos a las reglas generales de la prueba (Fuentes Bardají [dir.] 2005: 352).

El inicio del procedimiento requiere un acto administrativo de incoación (art. 11 RPS) que debe contener necesariamente una serie de indicaciones, acorde con las exigencias de respeto a los derechos de la persona imputada por la presunta comisión de la infracción. Existen bastantes consideraciones jurídicas en torno al inicio del procedimiento, así como ciertas variaciones del carácter general contenidas en normas autonómicas, en las que no es preciso detenerse en este momento, pues están perfectamente explicadas en la bibliografía (por ejemplo Trayter Jiménez 2001: 80 ss. y Fuentes Bardají [dir.] 2005: 333 ss.). Si, como en efecto ocurría con los procedimientos a los que me refiero aquí, existen documentos recabados con anterioridad al inicio, estos se incorporan a la descripción de hechos contenida en la resolución de incoación.

Conviene referir que el acto de incoación es el que da origen al procedimiento (art. 11 RPS) y no la fecha de la denuncia, puesto que una de las principales alegaciones reside justamente en considerarlo caducado, al constatar que ya han pasado más de seis meses entre la fecha de la denuncia y la notificación de la incoación. Como ya se ha dicho, al mantenerse vivas las infracciones leves de la LPHA'91 durante cinco años, los procedimientos se han ido incoando a lo largo de ese periodo de tiempo, lo que da pie a ese error, agravado cuando, además, se confunde prescripción y caducidad.

En lo que yo conozco, fundamentalmente la provincia de Sevilla, la Guardia Civil suele incautarse del detector de metales cuando sorprende a alguien haciendo uso de él no autorizado, ni tampoco justificado por otras razones laborales. Ello obliga a la rápida incoación del procedimiento con objeto de dar cumplimiento a la previsión contenida en el artículo 118.3 LPHA'07 (y subsidiariamente 72 LRJ-PAC), sobre la medida cautelar consistente en el decomiso y precintado de los aparatos intervenidos por la fuerza actuante, hasta la conclusión del expediente y la firmeza de su resolución que decidirá sobre su destino final. Para adoptar tal acuerdo tiene quince días desde que se ha recibido la denuncia y los efectos confiscados. Se usa el propio acto de incoación para determinar el decomisado temporal de los aparatos[169].

Comunicar la incoación del procedimiento no siempre es fácil, puesto que una forma de defensa consiste en alargarlos lo indecible mediante el rechazo a recibir notificaciones postales, obligando a que se realicen por dos veces, por correo certificado, con las indicaciones previstas para todo procedimiento administrativo en las que tampoco voy a entrar.

Una vez conseguida la notificación suelen recibirse alegaciones, así como petición de pruebas. Dado que resulta habitual la personación de un/a abogado/a en representación de la/s persona/s imputada/s, como uno de los beneficios de la pertenencia a las asociaciones, este trámite ha adquirido cierta consistencia. Sin embargo, en mi experiencia durante esos años en Sevilla he constatado que siempre han sido socios del mismo bufete, con lo cual se han reiterado los argumentos hasta el hastío[170]. Estos básicamente se han articulado en torno a tres elementos: vulneración de la presunción de inocencia, alegación de que no se llevaban restos arqueológicos y petición de prueba pericial consistente en que por la patrulla del Seprona se dijese exactamente a qué distancia, con respecto al yacimiento más próximo, se encontraba/n la/s persona/s denunciada/s.

---

169 En la actualidad, abril de 2011, se custodian cinco aparatos detectores de metales en los almacenes del Conjunto Arqueológico de Carmona a la espera de la firmeza de la resolución que determinó su comiso definitivo y destrucción.

170 En no pocas ocasiones se han entregado alegaciones que eran fotocopias de otras presentadas en procedimientos anteriores, a las que solo han cambiado el nombre de los imputados, pero no por ejemplo el lugar de los hechos, con lo que no concordaban con el procedimiento en curso. No obstante lo cual, siempre se ha hecho generosa aplicación del derecho a la defensa y nunca se han devuelto por estas discordancias.

8. La defensa de la legalidad 285

Para no alargar de manera innecesaria estos comentarios, las explicaciones dadas a las mismas pueden verse en el Anexo 2 de este libro, donde se reproduce la resolución de un expediente sancionador instruido por una infracción prevista en el artículo 113.5 LPHA'91. No obstante, como estas mismas alegaciones se repetían en sede judicial, será al comentar las sentencias cuando nos paremos para ver las respuestas dadas por jueces y magistrados de lo contencioso-administrativo.

Sí haré una mención sobre las pruebas. Normalmente las pruebas, como la señalada, pidiendo precisión sobre la situación del lugar donde se produjo la denuncia no solía admitirse, por no ser el factor locacional un elemento determinante del tipo en la LPHA'91. Con la nueva tipificación de la LPHA'07 considero que la situación cambia si, en el boletín de denuncias y consecuentemente en el informe arqueológico, no hay una ubicación del sitio. Algo que se me antoja difícil por cuanto que las patrullas del Seprona están dotadas de localizador GPS e incorporan en los boletines las coordenadas del lugar donde se ha sorprendido a la/s persona/s usuaria/s del (de los) aparato/s. En todo caso, también dan indicaciones toponímicas.

Evaluadas las alegaciones y la petición de pruebas por la parte interesada, se prepara la propuesta de resolución del procedimiento (art. 18 RPS), que viene firmada por la persona instructora del procedimiento. En ella se fijan, de forma motivada, los hechos probados y su calificación jurídica, determinándose la infracción cometida, la sanción propuesta y la/s persona/s que se encuentra/n responsable/s de tales hechos y el contenido dispositivo. Huelga decir que, en el supuesto de que durante la instrucción del procedimiento se haya demostrado la inocencia de las personas inculpadas o bien la existencia de cualquier eximente de su conducta, la propuesta debe ser exculpatoria, y su contenido el de archivo del procedimiento.

En la propuesta de resolución debe darse audiencia a la parte interesada, detallando los documentos obrantes en el expediente y un plazo en el que podrá consultarlos en la sede administrativa donde se encuentren, disponiendo además de un plazo de quince días mínimo para la presentación de las alegaciones que estime convenientes para su derecho (art. 19 RPS).

Contra la propuesta de resolución se suelen presentar las mismas alegaciones que ya se hicieron tras la notificación de la incoación, insistiendo en cuestiones sobre la violación del derecho a la presunción de inocencia, la no valoración del hecho de no poseer restos arqueológicos cuando se produjo la denuncia (en el supuesto de que haya sido así, claro está) o cuestionando el alcance de la sanción.

La resolución sancionadora (arts. 89.3 y 138 LRJ-PAC y 20 RPS) debe volver a resaltar los hechos ya tomados como definitivos (no pudiéndose aceptar otros distintos de los aflorados en la instrucción), contestando a las alegaciones –o incorporando la parte sustancial de la respuesta si se ha realizado en documento aparte–, así como al resto de cuestiones planteadas por los interesados (denegación de pruebas, etcétera). La resolución, en sus fundamentos jurídico, debe motivar su conclusión, así como aceptar o modificar la propuesta de resolución, en cuyo caso también debe explicar por qué se aparta del criterio del órgano instructor. Igualmente debe señalar los recursos que caben contra ella.

Parte fundamental, ya presente en la propuesta de resolución, y desde luego en esta es la justificación de la sanción en razón de la proporcionalidad de la gravedad de la infracción. Existen unas circunstancias tasadas para la dosimetría punitiva en la legislación general (art. 131 LRJ-PAC9 [Izquierdo Carrasco 2001 y Rebollo Puig 2001]), que vienen a coincidir *grosso modo* con las recogidas con las principales determinaciones recogidas en el artículo 114 LPHA'07. Solo señalar en este punto dos cuestiones. Primero la dificultad de encontrar parámetros objetivos para establecer una sanción en este tipo de conductas, máxime cuando la norma obliga a imponer a las personas responsables de la comisión de la infracción del artículo 109 q) una multa a partir de 100.001€ (114.1 LPHA'07). Cabría pensar en una posible solución para imponer sanciones por debajo de lo previsto en el artículo 114.1 LPHA'07. Como ha señalado cierto sector doctrinal, con apoyo jurisprudencial (Fuentes Bardají [dir.] 2005: 256 y sentencia de Tribunal Sueprior de Justicia de Castilla-La Mancha de 26 de abril de 2001 [RJCA 2001, 528]), en supuestos excepcionales resultaría admisible la imposición de sanciones administrativas por debajo del límite legalmente establecido[171]; aunque sería difícil justificar el reiterado recurso a esta excepción.

El otro aspecto a tener en cuenta es que, en la resolución, debe decidirse el destino definitivo de los bienes de los que, eventualmente, se incautó la fuerza que intervino en la denuncia[172]. El mencionado artículo 114. LPHA'07 prevé la posibilidad de imposición como pena accesoria el decomiso definitivo de los aparatos, ya que las de este tipo

---

171 La citada sentencia expone que «... los artículos 66.4 y 68 del Código Penal permiten no ya recorrer los límites de una pena, sino pasar de una a la inferior; en concreto, ello sucede cuando concurran dos o más atenuantes, una muy cualificada, o una eximente incompleta. Esto hace que no pueda declararse, sin matización alguna, que nunca y en ningún caso pueda rebasarse, a la baja, el límite mínimo de la sanción (...)» (Fuentes Bardají [dir.] 2005: 256).

172 En el supuesto de objetos arqueológicos no parece existir duda razonable, en estos supuestos en que los imputados han sido sorprendido *in fraganti*, que se trata de bienes de dominio público cuyo destino será el museo o institución análoga que se disponga.

8. La defensa de la legalidad

suelen ser potestativas (Rebollo Puig 2001: 175 ss.). Una vez que sea firme la sanción, lo razonable sería la destrucción del aparato, por lo menos de la gran mayoría de ellos.

La notificación de la resolución pone fin al procedimiento, debiendo realizarse en el plazo de seis meses de acuerdo con los criterios generales de duración de los procedimientos administrativos.

Como ya se ha expresado, existen un sinnúmero de matices de enorme trascendencia jurídica, pero que no forman parte del interés prioritario de este trabajo, por lo que remito a la bibliografía para su consulta. Un ejemplo práctico de una resolución sancionadora de la que fui instructor, con las debidas modificaciones para garantizar el anonimato de la persona afectada se contiene en el Anexo 2 de este trabajo. En ella pueden observarse los argumentos dados tanto por la parte interesada como por la Administración, teniendo especial significación, porque revela un estadio bastante desarrollado de los recursos disponibles por parte de los detectoristas para argumentar su defensa, el escrito del Defensor del Pueblo Andaluz, del que se hablará oportunamente.

8.1.4. Jurisprudencia sobre expedientes sancionadores

Desde hace ya bastante años, y como consecuencia de la profesionalización de los servicios de asistencia jurídica ofrecidos por las asociaciones de detectoristas, sistemáticamente se recurren todas las resoluciones sancionadoras, primero en alzada ante la Consejería de Cultura y, de confirmarse la sanción, ante la jurisdicción de lo contencioso-administrativo.

Personalmente conozco setenta y dos sentencias (referidas a procedimientos instruidos de acuerdo con la LPHA'91), de las cuales sesenta y seis han sido favorables a los postulados de la Administración cultural y seis, contrarias. Los órganos jurisdiccionales que han conocido de estos casos han sido el TSJ de Andalucía y, desde la entrada en vigor de la Ley 29/1998 de la Jurisdicción Contencioso-administrativa, los juzgados de ese orden jurisdiccional. Ahora interesa, sobre todo, exponer algunos elementos comunes en estas sentencias, en respuesta a las alegaciones realizadas por las personas que recurren a ella para impugnar las resoluciones administrativas.

Como todos los procedimientos parten de las denuncias realizadas por miembros de los cuerpos y fuerzas de seguridad del

Estado, fundamentalmente del Seprona de Guardia Civil, o en mucha menor medida de las policías locales o las unidades de Policía Nacional adscritas a la Junta de Andalucía, es a ellos donde debemos volver para realizar el análisis subsiguiente.

En estos boletines, aparte de identificar a quien o quienes están usando un aparato detector, se describe su conducta; el lugar donde se les haya sorprendido; el modelo de detector usado y los utensilios de los que en su caso pudiese valerse para acceder a lo detectado (azadas, escardillos, etcétera); los objetos de carácter arqueológico que se les haya podido intervenir; y las manifestaciones que hayan querido reflejar[173]. Es, pues, a través de esta denuncia, que durante el procedimiento es ratificada con el objeto de que haga prueba a los efectos del artículo 137 LRJ-PAC, como se tiene constancia del uso no autorizado de un aparato detector de metales.

Como en la situación actual, este injusto administrativo se ha vinculado con la obligación de autorización para la realización de actividades arqueológicas establecida en el artículo 52 LPHA'91, debido quizás a que la adquisición de este tipo de aparatos es libre[174], el argumento de mayor controversia entre la Administración cultural y los sancionados es justamente la valoración de las pruebas aportadas por esta durante la sustanciación del procedimiento sancionador, para llegar a la conclusión de que la persona sorprendida con el detector lo estaba usando en la búsqueda de objetos arqueológicos.

Si bien debe añadirse, a renglón seguido, que los tribunales nunca han admitido el quebranto de este mandato (alegación siempre presente en los recurrentes, pues rechazan que estuviesen buscando restos arqueológicos), ya que en cualquier caso la conducta típica está descrita con suficiencia en el artículo 113.5 LPHA'91 y no se vulnera la exigencia de *lex certa* como garantía de la seguridad jurídica.

---

173 Como hacen otras muchas administraciones, la Consejería de Cultura celebra en colaboración con las comandancias de la Guardia Civil cursos de formación y sensibilización sobre el expolio arqueológico dirigidos a los guardias, asistiendo también funcionarios del Cuerpo de Policía Nacional y de las policías locales.

174 Por ejemplo, la sentencia de la sección 3ª de la Sala de lo Contencioso-Administrativo (sede de Sevilla) del TSJA, de 12 de febrero de 1998 (Recurso 484/96), expone la cuestión en los siguientes términos: «[s]e alega en primer término falta de tipicidad de la conducta, pero es lo cierto que el art. 113.5 de la Ley 1/91, del Patrimonio Histórico de Andalucía establece que será infracción menos grave la utilización de aparatos destinados a la detección de restos arqueológicos sin contar con la autorización de la Administración de Cultura o sin cumplir los condicionamientos impuestos en la misma. Atendiendo al tenor literal del precepto, es claro que la conducta descrita como realizada se ajusta o cumple con los requisitos del tipo, sin que sea admisible la alegación de que la utilización del detector de metales no precisa autorización, pues lo que se sanciona es su utilización precisamente para la finalidad de detectar restos arqueológicos, que conforme al art. 52 de la Ley 1/91, del Patrimonio Histórico de Andalucía exige autorización previa».

8. La defensa de la legalidad

Para acreditar la intencionalidad de su empleo en la búsqueda de objetos arqueológicos, se suelen recabar indicios que permitan la inducción de este componente subjetivo, siguiendo las reglas establecidas por el artículo 1253 del Código civil para este tipo de pruebas[175]. Varias son las principales fuentes indiciarias usadas, aunque tengan peso distinto:

a) Que el lugar donde se produjo la denuncia sea un yacimiento arqueológico o esté cercano a uno.

b) Que lleve objetos arqueológicos recogidos del terreno.

c) La lejanía entre el lugar habitual de residencia y donde se encontraba usando el detector.

d) Ausencia de una explicación plausible sobre qué estaba haciendo;

e) El propio aparato detector.

f) Existencia de otros utensilios para escarbar.

De todos ellos el de mayor enjundia es la existencia o no de un yacimiento arqueológico en el sitio donde se ha sorprendido a quien usaba el detector de metales, o bien en sus inmediaciones. Por sí solo no es determinante, pero colabora en la convicción de que el uso estaba siendo la localización de objetos arqueológicos, al combinarse el instrumento idóneo con el lugar adecuado. Tanto se ha dado vueltas a esta cuestión que parece haberse convertido en un elemento más del tipo, cuando el mencionado artículo no dice nada sobre ese extremo. Pues bien, uno de los argumentos más recurrentes por parte de quienes han sido sancionados en vía administrativa es alegar que no se encontraba en un yacimiento, o que el yacimiento no está incluido en el Catálogo General del Patrimonio Histórico Andaluz, o que no se halla delimitado (en caso de que esté incluido en él). O bien que no es de conocimiento público su existencia, con lo cual no puede deducirse de esta circunstancia el destino finalista del aparato. Además, aunque en

---

175 En algunos casos, cuando los denunciados han sido cogidos realizando movimientos de tierra, el tribunal ha considerado innecesaria la aportación de las pruebas indiciarias. Así lo manifiesta la sentencia de la sección 1ª de la Sala de lo Contencioso-Administrativo (sede de Sevilla) del TSJA, de 28 de junio de 1999 (recurso 268/97). Los recurrentes aceptaban que tenían detectores en su poder, pero negaban que estuviesen utilizándolos, sin embargo, los magistrados rechazan esa alegación en base a lo recogido en el boletín de la denuncia, donde se describía que estaban realizando excavaciones arqueológicas, habiéndoseles ocupado algunos objetos arqueológicos, para concluir «[d]e este modo el contenido de la denuncia y el valor que a la misma se atribuye por el artículo 137.3 de la Ley 30 de 1992 que se refiere a la presunción de inocencia, y que otorga a aquellas valor probatorio (...), hacen innecesario para tener por ciertos los hechos denunciados, acudir a la prueba de indicios para destruir la presunción de inocencia».

la instrucción del procedimiento sancionador se solicite informe sobre el paraje donde se produjo la denuncia, se suele pedir la apertura de periodo de prueba por parte de los denunciados, para determinar cuál fue el lugar concreto donde se encontraba, extremo este que –reitero– me resulta improcedente cuando ya está explicado en la denuncia y no se aporta prueba en contrario para desvirtuar su presunción de veracidad y, hasta la fecha, no ha prosperado ninguna alegación de indefensión por esta causa en vía judicial[176].

La respuesta de los tribunales ha sido casi unánime acerca de la prueba indiciaria del yacimiento. Veamos algunos ejemplos significativos.

Sentencia de la sección 3ª de la Sala de lo Contencioso-Administrativo (sede de Sevilla) del TSJA, de 24 de septiembre de 1998 (recurso 2114/95):

> «[r]esta por analizar la alegación que parte de que al no estar la zona donde se producen los hechos señalizada como yacimiento arqueológico, aquélla no puede calificarse como tal, pues para ello es preciso que esté claramente delimitada por exigencia del art. 27.5 de la Ley 1/91, de suerte que no se habría incidido en la conducta típica. El argumento no puede acogerse, porque lo que el art. 113.5 sanciona es la utilización de los aparatos con la finalidad de localizar los restos arqueológicos sin estar autorizado, que es lo que precisa autorización según el art. 52 de la Ley, sin que sea preciso que la zona donde se busca esté señalizada. De otra parte, la intención de encontrar restos se deduce claramente del hecho [de] utilizar un aparato apto para la localización en una zona abundante en restos (...), y en lugares entre sí y del domicilio del actor».

Otro tanto expresan los magistrados de la sección 1ª de esa misma Sala en la sentencia de 21 de octubre de 1999 (recurso 1959/97):

> «[e]l recurrente combate la apreciación de la prueba, pues de los hechos constatados por los agentes denunciantes y la mera

---

[176] Sirva de muestra la sentencia de 27 de marzo de 2003 del Juzgado de lo Contencioso-Administrativo número 2 de los de Granada (procedimiento abreviado 119/02): «[e]s preciso puntualizar que la no admisión de las pruebas propuestas por los recurrentes en el expediente sancionador, de afectar a algún derecho fundamental, lo sería a utilizar los medios de prueba pertinentes, derecho fundamental que, como indicó la Sentencia del Tribunal Constitucional 22/1990, no configura un derecho absoluto e incondicionado (...). Teniendo en cuenta lo anterior, la no admisión de unas pruebas relativas a la inscripción de un paraje en el Catálogo General del Patrimonio Histórico Andaluz, ha de estimarse correcta dada la manifiesta impertinencia de la prueba propuesta, por la irrelevancia del dato para la tipificación de la conducta (...)».

8. La defensa de la legalidad

tenencia del detector de metales no se puede concluir que se estuviesen buscando restos arqueológicos de metal. Sin embargo, está acreditado de forma directa que el actor se encontraba utilizando el detector de metales; que se trata de una zona inventariada en la que, según el informe del Arqueólogo de la Delegación, se localizan yacimientos arqueológicos (…). (FJ 2º). "La ausencia de señalización de la zona no exculpa la conducta del actor quién conocía el lugar de los hechos y la posibilidad de encontrar restos de valor que justifica el desplazamiento de su lugar de residencia».

Igual criterio han seguido muchos juzgados. Así el Juzgado de lo Contencioso-Administrativo número 1 de los de Sevilla, en sentencia de 25 de abril de 2000 (recurso 328/00):

«(…) La parte actora los niega alegando que en el momento de ser interceptado se encontraba a 2 kms de la zona que se dice prohibida, lo que haría que no se dieran las circunstancias previstas en el tipo legal aplicado. Sin embargo no se puede compartir su consideración puesto que, a tenor del texto del art. 113.5, sería constitutiva de infracción la mera utilización del aparato detector sin las debidas autorizaciones (…), y, aún más, teniendo en cuenta la cercanía del lugar en el que se practica la diligencia policial a la ciudad romana de (…), se puede llegar al convencimiento de la comisión del ilícito por la aplicación de la prueba de presunciones al darse (…)».

Sentencia de 11 de septiembre de 2000 del Juzgado de lo Contencioso-Administrativo número 2 de Córdoba:

«(…), debe concluirse que la resolución impugnada en estos autos en nada se separa de la anterior doctrina constitucional, pues constan acreditados en el expediente una multiplicidad de indicios tales como la utilización de aparato detector de metales apto para la localización de restos de tal naturaleza, ser la zona de interés arqueológico en la que se hallaba pese a que no tuviese señalización visible ni se halle inventariada (…), la falta de justificación de la presencia del sancionado el día y hora de los hechos, lejos de su domicilio y con tal instrumento, así como la tenencia de una azada (…)».

También en la sentencia de 29 de enero de 2004 del Juzgado de lo Contencioso-Administrativo número 2 de Jaén (procedimiento abreviado número 407/03):

> «[d]el mismo modo, debemos contar con el informe del departamento de protección del patrimonio histórico, de la Delegación Provincial de Cultura de Jaén (...), que resalta el indudable valor arqueológico de la zona (...), lugar donde fue sorprendido el hoy recurrente, y que se encuentra protegida por la Ley de Patrimonio Histórico de Andalucía, ello condujo a que el instructor del expediente no considerase necesario de la práctica de más pruebas para el esclarecimiento de los hechos, ya que en todo momento el denunciado manifestó que no poseía la preceptiva autorización de la Administración de Cultura (...)».

A pesar de este amplio elenco de muestras, hay otros casos donde no se ha considerado suficiente este indicio. Así en la sentencia de la Sala de lo Contencioso-Administrativo (sede de Málaga) del TSJA, de 27 de febrero de 2003 (recurso 4808/1997), en ella los magistrados consideran que

> «[e]l hecho de haber sido encontrado el actor utilizando un aparato detector de metales no significa por sí solo que dicho instrumento lo utilizara para la búsqueda ilegal de materiales arqueológicos, ya que dicho extremo no queda probado y solo se fundamenta en meros indicios racionales de su presunta utilización para dicho fin».

Así mismo en sentencia de 20 de enero de 2005 del Juzgado de lo Contencioso-Administrativo número 2 de Sevilla, se expresa el siguiente parecer, rompiendo el sentido dado hasta el presente por los tribunales.

> «(...) se precisa, de cualquier forma, para que concurra la infracción que la utilización del detector lo fuese con la finalidad concreta de hallar restos arqueológicos. Esto determina que deban considerarse dos elementos más para concurrencia del ilícito: uno objetivo, a saber, la posibilidad más o menos real de encontrar en el respectivo lugar restos arqueológicos (...), y el otro de índole subjetiva, constituido por el conocimiento previo de la posible existencia de restos arqueológicos en el sitio y la voluntad de lograr su hallazgo (de otro modo, utilizando el detector para otros menesteres, como la búsqueda de metales que dice el actor, aún cuando se estuviera actuando sobre un terreno en el que pudiera haber restos arqueológicos, no por esto se perpetraría la infracción, al faltar ese elemento subjetivo del tipo y por añadidura, la intención necesaria para fundar el reproche culpabilístico). Así las cosas, en el caso litigioso, la clave de la imputación radica en la efectiva existencia en el

8. La defensa de la legalidad

> lugar donde el actor empleaba el detector de metales, de un yacimiento arqueológico. En base a esta «coincidencia» podría entenderse que dicho recurrente no estaba allí por casualidad, sino por conocer previamente ese yacimiento, y por ende, no estaría buscando minerales sino restos arqueológicos (...), también podría argumentarse que no se conocía de la existencia del yacimiento, y por ende, que sería contrario a elementales principios de todo procedimiento sancionador, el presumir algo en contra del presunto infractor (...), máxime atendiendo que al ser denunciado no se le halló ninguna pieza de valor arqueológico (...). Pero sí podría intentar completarse el dato de la existencia de yacimiento, con otros elementos indiciarios que convenciesen de manera bastante acerca de la realidad del propósito albergado (...), la denuncia no precisa con mayor exactitud el lugar donde se divisó al recurrente usando el detector de metales, ni por la Administración se hace saber la delimitación del yacimiento, en orden a poder comprobarse que efectivamente se empleaba dicho aparato en la zona en que estaba catalogado ese yacimiento. Tampoco hay datos suficientes para poder presumir que el recurrente conocía la existencia del yacimiento. No consta que fuese algo notorio, de conocimiento popular y sobre el terreno tampoco había señales indicativas ni de delimitación (...)».

En parecidos argumentos se basa la sentencia de 16 de febrero de 2005 del Juzgado de lo Contencioso-Administrativo número 6 de Sevilla (recurso 563/04), en la que la magistrada-juez razona lo siguiente para juzgar que no se ha desvirtuado plenamente el principio de presunción de inocencia:

> «[l]a utilización de un aparato no diseñado con el exclusivo fin de la localización de restos arqueológicos hace que, en principio, se deban admitir diversas opciones sobre el uso al que aquel se destina (...), siendo la Administración la que tiene a su cargo la prueba que determinaría el rechazo de las demás hipótesis, prueba que en este caso no se ha producido toda vez que si es la circunstancia de hallarse los denunciados en un yacimiento arqueológico el dato al que alude la Resolución sancionadora para demostrar la existencia del elemento subjetivo del ilícito, es evidente que tal circunstancia en nada podría afectar a la subjetividad si no consta que la misma era conocida, o debía serlo, por quien se estima el autor del hecho infractor. En definitiva, si objetivamente el aparato puede tener otros cometidos distintos del previsto en el artículo 113.5 de la Ley 1/1991 y si, subjetivamente, la intencionalidad, esto es, el efectivo y real destino para el que se usa el aparato, no puede deducirse de los elementos concluyentes, no cabe más solución que decidir la controversia a favor de los ahora recurrentes pues, si bien

> es cierto que tampoco por su parte se ha intentado rebatir las afirmaciones de la Administración, para lo cual hubiera sido útil indicar, al menos, la actividad a la que se estaban dedicando, también es verdad que la presunción de inocencia dispensa de toda prueba a aquel contra el que se dirige el procedimiento si nada definitivo se ha demostrado en orden a su culpabilidad (...) Sólo si el ilícito se definiera como la utilización de aparatos capaces de localizar restos arqueológicos podría prescindirse del elemento finalista».

Más problema plantea, sin duda, mostrar el conocimiento de la existencia de un yacimiento por parte de quien se encuentra en él utilizando un detector, aun cuando se haya desplazado varias decenas de kilómetros de su residencia habitual hasta ese lugar. Sin embargo, considero que hay muchos, medios de difícil probanza pero no por ello menos eficaces, para difundir las localizaciones de yacimientos. Y no es preciso que sea «público y notorio» ese dato, con que lo sepa la persona usuaria del detector es suficiente.

Por fortuna, parece haberse abierto paso cierta línea, en la jurisprudencia, que se acerca a los postulados de quienes predicamos de los aparatos su actitud para la detección de objetos arqueológicos, haciendo de esta circunstancia la prueba de cargo necesaria. En la sentencia del TSJA, Sala de lo Contencioso Administrativo, sede de Sevilla, sección 1ª, de 9 de octubre de 2000 (recurso núm. 1327/1998), reproducida en este fundamento jurídico en otra parte de este trabajo.

Argumentación que también va siendo asumida por algunos juzgados de lo Contencioso-Administrativo, como ha ocurrido en una sentencia de 8 de marzo de 2005, del número 7, cuya trascripción merece la pena, por cuanto que manifiesta una línea interpretativa completamente distinta de las anteriores. El actor había sido sorprendido en un paraje situado en el entorno de cinco yacimientos, cercanos a la población de Osuna,

> «[n]adie se encuentra en una zona de labor con un detector de metales y una azada sin una finalidad y, la única finalidad razonable para estar en ese lugar, con esos instrumentos, no puede ser otra que la de buscar restos arqueológicos, esto es, utilizar el aparato como detector de tales restos. Para la realización del tipo nada importa si se hallaron en su poder restos arqueológicos (...). Tampoco tiene relevancia en este aspecto el hecho de que la zona no se encontrara señalizada como yacimiento arqueológico: ni es un elemento del tipo, ni, en este caso, de la culpabilidad. Baste señalar que a nadie con una cultura media se le escapa la importancia arqueológica de localidades como Osuna (...)».

8. La defensa de la legalidad

Mi falta de formación en cuestiones jurídicas me aconseja prudencia a la hora de opinar sobre tales sentencias, pero de su atenta lectura se desprende, en primer lugar, un hecho incuestionable: en estos casos la razón para estimar los recursos ha sido una instrucción deficiente, a juicio de los jueces y magistrados, y no un cuestionamiento sobre lo potencialmente dañino que resulta el uso de detectores de metales. Luego, parece claro que quienes instruyan procedimientos sancionadores de este tipo deberán esforzarse en dejar más evidente el componente subjetivo del injusto.

8.2. La catalogación y protección física de yacimientos

A lo largo de los apartados precedentes se ha puesto de manifiesto la importancia fundamental de las actuaciones de inventario y catalogación de los bienes integrantes del patrimonio histórico español, para extender su protección jurídica y, en el caso de bienes muebles, favorecer su identificación en casos de robo, venta o exportación ilegal. Sin querer ahora repasar con exhaustividad las actuaciones administrativas desarrolladas en este campo, debe señalarse, al menos, que ha sido uno de los ámbitos de la tutela administrativa más desarrollados en los últimos tiempos.

A comienzos de la década de los ochenta, la Subdirección General de Arqueología del Ministerio de Cultura elaboró un Inventario de Yacimientos Arqueológicos a escala estatal, estructurado provincialmente. De este proyecto apenas se logró cubrir la primera fase consistente en un barrido bibliográfico. La base de datos informatizada resultante (YAAR: YAcimientos ARqueológicos), aunque no alcanzó todo el ámbito inicialmente esperado, podía consultarse en los Puntos de Información Cultural. Estaba prevista una segunda fase dirigida hacia el estudio de los materiales y estructuras existentes en cada yacimiento, pero nunca se materializó (Martín-Bueno, 1986; Fernández-Posse y De Álvaro, 1993). Con estos precedentes, más bien menguados, heredaron las comunidades autónomas el encargo de realizar las tareas de protección, catalogación e inventario de bienes arqueológicos. Misión a la que, afortunadamente, se han entregado con bastante dedicación, constituyendo uno de los principales empeños de las nuevas administraciones autonómicas (Castells 1986; Hernández y Castells 1993; Velasco, Mena y Méndez 1987; Velasco 1991; Tallón 1993; Querol y Martínez 1996; para Castilla y León, pueden verse los diversos informes sobre «arqueología de gestión» elaborados para cada provincia del n° III de la revista *Numancia. Arqueología en Castilla y León*; para Andalucía el *Anuario Arqueológico de Andalucía'85/I*).

En la actualidad, ya no se mira a esta labor como un empeño de final claro, nota que caracterizó a las primeras normas protectoras, que imponían una y otra vez la obligación de realizar el inventario total de la riqueza artística española al Estado, sino que se trata de una empresa continua, sin final previsto. De hecho, por fortuna, como señalaba O. Ferrari (1987), preguntar cuándo se acabará el inventario de los bienes culturales de un país se ha vuelto una cuestión improcedente. Normalmente se piensa en la posibilidad de aplicación de una ecuación matemática, de una regla de tres, mediante la cual se podría saber el tiempo y el monto de dinero que costaría terminar tal empresa. Este equívoco, escondido a veces so capa de un pragmático simplismo o de una angustia burocrática, tiene viejas raíces historigráficas en el positivismo cultural que ha dominado el pensamiento científico, de una u otra manera, la mayor parte del siglo XX.

Sin embargo, la reflexión sobre la elaboración de catálogos no se guía por esos parámetros. Resulta mucho más importante armonizar la exigencia de cualificar los sistemas de identificación, para hacer frente a nuevos retos nacidos del trabajo con entidades –como la de paisajes culturales–, cada vez más alejadas del componente objetual, para acercarse al difuso campo de los valores relacionales, con la tarea de catalogación tradicional, la única que de momento encuentra un anclaje adecuado en la legislación. La aplicación de gestores informáticos, habitualmente sobre plataformas de sistemas de información geográfica, es ya un paso obligado que se ha realizado con solvencia por las administraciones culturales (González-Campos y Fernández Cacho 1992, Fernández Cacho [ed.] 2002 y Santana Falcón 2007, por citar solo unos ejemplos reducidos a la evolución de la base de datos ARQUEOS, gestionada por el Instituto Andaluz de Patrimonio Histórico, y a la inclusión de yacimientos en instrumentos de protección en la provincia de Sevilla).

Efectivamente, el avance de la disciplina ha ido desvelando nuevas realidades materiales con valores representativos de las sociedades a las que pertenecían, ampliando la gama de las entidades merecedoras de ser preservadas, no ya en razón de unos determinados méritos artísticos e históricos, sino de la información que conservan para el conocimiento de nuestro pasado y nuestra cultura. Pero esta nueva mirada al entorno material e inmaterial supone un reto a los instrumentos creados para la protección otorgada a esos bienes por el derecho.

Sin embargo, la exigencia de ensanchar el marco de la protección ha colapsado la capacidad de respuesta de las administraciones tuteladoras del patrimonio histórico, provocando alarma ante la avalancha de solicitudes para la inclusión en los catálogos, listados o inventarios de yacimientos y zonas arqueológicas, y obligándolas a instrumentar una serie de medidas para poder manejar la situación.

La principal respuesta dada por las administraciones culturales ha sido el aprovechamiento de la virtualidad protectora ofrecida por el planeamiento urbanístico, para derivar a ella la protección de la gran masa de bienes inmuebles, dejando sólo un selecto elenco bajo el régimen propio del patrimonio histórico (Rodríguez Temiño 1998b).

Esto ha supuesto seleccionar qué bienes deben ser tratados de una manera y cuáles de otra. Bien sea de forma consciente, a través de estrictos programas de priorización de la inversión pública, bien de forma inconsciente, por mera incapacidad para dar respuesta con agilidad al ritmo creciente de bienes necesitados de protección, hace unos años, por influencia anglosajona, se planteó la agenda de cómo reducir *de facto* el universo efectivo de los bienes culturales nacidos de las generosas definiciones aportadas por el derecho.

Por otra parte, cada yacimiento es la expresión material de una secuencia de sucesos únicos e irrepetibles. Dos yacimientos del mismo tipo y cronología, e incluso situados en lugares cercanos, no tienen por qué aportar idéntico monto de información. No obstante, sería injusto decir que todos los yacimientos tienen la misma importancia a la hora de construir el discurso histórico de una región. Esa realidad ha incitado determinados sistemas de clasificación, de los diferentes yacimientos, en razón de una serie de parámetros que pretenden objetivar su interés arqueológico. Dado que tales procesos han tenido cierto eco a la hora de valorar los daños producidos en ellos (Roma Valdés 2009), resulta conveniente detenernos en estas clasificaciones.

Esta materia ha sido objeto de debate, sobre todo en el mundo anglosajón, como hemos tenido ocasión de comprobar en el capítulo dedicado al fenómeno del detectorismo en el Reino Unido. El común denominador de todas las propuestas ha sido la catalogación o enumeración de los distintos tipos de valores presentes en el patrimonio arqueológico. Pero han experimentado diversas adaptaciones dependiendo de qué se entendía por patrimonio arqueológico. Los primeros ensayos se reducían a inmuebles de carácter monumental o a yacimientos visitables excavados de forma completa o casi completa (Lipe 1984), pero sus premisas para valorar el interés arqueológico serían difícilmente aplicables a la realidad material de los sedimentos arqueológicos, que componen la inmensa mayoría de los yacimientos no excavados o solo en una pequeña parte.

Más adelante, a finales de la década de los ochenta, se publicaron diversos trabajos centrados en la adopción de protocolos para responder al colapso en que estaba entrando la Administración inglesa competente en la protección del patrimonio, ante las exigencias de aumentar el monto de yacimientos salvaguardados y, sobre todo, ensanchar el marco de la protección. La respuesta fue enumerar algunos factores que deberían tenerse presente para incluir un yacimiento, en qué categoría, o bien excluirlo del sistema estatal de protección. Para efectuar este escrutinio, se someten a una evaluación progresiva distribuida en tres pasos (caracterización, discriminación y valoración), cuyos criterios estaban fijados previamente. Entre los más significativos están la cronología, estado de conservación, potencialidad, valor de conjunto, monumentalidad o singularidad (Darvill, Saunders y Startin 1987, Wainwright 1989, English Heritage 1991).

En España ya se están notando los efectos de este debate, abierto de momento por la Comunidad Autónoma deAragón (Burillo, Ibáñez y Polo 1999), aunque parece que está en fase de reflexión.

Quede claro cuál es el objetivo y la naturaleza de tales intentos: facilitar la labor administrativa de la protección y tutela, reduciendo el monto efectivo de yacimientos sobre los que aplicar los instrumentos jurídicos previstos en la legislación. Sus defensores ven en el aumento de la riqueza patrimonial una quiebra del sistema que lo hace ineficaz. Sin embargo, tales intentos no están exentos de riesgos ciertos. Reducir la galaxia de densos contextos y profundas raíces históricas, aportados por los paisajes arqueológicos en toda su complejidad, a un mero elenco de muestras termina por empequeñecer la población real de esos bienes: la Administración acaba preocupándose solo por aquellos sobre los que ha centrado su acción tuteladora, dejando el resto al margen de su interés (Schaafsma 1989).

Desde una óptica distinta, y ante la sangría económica que producen las excavaciones preventivas, M. Carver (1996) aporta un nuevo punto de vista. Según él, cuando la tendencia general del marco legislativo, en torno a la arqueología, se caracteriza por la desregularización y el constreñimiento de la acción gubernamental a los yacimientos de su propiedad, dejando al libre acuerdo entre promotores y arqueólogos la excavación/investigación del resto, urge definir de nuevo el concepto de valor en arqueología. Tras identificar los diversos componentes que podrían entrar a formar parte de la noción de valor (o más propiamente de «interés») arqueológico, lo novedoso en su aportación es que procura enfrentar las teorías «empiristas» sobre la información que contienen los yacimientos (esto es quienes procuran proteger y gestionar la realidad arqueológica como un recurso finito y mensurable), con la visión de los «investigadores», según la cual el valor arqueológico no es tanto algo estable, cuanto coyuntural. Nace del cruce entre la presencia de restos arqueológicos y la virtualidad

8. La defensa de la legalidad

de un proyecto científico para el que son relevantes. Sin un proyecto científico detrás el valor arqueológico sería nulo. Mejor no excavar y el dinero invertido en él se gastará sin producir rendimientos.

Esto no significa, en modo alguno, que en opinión de este autor solo deban protegerse los que están excavados o en perspectivas de serlo. Si lo traigo a colación aquí es porque considero que aporta un criterio que debería ser tenido en cuenta a la hora de valorar, por ejemplo, los daños sobre un yacimiento arqueológico: no debiera ser lo mismo hacerlo sobre un yacimiento no excavado que en otro que lo está siendo o está próximo a ello.

Por fortuna, esta no está siendo la única vía explorada por las administraciones públicas para hacer frente al colapso administrativo, que supone gestionar decenas de procedimientos, para otorgar un estatuto jurídico superior a miles de yacimientos que lo merecen. También se están creando instrumentos administrativos nuevos en las leyes autonómicas de patrimonio histórico y cultural, que precisan tramitaciones más someras para incluir bienes en ellos, así como gestores informáticos que faciliten la tramitación.

La situación en Andalucía puede servir como caso práctico del desarrollo de la actuación catalogadora. Según los datos aproximados consultables en la mencionada base de datos ARQUEOS, dependiente del Instituto Andaluz de Patrimonio Histórico de la Consejería de Cultura, el monto de yacimientos documentados en esta comunidad autónoma ronda los 12.818. Si bien es cierto que no toda Andalucía ha sido prospectada de manera suficiente y, por tanto, este número se incrementará conforme la investigación se amplíe a toda su extensión, incluidas las aguas del mar territorial frente a sus costas.

Todos estos lugares forman parte del patrimonio histórico andaluz, tal y como se expresa en el artículo 2 LPHA'07. Sin embargo, no todos ellos se encuentran inscritos en el Catálogo General del Patrimonio Histórico Andaluz (CGPHA) ya que el proceso de afloramiento de nuevos yacimientos, como producto de la investigación, resulta mucho más ágil y dinámico que el de su inscripción en él, habida cuenta de la necesidad de sustanciar un procedimiento administrativo *ad hoc*, cuya tramitación resulta bastante prolija.

Como muestra podría señalarse que en la provincia de Sevilla hay documentados en torno a 3.250 yacimientos, de los que hasta la fecha solo hay inscritos en el CGPHA, o en vías de hacerlo, menos de cien.

La protección jurídica de los yacimientos arqueológicos, que engloba también a su contenido, sin duda clarifica los procedimientos sancionadores, aunque no sea requisito imprescindible en la tipificación de infracciones administrativas y tampoco penales, pero no evita la agresión física; es una medida de protección preventiva de carácter legal y, por tanto, inmaterial. Dada la naturaleza del tipo de agresión ocasionada en concreto por los detectores de metales, y la alarma creada en torno a ellos, en Andalucía se idearon ciertas estrategias para proteger físicamente los yacimientos, al menos los que mayor número de expoliaciones sufrían.

El lugar donde se expresaron fue el Plan General de Bienes Culturales 1996-2000, documento de carácter planificador que pretendía establecer las líneas de actuación de la Consejería de Cultura en materia de tutela del patrimonio histórico durante ese periodo, consideró conveniente incluir, entre las líneas de actuación del programa de protección, una específicamente dirigida a la lucha contra el expolio de yacimientos arqueológicos. Sus objetivos se cifran en varios campos, desarrollados mediante proyectos concretos (Consejería de Cultura, 1997: 126).

Las medidas y actuaciones dirigidas a la coordinación con las demás instituciones y organismos implicados en la lucha contra el expolio no requieren mayor explicación, pues se han convertido en una práctica (o deseo) habitual en la mayoría de las comunidades autónomas. Ya se han tratado, de manera específica, las destinadas al perfeccionamiento de la capacitación de los agentes de los cuerpos y fuerzas de seguridad del Estado. También se ha visto la regularización de la autorización de los detectores de metal. Pero hay una que sí debería explicarse: la dirigida a la protección física de los yacimientos arqueológicos con antecedentes de expolio significativo, consistente en el «sembrado de virutas metálicas», por cuanto que pueda parecer anecdótico o no sea fácil de comprender[177].

La experiencia demuestra que la protección física estática de los yacimientos, fundamentalmente el vallado, solo es relativamente eficaz en aquellos donde a esto se suma la vigilancia activa, algo que difícilmente puede extenderse como medida cautelar. Ello nos obligaba a pensar en medios más imaginativos para ofrecer cierta protección física.

Así las cosas, contrariamente a lo que parece, la propuesta reflejada en el Plan General de Bienes Culturales no estaba dirigida a dificultar la detección de metales, ya que normalmente estos aparatos están provistos de discriminadores que evitan ese tipo de interferencias, sino que su objetivo era impedir el hallazgo de tumbas. Como ya se dijo anteriormente, para este menester también se usan los detectores de metal. A este respecto se ha observado que los abonos del tipo compost,

---

[177] «Actuar con los colegios en la protección física de yacimientos sembrándolos de virutas metálicas, no discriminadas por los detectores de metal».

8. La defensa de la legalidad

producto del reciclaje de basuras urbanas, rico en detritos metálicos, dificulta la detección no tanto de metales (aunque también) como del material constructivo habitual en las estructuras funerarias. El empleo sistemático del discriminador, a que obliga la presencia de pequeños fragmentos metálicos, de tamaño y naturaleza diversos, amortigua el contraste.

Esta práctica ya había sido aplicada en diversos lugares de Andalucía. En Galera (Granada), por ejemplo, profesores de EGB organizaron patrullas de estudiantes que durante los fines de semana esparcían chapas de botellas, recolectadas en los bares, en los yacimientos arqueológicos con el propósito de intentar despistar a los detectoristas. También se ha probado con fragmentos de imanes, que bloquean las agujas de los aparatos menos sofisticados. Iniciativas similares han tenido lugar en yacimientos de Osuna (Sevilla), sometidos a expolios intensivos.

El propósito del Plan General era precisamente recoger lo positivo de estas iniciativas y encauzarlas a través de campañas, que involucrasen a la población escolar para que, además, sirviese como medio de sensibilizarlos sobre la pérdida irreparable derivada de la acción de los expoliadores.

Por razones que no hacen al caso, el Plan General de Bienes Culturales 1996-2000 tuvo una virtualmente nula aplicabilidad y, a pesar del interés que personalmente mantenía en esta iniciativa (Rodríguez Temiño 1998a), que incluso tuvo eco mediático[178], nada se hizo en este sentido, más por la dificultad de empujar iniciativas como esta que por demostrarse su ineficacia.

---

178 *El País* de 02/05/1998 titulaba una noticia «Cultura prevé sembrar de metales los yacimientos para burlar a los "piteros"», donde recogía la propuesta del Plan General de Bienes Culturales.

CAPÍTULO 9
La tutela penal del patrimonio arqueológico

A pesar de mis limitaciones en materia jurídica, creo imprescindible dedicar algunas líneas a la tutela que el derecho penal presta al patrimonio arqueológico. Acercamiento que hago de forma somera y siempre muy apegado a las teorías, interpretaciones y pareceres de juristas. El interés de esta aproximación radica en la imposibilidad de cercar la lacra social que supone el expolio del patrimonio cultural con los instrumentos ofrecidos por la legislación administrativa, de manera exclusiva. Por otra parte, no son solo jueces y fiscales quienes llevan el peso de estas actuaciones, sino también los cuerpos y fuerzas de seguridad del Estado, motivo por el que les he reservado un epígrafe.

9.1. El derecho penal y el patrimonio arqueológico

La incorporación en el vigente Código penal, aprobado por Ley Orgánica 19/1995, de 23 de noviembre, de un capítulo dedicado de manera específica a los delitos sobre el patrimonio histórico ha supuesto una novedad en el ordenamiento penal español, que ha reclamado un evidente interés por parte de los juristas. Muestra palmaria de este interés es el amplio catálogo de títulos dedicados a su análisis, muchos de los cuales versan de forma específica sobre el patrimonio arqueológico, habida cuenta de las importantes implicaciones que entraña su carácter oculto, lo cual le hace muy vulnerable al daño y la destrucción.

Como en todo este capítulo, no pretendo otra cosa que dar ahora las principales pinceladas de esta relación entre la norma penal y el patrimonio arqueológico, exponiendo los diversos puntos ya resaltados por la doctrina. Lógicamente remito a la bibliografía citada para mayor abundamiento en esta materia.

En primer lugar debería recordar que el recurso al derecho penal se considera el último escalón en la tutela de los bienes jurídicos, cautela que Fernández Aparicio (2004: 22 s.) extrema en el caso del patrimonio histórico, por cuanto que este encuentra su ámbito más adecuado en el derecho administrativo sancionador. Por esta razón se sobreentiende que solo tendrán repercusión penal las agresiones más severas contra estos bienes. Prudencia ya presente en la propia redacción del artículo 76 LPHE, que tipifica determinadas conductas lesivas contra el patrimonio histórico, calificándolas de infracciones administrativas (y, por tanto, sometidas al derecho administrativo sancionador), «[s]alvo que sean constitutivas de delito».

> «En virtud del principio de intervención mínima y en respeto al carácter subsidiario y fragmentario del Derecho Penal ha de reservarse este exclusivamente para la protección de bienes relevantes y esenciales y sólo respecto a los ataques más graves al patrimonio» (Fernández Aparicio 2004: 23).

Esto no significa que los bienes, salvo la excepción del artículo 321 CP, deban estar inscritos en los catálogos, inventarios o registros creados por la legislación sobre patrimonio histórico o cultural para su protección. Y ello, entre otras causas, por voluntad expresa del texto constitucional. En efecto, el último inciso del artículo 46 CE contiene un mandato para que la ley penal castigue los atentados contra los bienes integrantes del patrimonio histórico, en general, y no solo aquellos que tengan un valor administrativamente reconocido (Yáñez Vega 1999)[179].

Una nota más sobre el texto constitucional. Cortés Bechiarelli (2005: 20 s.) establece una conexión entre los artículos 45, 46 y 47 CE y el Título XVI del CP. En la Constitución se plasmarían unos derechos esenciales, los de la protección del entorno (en el sentido de medio ambiente natural y cultural) y se articula una protección penal sobre ellos, delimitando figuras delictivas que lo tengan por objeto. Lo

---

[179] Este mandato constitucional, en opinión de la inmensa mayoría de la doctrina, resulta innecesario y, en todo caso, es excepcional en la propia Constitución, donde bienes de mayor relevancia social carecen de él. Cortés Bechiarelli (2005: 18 ss.) haciéndose eco de este debate doctrinal, apunta dos cuestiones de interés: una, que la apelación al ordenamiento penal del mencionado artículo 46 CE recoge el clima de preocupación por los frecuentes atentados de que era objeto en esa etapa; y, en segundo lugar, que, a pesar del tratamiento de las cosas de interés histórico o artístico en los códigos penales anteriores, «...la Constitución pone el acento en la supremacía social del patrimonio histórico, acabando con la tendencia secular a su dominio individualista y excluyente, para lo cual acude al ordenamiento criminal con una marcada intención simbólica propia de la configuración más elemental de la prevención general» (Ídem, ibídem: 20). En contra, por ejemplo, García Magna (2009: 138), para quien «por muy loable que sea la intención del constituyente al pretender impulsar el reconocimiento social de intereses tan trascendentes como el medio ambiente y el patrimonio cultural, tradicionalmente olvidado por los poderes públicos y los ciudadanos y, por ello, seriamente deteriorados, esto no justifica el uso de una técnica deficiente y la asunción de funciones que no le corresponden».

9. La tutela penal del patrimonio arqueológico

interesante de esta protección penal es que se trata de unos derechos colectivos, conectados con el desarrollo de la personalidad a través de la cultura, otro derecho fundamental a su vez.

El Código penal de 1973 mantenía una cierta atención hacia las cosas con valor histórico y artístico, continuada en la reforma de 1983 mediante el agravamiento de ciertas conductas contra la propiedad y el orden socioeconómico cuando se perpetran sobre bienes de esas características. Con estos precedentes, el Código penal de 1995 mantiene por un lado el sistema de agravaciones de ciertos delitos cuando recaen sobre bienes de carácter cultural e introduce un capítulo dedicado al patrimonio histórico. Esta sistemática, que favorece la dispersión de las conductas atentatorias sobre él, no es del agrado de casi nadie. Varios autores (Renart García 2002: 208-221 y García Calderón 2008: 67, por citar dos), lo achacan a la forma en que fue introducido este capítulo en su trámite parlamentario. El proyecto de Ley Orgánica del Código penal de 1992 carecía de él, siendo añadido en el Senado, de manera imprevista y sin debate alguno

> «[e]sta ausencia de previsión puede explicar en parte la inadecuada redacción de su articulado, redacción donde se cometen con demasiada frecuencia inexactitudes conceptuales que pueden dificultar en buena medida su aplicación y que parece obvio que debieron originarse a causa de una elaboración precipitada» (García Calderón 2008: 67).

El sistema de protección resulta, por tanto, mixto. Por un lado hay una tipificación de determinadas conductas, en el título rubricado «De los delitos sobre el Patrimonio Histórico» (arts. 321 a 324 CP) y, por otro, una serie de genéricas agravaciones en los delitos de hurto (art. 235.1 CP), robo (art. 241.1 CP), estafa (art. 250.5 CP), apropiación indebida (art. 252 CP), malversación (arts. 432.2 y 625.2 CP, este último sobre falta de daños), además de tipificaciones concretas en el delito urbanístico (art. 319.1 CP), y acciones contra bienes culturales en caso de conflicto armado (art. 613.1 CP). A ello debe añadirse el artículo 2.e) de la Ley Orgánica 12/1995, de 12 de diciembre, de Represión del Contrabando (exportación sin la autorización preceptiva).

Aunque crítico, como la mayoría con esta distribución sistemática, García Calderón (2008: 7) hace hincapié en la distinción entre aquellos delitos de daños que atentan contra bienes inmuebles que, de alguna manera, están insertos y contextualizados por un paisaje cultural y los bienes muebles, en cierta medida, independientes del contexto natural en el que se hallen. También Renart García (2002: 223 s.) valora la unificación de aquellos tres elementos (patrimonio histórico, medio ambiente y ordenación del territorio) que sostienen el concepto moderno de ecología, en el sentido de medio natural y social en el que nos desenvolvemos los seres humanos, y donde debemos encontrar la procura cultural precisa para nuestro desarrollo personal.

Agrupación sistemática que, para los bienes inmuebles, ha sido criticada por otros penalistas, ya que no garantiza una mayor eficacia tuitiva. Los dos únicos puntos de contacto entre el patrimonio histórico y los otros dos órdenes (medio ambiente y ordenación del territorio), a saber: el valor paisajístico y el equilibrio ecológico, resultan insuficientes para evitar la heterogeneidad de estas materias y, por tanto, su mejor tratamiento aislado, especialmente cuando los artículos dedicados al patrimonio histórico incluyen conductas, como los daños a centros docentes o archivos, alejados del concepto de entorno (Terradillos Basoco 1997: 35 s.).

Un último aspecto más de carácter general, antes de entrar en las particularidades del patrimonio arqueológico. Resulta imprescindible identificar cuál es el bien jurídico tutelado por el derecho penal, al mencionar al patrimonio histórico. Como ocurre con el derecho administrativo y la protección que dispensa a estos bienes (Alonso Ibáñez 1992), la inmensa mayoría de los penalistas coincide en que es su función social, servir de instrumentos para la promoción cultural, y no meramente su salvaguarda física o material, el objeto jurídico tutelado también el capítulo II del Título XVI del Código penal de 1995 (por todos, Renart García 2002: 233 s.). No obstante, algunos autores reclaman la delimitación de un concepto específicamente penal de patrimonio histórico, basado en la materialidad, que rehúya descripciones amplias e intereses difusos, como hace la legislación administrativa, ya que jueces y tribunales precisan por seguridad jurídica de conceptos más contingentes (García Calderón 2008: 72).

> «Todo ello nos permite concluir que el Patrimonio Histórico, desde una perspectiva jurídico penal, *está integrado por todos aquellos bienes materiales que ostentan un valor cultural, histórico o antropológico innegable*, definición lo suficientemente abierta como para contener la falta de necesidad de catalogación o inventario previo, la protección del patrimonio *oculto* o no declarado, la discrecionalidad judicial y la convicción suficiente acerca de la relevancia histórica que debe tener el agresor al perpetrar su acción» (Ídem, ibídem)[180].

---

180 Personalmente, y sin querer entrar en consideraciones sobre la dogmática penal para las que no estoy preparado, no acierto a distinguir entre los valores culturales, históricos y antropológicos, ya que el primero engloba los anteriores, e incluso si se desea, en razón de la materia, asegurar la temporalidad de los bienes, con el adjetivo histórico el sustantivo patrimonio va suficientemente calificado (Rodríguez Temiño 2010a).

9. La tutela penal del patrimonio arqueológico

Esta concreción del bien jurídico interesado por el derecho penal, tiene una especificidad para el caso del patrimonio arqueológico. Nuevamente García Calderón (2008: 77 s.) distingue tres elementos constitutivos del patrimonio arqueológico, que debían ser considerados para la criminalización de las conductas que atentan contra él. En primer lugar, las piezas arqueológicas son bienes muebles fácilmente sustraíbles e introducibles en el mercado ilegal. Destaca, pues, una «idea de propiedad individual y de intensa comercialización». En segundo lugar, la arqueología tiene una dimensión monumental o arquitectónica, amén de fuente de información científica. Y, por último, también comporta, en cierta forma, una riqueza medioambiental al ser partes constitutivas de paisajes relevantes por su interés cultural. Al margen de esta riqueza seminal del patrimonio arqueológico, debe reconocerse que es objeto de numerosas y variadas agresiones, sin que cuente con una tipología propia, ni una respuesta adecuada en la legislación penal. Ello supone una dificultad añadida para la persecución de ciertas formas delictivas que lo tienen como objetivo. Estas han sido clasificadas en dos grandes grupos, el desarrollo urbanístico voraz que arrasa con espacios que contienen importantes yacimientos arqueológicos y, en segundo lugar, su saqueo por diversos usos fraudulentos, como el coleccionismo equivocado o para el abastecimiento de un mercado ilícito menor, con la frecuente utilización de aparatos detectores de objetos metálicos que carecen de una regulación legal suficiente (García Calderón 2008: 78). Aquí se atenderá sobre todo a esta segunda modalidad de atentados contra el patrimonio arqueológico.

En este sentido, una de las características del patrimonio arqueológico que es estar oculto y permanecer desconocido hasta que aflora a la luz por cualquiera de los sistemas establecidos en la legislación, ya sean actividades arqueológicas regladas ya hallazgos casuales, ha dado lugar a cierto esfuerzo de exégesis para acomodarlo a la tutela penal. Tres son los aspectos destacados por la doctrina, los delitos de daños dolosos, los apoderamientos de objetos arqueológicos y la ausencia de un tipo específico para definir el expolio arqueológico. De ellos se hará a continuación una apretada síntesis.

Otra fuente de críticas frecuentes ha sido la recurrencia al valor económico del daño, para distinguir los delitos de las faltas, *ex* artículo 625 CP[181]. García Calderón (2008: 82 s.) expone, con sugestivos y contundentes argumentos, lo nefasto de semejante división, proponiendo *de lege ferenda* que se recurriese al concepto de valor incalculable para las acciones dañosas sobre el patrimonio cultural, recayendo su clasificación en otros aspectos de la conducta típica.

---

181 Situado en cuatrocientos euros.

El cálculo económico del daño pasaría a convertirse en indicador de la responsabilidad civil exigible a los causantes de la destrucción o deterioro.

Los delitos dolosos sobre el patrimonio histórico inmueble (y por tanto también sobre el arqueológico que tenga esta condición) están recogidos en los artículos 321 y 323 CP. El primero de ellos resulta de aplicación más residual, ya que constituyen elementos típicos de las conductas castigadas en él tratarse de edificios especialmente reconocidos por la legislación administrativa (o sea que estén catalogados como bien de interés cultural u otra categoría análoga de la legislación subestatal), así como a sus elementos por incorporación (Fernández Aparicio 2004: 77-82, Cortés Bechiarelli 2005: 31 ss., entre otros). Sin duda, más atención ha merecido el artículo 323 CP[182]. Varios son los aspectos que deben resaltarse sobre el mismo.

En primer lugar, como sostiene García Calderón (2008: 72), ha de tenerse en cuenta la escasa intensidad de dolo exigible para la comisión del injusto penal. El propio título de la rúbrica del capítulo en cuestión usa la preposición «sobre», en lugar de «contra», lo que vendría a significar una aminoración de la intencionalidad necesaria para su comisión. La jurisprudencia ha manifestado que solo es preciso un dolo de consecuencias necesarias, de forma que baste a la persona que perpetra la acción tener idea sobre el alcance de su conducta.

Entrando en el propio texto del artículo, y prescindiendo de la pena impuesta, se trata de un delito de daños cualificado en función de su objeto material. La acción típica se consuma produciendo sobre tales bienes destrucción, deterioro o inutilización (Cortés Bechiarelli 2005: 34)[183].

En lo que afecta al patrimonio arqueológico, Cortés Bechiarelli (2005: 33 ss.) entiende que se encuentra protegido por una doble vía. De un lado los bienes históricos, susceptibles de ser estudiados con

---

182 «Será castigado con la pena de prisión de uno a tres años y multa de doce a veinticuatro meses el que cause daños en un archivo, registro, museo, biblioteca, centro docente, gabinete científico, institución análoga o en bienes de valor histórico, artístico, científico, cultural o monumental, así como en yacimientos arqueológicos».

183 Renart García (2002: 271-289) realiza un pormenorizado análisis del concepto penal de daños y sus posibles acepciones, incluyendo la de inutilización para su función social, así como el debate doctrinal y la escasa jurisprudencia sobre esta cuestión. En opinión de este autor, «...mediante la destrucción, deterioro, alteración o inutilización del objeto material debe producirse una pérdida o grave minoración de la función socio-cultural que le corresponde desempeñar, si quiera potencialmente, sin que resulte por ello necesario que se produzcan ambos resultados lesivos, en el bien entendido de que si la acción afecta al valor de destino debe darse, en todo caso, una afectación, siquiera mínima, de la sustancia» (Ídem, ibídem: 284).

metodología arqueológica según el artículo 40 LPHE, que englobaría a muebles e inmuebles, excepto edificios singularmente protegidos, a los que cabría añadir otro género de bienes arqueológicos inmuebles, como por ejemplo las pinturas en cuevas y abrigos rocosos, que reciben una especial consideración *ex* artículo 40.1 LPHE. De otro, los yacimientos arqueológicos, a los que este autor otorga una significación particular, como medio para proteger el patrimonio arqueológico oculto.

Esta cuestión ha generado diversas posturas doctrinales de interés. De una parte, algún sector califica de redundante la alusión a los yacimientos arqueológicos, término por lo demás poco usado en la legislación administrativa (por ejemplo, Renart García 2002: 355 ss.); de otro (Roma Valdés 1998: 21 ss.), se considera los yacimientos como terrenos caracterizados por la existencia de restos arqueológicos. Estos a su vez se subdividen en muebles e inmuebles, por lo que las excavaciones clandestinas provocan un daño irreparable en su potencialidad documental,

> «[l]a única posibilidad de conocimiento pasa por el estudio sistemático de los objetos extraídos, su plasmación en archivos en los que quede constancia de su estrato, la asignación a una determinada cultura en contraste con otros estudios conocidos y, en último término, la datación de cada una de las fases del yacimiento estudiado. Sin embargo, si todos los materiales muebles han desaparecido o, habiendo desaparecido una parte importante de ellos, el resto se encuentra alterado, se habrán frustrado las posibilidades de estudio» (Roma Valdés 1998: 22).

Cortés Bechiarelli (2005: 34 s.) parte de que la locución «yacimiento arqueológico» del Código penal no es susceptible de incardinarse en la de zona arqueológica, ampliamente representada en la legislación administrativa, aunque fuese deseable esa fórmula por razones de seguridad jurídica. Dado que los bienes muebles e inmuebles de carácter arqueológico descubiertos y conocidos ya están representados en los artículos 321 y 323 CP,

> «... el segundo de los preceptos [323 CP], con la incorporación postrera de esos *yacimientos arqueológicos*, trataría de proteger un modo cautelar de proceder ante la certeza fundada de encontrarse ante un área de tal peculiaridad, pero todavía no poseída por la administración, sino únicamente *dominada*» (Cortés Bechiarelli 2005: 35).

Con esta medida el Código penal reforzaría determinadas disposiciones administrativas tendentes a protegerlo, como la ya mencionada demanialidad, la atribución de la potestad autorizatoria de las actividades arqueológicas o el instituto jurídico del hallazgo casual. Sin embargo, aunque podría pensarse en lo contrario, no se trata de un delito de riesgos, sino que debe cometerse un daño efectivo total o parcialmente en el yacimiento.

Pasando al segundo aspecto de la relación entre patrimonio arqueológico y Código penal, el de los apoderamientos de objetos arqueológicos, debe aclararse inicialmente que se trata de una conducta en la que podría entrar de lleno el uso de aparatos detectores de metales, cuando como consecuencia del mismo se han recogido bienes arqueológicos de valor suficiente como para superar la distinción entre delito y falta. También cabría aplicarla, en situación concursal con el de daños, a las remociones de tierra en busca de esta clase de objetos en yacimientos arqueológicos. Nos encontramos, pues, en delitos que tienen por objeto bienes muebles y, por tanto, situados fuera del mencionado apartado dedicado a los daños, repartidos por los capítulos contra la propiedad, como agravaciones de los tipos de hurto o apropiación indebida.

La calificación de estas conductas no es, en modo alguno, pacífica. Se parte de la consideración, avalada por algunas sentencias, de que serían subsumibles en los tipos agravados de hurto o apropiación indebida. Sin embargo, Roma Valdés (1998: 14 ss. y 2008: 68 ss.) refiriéndose siempre al concepto de «excavaciones ilegales», encuentra severos reparos para semejantes calificaciones. El origen es la dificultad de consideración de los hallazgos como bien perdido. Se trata de un derecho conferido por el artículo 44.1 LPHE, pero la Administración ignora su existencia hasta el momento en que se descubre. Antes no cabía hablar de objeto perdido pues no existía por parte de la Administración titularidad alguna (que nace a raíz del hallazgo) y una vez hallado tampoco, pues la atribución a la Administración es indudable.

La hipotética calificación del expolio arqueológico como un delito agravado o falta de hurto fue contestada, por este autor, al estimar que las piezas arqueológicas no podían ser hurtadas por cuanto que no tenían la consideración de cosas ajenas. Roma Valdés considera que la Administración tiene el dominio sobre el hallazgo pero no la posesión o la relación directa e inmediata con la cosa que sería, al fin y al cabo, el bien jurídico protegido por el delito de hurto; al margen de los problemas que plantea extender un tipo penal en base a una ficción jurídica. Por último, señala que esta tipificación supondría la protección penal de una expectativa económica de un derecho de

9. La tutela penal del patrimonio arqueológico

adquisición cuestionable en este caso, ya que la Administración no es consciente de su existencia.

Con respecto al delito de apropiación indebida, Roma Valdés defiende que el tipo no encaja en el fenómeno de expolio, pues el patrimonio arqueológico no puede considerarse perdido o de dueño desconocido, ya que la titularidad de la Administración sobre él comienza con su descubrimiento.

Dadas estas imposibilidades, el apoderamiento de piezas solo podía ser contemplado como una forma especial del delito de daños al patrimonio histórico, tal y como aparece tipificado en el artículo 323 CP, conforme a los supuestos explicados más arriba.

Cabe señalar el favorable acogimiento jurisprudencial de estos razonamientos que han sido repetidos, por ejemplo, en la sentencia de la Audiencia Provincial de Granada núm. 650/2000 (sección 1ª), de 31 de octubre.

García Calderón (2008: 78 ss.) sostiene, sin embargo, que el apoderamiento de piezas arqueológicas sí puede ser configurado como un delito agravado de hurto, conforme a la previsión de los artículos 234 y 235.1 CP, o como una simple falta de la misma naturaleza, siempre y cuando la sustracción tenga lugar sobre un yacimiento que haya sido previamente declarado como tal e inventariado, al margen del grado de protección otorgado por la autoridad cultural competente.

La especial protección otorgada a este patrimonio, a favor de la Administración, le hace poseedora y custodiadora del mismo, cuando de él tiene conocimiento cierto de su existencia.

> «No es cierto, por tanto, que los bienes arqueológicos ocultos en cualquier yacimiento, cuando han sido declarados como tales y formalmente protegidos, no tengan la consideración de cosas muebles y ajenas (...) Cabe concluir por tanto que el expolio de piezas arqueológicas a través de excavaciones ilegales o por el uso fraudulento de detectores de metales y otros mecanismos de búsqueda, puede ser calificado como un delito agravado de hurto cuando el yacimiento del que son extraídas las piezas cuenta con una previa declaración administrativa que lo protege, conforme a todas las previsiones y garantías que establece la legislación administrativa española» (García Calderón 2008: 80).

Del mismo modo tampoco parece perdida la cuestión de la apropiación indebida en algún caso residual. En opinión de García Calderón, los objetos arqueológicos pueden considerarse cosas perdidas por cuanto que, en su sentido gramatical, perder significa tanto dejar de tener como no hallar. Así el artículo 44.1 LPHE confiere una titularidad diferida sobre unos bienes que no nace en el momento del hallazgo, sino mucho antes.

Conforme a lo anterior, la recogida de piezas arqueológicas en lugares que no cuenten con una previa declaración administrativa, podría tipificarse como formas de apropiación indebida del artículo 253 CP, siempre y cuando pudiera acreditarse, de un lado, el ánimo de apoderamiento definitivo del sujeto y, de otro, el que tenga una conciencia, cuando menos aproximada, de la relevancia histórica de los bienes sustraídos.

De momento, que yo sepa, el debate doctrinal no parece avanzar y la jurisprudencia tampoco lo ha resuelto con criterio uniforme.

Queda un tercer aspecto de considerable enjundia, en torno a la relación entre patrimonio arqueológico y derecho penal: la falta de una figura delictiva que tipifique el expolio arqueológico y las diversas propuestas elaboradas a tal fin.

La especial naturaleza del patrimonio arqueológico, en muchas ocasiones oculto y desconocido incluso para las propias administraciones encargadas de su custodia; el hecho de tratarse de bienes no renovables, la imposibilidad de restañar los daños de que es objeto, así como la facilidad con que estos pueden producirse y la existencia de un coleccionismo de antigüedades que necesita para su mantenimiento la entrada de nuevos objetos, normalmente hallados de forma fraudulenta y vendidos por cauces ilegales, son todos argumentos que reclaman una respuesta específica del derecho penal para tutelarlo. Así lo reconoce prácticamente la totalidad de los autores que han tratado esta parte del Código penal.

Ha habido, que yo conozca al menos, dos propuestas articuladas distintas pero semejantes, de redacción de un nuevo capítulo dedicado a los delitos sobre el patrimonio histórico. Una debida a Roma Valdés (1998, 2001, 2002 y 2008), y otra producto de las diversas jornadas técnicas mantenidas entre la Fiscalía del Tribunal Superior de Justicia de Andalucía y la oficina del Defensor del Pueblo Andaluz (Núñez Sánchez 2008: 178 y Roma Valdés 2008: 154 s.). Ambas parten de una crítica generalizada a la actual configuración del patrimonio arqueológico en la norma penal.

La primera propuesta *de lege ferenda* de Roma Valdés (1998: 33) nace de una reforma del Código penal que tuviese en cuenta determinados aspectos ignorados por el vigente: profundizar en el carácter histórico y no patrimonial de la conducta a tipificar, ubicándola en el Título XVI

9. La tutela penal del patrimonio arqueológico 313

del Libro II del Código penal y no en el Título XIII del mismo libro; desligar los aspectos patrimoniales de la apropiación de bienes cuyas notas sean propias del patrimonio arqueológico español; esquivar toda referencia a las cuantías en el adueñamiento de toda clase de bienes extraídos; desvincular la consumación del delito de la producción de un resultado lesivo, empleando al efecto la técnica de los delitos de peligro concreto; procurar la entrega de los bienes arqueológicos a la Administración y declarando en la sentencia la responsabilidad civil del perjudicado, asignándole su parte correspondiente del premio; por último, excluir los supuestos de excavaciones realizadas conforme a la legislación administrativa especial.

De acuerdo con estos criterios de reformulación, propone un artículo nuevo, el 324bis CP[184], cuyo tenor literal sería el siguiente:

> «Se castigará con la pena de prisión de uno a tres años a quien, sin la debida autorización, realizare cualquier clase de excavación o remoción de tierras con la intención de obtener los restos arqueológicos que contuvieren los terrenos, así como a quien portare equipamiento adecuado con el mismo fin. Si se hubiesen encontrado materiales arqueológicos, se pondrán inmediatamente en poder de la administración competente» (Roma Valdés 1998: 33).

Esta propuesta fue valorada por García Calderón (2008: 80 s.), para quien, al margen de toda discusión doctrinal sobre la adecuación o no de los delitos de hurto y apropiación indebida, debería existir una tipificación explícita sobre el expolio arqueológico que abordase de manera suficientemente clara todos las posibilidades comisivas. Concretamente sobre la propuesta de Roma Valdés, comenta que

> «[e]n realidad, la propuesta se desenvuelve entre la figura de la apropiación indebida, el hurto y los daños específicos al Patrimonio Histórico, habida cuenta su ubicación sistemática, sin requerir que tenga lugar el apoderamiento efectivo del objeto y con una última alusión a la *tenencia de útiles para el expolio* que recuerda la fórmula, siempre dudosa, del delito de sospechas » (García Calderón 2008: 81).

No obstante, reconocía que la realidad criminal española ha terminado por darle la razón, ante la deficiente respuesta administrativa para perseguir los frecuentes expolios de yacimientos arqueológicos

---
184 En la última propuesta aparece renumerado como 323.5 (Roma Valdés 2008: 154).

sufridos en toda España. Sin embargo, García Calderón (ibídem), apuntaba dos cuestiones que considero de enorme interés: dejar al ámbito administrativo sancionador el uso del equipamiento adecuado para el expolio[185], y no olvidar los estragos producidos en los yacimientos subacuáticos.

Estoy plenamente de acuerdo con estas observaciones, a las que, además, me gustaría añadir otra que ya esbocé en una reseña a la última obra de Roma Valdés sobre esta materia (Rodríguez Temiño 2009b: 450). Se trata de la frase «...a quien, sin la debida autorización, realizare cualquier clase de excavación o remoción de tierras con la intención de obtener los restos arqueológicos...», donde se describe el núcleo de la conducta típica.

En mi opinión el autor trae a colación conceptos administrativos que dificultan su comprensión cabal. La acción expoliadora se define como excavación o remoción de tierras, términos que, en principio deberían ser sinónimos y, por tanto, uno de ellos resulta redundante. Se debe suponer que nos encontramos ante «excavaciones o remociones de tierra» sin metodología arqueológica, ya que no sería predicable de ellas –en caso de que la tuviesen– estar guiadas por la mera búsqueda de restos arqueológicos. Pues bien, si este punto puede acordarse fácilmente, entonces no entiendo el requisito inicial de que solo sean punibles esas actuaciones en el supuesto de que no estén autorizadas. Cabe preguntarse a qué tipo de autorización se refiere el autor del texto. La única posibilidad sería una autorización administrativa del órgano competente en materia de patrimonio histórico, pero me resulta difícil imaginar que alguien pueda llegar a obtener el parabién administrativo para semejante tipo de actividad, que difiere notablemente de las técnicas y finalidad arqueológicas y que, por tanto, no podría pasar los filtros normativos que regulan la concesión de permisos para realizar intervenciones.

Podría parecer que se está tipificando la conducta consistente en la realización de una excavación arqueológica por parte de personas con preparación suficiente para ello, pero sin contar con la autorización administrativa preceptiva, aunque su voluntad sea la de investigar determinados hechos históricos a través del registro arqueológico. El injusto de esta acción no estaría en la avidez de recoger vestigios arqueológicos, sino la ausencia de la preceptiva autorización administrativa. Este tipo ya está suficientemente castigado en la legislación administrativa y no amerita reproche penal. En mi opinión,

---

[185] También Núñez Sánchez (2008: 198 s.) considera que el núcleo del problema penal de este tipo de actividad no nace con el mero hecho del uso, sino cuando media apoderamiento de objetos arqueológicos.

9. La tutela penal del patrimonio arqueológico 315

contribuye a reforzar el equívoco del que hablo, el uso del término excavaciones, como actividad distinta de las remociones de tierra, ya que están separadas por una conjunción disyuntiva.

Quizás, hubiese sido más claro decir simplemente que se castigarían las remociones de tierra con la finalidad aludida de obtener restos arqueológicos, ya que así descrita, la conducta típica dista bastante de asimilarse a cualquier actividad arqueológica.

También coincido con la reserva expresada por García Calderón acerca de la llevanza de equipamiento adecuado para el mismo fin (apoderamiento de objetos arqueológicos). Tipificar como delito el uso de aparatos detectores de metales me parece excesivo, sobre todo cuando, a pesar de todas las limitaciones inherentes al quehacer burocrático, está teniendo respuesta por parte de las administraciones culturales.

En fin, esta especial cautela puede parecer innecesaria, pero es habitual en penalistas hacer alusiones a excavaciones ilícitas o ilegales, en el sentido de remociones de tierra sin metodología ni finalidad arqueológica, lo cual puede dar lugar al error mencionado (por ejemplo Núñez Sánchez 2008: 194).

La segunda propuesta de texto articulado, para la reforma del mencionado capítulo del Código penal, vino de la mano de los encuentros técnicos entre los dos órganos antes mencionados, la Fiscalía del Tribunal Superior de Justicia de Andalucía y la Oficina del Defensor del Pueblo Andaluz. Durante la II Reunión de trabajo se analizaron en profundidad los delitos sobre el patrimonio histórico, poniéndose de manifiesto que «el expolio de yacimientos arqueológicos constituye una de las actividades delictivas que más se producen en nuestra tierra y que en mayor medida está contribuyendo al deterioro y la destrucción de nuestro patrimonio histórico». Igualmente se hacía un llamamiento en cuanto a la necesidad de concienciación de que el uso de aparatos detectores de metales, para la búsqueda y detección de restos arqueológicos, sin la preceptiva autorización de la Administración cultural, además de ser un acto ilícito perseguible administrativamente podría dar lugar a responsabilidad penal. Acorde con ello, se instaba de la Administración pertinente la instauración de normas para la adquisición, tenencia y uso de tales aparatos (Núñez Sánchez 2008: 178).

En el supuesto de que la propuesta de la Fiscalía del TSJA y de la Oficina del Defensor del Pueblo Andaluz, hecha pública por Roma Valdés (2008: 154 s.), fuese definitiva, debe destacarse su enorme simplicidad y la economía conceptual. El elemento más característico es el artículo 321[186], que tipifica una conducta de daños dolosos sobre bienes integrantes del patrimonio histórico, realizados de cualquier forma y por cualquier procedimiento. Sobresale del tenor literal de este artículo su extrema simplicidad y economía de recursos conceptuales, en todo caso bastante alejado de las consideraciones reclamadas por García Calderón (2005 y 2008). Interesa, así mismo, poner de manifiesto la ausencia de un artículo dedicado al expolio arqueológico que también amparase los perpetrados en yacimientos subacuáticos.

En este último sentido, conviene recordar que la reciente experiencia con la compañía OME ha evidenciado la nula atención prestada por la legislación administrativa y también penal a esta cuestión[187]. En mi opinión, convendría fijar dentro de la conducta expoliadora, el sondeo, o cualquier otro tipo de indagación submarina remota, realizada desde un barco, sin autorización administrativa (esta vez sí considero preciso incluir este elemento en el tipo), por cuanto que esta fase previa es esencial en la dinámica comisiva de este tipo de expolios. Ignoro si resultaría aventurado hablar de delitos de peligro, en estos casos, aunque poca duda cabe de que estas conductas están avocadas a la producción de un daño, y resultaría pertinente este tipo de actitudes preventivas: sin localizar el pecio, es del todo imposible su expolio. Por otra parte, para su control se precisa, en la mayoría de las ocasiones, la intervención de la autoridad judicial y/o policial.

Redactar un artículo que tipifique las conductas expoliadoras, sin hacerlo farragoso e ininteligible, no resulta una tarea fácil (Rodríguez Temiño 2009b: 155). Pero, en cualquier caso, estas propuestas han avanzado mucho en esa dirección.

Por último, quisiera recordar otra laguna referida esta vez al tráfico ilícito de bienes culturales y su empleo para el blanqueo de capitales. Como señala García Calderón (2008: 83), establecida la conexión existente entre la adquisición de bienes culturales y el blanqueo de capitales procedentes de redes criminales involucradas en su tráfico ilícito, nada debería impedir la modificación del artículo 301 CP para permitir un agravamiento de la sanción y el decomiso inmediato a favor de las autoridades competentes de los bienes culturales. La cuestión no sería tanto el origen de los bienes culturales cuanto que,

---

186 «Artículo 321. 1. El que de cualquier forma y procedimiento cause daños a bienes integrantes del Patrimonio Histórico será castigado con la pena de prisión de seis a dieciocho meses y a una multa del tanto al triple del valor del daño. Si el Bien estuviera especialmente protegido de conformidad con la legislación aplicable, la pena se aplicará en su mitad superior y multa del doble al triple del valor del daño».

187 La aplicación del Código penal a la protección del patrimonio arqueológico subacuático adolece de múltiples deficiencias y lagunas, como muestran las pocas opiniones doctrinales sobre este asunto (por ejemplo, Núñez Sánchez 2009).

para su adquisición, se han utilizado efectos procedentes de la actividad delictiva. Más preciso, Núñez Sánchez (2008: 201 s.) reclama cierta depuración para poder subsumirlo en algún tipo de delito dedicado al tráfico ilícito, al margen del de receptación y blanqueo de capitales.

No puedo finalizar este recordatorio de las cuestiones referidas a la tutela penal del patrimonio arqueológico, sin volver a lamentar la gran oportunidad perdida para abordar su reforma, asignatura pendiente como se ha tenido oportunidad de mostrar, con motivo de la actualización del Código penal de 1995 a través de la Ley Orgánica 5/2010, de 22 de junio. Sobre todo cuando se han modificado artículos dentro del mismo libro.

En cierta forma he iniciado este capítulo hablando de desinterés de los poderes públicos en la salvaguarda del patrimonio arqueológico, hace más de doscientos años, y lo cierro con otro ejemplo bien reciente. A pesar del innegable desinterés comentado, el quehacer diario de todas las administraciones públicas en la lucha contra el expolio arqueológico, con sus luces y sus sombras, no puede tildarse de fracaso; antes bien, de todo lo contrario. El siguiente capítulo está dedicado al análisis de esa labor, con especial referencia a Andalucía y, dentro de ella, la provincia de Sevilla.

9.2. Actuaciones policiales contra el expolio

Si bien es preciso comenzar este apartado señalando que la principal función en materia de protección del patrimonio arqueológico (e histórico en general) de las administraciones y, como parte de ellas, de los cuerpos y fuerzas de Seguridad del Estado, es la prevención de daños sobre ellos, es obvio que tal finalidad disuasora no siempre resulta eficaz y que estos se produce. Debe entonces tornarse esa función en otra destinada a averiguar los hechos acaecidos y que sus responsables asuman la pena legalmente prevista para sus actos, poniéndolos a disposición judicial o bien denunciándolos ante la Administración cultural. Ambas vías responden a la diferente gravedad de las conductas antijurídicas. En los supuestos que venimos tratando, el reproche administrativo va dirigido a quienes usan el detector de metales para la búsqueda de objetos arqueológicos superficiales, o bien, sin esa pretensión, lo hacen en parajes donde resulta plausible su existencia. Pero estas personas, autodenominadas detectoaficionados, no son las únicas usuarias de estos aparatos. Como ya se ha comentado, hay igualmente (en menor proporción, sin duda) expoliadores profesionales (que también se autodenominan detectoaficionados), de los que se han expuesto su *modus operandi*; así como otros sujetos, en un escalón superior, que comercian y trafican con estos bienes[188]. Por no hablar de otras modalidades del expolio submarino perpetradas por empresas, que cotizan en bolsa, como es el caso de OME.

La lucha contra esa actividad, a la que sería un eufemismo benigno denominarla simplemente ilegal, cuando presenta claros perfiles de criminalidad, excede la capacidad y competencia administrativa; deben hacerlo los cuerpos y fuerzas de seguridad del Estado, jueces y fiscales. Esta reserva de competencia no viene solo porque la gravedad de los daños causados amerite el concurso del derecho penal, sino también porque los medios de averiguación e investigación precisan de autorización judicial expresa y deben realizarlo personas expertas. Se sale con mucho de las capacidades de los funcionarios de las administraciones culturales, aunque colaboremos y asesoremos en las investigaciones.

Aquí no nos encontramos ante el atestado de una patrulla del Seprona que ha sorprendido a uno, dos o tres usuarios de detectores de metales batiendo un yacimiento o su entorno; sino en presencia de redes, más o menos flexibles, donde los expoliadores directos se pertrechan de detectores, cuadros de búsqueda, gafas de visión nocturna y demás utensilios y, en poco más de una noche revientan una necrópolis entera, rompiendo no solo las estructuras funerarias, sino todo aquello que no tiene salida comercial.

> «'Eravamo in tre; uno guidava la pala meccanica, e un manovale aiutava'. Alla pala, Carlo Alberto Chiozzi. Ma Pietro, proprio con una scavatrice? 'Sì, però noi stiamo attenti: non rompiamo mai nulla'. E scavate di notte? 'Maché di notte, per farci beccare? Nel normale orario de lavoro, per dare meno nell'occhio: dalle sei del matino, alle cinque» (Isman 2009: 17).

Quien habla es Pietro Casasanta, el rey de los *tombaroli* italianos y, en esa *escarbación* encontraron, entre otros objetos, un rostro de marfil de una escultura crisoelefantina de época imperial, vendida a un traficante de antigüedades. En Andalucía, comunidad donde se conoce la existencia de redes de este tipo, A. Cortés (2006: 164), describe de la siguiente forma la dinámica comisiva de sus expolios:

> «(...) realizan excavaciones profundas y por tanto, provocan más daños; utilizan detectores más sofisticados (incluso se han

---

188 En España el comercio internacional de antigüedades –por lo conocido hasta ahora– parece tener unos tintes menos dramáticos de lo que acontece en Italia u otros países de la Europa oriental, o circunmediterráneos.

9. La tutela penal del patrimonio arqueológico

intervenido detectores de huecos para localizar enterramientos, urnas, etc); realizan desplazamientos lejanos para actuar sobre zonas más rentables, por ello disponen de vehículos todo terreno; en ocasiones trabajan durante la noche para evitar ser detectados; si son localizados tratan de huir».

Los procedimientos en estos casos distan mucho de ser los habituales empleados para los detectoristas. Se precisan actuaciones especiales, sometidas como se ha dicho a previa autorización judicial, que van desde las intervenciones telefónicas, seguimientos, redadas, entradas en domicilios particulares y establecimientos, incautación de bienes, intervención de cuentas corrientes, cuya práctica está delimitada en la legislación penal (Rodríguez León 2006).

«Generalmente estas investigaciones no van dirigidas al esclarecimiento de un solo delito, sino a la desarticulación de una banda que ha cometido un número más o menos elevado de esta clase de delitos, ya que también se pretende llegar a los intermediarios y compradores para recuperar el mayor número de piezas. Son necesarios, por tanto, medios de investigación complejos, como en el resto de delitos de delincuencia organizada, como son la intervención de comunicación, vigilancias y seguimientos, empleo de agentes encubiertos, etc.» (Villanueva Guijarro 2009: 183).

A diferencia de lo que ocurría con la acción administrativa que es, fundamentalmente, de prevención, la actuación de los cuerpos y fuerzas de seguridad del Estado se produce cuando se ha cometido un delito; su misión es el esclarecimiento de los hechos, identificación de los culpables, la reunión de aquellas pruebas que desvirtúen su presunción de inocencia y, finalmente, su detección y entrega a las autoridades judiciales.

«Esta actividad es sumamente compleja, ya que cuantas diligencias se practiquen han de ser ejecutadas con plena observación de la legalidad, para que una vez se llegue al juicio oral dichas diligencias o pruebas lleguen con plena validez (...). Caben otras diligencias incluso más trascendentales [después de la inspección ocular del lugar de los hechos y la recogida de pruebas *in situ*] que pueden limitar derechos fundamentales, tales como entrada y registro en lugar cerrado o domicilio, detención del autor o autores del hecho e incluso observaciones de comunicaciones, caso de ser necesario, pero todas ellas han de ser llevadas a cabo cumpliendo la legalidad vigente, que no es otra que la autorización o mandato judicial» (Suárez Suárez 2006: 182 y s.).

Tanto la Guardia Civil como la Policía Nacional tienen especialidades de policía judicial dedicadas, entre otras cuestiones, a la lucha contra las formas organizadas de expolio del patrimonio cultural, del cual el arqueológico es uno de los más dañados (Sánchez Arroyo 1998, Magán Perales 2001b, Montero González 2001, Cortés Ruiz 2002a, 2002b y 2006, Carrera Tellado 2009).

Los inicios de una unidad especializada en la lucha contra el robo de obras de arte (tipología delictiva que suscitó la primera atención de los cuerpos y fuerzas de seguridad del Estado) deben retraerse a 1976, cuando la desprotección del patrimonio cultural español era aprovechada por algunos personajes para hacer un auténtico «agosto». La Dirección General de la Policía creó *motu proprio* un grupo, dentro de la Brigada de Investigación Criminal, conocido como «Grupo Obras de Arte» que, entre otros éxitos, logró arrestar al famoso expoliador de obras de arte españolas de la época, *Erik el belga*, junto con el grupo de la Brigada Provincial de policía judicial de la Jefatura de Barcelona (Montero González 2001: 43).

La Comisaría Central de Policía Judicial, a iniciativa del Ministerio de Cultura, formó parte de la comisión para el estudio del anteproyecto de Ley de Patrimonio Histórico Español. Producto de esa colaboración fue la inclusión en la disposición final 4ª LPHE, la autorización para crear, de acuerdo con el Ministerio de Interior, un grupo de investigación especializado en bienes culturales, cuya transformación en brigada especial adscrita a la Comisaría General de Policía Judicial se realiza en la disposición adicional 1ª del RD 111/1986, de 10 de enero, de desarrollo parcial de la LPHE. Finalmente el RD 64/1994, de reforma del anterior, amplió la encomienda de la protección del patrimonio histórico a la Guardia Civil dentro de su ámbito territorial[189].

A escala subestatal, aquellas comunidades que cuentan con policía autonómica, como Cataluña donde se creó una brigada especializada en la protección del patrimonio histórico en 1987 (Vallès Pena 1998 y Rabadán Retortillo 2008), o bien con unidades de policía nacional adscrita, como Andalucía (Suárez Suárez 2006), también cuentan unidades destinadas a este menester.

Vallès Pena, *caporal* de los Mossos d'Escuadra, ha explicado con bastante claridad no solo cómo se trata de avanzar mediante la prevención, en la lucha policial contra el expolio, sino también la forma en la que los agentes procuraron formarse *motu proprio* en esta materia,

---

[189] En la obra de Magán Perales (2001b), se encuentra un detallado análisis a escala internacional y nacional sobre la estructuración y competencias de los diversos cuerpos y fuerzas de seguridad del Estado, en materia de protección del patrimonio histórico.

9. La tutela penal del patrimonio arqueológico

> «[l]as primeras actuaciones de la Brigada se centraron en conocer todo lo relacionado con estas actividades: relación de monumentos y yacimientos más propicios para ser atacados y expoliados, conocer la reglamentación de los detectoristas, clubs, asociaciones arqueológicas, etc. Controlar los yacimientos así como los mercadillos donde se efectúa el comercio y el tráfico ilegal de materiales arqueológicos procedentes de la expoliación. Los resultados de estas campañas fueron positivos, consiguiendo que tanto las actividades furtivas de los detectoristas y arqueólogos desaprensivos como el comercio ilegal de las piezas expoliadas se redujeran considerablemente.
>
> Tenemos pues que el primer intento de colaboración entre la Administración y la Policía dio un resultado óptimo, ya que los estamentos y sociedades sensibilizadas en la protección de los yacimientos arqueológicos y monumentos, como por ejemplo la Societat Catalana d'Arqueologia, colaboran aportando técnicos que instruían y asesoraban a los agentes sobre los temas a proteger e intervenir policialmente» (Vallès Pena 1998: 37).

Esta especialización operada en el seno de su propia estructura ha sido apoyada por las comunidades autónomas que han realizado, de manera conjunta con el Ministerio de Interior, jornadas y cursos para explicar y sensibilizar a los cuerpos y fuerzas de seguridad del Estado sobre el expolio cultural, con especial incidencia en el arqueológico. También, esta labor de acercamiento se ha operado con otros colectivos profesionales como jueces y, sobre todo, fiscales, involucrados directamente con la protección penal de este legado cultural.

En 1994, la comunidad de Murcia dirigió un curso de forma específica a los cuerpos y fuerzas de seguridad del Estado, ignoro si fue el primero, pero sí inició un hábito que ha demostrado ser muy útil: la publicación de las ponencias dadas (*Curso: protección del patrimonio...* 1996), con objeto de prolongar sus efectos más allá de la mera asistencia. También fue el primero en otras dos cuestiones importantes: estar dedicado de manera específica al patrimonio arqueológico y, en segundo lugar, forjar el modelo de estos cursos. Se componía de unas clases teóricas (sobre legislación y las actividades arqueológicas) y otras prácticas: actividades generadoras de expolio, y técnicas de investigación policial, donde se invitaba a dar la clase a mandos policiales, y visitas a yacimientos. Las necesidades expuestas por los participantes, a su finalización daban, igualmente algunas claves de interés: la oportunidad de incluir en el curso a algún miembro de la carrera judicial, distribuir la carta arqueológica con los yacimientos señalados y, finalmente, mantener un seguimiento anual del curso mediante una breve reunión para una puesta en común de información y actuaciones.

El siguiente hito del que tengo constancia fueron unas jornadas organizadas por el Ministerio de Educación y Cultura, la Junta de Castilla y León y la Guardia Civil, celebradas en Ávila en 1997 (*Protección del Patrimonio Histórico...* 1998). No se trató de un curso propiamente dicho, pero su finalidad era acorde con la de estos, establecer medios de contacto entre la Administración cultural y los cuerpos y fuerzas de seguridad.

En Andalucía, el Plan General de Bienes Culturales (Consejería de Cultura 1997), preveía entre los objetivos básicos en la lucha contra el expolio, la formación y sensibilización en esta materia de los cuerpos y fuerzas de seguridad del Estado. Estos comenzaron, de manera pionera, en las comandancias de la Guardia Civil de Cádiz en 2000, consolidándose a partir de 2002 con periodicidad anual y cobertura completa de todas las provincias andaluzas. Se han editado dos libros con las lecciones que comprenden este tipo de cursos (*La protección del patrimonio...* 2002 y *Curso sobre Protección...* 2006). Ambos tienen una orientación práctica, aunque también un contenido teórico y de referencia. Los temas versan sobre la naturaleza del registro arqueológico, la legislación sectorial y las principales formas de expolio, así como nociones mínimas de conservación preventiva, en orden a tratar con objetos recuperados por intervenciones con cierta seguridad de que no sufran daños por manipulación incorrecta. Como novedad debe señalarse que se ha trabajado, desde el principio, la arqueología terrestre y la subacuática. Siempre se ha procurado incorporar a investigadores policiales para solventar dudas y establecer criterios en cuanto a la forma de proceder ante expolios. También se han añadido documentos de referencia, amén de repertorios legales de aplicación, y sobre todo, los textos mencionados se reparten entre los asistentes a los cursos, de manera que sirva para ulteriores actuaciones.

El desarrollo teórico se ha complementado con visitas a yacimientos donde se han producido expolios, con objeto de que los agentes puedan identificar los rastros dejados por los mismos.

Por último en 2006 se celebró en Urgel, en el ámbito del museo de esa localidad, un curso de estas mismas características (*Curs de protecció...* 2007), donde se repite un patrón idéntico a los anteriores.

Uno de los aspectos recurrentes en estos cursos es la reclamación de colaboración entre los agentes de policía o los guardias civiles, de una parte, y los arqueólogos, de otra. Trabajo conjunto que afecta tanto a las denuncias de los hechos, que pudieran constituir infracciones administrativas o delitos, como a la culminación de los

9. La tutela penal del patrimonio arqueológico

procedimientos, administrativos sancionadores y penales, en materia de valoraciones de los daños causados, según criterios contrastables y objetivables[190].

El producto de las actuaciones de los cuerpos y fuerzas de seguridad del Estado ha sido ya analizado en capítulos precedentes desde diversos puntos de vista. De nuevo debo volver a los titulares de prensa para dar cuenta de una parte de estas intervenciones.

Posiblemente una de las primeras noticias sobre detecciones y confiscaciones de materiales arqueológicos de procedencia ilícita, sea de 1978. *El País* de 16/07/1978 daba cuenta de la detención de dos buceadores que tenían una valiosa colección de objetos sustraídos de los fondos marinos costeros de Mallorca y Cabrera. La intervención no la llevaron a cabo policías, sino fuerzas del Servicio Especial de Vigilancia Fiscal. Años más tarde, también será anuncio de portada la detención y puesta a disposición judicial de *Erik, el belga* (*El País*, 31/01/1982). El resto de la década son más las noticias que reflejan desidia, abandono y expolios (e incluso su justificación, como era el caso, ya visto, de los detectoristas andaluces) que intervenciones policiales.

Los efectos de especialización promovidos por la legislación de patrimonio histórico comienzan a verse a partir de los noventa. De todas formas, son noticias escasas y no aparece el término usado, más adelante, para dar idea de un dispositivo de actuación amplio: «operación». En 1999 y 2000, surgen las primeras que he encontrado reflejadas en la prensa: la *operación Trajano* y la *operación Zeus* (*El País* de 26/09/1999 y de 14/09/2000). También comienzan los datos de vértigo. En la primera se recuperaron 9.000 objetos arqueológicos, en la segunda más de 800. Nada comparado con los datos de la *operación Tambora* de febrero de 2002. A partir de entonces, se irán sucediendo operaciones, tanto de expolio terrestre (*Lirio, Tertis, Dionisos, Pitufo*, por citar las mencionadas en este trabajo), como subacuático (*operaciones Bahía I* y *Bahía II*, entre las más conocidas) que irán desgranando diversos

---

190 En los anexos *on line* de esta obra se encuentra una propuesta justificada de fórmula para calcular el coste económico de los daños causados, ya sea para determinar la calificación (delito o falta) de la acción, ya para imponer una sanción administrativa; o bien, para la exigencia de responsabilidad civil de los autores responsables de tales actos.

Ir a los anexos en la web:
http://www.jasarqueologia.es/editorial/libros/indianas.html

modus operandi, con sus ramificaciones y diversificaciones[191]. A la vez se incautan de miles de objetos y se imputan a centenares de personas, aunque con menor resultado del esperado en sentencias.

Las operaciones policiales no siempre resultan exitosas en sus resultados finales, ya que los jueces que las instruyen o juzgan pueden considerar que no se ha llegado a probar con suficiente nitidez la comisión de un injusto penal. Esa fue la razón del archivo de las diligencias previas en la *operación Tertis*. Sin embargo, según he tenido ocasión de conocer, estos reveses ayudan a modificar las técnicas de investigación[192]. En este sentido, las investigaciones policiales toman en mayor consideración documentar los lugares donde se han producido los expolios, tras actuaciones de seguimiento, con objeto de poder determinar con precisión la procedencia de las piezas.

No quiero insistir en lo comentado ya, pero sí remarcar que, sin lugar a dudas, este tipo de intervenciones, junto con la actuación administrativa, han servido para mantener dentro de unos límites «razonables» el expolio del patrimonio arqueológico, aminorando la frecuencia de hace unos años.

Por una parte, el colectivo de detectoristas, o detectoaficionados, ha advertido el cambio operado, reaccionando de diversas formas. Por un lado, hay quienes han dejado de salir porque ya no les trae cuenta hacerlo «con el miedo en el cuerpo», mirando a todos lados para no ser sorprendidos por los agentes de la Guardia Civil. Por otro, como ya se ha explicado, se ha reforzado el asociacionismo, con objeto de defender lo que piensan es un derecho, procurando asistencia letrada en los procedimientos administrativos y en dese judicial, ya sea penal o contenciosa. Amén de otras formas de protesta, como las manifestaciones, que están perdiendo fuelle conforme pasa el tiempo.

---

191 Debe mencionarse el apoyo para el esclarecimiento de los expolios submarinos que otorga el SIVE. Se trata de un dispositivo operativo que, sobre un soporte técnico, facilita la vigilancia de la franja de mar territorial español y su entorno, aportando, en tiempo real, la información obtenida a centros de mando y control, desde el que se dan las órdenes precisas para la interceptación de cualquier elemento susceptible de entrar ilegalmente en el territorio de la Unión Europea. Este dispositivo solo estaba instalado en las franjas atlántica y mediterránea de Andalucía y en las costas de las comunidades de Murcia y Valencia. En la actualidad parece que se ha completado su instalación, al menos, en el resto de la costa mediterránea española y en la vertiente atlántica de Galicia. Según noticias de prensa (Abc de 08/03/2012), el arco cubierto por el SIVE en la actualidad va desde Pontevedra hasta Tarragona e incluye una carta arqueológica submarina.

192 Así se ha explicado en una conferencia de Jesús Gálvez Pantoja, comandante de la Unidad de Patrimonio Histórico de la Unidad Central Operativa de la Guardia Civil, celebrada en Madrid en el seno del «II Curso de Conservación arqueológica: antiguos criterios, nuevas tendencias», el día 1 de diciembre de 2011 en el Instituto del Patrimonio Cultural de España (Ministerio de Cultura). Agradezco al sr. Gálvez Pantoja que me permita usar su presentación para la redacción de estas notas.

9. La tutela penal del patrimonio arqueológico

La asociación de detectoaficionados Corduba al-Andalus organizó el I Congreso nacional sobre «Detección de metales y su problemática legal», celebrado en Córdoba el 21 de diciembre de 2002, al que fui invitado[193]. Solo el título ya muestra dónde está la principal fuente de preocupación de este colectivo. Unos años antes, aunque hubiese conciencia de que su actividad era ilegal, no había preocupación por ello.

Además, las actuaciones policiales han conseguido eliminar el clima de impunidad reinante entre los expoliadores y el sector de detectoaficionados menos escrupuloso con el respeto al patrimonio arqueológico. La prueba más manifiesta es la «emigración» de personas procedentes de la provincia de Sevilla (el conocido como «clan de los sevillanos» a otras comunidades autónomas limítrofes, y no tanto, donde la presión policial y administrativa es menor[194]). En la *operación Pitufo*, dirigida por la Policía Nacional, el mayor número de personas detenidas residía en Córdoba, aunque tenían el principal campo de actuación en Levante y Aragón (*Abc*. Córdoba de 12/04/2008).

La solución policial no será nunca la determinante para reducir a la insignificancia el expolio, ya que es seguro que nunca podremos acabar con él, pero resulta imprescindible para mantenerlo dentro de unos parámetros controlables. El caso de Italia que comenta F. Isman (2009: 67 ss.) resulta paradigmático. El saqueo de antigüedades italiano duró treinta años aproximadamente (1970-2000); fenómeno sin igual en ningún país europeo. Esta gran razzia fue posible por el desinterés social y gubernamental en la custodia del patrimonio. El país no estaba preparado contra esta emergencia. Solo disponía de las fuerzas de orden público. La propia magistratura debió ponerse al día sobre esta cuestión. Durante muchos años los procedimientos policiales no terminaban en nada porque los jueces dejaban en vía muerta las actuaciones. La auténtica lucha no comenzó hasta 1995, cuando Conforti, jefe de los Carabinieri de la tutela cultural convenció al fiscal jefe de Roma para que se constituyese un *pool* de magistrados dedicados a la lucha y recuperación de las antigüedades robadas de Italia. En cinco años, el expolio, que aún continúa, tiene ya carácter doméstico. Solo una persona fue condenada a prisión.

---

193 Esta reunión tuvo cierto impacto mediático, el *Diario Córdoba* de 22/12/2002, titulaba la noticia: «Los usuarios de detectores de metales piden leyes más justas». En ella no solo se da cuenta de la presión que soportan por parte de la Administración cultural y los cuerpos y fuerzas de seguridad del Estado, sino también las estrategias para la defensa jurídica en los procedimientos administrativos y judiciales. «'La trampa está en que hay que probar que la persona del detector de metales ha hallado el objeto de forma casual', argumenta Miguel A. de la Rosa», abogado especializado en la defensa de este tipo de casos.

194 *El Correo de Andalucía* de 30/05/2005 daba cuenta de esta realidad en la noticia: «La presión del Seprona desplaza a los expoliadores a otras provincias».

Figura 30. Bienes recuperados en la operación Castalia (Fotografía: Guardia Civil)

Figura 31. Bienes recuperados en la operación Castalia (Fotografía: Guardia Civil)

9. La tutela penal del patrimonio arqueológico

Figura 32. Bienes recuperados en la operación Morteruelo (Fotografía: Guardia Civil)

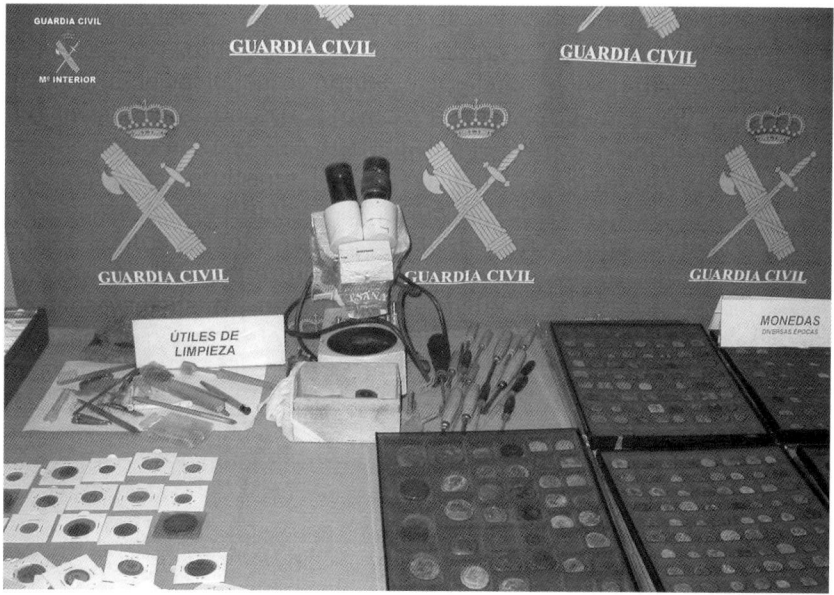

Figura 33. Bienes recuperados en la operación Morteruelo (Fotografía: Guardia Civil)

Figura 34. Bienes recuperados en la operación Pozomoro (Fotografía: Guardia Civil)

Figura 35. Bienes recuperados en la operación Necrópolis (Fotografía: Guardia Civil)

9. La tutela penal del patrimonio arqueológico

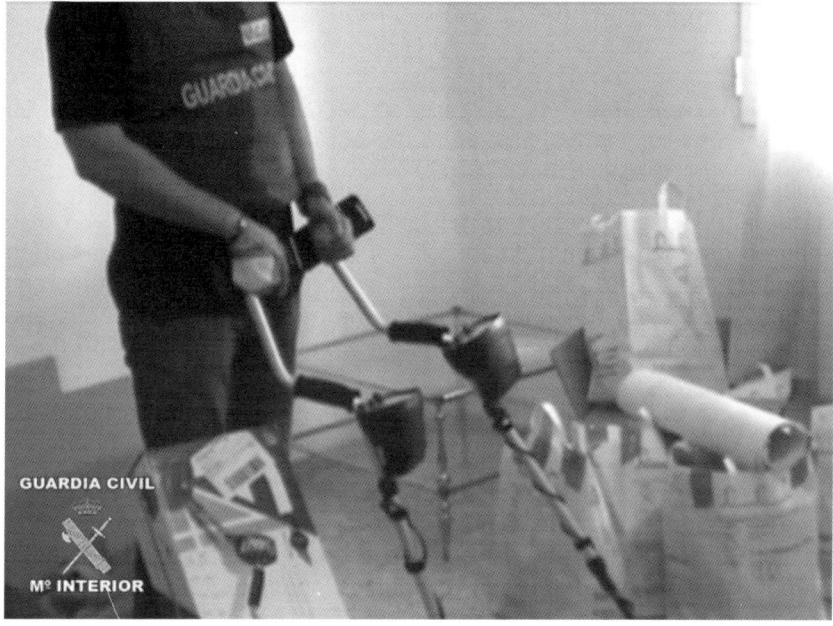

Figura 36. Bienes recuperados en la operación Necrópolis (Fotografía: Guardia Civil)

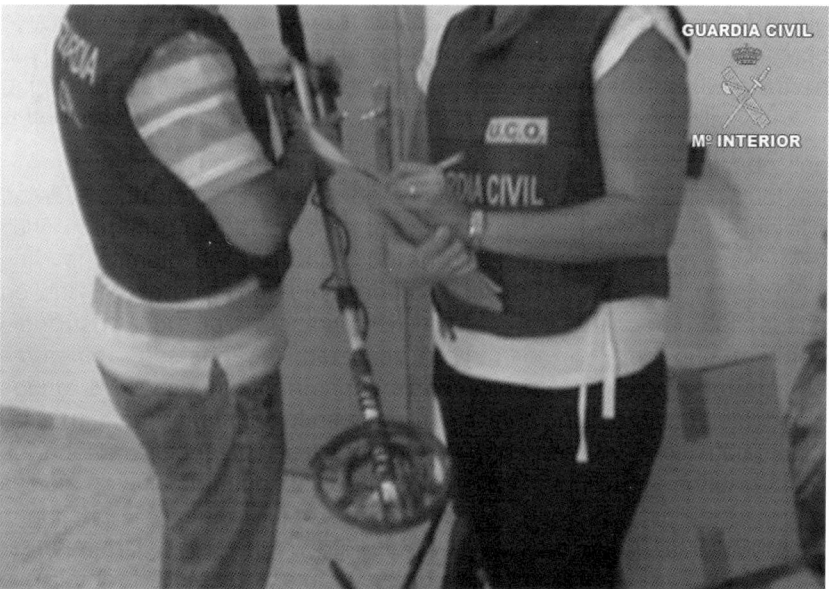

Figura 37. Bienes recuperados en la operación Necrópolis (Fotografía: Guardia Civil)

CAPÍTULO 10
Expolio arqueológico y sociedad

Como se ha visto en los capítulos precedentes la magnitud del expolio arqueológico ha llegado a cotas alarmantes. Sus efectos son tan devastadores e irreversibles que hoy día ya es imposible conocer la historia de amplios periodos de sociedades pretéritas y actuales. Efectos que no se corregirían aunque, a partir de mañana, cesase toda depredación. Pero nada augura que vaya a producirse un cambio tan radical, aunque la línea apunte esa dirección. O, al menos, esto es lo que pensamos muchos profesionales vinculados a la gestión e investigación del patrimonio arqueológico, así como otros que se acercan a esta cuestión de manera puntual.

Eliminar esta lacra requiere posiblemente nuevas legislaciones específicas de ámbito nacional e internacional, así como la adopción generalizada de códigos deontológicos por colectivos profesionales relacionados con el patrimonio arqueológico. Tamaño empeño no es algo que incumba específicamente a los arqueólogos; tampoco podrían hacerlo aunque quisieran. El impulso debe provenir de un acuerdo social tácito, que sustente la voluntad de cumplir y hacer cumplir las normas, por parte de quienes tengan la competencia para hacerlo. Involucrar al resto de la sociedad no es un mero recurso al criterio de cantidad para presionar a las autoridades, sino que responde, en último término, a la convicción de que la responsabilidad de salvaguardar el pasado, a través de la protección de sus restos materiales, es una responsabilidad común de todo el cuerpo social.

Sin embargo, parece claro que para el ejercicio de ese derecho debe haber, como condición indispensable, una cierta conciencia de la pérdida colectiva provocada por el expolio, como contrapunto al valor positivo que presenta la arqueología. En esta tarea sí estamos implicados los arqueólogos. De hecho, esta conciencia sobre la proyección social de la arqueología ha estado siempre, de una forma u otra, en la mente de este colectivo. Por ello siempre se demandan más actividades de difusión (en su sentido más amplio que incluye las educativas), que hagan llegar a todos la importancia del patrimonio arqueológico y la erosión a la que está sometido. Pero el modelo jerárquico usualmente empleado en estas actividades, en cuya cúspide se encuentran los expertos adoctrinando al resto de la sociedad, quizás ya no responda a las formas más exitosas de llegar al público actual. No conviene olvidar que, a pesar de que la mayor parte de los profesionales dedicados a la arqueología y, por extensión, a la tutela del patrimonio arqueológico aunque no sean arqueólogos suelen repudiar en público y en privado el expolio en todas sus formas, desgraciadamente no siempre ha ocurrido así. Por ello se precisa, en primer lugar, una voluntad coherente con la práctica de erradicar esta lacra.

La búsqueda y ensayo de nuevas formas de acercamiento al público forman parte de los objetivos de este libro, por eso en este capítulo abordaremos dos aspectos clave para el desarrollo de tales estrategias: los estudios demoscópicos realizados sobre la percepción social de la arqueología y su expolio; y, en segundo lugar, la actuación de los propios profesionales en esta materia

Advierto ya que para una mejor comprensión de las relaciones entre la sociedad y el expolio debe leerse también el siguiente capítulo, dedicado al tratamiento del fenómeno en los medios de comunicación.

10.1. Arqueología y sociedad

No es mi intención ahora hacer una exposición profunda de una cuestión tan prolija, como es la relación entre la arqueología y la sociedad, porque se sale con mucho del propósito de estas líneas. Me interesa sobre todo puntualizar algunas cuestiones generales sobre la percepción social del expolio, que espero sirvan de referencia al resto de los epígrafes que componen este capítulo.

Una manera ilustrativa de comenzar es prestar atención a los trabajos dirigidos a conocer, de primera mano, la opinión en torno al papel de la arqueología y, por extensión, el grado de apoyo social a medidas gubernamentales tendentes a su defensa. Aun siendo infrecuentes, este tipo de trabajos es propio de modelos de gestión del patrimonio arqueológico en los que la difusión es entendida de manera menos jerárquica, como en el mundo anglosajón, sobre todo en EE UU. En estos modelos se valora mucho más el apoyo social, ya que soporta la acción pública

> «[a]s effective heritage resource conservation comes to depend more and more on public understanding and support of

10. Expolio arqueológico y sociedad

archaeology, the profession must take responsibility to foster an archaeological well-informed public» (Pokotylo y Mason 1991: 9).

Por ello dan cabida a indagaciones de este tipo realizadas a través de encuestas. Ya W. D. Lipe, al exponer su nuevo modelo de gestión del patrimonio arqueológico norteamericano, entre otras cosas advertía de la necesidad de conocer las actitudes del público hacia la arqueología, usando para ello el interés despertado por los hallazgos, pero derivándolo hacia otros aspectos relacionados con la conservación, la investigación y las actividades educativas (Lipe 1974). Consejo seguido con mayor prontitud en Canadá que en EE UU. A mediados de los ochenta se realizan las primeras encuestas, entre la población de Vancouver (Pokotylo y Mason 1991), extendidas algo más tarde a toda la Columbia Británica (Potokylo y Guppy 1999) y a EE UU (solo los estados continentales) (Ramos y Duganne 2000).

En los tres casos los objetivos perseguidos eran muy semejantes, destacando, para el objeto de nuestro interés, el grado de conocimiento de la arqueología, el nivel de participación en actividades arqueológicas y la atención y apoyo a las iniciativas de conservación del patrimonio arqueológico, entre otros focos de atención. Cabe señalar que las muestras de población encuestada siempre tenían un componente unificador: en porcentajes superiores al 90%, los encuestados eran personas jóvenes y con un capital escolar alto[195], superior a la escuela secundaria; incluso en la estadounidense, realizada por Harris Interactive Inc para un conjunto de asociaciones de arqueólogos profesionales, el segmento más bajo en titulación académica estaba formado por las personas carentes de graduación universitaria (Ramos y Duganne 2000: 8)[196].

---

195 He elegido conscientemente el término «capital escolar» en el sentido que le da Pierre Bourdieu, de saberes adquiridos a través de la educación reglada, medido en títulos, por la relevancia que tiene para este tipo de encuestas las apreciaciones realizadas por este sociólogo en torno al gusto como criterio de distinción social. Bourdieu vincula las prácticas culturales de los grupos sociales en razón de dos variables: el mencionado capital escolar y el origen social (medido por la profesión de los padres). Para las clases más instruidas, el «gusto legítimo», es decir aquel cuya práctica resulta enclasante, está asociado a un cierto tipo de consumo cultural elitista en el que encuentran cabida prácticas como la visita a los museos o la frecuentación de conciertos de música clásica (Bourdieu 1998).

196 La mera posesión de un «capital escolar» alto no significa un conocimiento de la materia igualmente elevado, sino la práctica de determinados hábitos culturales. Así en otra encuesta realizada entre estudiantes de una universidad pública del estado de Connecticut (EE UU), se concluyó que estos (se sobrentiende que no de arqueología o disciplinas relacionadas con ella) no solo ignoraban ampliamente los contenidos a los que hace referencia la arqueología, sino que eran pasto de todo tipo de tópicos salidos de seudociencias referidas al pasado y a su estudio (Feder 1984).

A pesar de algunas diferencias de poca trascendencia para nuestro trabajo, los tres estudios comparten la sorpresa por el comportamiento aparentemente paradójico de las respuestas en cuanto a los dos primeros ámbitos de indagación[197]. En todos los casos el grado de aceptación y valoración de la importancia dada a la arqueología, entendida mayoritariamente como práctica científica académica[198], era enorme, muy por encima de a quienes la palabra «arqueología» les remitía a una perspectiva romántica basada en búsqueda de tesoros o en la figura de Indiana Jones, cuyo porcentaje era el 1,3% de las respuestas (Pokotylo y Guppy 1999: 402). La encuesta de Harris Interactive, en EE UU, también otorgaba importancia a la arqueología para el conocimiento del entorno en el que nos movemos. El 71% de las respuestas reconocía ese valor (Ramos y Duganne 2000: 26).

Como correlato lógico del interés adjudicado a la arqueología, las contestaciones al bloque de preguntas sobre la conservación del patrimonio arqueológico muestran un altísimo porcentaje de personas que afirman la necesidad de legislar para garantizar su protección, en torno al 91,2%, para el caso de la encuesta de la Columbia Británica (Pokotylo y Guppy 1999: 409 s.). En la encuesta de Harris Interactive, el porcentaje de personas que apoyan medidas legales de protección del patrimonio arqueológico llegaba al 96%. Las siguientes preguntas sobre esta materia, estaban relacionadas con la posibilidad de ilegalizar que cualquier persona pudiese realizar excavaciones arqueológicas en terrenos de su propiedad (el 67% respondió que las leyes deberían evitar semejante eventualidad). Que los halladores de objetos arqueológicos en terrenos de su propiedad pudiesen venderlos (69% en contra, incluso algo más, el 82%, para el caso de que fuera en propiedad ajena). Algo más de la mitad (57%) estaba en desacuerdo con que eso mismo pudiese ocurrir en terrenos públicos. Para el caso de los pecios, el 61% de los encuestados pensaba que las leyes debían evitar que los objetos encontrados en ellos pudiesen ser vendidos (Ramos y Duganne 2000: 27)[199].

---

197 Vancouver y la Columbia Británica.

198 Interesados en conocer el grado de concienciación sobre la naturaleza profesional de la arqueología del momento, la encuesta realizada en la Columbia Británica tenía una pregunta acerca de quiénes llevaban a cabo la mayoría de las actividades arqueológicas en esa provincia. La respuesta estaba cerrada con cinco opciones: investigadores al servicio de la Administración, universitarios, museos, nativos aborígenes o profesionales privados ejerciendo como consultores. La suma de quienes señalaron la universidad y los museos llegaba al 97%, aunque la realidad es que la inmensa mayoría de las intervenciones corren a cargo de profesionales trabajando para empresas privadas (Potokylo y Guppy 1999: 403).

199 Quizás el dato más contradictorio, para los autores de la encuesta en la Columbia Británica, sea el alto porcentaje de personas que otorgaban a los objetos arqueológicos un valor monetario y estaban dispuestas a comprarlos, a pesar de su preocupación por la conservación del patrimonio arqueológico (Pokotylo y Guppy 1999: 414).

10. Expolio arqueológico y sociedad

Sin embargo tal sentimiento mayoritario, de prevención legal contra la apropiación y venta de hallazgos, contrasta con el escaso nivel de conocimiento sobre cuestiones de índole arqueológica que afectan a su comunidad

> «[t]he high general interest level in heritage is countered by considerable misunderstanding of the scope and practice of prehistoric archaeology» (Pokotylo y Mason 1991: 12).

Ramos y Duganne (2000: 28) observan algo similar

> «[w]e also tested respondents' knowledge about current laws that affect archaeology. Less than one-quarter of all respondents know of any laws protecting shipwrecks (22%), protecting unmarked human burial sites (24%), or laws concerning the buying and selling of artifacts (23%). More than one-fourth (28%) of all respondents know of laws protecting archaeological sites. Respondents who have a high level of interest in archaeology, those who have visited an archaeological site, people with a high level of education, and males all have higher awareness of such laws than their counterparts».

Estas encuestas tienen mucha mayor información y se volverá sobre ellas en otro momento, pero lo mencionado hasta aquí es suficiente para mostrar la existencia de un amplio respaldo social, en los lugares donde se han llevado a cabo, en torno a la arqueología y su protección. Y ello a pesar del bajo nivel de conocimiento sobre la arqueología.

En España se carece de este tipo de encuestas tan específico acerca de las actitudes sociales hacia la arqueología y el patrimonio arqueológico, aunque algunas propuestas van en ese camino (Almansa Sánchez 2006). De momento, debemos contentarnos con las promovidas por el Ministerio de Cultura referidas a los hábitos culturales, la última de las cuales refleja datos de 2010-2011[200]. En ella se recoge que el mayor grado de interés por la visita a museos y yacimientos arqueológicos se da en parejas casadas, con hijos menores de 18 años, cuando los progenitores tienen estudios universitarios, el 64% de los cuales ha visitado, al menos una vez en el último año, un museo y solo el 8,8% manifiesta no haberlo hecho. En términos del total de la muestra analizada (38.916 personas), el 30,6% ha realizado una visita a este tipo de instituciones en el último año, mientras que el 35,9% lo hizo hacía

---

[200] *Encuesta de hábitos y prácticas culturales en España 2010-2011*, Ministerio de Cultura 2007. http://www.mcu.es/estadisticas/MC/EHC/2010/Presentacion.html (visitado en enero 2012).

más un año y un 33,6% confiesa no hacerlo nunca o casi nunca. Para los yacimientos arqueológicos, se mantiene el tipo de personas interesadas pero las cifras bajan bastante. Solo el 13,9% ha girado visita a uno de ellos en el último año, mientras que el 56,8% reconoce no hacerlo nunca o casi nunca.

Estas breves muestras demoscópicas arrojan una primera observación, casi de Perogrullo: el interés por la arqueología como ciencia social, el apoyo a medidas jurídicas tendentes a la defensa del patrimonio arqueológico y el hábito de prácticas culturales que lo tienen por objeto, residen fundamentalmente en el segmento de población que posee un alto nivel de capital escolar como característica fundamental, algo menos del tercio de los cuales (28,6%) manifiesta (en el caso de las encuestas españolas, puesto que en los supuestos norteamericanos no es posible hacer esta distinción) tener un grado de interés en la visita a yacimientos arqueológicos medio-alto. Para el caso de los museos, el porcentaje en el mismo segmento se eleva al 39,9%. Por su parte, Pokotylo y Guppy (1999: 413) también concluyen que el grado de conocimiento e interés en participar en actividades referidas al patrimonio arqueológico (incluida la visita a yacimientos) incrementa con el nivel educativo.

Los autores antes reseñados tienden a considerar este hecho como un fallo en la forma de difundir el interés por el pasado, pero posiblemente esta constatación refleje algo más. Basándose también en una encuesta realizada en el Reino Unido y en la teoría sociológica bourdieusiana, N. Merriman (1989) intentaba explicar por qué hay personas que no visitan museos, incluso aunque estén teóricamente interesados en el pasado, sin caer en la excusa del fracaso profesional. Parte de la base de que las características de los visitantes son bien conocidas, en los términos expresados básicamente en el punto anterior, para continuar:

> «[t]he sort of people who are more likely to visit them [museums] are the better-educated and the better-off, and those who are less likely to do so are less well-off, particularly the retired and unemployed» (Merriman 1989: 156).

Una de las razones de mayor peso, que explica el poco interés en la visita a museos y yacimientos o monumentos de carácter arqueológico, la encontraba en factores de carácter cultural. Las personas que tienen interés en visitar estas prestaciones culturales son las mismas (o al menos tienen el mismo perfil sociológico) que las frecuentadoras de otros productos culturales, que podrían denominarse de «gama alta» (conciertos, teatro, etcétera). Ellas además no rechazan la atmósfera general de los museos, ni les parecen aburridos (al menos antes de iniciar la visita). Esto es debido a que tienen el «habitus» de hacerlo[201]. Es decir, en su experiencia vital la frecuentación de este tipo de instalaciones no ha sido rechazada, sino que se ha adoptado como práctica apropiada para esa clase social, otorgándole valor enclasante, frente a otras prácticas. Así la persona, tanto por su origen social como a través del itinerario educativo formal, mediante el cual ha obtenido los títulos que conforman su capital escolar, está favorablemente predispuesta a la visita y, además, conoce las claves para decodificar los mensajes en orden a ser entendidos. Esta capacitación es el correlato del poder social que este tipo de personas posee (o desea poseer) al estar inscrito en el estilo de vida apropiado para el disfrute de esa preeminencia social.

En España ha habido algún intento de sondear la opinión pública sobre el grado de importancia otorgado al patrimonio histórico, realizada por la Fundación Caja Madrid en 2006. De la encuesta realizada por esta institución solo conozco la fase primera dedicada a la evaluación de la indagación cualitativa (Morate Martín 2007). El objetivo era averiguar en qué medida los españoles conocemos y apreciamos nuestro patrimonio histórico. Para ello se reunieron diversos grupos de trabajo con personas de perfil demográfico homogéneo en Madrid y Barcelona. Se trataba de conocer sus opiniones sobre diversos aspectos relacionados con el objetivo principal. Las principales conclusiones fueron las siguientes: en general el patrimonio histórico goza de bastante aceptación, sobre todo basada en la experiencia personal de la visita turística. El resto se desconoce y tampoco se valora. Guiados por esta experiencia, la consideración es que su grado de conservación es aceptable y la identificación de la locución patrimonio histórico con monumentos. Por último, la principal pega es la falta de recursos en la explicación a los visitantes. Dado que no entraba en liza apreciar el grado de sensibilización social hacia el expolio, carecemos de datos fiables, pero resulta plausible suponer que, en directa relación con el grado de satisfacción con el patrimonio histórico, su pérdida causará repulsa.

Estas encuestas, y las explicaciones aportadas, no dejan de tener un cierto componente de idealización sociológica que consiente la esquematización de valores y comportamientos. Pero me temo que la realidad actual resulte ser algo más compleja, llena de pliegues, irregularidades y fracturas, que encajen mal en esquemas simplistas.

---
201 Este término es usado por Bourdieu para explicar los esquemas modeladores y estructurantes del comportamiento, aprendidos por cada persona dependiendo de su propia socialización, puesto que integran todas las experiencias pasadas. Tienen carácter estructurante porque, a partir de ellos, las personas reproducen sus pensamientos, percepciones y acciones (Bourdieu 1998: 168 ss.).

Doy por supuesta la existencia de una conciencia social contra el expolio, sobre todo cuando es presentado por los medios de difusión como correlato de una acción violenta o inicua. Pero, de otro modo, no es algo que ocupe un papel relevante en la agenda social, dada su escasa trascendencia sobre el bienestar general. Lo mostrado por las encuestas realizadas quizás no sea otra cosa que el reflejo de la admiración social que tiene la arqueología, como cualquier ciencia, en el sentido de fruto de un esfuerzo intelectual considerado globalmente como positivo. En abstracto, la pérdida de la materia prima a partir de la cual se produce el conocimiento científico provoca un rechazo social. Pero otra cosa distinta, como se observaba en las encuestas norteamericanas, es cuando se hablaba de cuestiones concretas que requerían cierto comportamiento personal (por ejemplo, el caso de las compras de objetos vistos en esas encuestas). Por lo tanto posiblemente se trate de una oposición de principio, pero tenue o difusa si requiere cierto comportamiento personal.

Aunque desconozco que haya estudios específicos sobre ello, tengo la convicción nacida de mi experiencia personal[202], de que el público visita una exposición o un museo donde se exhiban objetos de «procedencia desconocida», eufemismo usado para evitar decir que provienen de expolios, sin darle importancia a esa circunstancia. Posiblemente valorará más otros parámetros como puedan ser la belleza de los objetos, su exotismo, el montaje o la sensación de oportunidad única de contemplarlos, incluso aunque no se oculte la forma de haber sido adquiridos, sobre todo si no van unidos a imágenes de violencia.

Por otro lado, supongo, además, que el público en general no percibe especial peligrosidad en los perfiles de los infractores y delincuentes, retratados en los capítulos previos de esta obra. Detrás del detectorismo está una afición y el coleccionismo; de los cazatesoros, aventureros; de los depredadores y traficantes, marginados sociales que sobreviven como pueden. Esa percepción *buenista* es difícil de cambiar por mucho que en obras especializadas, como esta, se intente concienciar de la pérdida social que provocan.

Sin ánimo de dar explicaciones cerradas, y aún menos excluyentes de otras visones, quisiera señalar algunos aspectos que influyen, desde mi punto de vista, en esta percepción difusa del expolio del patrimonio arqueológico. Estas razones se hallan en el propio modelo societario en el que vivimos insertos. Este se encuentra dominado por el culto

---

[202] Ya expresé la consternación que me produjo una exposición temporal inaugurada en Sevilla en 1998, con objetos egipcios procedentes de antiguas expoliaciones, *vide* «Exposiciones de arqueología y expolio» *El Correo de Andalucía* de 24/02/1998.

10. Expolio arqueológico y sociedad

a la persona y al presente[203], donde las llamadas a la responsabilidad individual o colectiva se han transformado: los compromisos perennes y revolucionarios de antaño, ideados como deberes, han dado paso a un deseo creciente de compromisos puntuales que no requieren sacrificios ni dedicaciones absolutas. Dejándonos llevar de un pragmatismo individualista, se quiere cambiar lo superficial, renunciando transformar el fondo de las cosas. Por ello, a pesar de que nunca ha habido tanto llamamiento a la solidaridad y a la adopción de posturas comprometidas (los medios de comunicación exhiben realidades horripilantes en un envoltorio reprobatorio), todo se soporta porque solo funciona en el ámbito superficial. El tono de los medios excluye una demanda de acción, un compromiso activo. Gracias a ese pacto tácito, la mayoría podemos comer mientras vemos en directo los horrores de una tragedia en cualquier remota parte del mundo. El egoísmo narcisista casa mal con las llamadas a la adopción de responsabilidades.

Con este panorama, nuestros mensajes de alarma social son diluidos inconscientemente por sus receptores, ya que sería ingenuo pensar que las demandas de protección del patrimonio arqueológico no implican coste alguno a quienes se las dirigimos y, por los motivos antes expresados, no parece que el público que lea nuestros trabajos o visite exposiciones específicamente dedicadas a esta cuestión (de las que hay muy pocas, por cierto) o lea una noticia en la prensa, se sienta movida a hacer algo.

10.2. Los profesionales de la arqueología y el expolio

Frente a lo que podría parecer lógico, habida cuenta de tratarse de un colectivo muy cualificado para entender la pérdida irreparable producida por el expolio, llama la atención el escaso interés que este fenómeno despierta en los profesionales de la arqueología y, por fortuna con menor frecuencia, entre otros profesionales relacionados con la tutela de los bienes culturales. Considero muy elocuentes las palabras de C. Renfrew (2006: 10):

> «[i]t seems strange that the deliberate destruction of the world'archaeological record in this way should awaken so little academic or public interest and anxiety. I find an irony that many

---

203 Soy consciente de que no todos los individuos que componen las sociedades avanzadas occidentales gozan de estos valores posmodernos. Sería complejo describir las amplias capas de excluidos y marginados con las que convivimos. Sin embargo, las minorías sociales interesadas en el patrimonio cultural, porque su capital escolar les habilita para ello, encajan sin mayores problemas en estos modelos.

countries the field of rescue archaeology or salvage archaeology is a well-developed one, involving the expenditure of many millions of pounds or dollars per year towards the mitigation of destruction, and yet that this equally destructive process of looting is the focus of so little attention.»

Museos y coleccionistas han sido los grandes impulsores de las excavaciones coloniales, primero, y del comercio ilegal de antigüedades, más tarde. Ya no son solo los «mármoles del Partenon», la piedra de Rosetta o el busto de Nefertiti, obras señeras que simbolizan los esfuerzos y el debate internacional sobre el derecho a devolución a sus países de origen, sino un enorme elenco de otros objetos que siguen siendo extraídos sin metodología ni interés científico e importadas a terceros países de manera fraudulenta, incrementadas tras los episodios bélicos en Irak o Afganistán. Sobre las consecuencias, en términos de devastación de yacimientos arqueológicos y la pérdida de los elementos más vistosos de innumerables ruinas o instituciones culturales de esos países, se han realizado ya oportunas observaciones en capítulos anteriores.

Volviendo al comentario de Renfrew, ahora interesa detenerse en el panorama del coleccionismo actual, haciendo hincapié en el papel que juegan los profesionales. A este respecto, como puede suponerse el panorama resulta bastante movido, pero la dirección imperante parece clara.

De una parte, los países tradicionalmente expoliados vienen realizando gestiones políticas para recuperar aquellos objetos salidos de manera ilegal, con independencia del momento o las circunstancias de la partida. En abril de 2010 se celebró en El Cairo, auspiciado por el Consejo Superior de Antigüedades del Gobierno egipcio, el I Congreso Internacional de cooperación para la protección y recuperación del legado cultural, que reunió a veinticinco países reclamantes de bienes culturales expoliados de una u otra forma. Resulta notable que entre los asistentes se encontrase EE UU, donde radican las principales instituciones públicas y privadas que aún siguen adquiriendo piezas con una notable negligencia a la hora de aseverar su procedencia legítima[204]. No así la ausencia del Reino Unido, Francia y Alemania países, que junto al EE UU, acumulan el porcentaje más amplio de reclamaciones. Entre los asistentes también se encontraba España y un amplio catálogo de países de América Latina.

---

[204] El Boston Museum of Fine Arts y el Metropolitan Museum of Art, así como el J. Paul Getty Museum, cuya posición resulta todavía ambigua, a pesar de haber devuelto recientemente a Italia una enorme colección de vasos pintados de época griega, procedentes de la adquisición hecha por la institución a la colección Fleischman (Renfrew 2006: 27 ss.).

10. Expolio arqueológico y sociedad

El principal objetivo de la Conferencia era promover una nueva redacción de la Convención de la Unesco sobre los medios para prohibir y prevenir la importación, exportación y transferencia de propiedad ilegal de bienes culturales (París 1970), de manera que tuviese efecto retroactivo. Se quiere, de esta forma, cuestionar la idea extendida en muchos países, e incluso entre profesionales líderes en denunciar actitudes complacientes con el expolio de sus países, para quienes la firma de esa Convención internacional supone una especie de rubicón, previa a la cual aunque no se hayan perdido todos los derechos, los países reclamantes se encuentran en una situación de fuerza legal (y moral, por tanto) menor (Palmer 1995 y Renfrew 2006, entre otros).

Es verdad que en esta batalla se va ganado terreno poco a poco. La devolución, en 2007, por parte de la Getty al Gobierno italiano de 40 piezas vasculares pintadas, que habían sido reclamadas por haber salido ilegalmente de su país, ha sido un paso de gigante, pero las sentencias y acuerdos de este tenor siguen siendo aún excepcionales y los procesos demasiado largos. Debe tenerse presente que parte de los bienes devueltos, en esta ocasión, habían sido adquiridas a los Fleischman en 1995, a pesar de las sospechas públicas que levantaba su oscura procedencia (Renfrew 2006: 28 ss.). Es de suponer mayor diligencia en futuras adquisiciones o, quizás también, mejores métodos para borrar rastros delatores.

De otro lado también se levantan voces contrarias a las devoluciones pretendidas. J. B. Cuno (director del Art Institute of Chicago) ha insistido, en diversos trabajos, sobre la ausencia de argumentos jurídicos que asisten a estas reclamaciones, al ser las naciones solicitantes estados cuya formación data, en el mejor de los casos, de hace doscientos años, frente a la antigüedad de más de dos mil años de los objetos reclamados. A esta ausencia de legitimidad –a su juicio– se añade una cuestión de tipo ético-político. Frente a los deseos de acrecentamiento del particularismo nacionalista escondido tras esas quejas, las grandes instituciones museísticas del primer mundo han internacionalizado esas obras, convirtiéndolas, de alguna manera, en patrimonio universal (Cuno 2006 y 2008). Este autor parece olvidar el componente histórico de apoyo al naciente nacionalismo, a través del colonialismo, de instituciones como el Museo del Louvre o el British Museum. También que la adquisición de obras procedentes de países subdesarrollados no deja de ser otra forma de colonialismo contemporáneo, amén de que olvida fácilmente la naturaleza ilícita de las extracciones y ventas a otros países. No obstante, sus pensamientos gozan de bastante éxito y está generando encontrados debates[205].

---

205 http://www.culturekiosque.com/art/comment/antiquities_kwame_opoku224.html (consulta diciembre 2010).

Estas diatribas no solo se dan entre los directores y conservadores de importantes colecciones particulares o instituciones museísticas en el ámbito internacional, en otra medida también se reproduce a escala más local.

Hace ya unos años, en los primeros trabajos que dediqué al expolio del patrimonio arqueológico en Andalucía perpetrado por medio de los detectores de metales (Rodríguez Temiño, 1998a y 2000), advertía del prácticamente nulo conocimiento que se tenía en ese momento acerca de la magnitud del daño ocasionado por la búsqueda de objetos arqueológicos, ya para su mero atesoramiento coleccionista ya para abastecer un lucrativo comercio ilícito de este tipo de objetos. En esas ocasiones señalaba que la lentitud de respuesta de la Administración al expolio y lo menguado de sus resultados a primera vista, había provocado la desesperación entre quienes tenían conocimiento, de forma más o menos directa, de las piezas traficadas ilegalmente. Desesperación que procuraron combatir abogando por otras medidas más posibilistas para recuperar esas piezas. El entonces director del Museo Arqueológico de Sevilla se convertía en portavoz del denominado «pesimismo generalizado en los ambientes arqueológicos» –en expresión de L. Caballero (1982) – en un artículo sincero y sin tapujos (Fernández Gómez, 1996). En él abogaba por los beneficios que trajo en los setenta y comienzos de los ochenta la política de acercarse a los expoliadores para adquirir, de primera mano, piezas que de otra forma marcharían inexorablemente al extranjero.

El contacto entre coleccionistas y profesionales, en la Andalucía de la década de los ochenta no era tan infrecuente. En la ya mencionada colección de R. Marsal, se supo por los medios de comunicación que su existencia era bien conocida por parte de muchos arqueólogos (*Diario de Sevilla* de 04/02/2002 y 13/08/2005). No es de extrañar, por tanto, que durante la instrucción del sumario abierto en un juzgado de Écija, se personasen reconocidos arqueólogos para testificar a petición del señor Marsal, yo mismo entre ellos.

Considero que esta actitud no tiene nada que ver con la falta de colaboración con las administraciones culturales de la que se ha hecho gala en otros innumerables casos. Ha sido muy frecuente que los coleccionistas solo permitiesen publicar algunas piezas notables de sus colecciones, bajo el entendimiento de no revelar el propietario ni el paradero de la pieza. Actitud que sigue presente, como nos recuerdan con crudeza Enríquez Navascués y González Jiménez (2005: 42) al narrar el proceso de recuperación del timiaterio de Villagarcía de la Torre (Badajoz). Suceso que tuvo final feliz, con depósito en el Museo Provincial de Badajoz, a pesar de la falta de colaboración de

10. Expolio arqueológico y sociedad

quienes lo dieron a conocer al mundo científico (De la Bandera Romero y Ferrer Albelda, 1994). Por fortuna, cada vez son más las voces, dentro incluso de los propios profesionales de la arqueología[206], que muestran un amplio rechazo a estas posturas que priman, como decían Enríquez Navascués y González Jiménez, «su» currículo sobre cualquier otro tipo de consideración. De «aspecto muy preocupante» califica, Pérez Domínguez (1998: 151), del Cuerpo Nacional de Policía, la «participación de profesores universitarios que, en algunos casos, establecen unos acuerdos tácitos con quienes en el argot furtivo se denominan 'piteros', para el estudio de la pieza detectada y expoliada...».

Tres son las causas a las que atribuyo la atávica indiferencia de muchos profesionales con respecto del expolio: la relación preeminente que la arqueología ha tenido y tiene con los objetos, a pesar del valor actualmente dado a los contextos. Este motivo está ligado inextricablemente al segundo: la naturaleza de los museos. Simplificando mucho la cuestión, podría decirse que los museos son contenedores de bienes muebles descontextualizados, lo que favorece el culto al objeto propio de la disciplina, sobre todo cuando es bello, raro o excepcional. Por último, el tercer argumento no es exclusivo de los arqueólogos pero no somos inmunes a él. La mayor parte de los saqueos ocurren en lugares que están fuera de la atención directa de ningún equipo de investigación, distancia afectiva que favorece encontrar razonable cualquier excusa.

Sé que esto puede parecer algo sorprendente, pero no lo es en absoluto. Los arqueólogos siempre hemos practicado una especie de lo que se conoce ahora como mentalidad NIMY (acrónimo de *not in my backyard*), en el sentido de aceptar, tolerar o mostrar la mayor de las indiferencias por el expolio, siempre que fuese en otro yacimiento, no en el sometido a nuestras propias excavaciones. Esa relación afectiva de proximidad es la razón de la diferencia observada por Renfrew, en el texto citado anteriormente, entre la movilización existente para la salvaguarda del patrimonio arqueológico en riesgo por obras y la reacción pasiva frente al expolio. Los inicios de la arqueología preventiva en Inglaterra (y *mutatis mutandis* en muchos otros países) vinieron de la mano del compromiso directo de pocos arqueólogos profesionales, ayudados por un número bastante mayor de *amateurs* y voluntarios, vinculados a comunidades locales a través de los *extra-mural courses*, agrupados más tarde para influir sobre las administraciones en asociaciones de ámbito nacional como RESCUE (Thomas 1974, Kiln 1974 y Barker 1974).

---

[206] Ver Fagan (1993), Chippindale (1995), O'Keeffe (1998) y Merryman (1998), estos últimos aludiendo a la necesidad de que los profesionales se doten de códigos éticos que vayan encauzando un comportamiento regido por principios proclives a la conservación y al respeto a la función social de los objetos arqueológicos.

Por fortuna, la situación va mejorando en cuanto a sensibilidad de los profesores universitarios y conservadores de museos hacia el expolio. Han ayudado a ello la renovación generacional habida en este campo, o que asignaturas específicamente dedicadas a la tutela del patrimonio arqueológico o cultural hayan entrado a formar parte del itinerario curricular de muchas universidades, aunque sigan existiendo ciertas reticencias[207].

Sin duda la avanzadilla en este ámbito la llevan los directores y conservadores de museos, quienes están en contacto más directo con bienes de procedencia dudosa. El estudio estadístico de ventas de vasos griegos, tras pintar con datos objetivos un panorama bastante negro de conservadores interesados de manera exclusiva en piezas concretas sin reparar en el daño ocasionado por sus demandas, intermediarios y coleccionistas carentes de escrúpulos y cantidades varias veces millonarias movidas por este mercado, N. Nørskov (2002) no concluye con un futuro aún más negro, sino que resalta las pinceladas del cambio que se viene produciendo.

> «Museum curators are clearly changing their criteria for the acquisition of objects on the art market, stressing the importance of a documented provenance for gifts as well as purchases.
>
> The percentage of objects with a documented provenance on the market is rising. During the 1990s the proportion of provenance vases grew and is now above 50 per cent.
>
> This tendency is probably a result of the demand: a high price for an object seems today to be dependent on a documented history. It is not possible to explore this further here, but it suggests that collectors are also moving in the direction of acquiring only objects of known provenance» (Nørskov 2002: 35).

La adopción generalizada de códigos éticos profesionales por parte de conservadores de museos, las propias instituciones museísticas y los organismos internacionales que las acogen, como Icomos, comenzó en la década de los setenta, cuando a todas luces muchos gobiernos

---

[207] Muestra de esta reticencia, a mi juicio, fue la respuesta dada a una solicitud que hice al Departamento de Arqueología y Prehistoria de la Universidad de Sevilla pidiendo que, como tal Departamento, se dirigiesen a la fiscalía de la Audiencia Provincial de Sevilla manifestando su apoyo a mi iniciativa de solicitar el cierre judicial de la web detectomania.com, de la que se ha hablado ya en este trabajo, por incitar al expolio del patrimonio arqueológico. Según me comunicó por escrito la directora del Departamento de entonces, el Consejo del Departamento en sesión celebrada el 25 de julio de 2005, acordó lo siguiente: «[...] En relación con esta solicitud, el Consejo decidió contestar a D. Ignacio Rodríguez Temiño que este Departamento sólo actuará en caso de que sea requerido por la autoridad, sobre todo porque la salvaguarda del patrimonio arqueológico es mucho más compleja que la sola existencia de las actividades de los «detectoristas», única preocupación mostrada en la carta de D. Ignacio Rodríguez Temiño».

daban muestras de no querer suscribir el Convenio de Unesco de 1970. Como refleja Boylan (1995: 94 s.), en el Reino Unido se firmó un primer documento en 1972, por parte de las principales instituciones y asociaciones museísticas, en el que llamaban la atención sobre la necesidad de prevenir la destrucción de contextos arqueológicos, para lo cual se comprometían a no adquirir objetos de los que se supiese que habían salido de los países de origen contraviniendo sus leyes nacionales. Firmar semejante declaración era toda una proeza ya que, por esas fechas, la mayoría de los grandes museos del mundo tenían posturas muy ambiguas a este respecto:

> «[s]ome senior directors and curators of that generation were still more than willing to argue that the inherent artistic and aesthetic values of an object should always take precedence in the museum's priorities over boring details such as archaeological context, accurate identification and dating, or mere legality» (Boylan 1995: 94).

Por la conocida como Declaración de Berlín, aprobada en 1988, iniciativa especial del profesor Heilmeyer, director del Antikenmuseum de Berlín (Pallottino, 1992), las grandes instituciones museísticas reconocían la prioridad del valor científico de objetos arqueológicos y adquirieron el compromiso de rechazar cualquier pieza de la que se desconociese su procedencia, como contribución en la lucha para frenar esta lacra.

El ICOM en 1986 acordó en su 15ª Asamblea General, mantenida en Buenos Aires (Argentina), tras un largo estudio de códigos éticos de diversos países, un nuevo Código ético profesional especialmente restrictivo en materia de adquisiciones, que imponía obligaciones a los museos adquirientes relativas a la comprobación de la legalidad de los objetos en sus países de origen.

Hoy día es moneda corriente indagar en el pasado de las piezas que se desean adquirir, con objeto de asegurar que no han sido extraídas de manera ilegal ni tampoco han salido de sus países de origen violando las leyes de exportación. La mera no constancia de ilegalidad se ha cambiado por una actitud más positiva, de conocimiento de su legalidad[208].

---

[208] En Andalucía, aunque no sea frecuente en el ámbito de los museos de titularidad estatal o autonómica la compra de bienes arqueológicos procedentes de actividades expoliadoras, sin embargo en las instituciones museísticas o colecciones públicas de carácter municipal, la situación no es tan clara. Mientras que museos, como el de Carmona (Sevilla) no admiten nada sin procedencia arqueológica legítima, otros como el de Écija (Sevilla) o Cabra (Córdoba) tienen menos escrúpulos para adquirir bienes expoliados, si se les asegura que han aparecido en sus respectivos términos municipales.

Del mismo modo, los profesionales que trabajan en las instituciones museísticas procuran cambiar determinados modos de trabajo, al aceptar, por irónico que parezca, que de su trabajo para la institución pueden derivarse acicates para el expolio en otros lugares. Como señala Elia (1995: 245), a diferencia de otros tráficos ilegales, como el de drogas y armas con los que comparte determinadas características, el de antigüedades tiene la peculiaridad de que termina legalizando no los beneficios, como los anteriores, sino los propios objetos del tráfico. Resulta evidente que, en ese proceso de blanqueo, los conservadores que aceptan bienes de intermediarios, casas de subastas o coleccionistas y autentican objetos sin procedencia conocida son indispensables en ese proceso, contribuyendo en no poca medida a la pujanza del tráfico ilícito de antigüedades y su correlato de expolio.

«In fact the involvement of experts often constitutes an absolutely critical aspect of the marketing plan of the dealer» (Elia 1995: 249).

Para Elia esta participación de los expertos está focalizada en dos aspectos de la operación, desgraciadamente ninguno de los cuales tiene que ver con si la pieza proviene o no de excavaciones ilegales. El primero es acerca de la garantía de autenticidad de la pieza y el segundo si el objeto reviste importancia en términos de calidad artística. Otros expertos, normalmente restauradores, intervendrán limpiando, componiendo y estabilizando los objetos para una presentación adecuada. La conservación es el paso final del blanqueo de los objetos:

«objects go in dirty, corroded, and broken, and come out clean, shiny, and whole» (Ídem, ibídem).

De nuevo el camino hacia la solución pasa, de manera ineludible, por el compromiso profesional, por entender que la destinataria final de nuestro trabajo es toda la humanidad, en su más genérica acepción que abarca también las futuras generaciones. Esa es la línea de los códigos deontológicos, cuya necesidad se viene demandando de manera constante (Fagan 1993, Chippindale 1995 y O'Keefe 1998).

En este ámbito, diversos colectivos profesionales en los dos países con mayor relación en el comercio ilícito de antigüedades (EE UU y Reino Unido), han adoptado códigos de conducta profesional basados en principios éticos. La Society for American Archaeology se dotó en 1996 de un código ético en el que, entre otros aspectos, reconoce la necesidad

10. Expolio arqueológico y sociedad

de hacer valer determinados principios referidos a la participación en el tráfico de antigüedades.

> «The Society for American Archaeology has long recognized that the buying and selling of objects out of archaeological context is contributing to the destruction of the archaeological record on the American continents and around the world. The commercialization of archaeological objects –their use as commodities to be exploited for personal enjoyment or profit– results in the destruction of archaeological sites and of contextual information that is essential to understanding the archaeological record. Archaeologists should therefore carefully weigh the benefits to scholarship of a project against the costs of potentially enhancing the commercial value of archaeological objects. Whenever possible they should discourage, and should themselves avoid, activities that enhance the commercial value of archaeological objects, especially objects that are not curated in public institutions, or readily available for scientific study, public interpretation, and display» (Principio n° 3 de los Principles of Archaeological Ethics de la SAA) [209].

Del mismo modo, desde 1990, la División de Servicios del Institute of Archaeology de la Universidad de Oxford practica la política de asesorar solo cuando el material viene acompañado de la documentación considerada suficiente para garantizar su procedencia legítima, a pesar de mantener como criterio legalizador la posesión desde hace un «considerable número de años». La polémica surgida a raíz de las críticas realizadas por arqueólogos hacia las peritaciones dadas por el laboratorio de la Universidad de Oxford, para la autenticación de las terracotas de Mali ofertadas por casas de subastas, hicieron que el comité rector de esa universidad prohibiese semejante tipo de prestaciones, salvo en caso de excavaciones legalmente autorizadas (Elia 1995: 252 s.).

El movimiento en favor de la eliminación de objetos arqueológicos de procedencia desconocida ha obligado a la adopción de posturas, ligeramente más comprometidas, a las asociaciones de anticuarios. En el Reino Unido, su Code of Practice (1984) impone no tratar con bienes sobre cuya procedencia se tengan razonables causas para creer que sea ilícita. Fórmula demasiado ambigua que ha sido objeto de críticas por su excesiva tolerancia, ya que no implica la obligación de tener constancia positiva de su legalidad (Elia 1995: 251). Representantes del sector tratan de establecer distancias entre el comercio legal y el que

---
[209] http://www.saa.org/AbouttheSociety/PrinciplesofArchaeologicalEthics/tabid/203/Default.aspx (consulta diciembre 2010).

no lo es, criticando a su vez que se meta a todo en el mismo saco (Ede 1995).

Resulta difícil aventurar cuál será el resultado de todo este proceso, pero no hay duda de que está sacudiendo el corazón mismo de la parte que hasta ahora era la más respetada e intocable de la deplorable lacra del expolio: intermediarios y coleccionistas. La desmitificación de su intocabilidad ha pasado de los selectos círculos académicos al público en general, a través de los medios de comunicación. La devolución de piezas que estaban en museos y fundaciones privadas a sus países de origen se complementa ahora con las primeras intervenciones policiales en tiendas de anticuarios. Este ha sido el caso de la denominada *operación Dioniso*, en la que detuvieron a los tres propietarios de una de las tiendas de antigüedades de mayor prestigio de España, radicada en Sevilla y que finalmente cerró, acusados de blanquear objetos arqueológicos procedentes de expolios (*Abc* de 31/08/2007).

No solo algunos profesionales de la arqueología han mostrado cierto distanciamiento de las políticas tendentes a la lucha contra el expolio del patrimonio arqueológico. Como ya he comentado en otras ocasiones (Rodríguez Temiño 2004b y 2006a), otros profesionales e incluso instituciones públicas han criticado las actuaciones administrativas sancionadoras hacia detectoristas, denunciados por los cuerpos y fuerzas de seguridad del Estado, no por defectos formales, sino cuestionando su utilidad.

Como reacción al aumento del número de denuncias y expedientes abiertos contra los detectoristas por la Junta de Andalucía, las principales asociaciones y federaciones de usuarios de esos aparatos emprendieron un amplio abanico de actuaciones para dar a conocer sus propuestas para el ejercicio de su afición. Estas partían de las premisas ya señalas en esta obra. Hasta donde yo conozco estas propuestas tuvieron escasa acogida, a pesar de intenso despliegue hecho por los socios más activos, entre grupos políticos y sindicatos de Andalucía.

Sin embargo, el Defensor del Pueblo Andaluz (DPA) sí fue sensible a sus posicionamientos. Esta cuestión tiene cierta enjundia por cuanto que esta institución, en informes de años anteriores[210], había tratado el expolio del patrimonio arqueológico en relación a diferentes quejas. En ellas había llegado a sugerir la limitación en la compra de este tipo de aparatos (*Informes Anuales de 1993 y 1994*). Con posterioridad planteó la queja de oficio 97/1774, presentada ante la Consejería de Cultura, «con la intención de llamar nuevamente la atención de los

---

210 Véanse los Informes Anuales del Defensor del Pueblo Andaluz de 1993, 1994, 1997 y 1998 (BOPA núms 5 de 29 de julio de 1994; 127 de 14 de noviembre de 1995; 304 de 2 de marzo de 1999 y 377 de 21 de octubre de 1999, respectivamente).

10. Expolio arqueológico y sociedad

poderes públicos competentes hacia la necesidad de adoptar medidas de prevención frente a esta amenaza». Esta amenaza no era otra que

> «la constatación de que los expolios que sufren nuestros yacimientos están volviéndose cada vez más precisos y sistemáticos, lo que nos lleva a temer que se estén creando en Andalucía estructuras delictivas organizadas que giran en torno a la compra-venta de objetos culturales expoliados (…) A este respecto (…) nos vemos en la necesidad de hacer un serio llamamiento a las autoridades culturales andaluzas para que promuevan la adopción de medidas eficaces que permitan atajar de una vez por todas las actividades expoliatorias (*sic*) realizadas por los denominados 'piteros'. Unas actividades, cuya impunidad y extensión por las distintas zonas del territorio andaluz están contribuyendo a la conformación de una nueva profesión u oficio, que podríamos denominar de 'expoliador de restos arqueológicos', que atrae cada vez a mayor número de practicantes, y que cuenta, en ocasiones, con el apoyo o la aquiescencia de una sociedad e incluso de unos Ayuntamientos que no alcanzan a entender la gravedad de estas acciones para la pervivencia de nuestro Patrimonio cultural» (*Informe Anual* de 1997).

Sin embargo, en el *Informe Anual de 2003*, bajo la rúbrica de «Derechos relativos a la Cultura» (BOPA núm. 21 de 15 de junio de 2004), el DPA ante la «tozuda realidad» (esto es, que a pesar de las medidas adoptadas en estos años sigue constatándose un amplio historial de expolios en yacimientos andaluces), combina la estrategia de reforzamiento legal con la de abrir la mano a la colaboración de la sociedad civil, representada a su juicio por «los llamados *detectoristas, detectoaficionados o piteros*». Ambas estrategias merecen ser consideradas aquí.

En la primera, desliza comentarios jurídicos sobre los expedientes sancionadores abiertos por la Administración cultural, que si bien no pasan de ser una opinión más, al venir de esa institución adquieren un valor de respaldo moral fácilmente argumentable en cualquier procedimiento o debate, sobre todo una vez que ha sido hecha pública. En resumen son los siguientes:

a) La dicción literal del artículo 113.5 LPHA'91 (que consideraba infracciones menos graves «[l]a utilización de aparatos destinados a la detección de restos arqueológicos sin contar con la autorización de la Administración de Cultura o sin cumplir los condicionamientos impuestos en la misma») es jurídicamente poco acertada ya que la mera tenencia y uso del aparato no está prohibida por la legislación sectorial.

b) Por tanto, la actuación administrativa debería limitarse, mientras sea legal su adquisición, a sancionar aquellos usos que supongan un peligro cierto para el patrimonio histórico, es decir solo cuando se acredite que se está utilizando para la búsqueda de objetos arqueológicos.

c) Dada la dificultad de acreditar tal uso, la Administración cultural podrá sancionar exclusivamente en el caso de que la persona sorprendida se encuentre en una zona formalmente declarada de protección arqueológica y debidamente señalizada, motivo por el cual la mayoría de los recursos contencioso-administrativos son estimados.

d) Fuera de tales circunstancias, la actuación del detectorista es perfectamente lícita y no perseguible por la Administración cultural hasta el momento en que se produce el hallazgo, quedando a partir de ese momento obligado por lo dispuesto sobre hallazgos casuales.

Para esta institución dependiente del Parlamento andaluz, dadas las evidentes limitaciones de la acción administrativa para ejercer la labor de tutela, era preciso buscar la colaboración de la sociedad civil, muy particularmente del conjunto de personas que unidos por una afición común, «se dedican habitualmente a la búsqueda de restos metálicos utilizando aparatos específicamente diseñados para tal fin». Aboga por una diferenciación entre «detectoristas honrados» y expoliadores y por la colaboración entre las asociaciones de detecto-aficionados y la Administración cultural en su labor tuitiva, ya que ellos deben conocer «mejor que nadie» quienes son los realmente expoliadores y dónde se encuentran los yacimientos que la Administración desconoce. Para ello debería llegarse a un acuerdo con estas asociaciones sobre «qué actividades son lícitas y van a ser protegidas y fomentadas por la Administración y cuáles son ilícitas y deben ser perseguidas por todos». Aunque no parece haber cerrado una postura sobre esta cuestión, anima a que la Administración estudie una reforma de la tipificación que delimite cuáles son los elementos configuradores del injusto administrativo, a la vez que pide a las asociaciones que «separen el grano de la paja» (detecto-aficionados de expoliadores) para poder garantizar así el disfrutar de una actividad lúdica como tantas otras.

Las cuestiones jurídicas se han respondido al hilo de los argumentos trazados al hablar de la jurisprudencia habida sobre estas cuestiones, por lo que solo expondré ahora mi perpleja sorpresa por la aseveración de que se han perdido todos o casi todos los recursos puestos por las personas sancionadas, cuando según lo que alcanzo a conocer, de las más de 60 sentencias que he leído recaídas sobre este

10. Expolio arqueológico y sociedad

tipo de contenciosos, únicamente en seis ocasiones se ha dado la razón a los demandantes.

En lo que respecta de las asociaciones de detectoristas, es mi opinión que, en efecto, la participación de ese segmento de la sociedad civil coadyuvaría a la labor tuitiva de la Administración. Pero sentada esta premisa, mi experiencia me hace tener una percepción distinta de la expresada por el Defensor del Pueblo Andaluz. Ante todo porque la división hecha entre «detectoristas honrados» y «expoliadores», como por ejemplo se realiza en Inglaterra, tiene unos tintes de ingenuidad poco acordes con la realidad. Si por estos últimos se entiende a quienes hacen del saqueo de yacimientos una fuente de ingresos habitual u ocasional, parece claro que su conducta entra dentro de las tipificadas en el Código penal, a pesar de los múltiples defectos que presenta en esta materia. La represión de tales comportamientos es competencia de los cuerpos de seguridad del Estado y, en su caso, se abrirán procedimientos judiciales para dirimir las pertinentes responsabilidades. Esos no son los expedientes que instruye de forma habitual la Administración cultural. Su potestad sancionadora actúa frente a ciudadanos que han cometido una infracción administrativa, la cual puede ser poco grave en comparación con las anteriores, pero no por eso han de tolerarse pues producen un daño irreparable.

Denudar un yacimiento de sus objetos metálicos, aunque estén ubicados en su estrato superficial, supone una pérdida de su potencial informativo. Amén de ello, debe considerarse que, también, estamos ante la apropiación de unos bienes de dominio público, consideración otorgada por el artículo 44 LPHE justamente para ofrecerles un manto cobertor a todos ellos. La legislación prevé esta protección, debido a la facilidad de acceso que se tiene a ellos y a su alto grado de vulnerabilidad, como ha explicado con acierto J. Barcelona Llop (2000).

Es evidente que aún resta mucho por hacer en todos los órdenes. Sin embargo, me resulta imposible no advertir lo que se ha avanzado. También que la demanda social preponderante va por esos derroteros: exigir de los poderes públicos mayor compromiso en la salvaguarda y tutela de estos bienes, para que no se trueque un beneficio colectivo en el de unos pocos. Por eso, he manifestado mi desacuerdo con el espíritu pesimista que ha impregnado algunas de las propuestas que, de forma reiterada, viene sosteniendo A. Roma Valdés (1998, 1999, 2001 y 2002) en su, por otra parte, documentada e inteligente visión del fenómeno del expolio arqueológico.

Considero muy discutibles los fundamentos que establece para justificar el porqué de la deficiente aplicación de la legislación administrativa en esta materia. En su opinión, tres son las causas de ello:

la convivencia de dos regímenes jurídicos, uno previo a la LPHE y otro a partir de su aprobación, sobre la tenencia de objetos arqueológicos; el escaso monto de dinero que da el Estado en concepto de premio a los eventuales halladores de objetos arqueológicos; la amplitud del territorio español que dificulta, si no imposibilita, la custodia de los yacimientos. La contestación a estas pegas la hice en la cita antes referida (Rodríguez Temiño 2004b: 330 s.) y aparece diseminada en esta obra al hablar de otras cuestiones, por lo que no parece oportuno volverla a repetir ahora.

Más me interesa comentar ahora que entre las propuestas contenidas en el catálogo de posibles soluciones expuestas por este autor (Roma Valdés 2002), se encontraba permitir la rebusca en yacimientos de «menor importancia», reservándose la protección para aquellos de los que se predicase un interés científico relevante. La difusión de ideas como esta no solo dificulta la tarea administrativa, sino que socava un principio básico en la conservación del patrimonio arqueológico: los yacimientos arqueológicos son por su propia naturaleza expresiones únicas e irrepetibles de la actividad humana. No existen dos yacimientos que contengan la misma información, aunque pertenezcan a un mismo periodo cultural y estén situados en lugares próximos entre sí. Bien es verdad que hay yacimientos profundamente alterados por actuaciones posteriores, pero de ello no puede deducirse la ausencia de información arqueológica. De hecho, como he expresado en el primer capítulo de esta obra, la arqueología está refinando sus sistemas de registro para poder extraer de forma científicamente fiable los datos de los que sean aún portadores.

Además no acierto a comprender el beneficio obtenido por entregar a la masacre y a la destrucción impune yacimientos arqueológicos, puesto que quienes hacen negocio con el expolio no se limitarán de forma exclusiva a ellos; tampoco los usuarios habituales de detectores de metales. ¿Qué ocurrirá cuando consideren que ya están esquilmados y no entregan algo que compense varias horas de búsqueda? ¿Será preciso volver a desproteger otros miles hasta quedarse solo con los declarados de interés cultural? Por mi parte veo preferible desincentivar este minoritario y potencialmente nocivo pasatiempo explicando el daño que comporta al interés colectivo y, en su caso, aplicando el reproche legal que tienen tales conductas que enfrentarme a continuas negociaciones sobre qué es arqueológico o por qué tal, o cual yacimiento es relevante para la investigación histórica.

Si se traen ahora a colación estos episodios, que tras las críticas suscitadas, no solo entre responsables administrativos, de la

10. Expolio arqueológico y sociedad

Fiscalía del Tribunal Superior de Justicia de Andalucía[211] y técnicos de la Administración (Rodríguez Temiño 2004b: 330 ss.), no han vuelto a repetirse en sucesivos informes del DPA y, por otra parte, han sido matizadas en posteriores obras de Roma Valdés (2008), es por contrarrestar su efecto deslegitimador de la actuación administrativa legal y, en todo caso, sometida al control judicial.

En este epígrafe he puesto especial atención en aquellos casos en los que, por los motivos que sean, la opinión de profesionales se ha significado por amparar de alguna forma conductas expoliadoras, o bien cuestionar actuaciones administrativas, pero no son la norma. Aunque haya poca literatura de arqueólogos sobre el expolio, en su inmensa mayoría los contenidos muestran un claro compromiso con su erradicación. Por supuesto, con mucha más razón debe afirmarse lo mismo de las publicaciones salidas de las plumas de penalistas, ya sean fiscales (entre los que sin duda incluyo a A. Roma Valdés) ya profesores universitarios, como veremos en su momento. Estos profesionales tienen una posición privilegiada en la formación de la opinión pública. Sus alegatos no arrojan ninguna duda sobre su posicionamiento firme para combatir esta lacra, no solo en publicaciones de alcance más restringido, como la inmensa mayoría de las citadas en este capítulo, sino también en aquellas dirigidas al público estudiante (Querol y Martínez 1996: 247-265 y Querol Fernández 2010: 113-133), cuyo radio de expansión es mucho mayor. Pero también por la participación en debates públicos sobre el expolio, muy especialmente a través de internet en la denominada *blogosfera* y foros internáuticos, y, quizás aún con mayor impacto, por lo que reflejan los medios de comunicación sobre su actuación diaria contra él.

---

211 Según me contó uno de los técnicos que trabajan en el DPA, autor justamente de esta parte del *Informe*.

CAPÍTULO 11
Sensibilizando y educando a la sociedad sobre el expolio

Que la protección del patrimonio arqueológico no incumbe de manera exclusiva a las administraciones públicas sino que nos concierne a todos, es una llamada a la responsabilidad colectiva que ya resulta tópica, de tantas veces repetida. Tampoco ha escapado del tópico la advertencia de que las primeras atenderán mejor a esa obligación legal si existe una demanda en ese sentido de la ciudadanía. Sin embargo, a pesar del acuerdo general en torno a estos lugares comunes, constatamos a diario que son más un desiderátum que una práctica social corriente. La falta de este activismo social debe buscarse en una previa ausencia de sensibilización social sobre la pérdida colectiva que entraña el expolio, en su sentido más amplio.

En efecto, la sociedad española, en mayor medida que otras de nuestro entorno económico, carece de la estructuración suficiente para que las iniciativas civiles dirigidas a exigir de las administraciones acciones protectoras del legado cultural broten más a menudo. Esta ausencia muestra el mencionado déficit de sensibilidad hacia los valores sociales predicables del patrimonio arqueológico y, sin colmar esa laguna, es difícil reaccionar ante las amenazas que se ciernen sobre él.

Cambiar esta situación requiere activar, ampliar e incluso repensar los mecanismos empleados para la difusión del patrimonio histórico, en su sentido más abarcador. Debe tenerse presente que difundir el patrimonio histórico es una labor mediadora entre este y la sociedad cuya finalidad es facilitar su disfrute (Martín 1993). También forma parte de esta labor mediadora hacer llegar al resto de la sociedad aquellos valores inherentes al patrimonio arqueológico de forma que incentive la participación o, cuanto menos, la exigencia de responsabilidades a las administraciones públicas encargadas de su custodia. Tarea que no compete exclusivamente a la arqueología profesional, pero cuya participación resulta necesaria para alcanzar los efectos deseados[212].

---
212 En uno de los primeros trabajos sobre los medios de comunicación y el patrimonio histórico en España, se alertaba de la necesidad de su intervención para extender la conciencia de que su protección fuese una tarea común y también se reclamaba su mediación para hacer llegar, a un amplio espectro social, su propia existencia y las posibilidades de fruición social que comporta (Carreño 1983).

Son muchos los cauces a través de los cuales puede ponerse en contacto el patrimonio arqueológico, en este caso, y el público destinatario de esa mediación y cada uno de ellos mantiene su propia especificidad. Aquí vamos a tratar sobre todo de los medios de comunicación social. La razón me resulta bastante obvia.

Los medios de comunicación son la principal fuente de información para saber qué acontece, jugando un papel decisivo en la construcción social de la realidad; también para el caso del patrimonio arqueológico. Por tanto, su intervención es decisiva en el fomento de actitudes positivas hacia su protección. No es mi intención endosar a los medios de comunicación el papel de adoctrinadores sobre un tipo de comportamiento social concreto, aunque ese rol tampoco les sea ajeno en la práctica. Me conformaría con que ofreciesen elementos de juicio suficientes para que cada cual adoptase la postura que considere más conveniente, con respecto a la pérdida de patrimonio arqueológico. En cualquier caso, nada de lo transmitido por los medios resultará baladí para la formación de ese criterio.

La arqueología ha sido, casi desde sus orígenes, una inagotable fuente de noticias para los medios de comunicación de masas. La irrupción de estos canales de difusión coincide con el final de una época de la arqueología, dominada por el anticuarismo, que dio paso al desarrollo de los primeros protocolos científicos (Kulik 2007: 114). Desde entonces hasta la actualidad, los medios de comunicación han mantenido su hegemonía como los instrumentos predilectos por el público para estar informados del pasado (Pokotylo y Guppy 1993: 405 y Ramos y Duganne 2000).

Este fenómeno se ha generalizado como efecto de la globalización y del papel central en el flujo informativo jugado por las agencias de noticias. Sin embargo, en cada país esta relación presenta peculiaridades concretas en razón del medio protagonista. Así, en el Reino Unido, televisión y arqueología han formado una pareja bastante estable, cuyo elemento más significativo ha sido la variedad de programas dedicados a ella o al pasado, emitidos por las cadenas públicas o privadas. En EE UU, tanto prensa escrita como televisión han jugado un importante papel en la difusión de la arqueología, pero el formato habitual ha sido el reportaje, creándose revistas y cadenas específicamente dedicadas a ellos, como *National Geographic* o *Discovery*, por citar dos de las más conocidas, cuya difusión hace ya muchos años que es planetaria. En España, aunque han existido reportajes televisivos de elaboración propia, normalmente dentro de programas informativos, y contamos con revistas de divulgación sobre arqueología o, en sentido más general, sobre historia, el mayor canal de difusión ha sido la prensa diaria, a través de noticias y de reportajes.

11. Sensibilizando y educando a la sociedad sobre el expolio

La imagen de la tutela del patrimonio arqueológico, ofrecida a través de los medios de comunicación, ha sido una de las áreas en las que he venido trabajando en los últimos años (Rodríguez Temiño 2004: 335-351 y 2007). En la última aparecida, por petición expresa de los editores de la publicación, me planteaba la banalización en que puede incurrir el tratamiento dado por la prensa escrita sobre los avatares por los que atraviesa la arqueología urbana, pero ahora quisiera ampliar esas reflexiones al hablar de la cuestión del expolio del patrimonio arqueológico.

Debo aclarar que las relaciones entre arqueología, patrimonio arqueológico y los *media* han sido objeto de análisis mucho antes de que yo me fijase en ellas[213]. Como siempre los más interesados hemos sido arqueólogos y gestores culturales, a quienes parece apretarnos el zapato. Los profesionales del periodismo suelen opinar sobre este particular en mesas redondas a las que asisten como invitados *ad hoc*, pero su interés por esta materia no pasa de ahí.

En este repaso de los precedentes, resulta obligada la referencia a Gonzalo Ruiz Zapatero, quien ha trabajado -solo o con otros autores- sobre la manera en que se ha transmitido la arqueología, fundamentalmente en revistas de divulgación especializadas (Pereira y Ruiz Zapatero 1992; Ruiz Zapatero 1996a y 1996b). Senda seguida asimismo por otra autora (Mansilla Castaño 2007), aunque juntos también hayan indagado sobre base cuantitativa alguna cabecera de prensa diaria (Ruiz Zapatero y Mansilla Castaño 1999). Las noticias en televisión sobre arqueología y patrimonio arqueológico han sido objeto de otros comentarios (Lavín, Yáñez y Laín 1996), que en este caso tuvieron respuesta del periodista responsable de los informativos de la televisión autonómica andaluza, Canal Sur (Manfredi 1997).

Jaime Almansa Sánchez (2006) expone los resultados del análisis cualitativo del tratamiento de una misma noticia, concretamente el hallazgo del denominado *homo florensiensis*, especie extinguida del género *homo* caracterizada por su baja estatura en comparación con los *sapiens*, en diversos medios de prensa escrita. Como era de esperar, constata el enorme parecido en el tratamiento dado a esta noticia por todas las cabeceras, debido a que beben de las mismas fuentes: las revistas de divulgación científica. Lo cual conlleva como factor positivo que, en todos los casos, el fondo de la cuestión haya sido abordado en términos científicamente aceptables. En su opinión, quizás la principal nota distintiva fuese la incertidumbre trasladada a los lectores por algunos especialistas que participaron en el debate.

---

213 Como ya comenté en otra ocasión (Rodríguez Temiño 2007: 166), arqueología y patrimonio arqueológico no son términos sinónimos. El segundo denota la conversión en conceptos jurídicos de las entidades objeto de estudio de la primera.

Este breve elenco de autores se completa con dos publicaciones monográficas. La primera fue promovida por la Generalitat valenciana en 1997 (*Jornadas sobre Patrimonio y medios de comunicación* 1998), a instancias de Unesco. La monografía refleja la transcripción de los diálogos de las diferentes mesas redondas de las que se compuso las Jornadas sobre patrimonio y medios de comunicación. La segunda fue iniciativa del IAPH. Esta institución editó un número específico de la serie *PH. Cuadernos* en 2007, donde se recogen los trabajos solicitados por los responsables de la edición.

El monto de trabajos resulta pues bastante corto. Quizás por ello no pueda reprocharse que el expolio del patrimonio arqueológico haya pasado prácticamente desapercibido en estos estudios, a pesar de ser un hecho noticioso cada vez más presente en los medios de comunicación.

Al haber sido mayoritariamente arqueólogos y gestores culturales quienes nos hemos interesado por estas cuestiones, se ha afianzado una sola visión de la relación entre arqueología y patrimonio arqueológico, de un lado, y medios de comunicación, de otro. Esta imagen se compone de la queja por la escasa atención prestada y el reproche, e incluso indignación, por la banalidad de conceptos e ideas transmitidos. Como señala M. Edelmann, periodista del diario francés *Le Monde*, en las Jornadas sobre Patrimonio y medios de comunicación (Valencia 1997) incidía en este factor,

> «...tenemos una profesión desgraciada y digna, los profesionales del Patrimonio, frente a una profesión que sería insultante, incompetente e indigna [los periodistas]» (*Jornadas sobre Patrimonio y medios de comunicación* 1998: 155).

Frente a la esterilidad de la mera queja, proponía ahondar sobre qué estrategias podrían elaborarse, de manera conjunta, para hacer llegar al público la noción de patrimonio histórico y una parte, al menos, de su complejidad. Faltaría una reflexión sobre la naturaleza de esta relación que definiese público y objetivos.

Creo que esta advertencia es totalmente cierta y que es una asignatura pendiente que habremos de elaborar conjuntamente; pero el objetivo de este capítulo es bastante más modesto. Me interesa la comunicación que surge cuando determinadas acciones sobre el patrimonio arqueológico, o ciertas visiones de la arqueología, se convierten en un acontecimiento noticioso; es decir, cuando entran en los canales de difusión formados por los medios de comunicación de masas. Me contento con llamar la atención sobre la importancia capital de la relación entre medios de difusión de masas y la percepción social del expolio.

11.1. Los *mass media* y la comunicación científica

La comunicación social de la arqueología y el patrimonio arqueológico a través de los *media* no deja de ser una modalidad más de comunicación científica, pero manteniendo ciertas peculiaridades frente a ella. La principal viene referida al público. Para la comunicación científica, se trata de un concepto complejo compuesto por diversos grupos de interés, desde quienes deben tomar decisiones hasta el denominado público lego, aunque sus límites internos no estén claros (Burns, O'Connor y Stocklmayer 2003: 184). Los efectos buscados por esta acción comunicadora no son los mismos en todas las personas, dependen del grupo al que pertenezcan.

Para los medios de comunicación de masas, aunque tengan presente esta minoría interesada a la hora de elegir las noticias o programar reportajes, su naturaleza comercial obliga a pensar el público en términos de audiencias, sin tener en cuenta diferencia alguna entre interés o capital cultural (Rodrigo Alsina 1989: 54-80). Este punto de vista, en referencia a los medios de comunicación generalistas, lo expone con claridad J. Javaloyes, subdirector de la edición valenciana del diario *Abc*, en una de sus intervenciones en las Jornadas sobre Patrimonio y medios de comunicación, celebradas en Valencia en 1997

> «[h]ay que advertir como punto de partida que los medios de comunicación de masas, por propia definición, no son cauces de información especializada sino de información general (…). Hecha esta salvedad ha de señalarse que la política informativa sobre el Patrimonio, desde una perspectiva periodística, entiendo, debe orientarse tanto a cuidar el rigor del mensaje dirigido a las minorías apriorísticamente concernidas e interesadas en la materia, como a la claridad de los mensajes emitidos para que estos resulten accesibles a un número lo más amplio posible de lectores, radioyentes y telespectadores» (Jornadas sobre Patrimonio y medios de comunicación 1998: 52).

Un tercer factor ayuda a perfilar el concepto de público receptor de la mediación cultural aplicable tanto al patrimonio arqueológico como al cultural en general: el capital escolar. P. Bourdieu (1998) definió a los consumidores de productos culturales como una clase sociológica caracterizada por contar con un capital escolar y aspiraciones suficientes como para que ese interés por la cultura (por ejemplo, la visita a museos o yacimientos arqueológicos) le sirva como enclasante social, al establecer una diferencia con el resto.

Este elitismo social encaja mal con el sentido generalista de público usado por los medios de comunicación, de manera que *a priori* no toda la población destinataria de los *media* está interesada en el consumo de productos culturales. En un estadio de la relación entre las preferencias lectoras de periódicos y las visitas a yacimientos arqueológicos, Ucko (1990: xix ss.) detalla que los lectores de *The Independent* o de *The Times* multiplican por seis o por cuatro (respectivamente) las visitas a yacimientos arqueológicos en comparación con los de *The Sun*, el famoso tabloide sensacionalista.

Ante un panorama tan fragmentario, quizás la principal (y casi única) finalidad de la comunicación para todos los públicos, cualesquiera que sean, podría resumirse como el interés en que la acción comunicativa generase cierto tipo de sensibilización social hacia la arqueología y el patrimonio arqueológico.

Sin embargo, si profundizamos algo más, encontramos que el término sensibilización resulta cuanto menos bastante laxo y, por ello, convendría precisar algo más: lo idóneo, como se ha explicado para la comunicación científica (Burns, O'Connor y Stocklmayer 2003: 191), sería generar predisposiciones favorables en la sociedad en general -aunque en realidad estemos hablando de determinados grupos sociales- que incluyesen, al menos, una o varias de estas actitudes: conciencia, disfrute e interés por la existencia de la arqueología y el patrimonio arqueológico, así como la recopilación de información suficiente para su comprensión y la formación de opiniones documentadas sobre ella.

Con este bagaje social se estaría en condiciones de hablar de una opinión pública formada, tomando esta locución en el sentido dado por J. Habermas (1981) de esfera de lo público, o ámbito de la sociedad civil desde donde controlar la acción de los poderes públicos. Sin embargo, aun respondiendo este grado de implicación pública en la vida social a un desiderátum para muchos, poco o nada se hace para alcanzarlo; antes bien, las principales directrices de los *media* van en sentido contrario. La finalidad de la actividad comunicadora de los medios, en relación con el patrimonio histórico, es una cuestión debatida, pero como he dicho antes carece de una reflexión conjunta que plantee soluciones concretas.

El tema no es en modo alguno baladí. Hay acuerdo en que si bien los medios carecen de capacidad para influir sobre qué debe opinarse respecto de una noticia determinada, sí la tienen para sentar la agenda sobre los temas de actualidad. Quedar fuera del interés de los medios significa verse preterido de los debates sociales. En este sentido, los medios de comunicación contribuyen a la construcción de la realidad social, conformando lo que conocemos y dimensionamos

11. Sensibilizando y educando a la sociedad sobre el expolio

como la actualidad (Rodrigo Alsina 1989: 55-70). Tampoco se discuten sus efectos: el escaso interés sobre las noticias referidas al patrimonio arqueológico mostrado por los medios de comunicación, reprochado de manera habitual por los profesionales del patrimonio, tiene la virtualidad de invisibilizarlo ante la sociedad.

En apariencia se trata del enfrentamiento de dos lógicas distintas: la comercial de las empresas y corporaciones propietarias de los medios, por un lado, y los deseos de quienes esperan de ellos una labor educativa. La primera prioriza aquellos temas de actualidad que supuestamente presentan mayor demanda social[214]. La ecuación resultante se formularía en los siguientes términos: ante la inexistencia de un nivel cultural suficiente en el grueso del cuerpo social interesado por este tipo de cuestiones, la respuesta sería reducir su presencia a los acontecimientos extraordinarios. Sin embargo, ese argumento que, se supone sólido, deja muchos flecos en el aire.

Si tornamos la vista a otro ámbito, como por ejemplo la prensa deportiva, parece difícil creer en la existencia de una demanda no solo interesada en los acontecimientos puramente deportivos, sino en toda una maraña de noticias y opiniones que tienen poco que ver con esos eventos, aunque ocupen mucho mayor espacio en las secciones dedicadas a ellos[215]. Personalmente pienso que, en efecto, los medios tienen la capacidad de sentar la agenda de los temas de actualidad, sin necesidad de atender a los gustos y preferencias del público. Efecto que deviene avasallador con el tiempo y la intensidad, hasta el punto de que resulta difícil, tras años de insistencia, distinguir qué fue primero si la oferta o la demanda.

Pongamos un ejemplo de moda: la salud. El papel jugado con notable éxito por los medios de comunicación sobre la salud pública, concretamente con el caso de los fumadores pasivos, ha sido decisivo para el cambio de actitudes. Durante las décadas de los ochenta y noventa, la prensa no solo tradujo a un lenguaje llano los estudios científicos sobre las relaciones entre el cáncer y el humo del tabaco ambiental inhalado por personas no fumadoras, sino que también apuntó a las compañías tabaqueras como responsables subsidiarias de esa situación, señalando el camino de la acción pública para la exigencia de indemnizaciones por este motivo (Malone, Boyd y Bero 2000). Esta acción fue un empeño de los propios medios que, en modo alguno,

---

[214] Ver la intervención de Javaloyes en *Jornadas sobre Patrimonio y medios de comunicación* 1998: 61 ss.

[215] Sobre todo si, como aseguran quienes consumen este tipo de prensa especializada, hay un dominio casi exclusivo de noticias referidas a un solo deporte, el fútbol, y a dos únicos equipos, el Real Madrid CF, principalmente, y el FC Barcelona, en menor medida.

respondía a una demanda social mayoritaria; antes bien, esta campaña se caracterizó por su lentitud y constancia pues partía de un rechazo social a las limitaciones de fumar en lugares públicos.

Por supuesto han existido campañas mediáticas para sensibilizar a la opinión pública sobre algún aspecto patrimonial concreto, pero suelen ser cortas y esporádicas. Terminan una vez conseguido su objetivo, aunque sea de forma nominal; o bien, cuando resulta evidente que no lo conseguirán. No existe una labor de continuidad una vez agotado el hecho noticioso, por lo cual es imposible conseguir logros destacables en la alfabetización científica o sobre la problemática del patrimonio arqueológico.

Pero no se trata solo de una cuestión de intensidad y duración. No resulta indiferente a la consecución del objetivo general de sensibilización un factor ya advertido por la teoría de la comunicación científica: la biunivocidad del proceso comunicativo.

Los efectos de la comunicación no solo dependen de los contenidos, sino también de la forma en que se produce la relación entre emisores y receptores. La teoría tradicional utilizaba la metáfora de las dos esferas unidas por una línea que procedía de la emisora (comunidad científica) y terminaba en la receptora (el público). Sin embargo, las nuevas perspectivas de la comunicación científica hacen especial hincapié en necesidad de que la conexión entre ambas esferas sea biunívoca, que también haya comunicación entre receptores y emisores, que el proceso esté abierto a la participación (Burns, O'Connor y Stocklmayer 2003: 195 s.). Otro tanto viene demandándose desde los medios de comunicación (Sanjuán Ballano 2007), cuyos canales para dar entrada a las opiniones del público se han multiplicado por ene en las versiones digitales, donde existen muchas menos constricciones de espacio.

Estas constataciones apuntalan la conveniencia de situar entre el público receptor y la comunidad científica la labor mediadora de los profesionales de la información. Pero no toda intermediación sirve a objetivos de sensibilización social deseables.

11.2. La desfasada imagen de la arqueología en prensa y televisión

La imagen de la arqueología en los medios de comunicación se caracteriza por cumplir con unos clichés desfasados, alejados de la realidad teórica y práctica de la disciplina. Entre ellos sigue inusitadamente vigente el del tesoro oculto y el valor económico de

11. Sensibilizando y educando a la sociedad sobre el expolio

lo hallado. La idea de que algo pueda ser viejo, interesante y merezca la pena no se acepta con facilidad (Ascherson 2004: 146). Esta visión transmitida resulta muy preocupante porque incita a la identificación de la disciplina con los objetos valiosos en sí, y no con los procedimientos para extraer de todo tipo de vestigios la información histórica de la que son portadores. Esta proyección arqueográfica de la disciplina sirve de coartada indirecta a muchos expolios.

El principal problema radica en que estos clichés sobre la arqueología están enraizados en los propios orígenes de su relación con los medios de comunicación. Cuando la arqueología salió de los reducidos y selectos grupos de anticuarios, ampliándose su difusión a otros sectores sociales, utilizó como uno de los principales vehículos las revistas ilustradas, cuya aparición a mediados del siglo XIX satisfacía la curiosidad de amplias capas de clase media recientemente alfabetizada. Solo cuatro años después de su aparición en 1896, el *Daily Mail* ponía en circulación un millón de ejemplares.

No resulta necesario insistir en que las noticias estrella eran los nuevos descubrimientos. Incluso hubo revistas que financiaron expediciones arqueológicas, con tal de abastecer de novedades a sus lectores. La primera mitad del siglo XX no registró cambio alguno; antes bien, espectaculares hallazgos, como el de la tumba de Tutankamón en 1922, sirvieron para consolidar esta visión (Kulik 2007: 114-120).

Las revistas especializadas, como *National Geographic*, abundaron en esta misma imagen de la arqueología. Durante la larga etapa en que J. O. LaGorce fue su editor, tras la palabra arqueología se escondía el dramatizado proceso de exploración y descubrimiento de tesoros. El conocimiento arqueológico no solo validaba la exploración de territorios exóticos, con su correlato de exploraciones y búsquedas, sino también el derecho de uso del primero que llegase y descubriese yacimientos y sus tesoros escondidos. Tesoros en los que debían coincidir excepcionales valores científicos y económicos (Gero y Root 1990: 26).

Como sintetiza K. Kulik,

> «[t]his age [1920-1950s] was therefore crucial in the history of archaeological communication for its high level of public and media interest in the subject, an interest that for the first time transcended class and educational boundaries» (Kulik 2007: 118).

Esta imagen proyectada de la arqueología no era inocente, retroalimentaba positivamente la idea de progreso occidental, frente al subdesarrollo del resto del orbe. También remaba a favor de la principal consecuencia de este liderazgo: la explotación de las riquezas de los demás países para beneficio del occidente civilizado e industrial. La arqueología solo era un apéndice de este proceso colonizador (Gero y Root 1990: 19 ss.).

Durante la segunda mitad del siglo XX, el panorama de los medios de comunicación cambió por la irrupción de la televisión, que pronto acaparó las preferencias del público. Sin embargo, el cliché sobre la arqueología permaneció inalterado.

La arqueología en televisión ha mantenido diversos formatos, según el país del que se trate. En este sentido, el Reino Unido goza de una experiencia rica y sin parangón en los países occidentales. Los datos extraídos de los comentarios de C. Holtorf (2007) hablan por sí solos. Entre 2001 y 2002 la saga de Indiana Jones en la televisión británica fue seguida por 10 millones de personas. En 2001, solo los cinco canales de televisión terrestre, emitieron juntos 31 series y 19 documentales de contenido arqueológico. Entre 1998 y 2002 entraron por las antenas de los hogares 651 documentales entre la BBC1, BBC2, Canal 4 e ITV. El más popular de los cuales obtuvo una audiencia de 5 millones de telespectadores. La serie documental *Time Team*, producida por Channel 4 desde 1993, revolucionó el retrato de los arqueólogos en los medios británicos. Este popular programa ocupó en 2003 entre el 15 y el 20% de *share*. Estas cifras son realmente sorprendentes si se comparan con las de otros programas que intentaron explotar formas más atrevidas de captar la atención del público. Por ejemplo, el programa *Big Brother* del Channel 4, que proponía escenas de sexo en directo, obtuvo solo un 15% del *share*.

La abundante programación arqueológica existente en el Reino Unido puede considerarse como un estadio, en la difusión pública de la disciplina, al que se ha llegado tras una larga carrera que ha durado varios decenios. El formato actual de programas ya nada tiene que ver con los *quid shows* predominantes en los cincuenta, como el famoso *Animal, Vegetal, Mineral?* (Pitt [ed.] 2010), que catapultó la popularidad de M. Wheeler y G. Daniel. Ambos reconocidos arqueólogos recibieron sendos premios al personaje televisivo del año.

La valoración sobre el impacto de estos programas es variable. Si el retrato de la investigación arqueológica, excesivamente simplificado en estos espacios televisivos ha concentrado buena parte de las críticas (Cleere 2000: 91); para otros, tras un principio marcado por muestras de inseguridad y una atención excesiva en lo local (referido sobre todo a *Time Team*), sus responsables han sabido ofrecer al público un mensaje impagable: el propio discurso arqueológico es el tesoro más valioso de la arqueología (Fowler 2007: 91).

11. Sensibilizando y educando a la sociedad sobre el expolio

Como dicen Brittain y Clack (2007: 18), en cierta medida, el formato de estos programas y de su difusión es producto de su tiempo. La popularidad de la búsqueda de tesoros y de las narrativas del pasado, a menudo etiquetadas como alternativas, son empaquetadas dentro de programas de fácil consumo. Proliferación de imágenes, ausencia de información sobre investigaciones previas, y entretenimiento a raudales, contrastan con la seriedad y el rigor de la investigación arqueológica.

> «'[A]lternative' and serious archaeology subsequently have become perceived as two separate cultures competing for the same audience» (Brittain y Clack 2007: 19).

En tiempos recientes, tras experimentos de todo tipo, el programa *Time Team* de Channel 4[216] ha conseguido más éxito que ningún otro de su tipo. Este espacio, presentado por un periodista no arqueólogo, resumía en sesenta minutos tres días de excavación dedicados a la resolución de alguna problemática de carácter local; todo delante de las cámaras. Su equipo lo formaban tres arqueólogos de apariencia peculiar, que han devenido en auténticos iconos de la arqueología profesional (Holtorf 2007: 76 s.). Su clamoroso seguimiento de público animó a otras cadenas a realizar programas de formato parecido. *Hidden Treasure* fue la respuesta de BBC2[217]. En este caso, aprovechando la notoriedad de los hallazgos acaecidos por el uso de detectores de metales, se realizaban excavaciones en esos lugares. El programa tenía el aval científico del British Museum, todo lo cual no le ha privado de ser un rotundo fracaso, de seguimiento de público y para la arqueología.

Posiblemente su intención fuese compaginar la arqueología seria y la alternativa, de manera que se combinasen los intereses de sus respectivas audiencias. Se quería racionalizar, en último extremo, creencias erróneas y convirtiéndolas en prácticas responsables. Sin embargo, no funcionó esta mezcla. Descrito como absurdamente irresponsable, su formato partía de recientes hallazgos realizados por detectoristas. También se solían hacer pequeñas catas, normalmente trincheras en el lugar del hallazgo, en un intento de contextualizarlo, banalizando la investigación. Pero el principal objeto de crítica fue, sin duda, el énfasis sobre el valor económico de los objetos, socavando la labor de los *liason officers* y, posiblemente, del propio PAS (Brittain y Clack 2007: 19s.).

---

216 http://www.channel4.com/history/microsites/T/timetime/
(visitado en febrero de 2011).

217 http://www.bbc.co.uk/history/ancient/archaeology/fact_files.shtml
(visitado en febrero de 2011).

Más rotundas, aún, son las críticas de P. Fowler (2007: 97). En su opinión, el programa era bastante impactante y, desde luego, una demostración –a pesar de estar respaldada por el British Museum– de que la arqueología científica y profesional ha tirado la toalla, permitiendo ser suplantada por personas llenas de buena voluntad pero absolutamente ignorantes de los mínimos rudimentos científicos. El daño no se habría hecho a la arqueología como tal, sino sobre todo al patrimonio arqueológico. Este autor, conocido detractor del PAS, no desperdicia esta oportunidad para encontrar en la propia médula de la connivencia con el detectorismo, la raíz del problema de *Hidden Treasure*. Este programa no enseña nada nuevo sobre el detectorismo, sino que lo muestra tal y como es: la zafia búsqueda de tesoros pertenecientes a un patrimonio común. Lo peor de este tipo de programas es, a su juicio, el apoyo dado por los conservadores de museos a estos nuevos hallazgos que se sitúan por delante, en cuestiones de conservación, de otros cientos de miles de objetos que aguardan pacientemente en los fondos museísticos. En lugar de condenar esta burda apreciación de la arqueología, se anima a los televidentes a practicarla.

> «Furthermore, in a world of supposedly limited resources for archaeology, where we are in effect charging developers for archaeological mitigation of their proposals, public archaeologists are having a drop everything on a Saturday and mount an emergency salvage excavation on the Sunday morning, cost-free to the treasure-hunter (...) I despise treasure hunting for antiquities because it denies all that I believe to be good about archaeology and those who practice it properly. And yes, I do know the politically correct answer to my questions, including the mantra that archaeologists have to grow to love and lie down with treasure hunters in making the Portable Antiquities scheme work» (Fowler 2007: 98).

Fowler lamenta que en la arqueología británica no haya habido un David Attenborough. Mientras que la arqueología ha perdido buena parte de su tiempo de emisión televisiva sin llegar a sensibilizar al público sobre el entorno histórico en el que vivimos, el medio ambiente sí lo ha hecho. Y aunque se haya reprochado a este famoso presentador su escasa sensibilidad sobre las amenazas que se cernían sobre la naturaleza (de hecho hasta 2006 no habló nunca del cambio climático), el acercamiento hacia el entorno natural hecho por él ha permitido dar ese paso con posterioridad. Por el contrario la imagen ofrecida por la arqueología ha estado centrada exclusivamente en su faceta como excavadores, en los hallazgos.

11. Sensibilizando y educando a la sociedad sobre el expolio

«On television, archaeologists dig, full stop» (Fowler 2007: 94)

En definitiva, la cuestión no reside en si hay o no buenos programas de arqueología en la televisión; más allá de eso, lo realmente importante es cómo mantener la arqueología como una actividad científica capaz de dar respuestas a la sociedad sobre los problemas que le atañen. Las soluciones no deben buscarse en la propia televisión. Fowler (2007: 99) dedica una amplia parte de este trabajo sobre la comunicación a la educación infantil como recurso imprescindible e irrenunciable de la arqueología. La arqueología en los medios aparece trivializada, como la mera búsqueda de tesoros, por eso son los medios educativos, museos, asignaturas en los currículos escolares, visitas a yacimientos y demás instrumentos, los que deberían otorgar una visión socialmente útil de la investigación arqueológica y, por tanto, sensibilizar sobre la pérdida que supone el expolio.

11.3. El expolio como noticia

Convendría iniciar este apartado haciendo referencia a un elemento fundamental en el proceso comunicativo, la construcción de la noticia. No es este el lugar para intentar siquiera una breve síntesis de la teoría comunicacional en torno a este punto fundamental, solo me interesan traer a colación uno de sus rasgos característicos. De acuerdo con lo expuesto por M. Rodrigo Alsina (1989: 91-108), para que algo sea considerado un acontecimiento debe poseer varias características: notoriedad, finitud e imprevisión. Ahora interesa destacar solo la primera. El acontecimiento debe ser un hecho insólito, una variación de la normalidad que llegue a los medios de comunicación. Se considera que lo habitual y rutinario carece de sitio entre las noticias. Semejante aserto contesta a por qué la inmensa mayoría de las informaciones que encontramos en la prensa, referidas al patrimonio histórico, versan sobre lo excepcional y poco frecuente, pretiriendo la práctica habitual[218].

Este efecto, además, se ha visto aumentado en estos últimos tiempos por el fenómeno de la espectacularización de la vida pública, hasta el punto que Rodrigo Alsina (1989: 101) se pregunta, de manera retórica, si sigue siendo necesario encontrar sucesos extraordinarios, para redactar noticias, o sobra con presentaciones extraordinarias de sucesos normales.

---
218 En las Jornadas sobre Patrimonio y medios de comunicación (Valencia 1997), se dedicó una mesa redonda a las empresas informativas y al patrimonio como hecho noticioso, en sus páginas abundan reproches de ese tenor (por ejemplo, *Jornadas sobre Patrimonio y medios de comunicación* 1998: 147 ss.).

El expolio arqueológico por lo que tiene de vulneración del orden social, de alteración de la legalidad y de desprecio inicuo de unos bienes merecedores de mayor consideración, suele saltar a los medios de comunicación en forma de noticias o reportajes elaborados a partir de ellas. Cumple, en ese sentido, con la condición de excepcionalidad aludida. Recientemente también se han visto arrastrados los hechos noticiosos sobre expolios por la corriente de espectacularización de los sucesos dominante en los medios de comunicación. En los apartados incluidos dentro de este epígrafe haré un análisis del tratamiento noticioso de los sucesos referidos al expolio arqueológico, destacando aquellos aspectos que me parecen de mayor relevancia.

En España, como en la mayoría de países de nuestro entorno, el medio que más eco se hace sobre expolios es la prensa escrita, sobre todo los periódicos locales o regionales; o bien, esas secciones dentro de cabeceras nacionales. Para que estas noticias tengan una cobertura a escala del Estado, reproduciéndose también en periódicos locales o regionales de áreas geográficas distantes a donde se ha producido el suceso, deben ser auténticos acontecimientos o, al menos, aparecer revestidos de este carácter. No obstante, el hecho de que un porcentaje altísimo de noticias provengan de los despachos de agencias centralizadas favorece su mayor difusión y, por tanto, las posibilidades de encontrar hueco en diarios no conectados territorialmente con los hechos.

Para estos análisis parto de una base de datos de noticias periodísticas recogidas por mí desde hace veinte años o más. Aunque la he completado en los últimos tiempos con búsquedas en las hemerotecas *on line* de las principales cabeceras españolas que mantienen este servicio, debo señalar que no se trata en modo alguno de una recogida sistemática de noticias o reportajes sobre expolio arqueológico. En total suman 1209 registros entre 1851 y marzo de 2012, pero este número resulta engañoso. No refleja otros tantos hechos, muchas de las entradas en la base de datos corresponden a una misma noticia tratada por distintos medios.

En relación con las hemerotecas digitales he intentado conseguir todas las noticias disponibles relacionadas con el tipo de expolio que interesa en esta obra. Por ejemplo, en el caso del diario *El País*, posiblemente el que ofrezca más facilidades para la consulta *on line*, el procedimiento ha sido como sigue. Las voces por las que he hecho las búsquedas han sido: «expolio», «arqueología», «arqueología subacuática», «Odyssey» y «detectores de metales». A partir de los resultados obtenidos en ellas, he cribado las noticias referidas al tipo de expolio de los que trata esta obra. Este procesamiento de datos no es exhaustivo, pero creo que en conjunto ofrece una cifra muy aproximada al total real.

Para hacer análisis cuantitativos solo he usado esta secuencia sacada de la hemeroteca de *El País*, de ahí que solo haya presentado uno. Del resto de las observaciones, sobre series más amplias de extracción menos sistematizada, resaltan aspectos cualitativos sobre la información ofrecida e, incluso, comparativas entre los tratamientos de una misma serie de noticias entre diversos medios.

11.3.1. El expolio arqueológico: un hecho cada vez más noticioso

Durante la mayor parte del siglo XX los medios de difusión generalista solo han prestado atención a la arqueología para dar cuenta de hallazgos espectaculares, normalmente fuera de nuestras fronteras. Dentro de ellas, aparecen de vez en cuando noticias relacionadas con ella, pero sin ser su motivación. La arqueología sirve como marco para dar a conocer otros acontecimientos, como la visita de un personaje ilustre a un yacimiento con excavaciones en curso.

Este fenómeno no es exclusivamente hispano, J. Czaplicki (2010: 21), analizando los reportajes de *Life* en los años cincuenta, concluye que en la revista la arqueología que tenía hueco eran las excavaciones, hallazgos o teorías sobre el origen humano, populares en esos años, pero no así la actualidad cotidiana de lo que sucedía en torno al patrimonio arqueológico. Durante los setenta, la cuestión cambia en la prensa diaria norteamericana. K. B. Wolynec (2010) ha repasado el *New York Times* de esos años, entre otras cabeceras de revistas. De esta indagación ha encontrado 913 registros relacionados con la arqueología, entre noticias, crónicas, obituarios, anuncios y cartas. De ellos 262 estaban focalizados sobre cuestiones de propiedad, expolio, contrabando, pillaje, importaciones, disputas intergubernamentales, tratados y leyes, o el uso de la arqueología para castigar gobiernos; todos ellos temas que no estaban en la agenda de la disciplina.

En España el ambiente de ebullición social de los setenta propició una atención especial sobre el expolio arqueológico y artístico. Estos hechos pasaron de ser meras noticias a convertirse en reclamaciones, por parte de sectores del público, para que los poderes públicos actuasen de manera decisiva. En un capítulo anterior ya se han dado ejemplos concretos de esta dinámica, que tuvo a los medios de comunicación como órgano de expresión privilegiado. A partir de entonces, las distintas formas de expolio arqueológico han mantenido su presencia en los medios, pero ha sido en los últimos años cuando se han multiplicado.

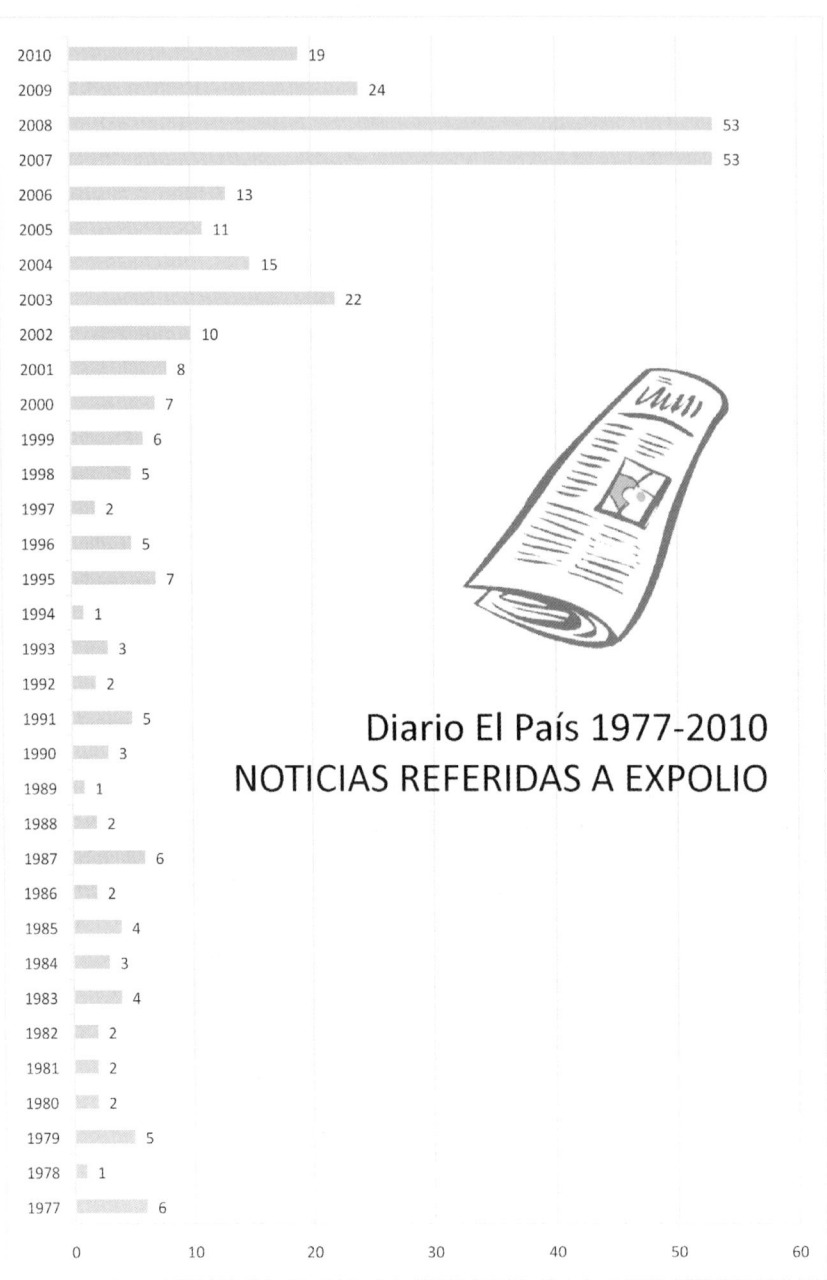

Figura 38. Estadística de noticias referidas al expolio arqueológico en el diario El País entre 1977 y 2010 (Elaboración del autor)

11. Sensibilizando y educando a la sociedad sobre el expolio 371

Siguiendo la serie ya explicada de noticias, crónicas, editoriales, cartas y reportajes aparecidos en el diario *El País*, tenemos un total de 355 noticias entre 1977 y diciembre de 2010[219]. Con ciertos altibajos, la secuencia se mantiene por debajo de la decena anual de registros desde 1977 hasta el año 1998, cuando comienza una escalada ascendente situada por encima de la decena de noticias, con un pico en 2003 y un valle dos años más tarde, pero ya sobre la decena. 2007 y 2008 elevan las entradas a 53, para pasar en 2009 y 2010 a números bastante más bajos, pero estancados sobre la veintena de noticias.

Para analizar con cierto detenimiento esta secuencia, amén de la incidencia de diversas circunstancias de carácter internacional, como las guerras de Irak y Afganistán, que han generado noticias sobre expolios y daños al patrimonio arqueológico, deben tenerse presente dos circunstancias, al menos. De un lado, la aparición de ediciones regionales de *El País* durante los años noventa, que multiplican el número de periódicos bajo esa misma cabecera. Pero, además, permiten un acercamiento a noticias de segundo orden en áreas que, con anterioridad, quedaban fuera del espacio disponible.

De otro lado, cabe advertir los efectos de la espectacularización de la vida pública protagonizada por las propias administraciones, fundamentalmente los cuerpos y fuerzas de seguridad del Estado, que son la fuente de información de una parte importante de las noticias referidas a expolios.

Si en los setenta, ochenta y noventa se compaginan noticias sobre expolios con artículos de opinión, editoriales, denuncias ciudadanas, crónicas o pequeños reportajes, sobre hechos aislados que buscan acaparar la opinión pública, a partir de la especialización de unidades de Policía Nacional y Guardia Civil en patrimonio histórico, esta tónica referida al expolio en los medios de comunicación cambiará. La sucesión de operaciones contra el expolio, en las que se incautan de cantidades ingentes de objetos arqueológicos, desde finales de la década de los noventa, domina este panorama, solo eclipsado con sagas de noticias, como las del «caso Odyssey», donde los cuerpos de seguridad del Estado no son las únicas ni principales fuentes de información.

Volviendo a la serie de *El País*, se observa que entre 1977 y 2000 se contabilizan solo ocho noticias cuya fuente es la Policía Nacional o la Guardia Civil (y dos de ellas pertenecen ya a operaciones llevadas a cabo por secciones especializadas de la Unidad Central Operativa

---

219 Fecha en la que estuve recopilando datos para la redacción, por vez primera, de este capítulo. Aunque esta obra se publique año y pico después, no he creído conveniente actualizarlo, ya que a los efectos cuantitativos, las conclusiones no cambian mucho por añadir un año más.

de policía judicial de la Guardia Civil), de un total de 79 referidas al expolio arqueológico. Sin embargo entre 2000 y 2010 son 36 las noticias que proceden de dichas fuentes, de un total de 314, dentro de las cuales hay que contar con las derivadas del «caso Odyssey», expolios en Irak y las de la cueva de Praileaitz en el País Vasco, que suponen un nutrido conjunto.

Pero no se trata solo de una cuestión cuantitativa, sino también cualitativa reflejada en los titulares. Hasta la *operación Tambora* era poco lo hecho por las fuerzas y cuerpos y fuerzas de seguridad del Estado en materia de expolio del patrimonio arqueológico, aunque ya en 1999 se había llevado a cabo la *operación Zeus*. El clima de virtual impunidad anterior había generado un mercado clandestino de piezas arqueológicas que abastecía colecciones privadas, como se ha comentado. Las magnitudes de piezas incautas por la policía y la Guardia Civil en las primeras intervenciones dejan atónitos a propios y extraños: 200.000 piezas fueron intervenidas en la *operación Tambora*, recuérdese que la noticia incluso saltó a los informativos de las principales cadenas de radio y televisión. Y ese será el *leit motiv* del titular, inspirado en el propio comunicado de prensa del instituto armado, con el que los diarios den la noticia[220]. La dramatización de los titulares con los que se publicaba la finalización de la investigación era predecible: «La mayor operación en España contra el expolio arqueológico concluye con 102 imputados» (*El País* de 18/07/2002); «Cae la mayor red de expoliadores arqueológicos de España» (*El Mundo* de 19/07/2002); «La colección ecijana de Marsal provoca la mayor operación antiexpolio en España» (*Abc* de 19/07/2002).

Desde entonces este tipo de noticias ha venido presidido por las cantidades de objetos intervenidos, el número de personas detenidas, la amplitud geográfica de la red, referencias a yacimientos conocidos o al número de ellos, todo adobado con adjetivos superlativos. «Hallan 4.000 piezas arqueológicas expoliadas, algunas de ellas en el yacimiento de Atapuerca» (*El Mundo* de 14/07/2002), «Retiran más de 3.500 piezas arqueológicas en el Cabildo» (*Diario de Sevilla* de 03/12/2003). Esta tónica alcanzará, de nuevo, cotas de vértigo con la *operación Tertis*. «Detenidas 52 personas en una gran operación contra el expolio de yacimientos arqueológicos» (*El Mundo* de 07/02/2007); «Más de 50 detenidos en la mayor operación contra la expoliación arqueológica» (*El País* de 07/02/2007); «Detenidas 52 personas en una operación contra la expoliación arqueológica» (*Diario de Sevilla* de 07/02/2007) y «Más de 50 detenidos en la mayor operación contra el expolio de yacimientos arqueológicos» (*Abc* de 07/02/2007). Sobre la *operación*

---
[220] Por ejemplo el diario *El País* de 10/02/2002 lo hacía del siguiente tenor: «Intervenidas 200.000 piezas de una colección arqueológica de Écija».

11. Sensibilizando y educando a la sociedad sobre el expolio

Pitufo, el diario *El País* de 12/04/2008 titulaba «La red de expoliadores saqueó 10.000 piezas y 12.000 monedas», como ejemplo de un sinfín de otras noticias de ese tenor reproducidas en otros medios. A estos debíamos añadir los impactantes titulares referidos al PASub, siempre mencionando tesoros y su exorbitante valor económico.

Todas las noticias aparecen revestidas de tintes espectaculares que, posiblemente, ofrezcan una idea más cercana al mérito de la fuerza actuante que a la magnitud del daño causado al fenómeno del expolio. Por otra parte, en más ocasiones de las deseables, el curso posterior de los procesos judiciales desemboca en situaciones alejadas de lo que se anunciaba, lo que provoca cierto efecto rebote, que si no es mayor se debe sobre todo al rechazo que suscita el expolio, también entre los periodistas. Pero esta circunstancia viene siendo aprovechada por los interesados para cuestionar socialmente las acciones policiales, fundamentales sin lugar a dudas. Así, la *operación Tambora* culminó con un acuerdo entre la Junta de Andalucía y el interesado, lo que motivó ciertos artículos con títulos no exentos de ironía: «La Junta acaba agradeciendo a Ricardo Marsal su 'donación'» y «Trastienda de un proceso con demasiados puntos débiles» (*Diario de Sevilla* de 12/04/2005). También se advierte cierto tono de decepción en los titulares que dan cuenta de la culminación, sin consecuencias penales para ninguno de los imputados, en la *operación Tertis*, a los que la Administración cultural debe restituir los bienes de los que se incautó la policía: «Infructuosa lucha contra el expolio», «La justicia ordena devolver 300.000 piezas arqueológicas», «La Audiencia de Sevilla anula el mayor caso contra el expolio arqueológico» (*El País* de 08/11/2009, 09/11/2010 y 10/11/2010).

Por último cabría destacar un hecho distintivo en el tratamiento periodístico del expolio arqueológico, frente a otros fenómenos análogos de destrucción de bienes inmuebles, incluso de carácter arqueológico: la ausencia de campañas periodísticas. En efecto, existen abundantes ejemplos de campañas en las que uno o varios medios, normalmente prensa escrita, suelen dedicar un cúmulo de noticias, artículos de opinión, crónicas, reportajes y editoriales a conseguir un pronunciamiento o actuación administrativa concreta a favor de un bien (o conjunto de ellos) en peligro[221]. Sin embargo, el expolio arqueológico, al tratarse de un fenómeno continuado fuera de nuestra percepción

---
221 Las Jornadas sobre Patrimonio y medios de Comunicación contienen bastantes ejemplos de este tipo de campañas, como la explicada por C. Raga (redactora de *Provincias*) en torno al cuestionamiento de las restauraciones llevadas a cabo sobre el Teatro romano de Sagunto, que marcaron un antes y un después en el interés de ese medio por el patrimonio histórico (*Jornadas sobre Patrimonio y medios de comunicación* 1998: 171 ss.). M. Ardemagni (2007) también resalta la importancia de estas campañas de los medios de comunicación, fomentadas incluso por organismos oficiales como el Iccrom.

cotidiana, que solo sale a la luz por actuaciones policiales, difícilmente atrae la atención de los medios para ser objeto de campañas dirigidas a lograr algún tipo de actuación administrativa. No faltarían objetivos, pero sí interés o percepción de su importancia.

Quizás un ejemplo cercano sirva para aclarar lo que quiero expresar. En 2010 se ha llevado a cabo una importante reforma del Código penal de 1995. Reforma que ha afectado a más de 150 artículos, algunos de los cuales están en el mismo libro en el que se encuentran los delitos sobre el patrimonio histórico, y que afectan al medio ambiente y a la ordenación territorial y urbanística. Como veremos en su momento, los artículos del Código penal vigente no han tipificado como debieran el delito de expolio arqueológico. La doctrina jurídica viene exigiendo su reforma de manera unánime y, sin embargo, ha pasado desapercibida esta reclamación durante el largo proceso de reforma. Siempre suele decirse que es un error legislar a golpe de noticia periodística, pero este ejemplo muestra bien a las claras que, posiblemente, no solo sean necesarias tales noticias (que las ha habido sobre el expolio arqueológico), sino también campañas dedicadas a recordar a quienes toman este tipo de decisiones que no se olviden del patrimonio arqueológico. Su ausencia trae como consecuencia la invisibilidad, la falta de sensibilización y caer fuera de la agenda política.

Figura 39. *Artículo del Abc de Sevilla de 10/12/1996 donde alerta del expolio arqueológico en la provincia de Sevilla*

11.3.2. La ampliación de las noticias sobre expolio

No me corresponde a mí hacer ahora un excurso sobre la bulimia informativa en la que nos vemos inmersos. La concurrencia de medios y la competencia entre ellos, han generado una ampliación notable de lo que se considera hecho noticioso.

En las noticias sobre expolio este fenómeno, que es relativamente reciente, también se hace notar. Lo que antes suponía una sola noticia, normalmente dada por el comunicado de una fuente oficial, ya sea al concluir una investigación policial ya al recaer una sentencia, ahora se ha multiplicado en una saga de noticias referidas a las distintas fases del proceso. Por ejemplo, el caso de las sentencias de los tribunales norteamericanos sobre la propiedad española de los pecios de *La Galga* y la *Juno*, asunto ya comentado, apenas si tuvo repercusión en la prensa generalista. *El País* da sendas noticias en un mismo día (14/05/1998), titulando la noticia: «EE UU acepta la propiedad española del galeón hundido en Virginia». Un año más tarde, al conocerse la sentencia definitiva en la que se rechazaba la pretensión de Sea Hunt de que el Gobierno de España le indemnizase por los gastos realizados en su descubrimiento y primeras inmersiones, daba una breve noticia el 02/07/1999. Parquedad informativa alejada, muy alejada, de lo acontecido con el «caso Odyssey». Ese mismo diario ha publicado entre 2002 y 2010 240 noticias, reportajes o crónicas referidas a los distintos avatares por los que viene atravesando este caso. Pero no solo ha sido este periódico, *El Diario de Sevilla*, que pertenece al mismo grupo editorial que *El Diario de Cádiz*, solo entre 2008 y 2010 ha transmitido 57, aunque también comenzó con la saga en 2002, pero no son consultables esos años *on line*.

Quizás cabría pensar que este seguimiento del «caso Odyssey» ha sido especial y proporcionado a la naturaleza excepcional, sobre todo a raíz del apoderamiento del medio millón de monedas, pero no es así. El alargamiento de las noticias afecta a todos los casos de expolio, a poco que en ellos aparezca el revestimiento de la espectacularidad. En la *operación Tertis*, el primer día se da la noticia de la intervención policial basada, como ya se ha dicho, en el propio comunicado de prensa oficial (por ejemplo, *El País* de 07/02/2007). Al día siguiente, la misma cabecera, publicaba un pequeño análisis sobre el expolio, «El fetichismo destructor», en el faldón; además hay una crónica reelaborando la noticia dada el día anterior, actualizada con pocos datos más, «Gran golpe al expolio arqueológico». Al día siguiente, 09/02/2007 incluía también otra noticia sobre esta operación, «Expoliadores, en libertad», para relatar la puesta en libertad de las personas detenidas durante el operativo policial.

En los días siguientes determinados medios dan noticias conectadas con la *operación Tertis*, pero ya en clave local. Un periodista habitual del diario *Abc*, edición de Sevilla, dedica su columna al expolio: «En el Banquillo: La depredación arqueológica» (*Abc* de 11/02/2007). Al día siguiente, otros medios, como el diario digital extremeño *Hoydigital*, informa de que «Las piezas incautadas en la operación 'Tertis' no pertenecen a Castillejos»; *La Voz de Cádiz* también recoge una carta al director sobre la *operación Tertis* y *El Periódico de Catalunya* (12/02/2007) publicaba un reportaje relacionado con el expolio, «Tras las huellas del expolio». Por último, varios días después de terminada la secuela inicial de noticias sobre la intervención policial de la *operación Tertis*, se nos informaba de sus primeras consecuencias: «Los vecinos donan piezas de arqueología tras el caso Tertis» (*Diario de Sevilla* de 18/02/2007).

La nueva tanda de informaciones ya tuvo contenido más local. Como muchas de las personas puestas a disposición judicial vivían en Córdoba, *El Día de Córdoba* mantuvo cubierta sus comparecencias ante el juzgado de Marchena, que entendía del caso. Así, el día 19/02/2007 publica «Declaran 17 acusados de la operación 'Tertis' contra el expolio y el tráfico de reliquias»; el 21/02/2007, «Imputados en la 'operación Tertis' niegan pertenecer a una red ilegal»; el 22/02/2007, «Críticas de las defensas a la actuación de la policía en la 'operación Tertis'» y «Dos mosaicos que se hicieron 'en Marinaleda dos semanas antes'», para terminar el 23/02/2007 con «Acaban en Marchena las primeras declaraciones del 'caso Tertis'». El resto de la saga de noticias referidas a este caso se producirá cuando se conozcan los autos de sobreseimiento y la sentencia que obliga a la devolución de las piezas incautadas, que ya se han citado.

Me interesa destacar aquí que, junto al propio hecho noticioso, se van añadiendo informaciones que, en ocasiones –como ocurre con algunas crónicas o los reportajes antes señalados– aportan nueva información y puntos de vista que permiten formarse una opinión cualquiera sobre el asunto central, pero en otros muchos casos, como a mi juicio ocurre con el seguimiento de las declaraciones de los inculpados policiales por *El Día de Córdoba*, apenas contribuyen a dar nueva información relevante, suponiendo un cabal ejemplo de lo que se ha denominado «periodismo sin información» (Ortega [coord.] 2006).

11.3.3. Mensajes transmitidos por la prensa en torno al expolio

Interesa ahora destacar qué mensajes se transmiten a través de noticias, crónicas o reportajes sobre el expolio. Me centraré sobre

11. Sensibilizando y educando a la sociedad sobre el expolio

todo en aquellos sucesos que versan sobre el patrimonio arqueológico terrestre, en los que además ha mediado el uso de detectores de metales.

Este tipo de noticias, como ya se ha mencionado, se está volviendo muy frecuente en la prensa escrita en los últimos ocho o diez años, empapando los géneros periodísticos que interesan aquí: noticias, crónicas y reportajes.

En primer lugar, debe señalarse el tono general de rechazo hacia el expolio y la reprobación que merecen quienes lo realizan. Esto ha evitado situaciones como la comentada por Brigitte Sabatini en Francia, cuando tuvo que intervenir el ministro de Cultura a consecuencia de la emisión de un programa en televisión, titulado «En busca de tesoros desaparecidos», en el que se proponía al público, evocando a Indiana Jones, la posibilidad de encontrar tesoros mediante el uso de aparatos detectores de metales. El programa ignoraba la prohibición existente en Francia de usar estos aparatos (*Jornadas sobre Patrimonio y medios de comunicación* 1998: 108 s.).

Esta idea, que ha sido una constante a través de todo el lapso de tiempo del que dispongo de noticias, tiene diversas modulaciones en función del género del que se trate.

Por ejemplo, las noticias llevan un mensaje implícito, aunque evidente y notorio, de reproche social inherente al hecho noticioso: una intervención policial para restaurar el orden alterado por la acción de una o varias personas. Idea reforzada por la fuente de la noticia: los cuerpos y fuerzas de seguridad del Estado, que aportan la información básica a transcribir. Pero la causa de la repulsa es la antijuridicidad del hecho, la presunta comisión de un delito (o infracción administrativa), normalmente continuada, para lo cual estas personas estaban organizadas en algún tipo de red. Los aparatos detectores suelen ser presentados como los instrumentos necesarios para la comisión del expolio. Sobre esta idea fuerza gravita el resto de mensajes, cuya función subordinada es la de reforzar la principal.

Entre estas ideas secundarias está la importancia, reducida a valor económico, de los objetos recuperados en la operación que, junto a la distribución geográfica de la red y el número de objetos y yacimientos afectados, dan idea de la magnitud del expolio y del valor social de la intervención realizada. En pocos casos, si alguno, se habla de la pérdida que ha supuesto la actividad (presuntamente) expoliadora para el conocimiento del pasado, a través de la investigación arqueológica. Antes bien, la focalización en los objetos hace pensar que, una vez recuperados y puesto a buen recaudo en un centro especializado –normalmente un museo–, el daño al patrimonio arqueológico está restañado, solo queda hacer frente a la deuda legal a través de la imposición de las correspondientes multas por jueces y tribunales.

Las opiniones vertidas en las noticias provienen de las mismas fuentes policiales, luego apoyan esas mismas ideas. En este sentido, la caída de la implicación de profesionales y asociaciones culturales[222], ha eliminado virtualmente la presencia en esta temática de miembros expertos o interesados de la sociedad civil. Excepción hecha de algunos grupos ecologistas o asociaciones de defensa del patrimonio histórico, locales. Quizás por eso los periodistas no acostumbren a entrevistar o pedir opiniones y valoraciones, que complementen los comunicados oficiales, a arqueólogos profesionales o grupos interesados. La conclusión es la desaparición de aquellas voces que podrían hablar de la pérdida ocasionada en términos de información histórica, comentario que no permea a la sociedad, a través de esas noticias. El mutismo que, de forma habitual, mantiene en estas noticias las administraciones competentes en materia de patrimonio histórico, hace ese silencio más acusado.

Algunos ejemplos pueden ilustrar los párrafos anteriores. En la noticia de *El País* que daba a conocer el resultado policial de la denominada *operación Zeus*, el titular era el siguiente:

> «La Guardia Civil recupera una espada de hace 3.000 años y otras 800 piezas.
>
> La Guardia Civil de Picassent practicó el pasado martes una nueva **detención** en el municipio de Montroy en relación con la red dedicada al **expolio de yacimientos arqueológicos**. En esta ocasión, se incautó de **800 piezas de alto valor histórico**. Entre ellas destaca una **espada que podría datar de hace entre 3.000 y 4.000 años**. **Los expertos** del Museo de Prehistoria de Valencia y la Consejería de Cultura creen que podría tratarse de una **pieza única** en la Comunidad cuyo **valor es incalculable**.
>
> La Guardia Civil aseguró que la red que **traficaba** con los restos arqueológicos en la Comunidad Valenciana, especialmente **vendiendo las piezas** en la Lonja de Valencia, había quedado completamente **desarticulada**. Sin embargo, un nuevo integrante de la banda, con domicilio en la localidad de Montroy, se sumó el

---

222 De este interés y su reflejo en los medios de comunicación, del que ya se han traído algunas muestras a esta obra, también da cuenta M. R. Suárez-Inclán (presidenta de ICOMOS España) en su intervención en la Jornadas sobre Patrimonio y medios de comunicación (Valencia 1997), al recordar la etapa de activismo social entre 1977 y 1982 en materia de patrimonio y el alto eco que tenían esas acciones en la prensa (*Jornadas sobre Patrimonio y medios de comunicación* 1998: 159 ss.).

11. Sensibilizando y educando a la sociedad sobre el expolio

martes a las **detenciones** ya realizadas, un total de quince. En poder de este último implicado, en un entramado que además de operar en Valencia se presume que tiene ramificaciones en otros puntos de España, obraban **800 restos arqueológicos**, entre ellos, colgantes de bronce, pendientes de plata, un rostro de bronce, tejas y ladrillos de origen romano, cascabeles y documentación histórica sobre los diferentes objetos.

La *Operación Zeus* se inició a primeros de agosto tras la detención en Picassent de un individuo que portaba en su vehículo **doce piezas** de cerámica de **alto valor histórico**.

Pocos días después se detuvo a otras tres personas implicadas a las que se incautó **4.000 piezas de origen íbero, romano y medieval así como detectores de metales**. El pasado día 8 de septiembre se asestaba un importante golpe al operativo con la **detención de otras diez personas**, también en Picassent que tenían en su poder **3.000 piezas que los expertos dataron entre el año 500 antes de Cristo y el siglo XVII**.

La Guardia Civil de Valencia y la Delegación del Gobierno de la Comunidad dieron por concluida la operación y afirmaron que tras las **detenciones practicadas la red** ya no tenía ninguna capacidad operativa en esta zona. Sin embargo, la *Operación Zeus* da sus últimos coletazos. Corresponde ahora a los **expertos certificar la autenticidad de las piezas** y determinar, en la medida de lo posible, de dónde han podido ser extraídas las mismas. Un primer examen de los **técnicos indica que la mayoría son originales de incalculable valor**. » (*El País* de 14/09/2000, énfasis añadido).

Sin ser experto en semiótica, me parece evidente que todas las palabras resaltadas por mí están dirigidas hacia las cuestiones planteadas en el titular: antijuidicidad y abundancia de daño y especial valor por su antigüedad. Quizás sea lógico, dentro del estrecho juego que da un titular, no hacer nada más para enganchar la curiosidad de los posibles lectores interesados. Sin embargo, el resto de la noticia sigue en la misma línea, aunque en este caso se citan fuentes expertas en arqueología. La auténtica naturaleza del expolio, no reducida a la mera apropiación y venta de los objetos arqueológicos, no ha merecido ni una sola línea, incluida la valoración de los expertos.

La documentación gráfica que suele acompañar estas noticias, la clásica mesa expositora llena de piezas y con los logos de la Guardia Civil o de la Policía Nacional, incide más aún en bondad de la actuación policial.

Sobre la *operación Tertis*, el *Diario de Sevilla* de 07/02/2007, trataba de esta forma la noticia, tomando como fuente un comunicado de prensa de la Guardia Civil difundido por la agencia Efe,

«Detenidas 52 personas en una operación contra la expoliación arqueológica

La Guardia Civil ha detenido a 52 personas y se ha incautado de 300.000 piezas arqueológicas, en una gran operación contra el tráfico de piezas arqueológicas, que ha supuesto 68 registros en Sevilla, Huelva, Cádiz, Granada, Jaén, Córdoba, Madrid, Barcelona y Zamora. Los 52 detenidos en la denominada "Operación Tertis", que sigue abierta y en la que no se descartan más detenciones, son 30 expoliadores, 13 intermediarios y 9 coleccionistas, entre estos últimos varios médicos y titulares de cinco comercios de numismática, de los cuales sólo contaban con antecedentes varios de los expoliadores, que cobraban, algunos, el subsidio de desempleo y otros estaban de baja laboral.

La Guardia Civil mostró en Sevilla lo intervenido en uno sólo de los **68 registros**, en el que hallaron **varias colecciones de monedas, fustes de columnas, estatuas de bronce y ánforas que superaban un metro de altura**. En algunos casos, como en un domicilio de Granada, **no se han tenido medios suficientes para transportar todas las piezas, por su elevado número y tamaño**, y se ha precintado, lo que ha sucedido en un número de domicilios indeterminado, mientras que son **varias docenas los detectores de metales incautados**. Los **detenidos** han sido uno en Madrid, uno en Cádiz, uno en Córdoba, dos en Barcelona y el resto en Sevilla, mientras que los registros se han efectuado 46 en la provincia de Sevilla, tres en Cádiz, cuatro en Córdoba, dos en Granada, dos en Huelva, tres en Jaén, uno en Zamora, dos en Madrid y cinco en Barcelona. **Los yacimientos expoliados se ubican catorce en la provincia de Sevilla, tres en la de Cádiz, uno en Huelva, once en Badajoz, uno en Málaga y otro en Jaén**, si bien los detenidos, que no formaban parte de un grupo homogéneo sino de hasta 18 grupos distintos con relaciones entre sí, también han actuado en el **norte de Castilla y León y en Cáceres**, según explicó en conferencia de prensa el brigada de la Guardia Civil Jesús Pastor.

El portavoz policial señaló que el valor histórico y artístico de algunas piezas es tal que los arqueólogos han dicho que son dignas de los Museos Nacionales, y sólo una de ellas iba a ser vendida en el momento de ser incautada por 40.000 euros. Entre las piezas intervenidas existen prehistóricas y pertenecen también a todos los periodos de la Antigüedad incluso la Edad Media y la época islámica, y el único extranjero detenido, de nacionalidad italiana, poseía moldes para falsificar monedas antiguas, a las que agregaba la escoria limpiada de las originales, para darles mayor aspecto de autenticidad. La operación es fruto del análisis de la documentación intervenida en la denominada "Operación Bahía", llevada a cabo en Cádiz en 2005 también contra el tráfico

11. Sensibilizando y educando a la sociedad sobre el expolio

clandestino de piezas arqueológicas, si bien en aquél caso eran submarinas y esa operación se dio hoy por cerrada.

La Guardia Civil se halla en contacto con **la Interpol** para seguir la posible pista de piezas e intermediarios en el extranjero, ya que una de las partidas intervenidas en esta operación se halló en Ayamonte (Huelva), lista para llegar al aeropuerto portugués de Faro con destino a los Países Bajos. **Sólo en Sevilla se han expoliado yacimientos arqueológicos de las localidades de Sanlúcar la Mayor, Puebla de Cazalla, Alcalá de Guadaíra, Écija, La Luisiana, Morón, Pilas, Osuna, Alcalá del Río y Almensilla, mientras que en Badajoz los expoliadores detenidos actuaron en los municipios de Mérida, Fregenal, Cabeza de Vaca, Hornachuelos, Hinojales de los Barros, Fuente de Cantos, Oliva de la Frontera y Los Nachos. En Jaén actuaron en la localidad de Porcuna, y en Málaga en la de Tebas, mientras que en Cádiz en las de San Roque, San José del Valle y Villamartín.**

Según las investigaciones policiales, que se han efectuado a lo largo del último año, los expoliadores debían llevar años actuando, por el volumen de lo intervenido, y algunos operaban de noche, con focos vehículos todoterreno, en un total de 31 yacimientos. Las diligencias judiciales son del Juzgado número 2 de Marchena (Sevilla), que ha contado con la colaboración de los técnicos de la Consejería de Cultura de Andalucía, mientras que en la operación han intervenido hasta 200 agentes» (énfasis añadido).

Con pocas variaciones, los mensajes siguen siendo los mismos, salvo que aquí se advierte cierta tendencia a la dramatización barroquista de la noticia, ofreciendo pormenores de las investigaciones y despliegue policial. Este caso es, además, bastante expresivo de esa laguna sobre el deterioro irrecuperable de la información arqueológica. Una vez que la actuación policial se juzgó insuficiente para sostener cargos contra los imputados, la cuestión vuelve a centrarse sobre la devolución de las piezas.

«La Audiencia de Sevilla anula el mayor caso contra el expolio arqueológico

El tribunal ordena devolver las 300.000 piezas de arte a los 52 acusados

Carpetazo a la mayor operación contra el expolio de las obras de arte. La Audiencia Provincial de Sevilla ha **ordenado que las 300.000 piezas arqueológicas** intervenidas en la Operación Tertis, ejecutada por la **Guardia Civil** en 2007, sean ahora **devueltas a sus 52 dueños.**

Carpetazo a la mayor operación contra el expolio de las obras de arte. La Audiencia Provincial de Sevilla ha ordenado que las **300.000 piezas arqueológicas** intervenidas en la Operación Tertis, ejecutada por la Guardia Civil en 2007, sean ahora **devueltas a sus 52 dueños**. El tribunal considera que dado que los investigadores no aportaron pruebas que **concreten el supuesto expolio de las piezas en 31 yacimientos**, las obras deben ser **devueltas a los acusados**.

De este modo, el tribunal desbarata definitivamente una operación fraguada durante dos años con múltiples *pinchazos* telefónicos y que culminó con 52 detenidos en Andalucía, Madrid, Barcelona y Zamora. El grueso de las obras eran monedas, pero también había otros objetos de origen fenicio, ibérico, romano, visigodo y árabe. La Audiencia ha desestimado los recursos de la Junta andaluza y la fiscalía para que las piezas se conserven en los diferentes museos arqueológicos y no fueran entregadas a sus propietarios. **Alrededor del 10% de las 300.000 obras fueron devueltas**, pero los recursos judiciales paralizaron la entrega a los 52 imputados en la instrucción. "No puede ignorarse la imposibilidad de acreditar tanto el origen de los objetos o restos arqueológicos incautados (...) como el concreto momento de su aprehensión material (...), así como el carácter lícito o ilícito de su adquisición", subraya el auto de la Audiencia contra el que no cabe recurrir. Tras la operación, la instrucción del caso desveló la poca consistencia de las pruebas. El Juzgado número 2 de Marchena (Sevilla) exculpó a lo largo de 2009 en diferentes resoluciones a los 52 acusados porque no quedaron acreditados los yacimientos concretos y cuándo fueron sustraídas las piezas. La Ley de Patrimonio establece que son "bienes de dominio público" todos los objetos y restos materiales descubiertos en excavaciones, movimientos de tierra y obras. El expolio en su conjunto estaba demostrado "más que indiciariamente" según el juez, pero no se concretó cuándo y de qué manera se obtuvieron las piezas.

Miguel Gómez de la Rosa, abogado de la mitad de los acusados, censuró ayer la operación: "El único ánimo era tener titulares de prensa a pesar de que las autoridades la promocionaron como la mayor operación del mundo contra el expolio". Ahora los museos arqueológicos procederán a la devolución de las piezas a los acusados, entre ellos "empresarios y médicos" de Madrid y Barcelona, según resaltó en su día la Guardia Civil. "Hay que ser extremadamente cuidadosos con las grandes operaciones contra el expolio. La ley es muy pobre para proteger el patrimonio histórico y perseguir a los que esquilman. Para colmo, la reforma del Código Penal [en vigor a finales de año] no ha tocado esos artículos", critican fuentes del caso» (*El País* de 10/11/2010, énfasis añadido)

11. Sensibilizando y educando a la sociedad sobre el expolio

Ni que decir tiene que la inmensa mayoría de las piezas son procedentes de expolios recientes, como se acredita en un informe realizado por el Museo Arqueológico de Sevilla, al que aludía su directora explicando parte del material incautado, en una edición del programa Repor, de TVE, titulado «Los ladrones de la Historia»[223], en el que se hacía mención al destino de la *operación Tertis*. El error en la instrucción policial en unas diligencias previas, puede servir para no poder procesar a las personas inicialmente imputadas por la comisión de esos delitos, pero el expolio al patrimonio arqueológico sí se ha realizado. Ese daño a un bien social no solo ha quedado impune, sino que ha pasado desapercibido.

Por crónicas entiendo esos artículos que pueden o no acompañar noticias, pero que no llegan a ser reportajes. Su principal ingrediente es la posibilidad de reflejar las opiniones de quien escribe, normalmente periodistas especializados en esas cuestiones. A este estilo atribuyo los textos periodísticos que, a comienzos de los ochenta, hablaban del uso de los detectores en conexión con el paro (*El País* de 11/09/1983, titulado «Tesoros para jornaleros sin trabajo»). Sin embargo no todas estas opiniones resultan, de algún modo, favorables a los detectoristas. Con motivo de una exposición titulada «España Milenaria», llevada a cabo en una galería de arte norteamericana, el diario *Abc* realizó un reportaje amplio sobre el expolio arqueológico en nuestro país y el destino final de las piezas al extranjero, a través de los cauces del comercio ilícito: «El expolio arqueológico: piteros y traficantes surten el mercado internacional» (*Abc* de 10/12/1996). Le acompañaba una crónica titulada: «Piteros, primer eslabón del mercado negro» en que denunciaba la facilidad de los usuarios de detectores de metales en acceder a yacimientos y vender los objetos expoliados, generalmente por poco dinero, a comerciantes españoles y extranjeros, quienes los sacan del país con destino a museos y colecciones privadas.

Aunque no he localizado crónicas de este tipo al calor de las primeras noticias sobre la *operación Tambora*, poco después se van haciendo más frecuentes. Supongo que, a raíz de esos hechos, el expolio arqueológico comenzó a considerarse como un tema de interés para el público y, por tanto, trataron de sacarle el mayor partido informativo posible. Así la intervención de la Guardia Civil y Policía Local de Sevilla para retirar las piezas que estaban vendiéndose en la plaza del Cabildo de esta ciudad, lugar habitual para el comercio de monedas y otros objetos no arqueológicos, en 2003 dio lugar no solo a las consabidas noticias, sino también a alguna crónica para ampliarlas. Concretamente una cabecera local sacó una, «Sevilla, la más expoliada

---
[223] http://www.rtve.es/20110223/repor-tve-ladrones-historia/410637.shtml (visitado en marzo de 2011).

en sus yacimientos arqueológicos» (*Diario de Sevilla* de 03/12/2003), en la que ofrecía el dato desconocido hasta la fecha de que la Guardia Civil tenía constancia de 233 yacimientos expoliados en la provincia de Sevilla, lo que le hacía merecedora de tan triste galardón.

La culminación de la *operación Tambora* sí que trajo cola y, como ya se ha comentado, alguna que otra crónica bastante crítica con el resultado. También se han hecho crónicas reconociendo la labor de las administraciones culturales. *El Correo de Andalucía* (30/05/2005) publicó una, «La presión del Seprona desplaza a los expoliadores a otras provincias», que daba cuenta de la expansión del fenómeno a otras comunidades con mayor tolerancia a este tipo de expolios. Por su parte, *Diario Sur* publicaba otra, «Los oscuros caminos del expolio», a medio camino entre la investigación personal y la crónica, en la que detallaba con enorme precisión la brutal erosión de bienes históricos y arqueológicos que asola las tierras malagueñas. Otra similar, pero sobre suelo valenciano, apareció en la edición de esa comunidad del diario *Abc* de 27/11/2006, con el título: «El 'arte' del saqueo». Por último, aunque haya sido mencionado con anterioridad, la crónica «El fetichismo destructor» (*El País* de 08/02/2007) es probablemente de lo mejor escrito, en mi opinión, sobre este tipo de expolios.

Aunque, como ya se ha dicho, no todo han sido notas de recriminación o críticas, el tono general de estas crónicas es el de reproche a las administraciones públicas por el abandono en que se encuentra el patrimonio arqueológico. Este efecto no puede disociarse de las personas que las escriben. Frente a los pluriempleados redactores de noticias, los autores de las crónicas son personas que suelen conocer la materia y estar, en cierta forma, especializados en ella. Caso, en la prensa local sevillana, de algunos (muy pocos, por lo demás) profesionales que han trabajo en *Abc* de Sevilla, *Diario de Sevilla* y *El Correo de Andalucía*. Este sesgo personal, que dan a su trabajo los propios profesionales de la información, es algo perfectamente normal, pero solo ahora se ha puesto de manifiesto en los estudios sobre arqueología y medios de comunicación (Benz y Liedmeier 2007: 155 ss.).

Más extensas que las crónicas y no tan pegadas a la actualidad como las noticias, los reportajes procuran una interpretación de los hechos noticiosos de manera que los lectores obtengan información suficiente para elaborar su propia opinión. Por desgracia no son muchos los reportajes aparecidos en medios de comunicación sobre el expolio arqueológico. Sin embargo, en el momento de redactar esta parte del capítulo, ha dado la coincidencia de que el programa de TVE, Repor ha dedicado uno a este fenómeno. Su emisión fue el día 28 de febrero de 2011 en Canal 24H, repitiéndose al día siguiente y, por último, el 6 de marzo. Su título era «Ladrones de la Historia».

11. Sensibilizando y educando a la sociedad sobre el expolio

Su análisis puede servirnos de guía para ver qué contenidos suelen ser frecuentes en ellos. En este caso se advertía del daño que realizan los expoliadores, centrado sobre todo en yacimientos de Andalucía. Los mensajes principales eran, de nuevo, la antijuricidad de esas conductas y el valor económico de las piezas expoliadas. Sin embargo, en el programa se entrevistaba a diversos arqueólogos profesionales (conservadores de patrimonio arqueológico de la Junta de Andalucía y profesores universitarios) y pudo quedar claro que el daño a la arqueología no solo era material, sino también a efectos de conocimiento, así como la imposibilidad de revertirlos al resto de la sociedad. Apoyaba ese mismo discurso la visita a yacimientos musealizados, como el Conjunto Arqueológico de Carmona, claro contrapunto de lo que supone un yacimiento arrasado por el expolio.

También fueron entrevistados dos responsables de sendas asociaciones de detectoristas, cuya principal aportación –amén de explicar cómo funcionan esas máquinas– consistió en proclamar lo inocente de su actividad y que en Andalucía estaban siendo perseguidos y tratados como delincuentes. A mi juicio, de esta entrevista, lo más llamativo fue el empeño de una de estas personas en negar la condición de bien arqueológico a un denario romano, para el que pedía la consideración de «objeto perdido hace mucho tiempo». Sin embargo, no quedó claro el porqué de esa conciencia de estar perseguidos, entre los detectoristas andaluces. Es decir, en ningún momento se habló de la acción administrativa y policial en persecución del uso del expolio.

Los mensajes reseñados para este reportaje televisivo, dentro de la programación de espacios informativos de TVE, marcan de alguna forma aquellos aspectos sustantivos de los reportajes de prensa escrita.

La revista *Interviú* nº 1579, de julio-agosto de 2006, publicaba un reportaje extenso sobre el estado de abandono de un yacimiento emblemático de la provincia de Jaén, Cástulo (Linares), bajo el elocuente título: «Cástulo. Arruinando la Historia». Se trata de una denuncia elaborada por una asociación de defensa del patrimonio de Linares, en la que pone de manifiesto el abandono en que se encontraba. Ello a pesar de que la Consejería de Cultura fuese la propietaria de una amplia parte del yacimiento, de que esté declarado bien de interés cultural y de las reiteradas promesas anunciadas, e incumplidas, sobre su valorización. Aunque no quiera cuestionar la pertinencia de la fundada denuncia (que, por cierto, quizás sirviese para activar el remedio de ese estado de postración en que se encontraba el yacimiento), no deja de extrañar el tono benévolo con que trata a los detectoristas.

> «Se les ve rastrear el campo concienzudamente con sus detectores; buscan metales: monedas, figurillas, broches..., piezas que en ocasiones son de importancia arqueológica. Los llaman piteros. Se les acusa de usurpar el patrimonio histórico, pero ellos hablan de una "apasionada afición"...» («Cástulo. Arruinando la Historia», *Interviú* nº 1579 de julio-agosto de 2006).

La nefasta idea transmitida podría ser que cuando la Administración, por lo motivos que sea, no da cumplimiento pronto a sus cometidos de conservación y valorización, resulta lícito expoliar en él. Es evidente que ambas cuestiones no pueden concatenarse y que resulta impensable amparar el expolio en el estado de abandono o semi abandono en que se encuentre un yacimiento, por más que esa situación sea reprochable.

Más duro contra el expolio se muestra el reportaje publicado por *El País* a raíz de la *operación Tertis*: «Los expoliadores, en libertad». En él, aparte de la consabida repetición de la información publicada los días previos, se aportan comentarios dirigidos a valorar el daño provocado, tanto en la boca anónima de fuentes de la investigación

> «"[p]ara comprobar el daño que han causado basta darse un paseo por El Gandul, en Alcalá de Guadaira, un asentamiento que está datado del siglo III antes de Cristo, o por La Elia, en Sanlúcar la Mayor, dos importantes yacimientos de la provincia de Sevilla", explicaron las fuentes» («Los expoliadores, en libertad» *El País* 09/02/2007).

Como por parte de arqueólogos pertenecientes al ámbito universitario

> «[d]el sector arqueológico, precisamente, llega un mensaje rotundo. Fernando Amores, profesor de Patrimonio Arqueológico de la Universidad de Sevilla, recalca la necesidad de que "la sociedad se conciencie" de que hay que proteger los yacimientos. "El patrimonio arqueológico no es del dueño de la finca, sino de dominio público. El patrimonio arqueológico es del pueblo. Un delito contra este patrimonio es un delito contra nosotros", comenta Amores.
>
> Por su parte, Arturo Ruiz, catedrático de Prehistoria de la Universidad de Jaén y director del Centro Andaluz de Arqueología Ibérica, abunda en esta idea. "En paralelo a las medidas policiales, hay que generar una concienciación y hacer comprender, sobre todo a los niños en las escuelas, la importancia del patrimonio arqueológico como fuente de identidad y como recurso económico para el desarrollo del turismo cultural en pueblos que no tienen otra cosa que ofrecer", afirma Ruiz» (Ibídem).

11. Sensibilizando y educando a la sociedad sobre el expolio

También hace hincapié en la pérdida de información, el titulado «Los otros hombres del saco», publicado en el *Semanal*. En un encomiable esfuerzo por entender las sutilezas del registro arqueológico, pueden leerse estas líneas:

> «[p]or *hobby*, por romanticismo mal entendido o por dinero fácil, redes de detectoristas o aficionados amparados a veces bajo asociaciones interesadas por la arqueología, recorren los campos de labranza y los yacimientos arqueológicos a la espera de que su aparato pite. Si lo hace, a unos pocos metros puede encontrarse el tesoro. Monedas, vasijas, fíbulas o ungüentarios ibéricos, romanos o medievales descansan envueltos en mucha más información, como la que aporta el suelo, el polen o la posición donde se hallaron, que se pierde para siempre. Descontextualizada irremediablemente, la pieza dice adiós al 70 por ciento de su valor científico. Pero a los saqueadores no les importa, y a los compradores del mercado negro, mucho menos aún» («Los otros hombres del saco», *Semanal* de 30/11/2008).

El reportaje pasa revista a las magnitudes del expolio, a través de los datos suministrados por las operaciones de la Guardia Civil, y a su destino en el mercado ilegal de antigüedades. Finalmente, dedica cierta atención a la manifiesta impunidad de este tipo de expolio, que se mostraba sin pudor en las webs dedicadas al detectorismo, así como en las subastas *on line*, tipo eBay.

Otro reportaje, al hilo también de la proliferación de noticias sobre la *operación Tertis*, fue el aparecido en el *Periódico de Catalunya* de 12/02/2007, bajo el título de «Tras las huellas del expolio». En este caso, el mensaje más nítido es, de nuevo, el de la ilegalidad de las conductas expoliadoras. Prácticamente todo el reportaje está dedicado a establecer las conexiones existentes entre las *operaciones Bahía I* y *Bahía II*, sobre el expolio subacuático, y la *operación Tertis*, ya que la información de la que se había incautado la policía en las primeras dio pistas sobre las personas investigadas en esta última. Con independencia de los extractos publicados de las opiniones vertidas por los arqueólogos consultados, el hilo conductor está claramente decantado hacia las pesquisas policiales. Poco o nada se dice sobre la información arqueológica o las pérdidas que suponen para la historia.

Figura 40. Bienes recuperados en la operación Bahía I. Obsérvese el detector (Fotografía: Guardia Civil)

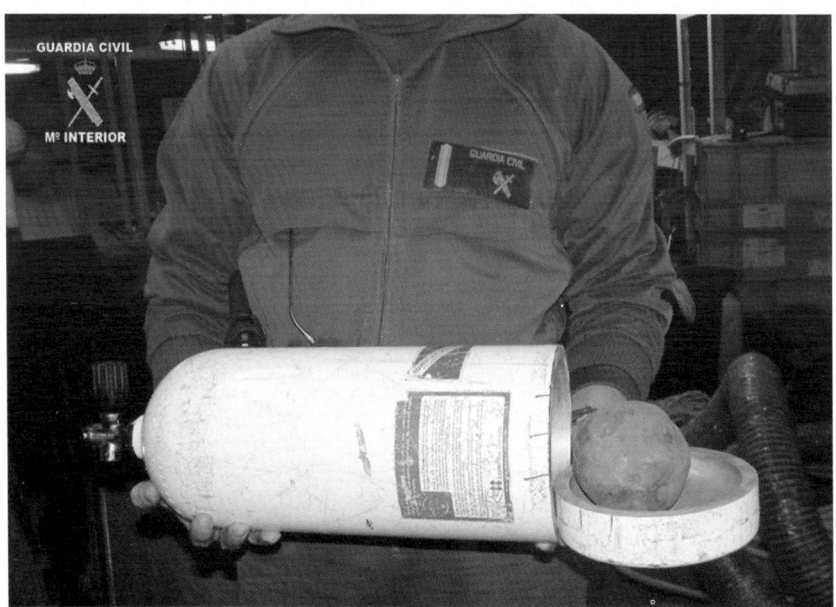

Figura 41. Ingenio para ocultar objetos procedentes del fondo marino descubierto en el curso de la operación Bahía II (Fotografía: Guardia Civil)

11. Sensibilizando y educando a la sociedad sobre el expolio

11.4. El seguimiento periodístico del «caso Odyssey»

En la exposición de lo acontecido, o al menos lo que se sabe públicamente de ello en el «caso Odyssey», ya se ha hecho abundante mención de noticias dadas a conocer por los medios de comunicación. Sin duda, el caso de expolio que mayor cobertura mediática ha tenido en España.

Como resulta lógico suponer, la distribución no es regular a lo largo de los más de diez años que OME lleva buscando, de una u otra forma, en aguas del Estrecho de Gibraltar y del mar de Alborán. Apenas hay algo más de media docena de noticias entre 2000 y 2006. Pero a partir de este año, han ocurrido acontecimientos que generaron numerosas noticias, aunque bien es verdad que, como ya se explicó al hablar de los expolios terrestres, en muchas ocasiones el carácter y significación de la noticia es cuanto menos cuestionable. La expectación generada por las actuaciones de OME, entre los diversos medios de comunicación, provocó que cualquier información saltase a los medios en forma de noticia. De nuevo cabría preguntarse si este exceso comunicativo no es otro ejemplo de «periodismo sin información». En muchos casos, las comunicaciones son producto de una misma fuente de información, por lo que cuentan solo una parte de lo sucedido o del problema tratado, cuando no son pura propaganda cifrada en futuros proyectos o meras intenciones de hacer. Es lo que se conoce con el término inglés de *spin*, táctica consistente en «llenar el ciclo informativo de verdades a medias o mentiras a medias, todas servidas con el sello de oficiales, que los medios reproducen sin apenas contrastar porque no tienen capacidad de hacerlo y, al mismo tiempo, porque consideran que son mucho más independientes cuando ofrecen las noticias a pelo, publicando sin más lo que dicen los políticos e incluso, a veces, lo que dicen que dicen los políticos» (Sánchez 2006: 78). Bien es verdad que en este caso las fuentes de información oficial han tenido como contrapunto a la empresa OME.

Sería posible dividir este proceso en diversos tramos según el evento dominante: las actuaciones de OME en el mar de Alborán y las tensiones consiguientes entre la Administración general del Estado y la Junta de Andalucía. En 2007, la noticia sobre el apoderamiento de las monedas por parte de OME y su traslado a EE UU. Las primeras reacciones del Gobierno español. Desde 2009, en que se conocen los primeros resultados judiciales favorables a España, el ciclo ha estado dominado por el seguimiento de los avatares judiciales, la traída de las monedas a España y, finalmente, una secuela de reacciones que denominaremos, el «pos-caso Odyssey». En esta larga cadena, como ya se ha comentado para otros casos menos notorios de expolios arqueológicos terrestres, se han combinado todos los estilos periodísticos al uso, cuya amplitud de difusión ha sido enorme, al coincidir la notoriedad a escala internacional del caso y la accesibilidad general de las informaciones a todos los medios, por estar centralizada su distribución a través de las principales agencias.

Ahora no voy a realizar un recorrido por todas y cada una de ellas, pues semejante itinerario no tiene relevancia para los propósitos de este capítulo. Me interesa analizar algunos rasgos específicos de este seguimiento periodístico que, sin lugar a dudas, carece de precedentes en España. Para bien o para mal, el «caso Odyssey» ha marcado un antes y un después en la atención de la prensa a los casos de expolio. Se ha hecho trizas la indiferencia mediática sobre este tipo de sucesos. Pero otros muchos tics que caracterizan las noticias periodísticas sobre el expolio, apenas si han sufrido merma alguna.

Entre las barreras eliminadas, hubiese sido deseable que se encontrase el hábito de identificar el PASub con los «tesoros hundidos»; pero no ha sido así. Si ya se ha recalcado esta nefasta asimilación en relación al patrimonio terrestre, en el submarino resulta dramático ya que, encima, evoca relatos de aventuras, banalizando aún más el contenido de la investigación arqueológica. Por otra parte, la insistencia en la cuestión del tesoro lleva el debate al campo jurídico de los rescates y los derechos de los países bandera del buque frente al de los rescatadores, pretiriendo la cuestión del patrimonio cultural y su destino público.

Esta asimilación entre patrimonio arqueológico y tesoro es un tópico que ha acompañado, desde sus inicios, el interés periodístico por la arqueología subacuática y que hunde sus raíces en un romántico imaginario colectivo. Existen centenares de titulares de esa ralea: «Los tesoros hundidos en Cádiz podrían valer 4 billones», titulaba *El País* de 16 de julio de 1998 una noticia breve; o la frase, atribuida al arqueólogo Manuel Martín Bueno, «En el golfo de Cádiz hay más oro que en el Banco de España», se ha convertido en un recurso recurrente en muchas noticias (por ejemplo, *El País* de 11/04/2005).

La presencia de OME en aguas españolas y su deseo manifiesto de encontrar al *MHS Sussex* y extraer de sus bodegas toneladas de oro, no solo puso la palabra tesoro y botín en todos los titulares, sino que además su fulgor parece haber eclipsado cualquier otra consideración de carácter científico. Esta ha quedado relegada a meros escrúpulos de una minoría social, los arqueólogos y las administraciones culturales. Lo peor de todo es que, incluso una vez cometido el expolio, su reconocimiento por parte de los medios no hace cuestionar el término tesoro y sus consecuencias.

11. Sensibilizando y educando a la sociedad sobre el expolio

La primera crónica que publica *El País* (25/02/2002) sobre lo que ya entonces era «caso Odyssey»[224], aunque ningún medio lo denominase así todavía, refleja perfectamente este estado de encantamiento con la posibilidad de encontrar fabulosas fortunas olvidadas. Se titulaba «Un tesoro bajo el Estrecho» y tiene este primer párrafo, realmente antológico:

> «[d]ocumentos de los archivos británicos avalan la teoría de que el *Sussex*, que se hundió en el estrecho de Gibraltar en 1694, viajaba con un **millón de libras esterlinas, unos 4.600 millones de los actuales euros**. Según *The New York Times*, una empresa de EE UU cree haber encontrado el lugar en el que está **el cofre del tesoro**: entre la playa de Sotogrande, en San Roque (Cádiz), y Estepona (Málaga)» («Un tesoro bajo el Estrecho», *El País* de 25/02/2002, énfasis añadido).

Este tratamiento favorable también alcanza a la empresa, sus métodos y objetivos, hasta el extremo de minimizar el enfrentamiento entre ella y la Consejería de Cultura, competente en materia de protección del PASub existente frente a sus costas. Se llega incluso presentar a OME como una especie de ONG interesada en los museos, cuya recompensa por sus esfuerzos e inversiones económicas es poco menos que el reconocimiento de haber encontrado el pecio...

> «[l]a empresa Odyssey Marine Exploration, una compañía de Tampa (Florida) que trabaja con el Gobierno británico en la **recuperación de restos arqueológicos**, ya ha sacado a la superficie los primeros restos del Sussex. '**Estamos resucitando la historia**', dice el director de operaciones de la compañía (...). Pero los trabajos que la firma americana llevó a cabo a finales del pasado año en las aguas españolas donde se encontró la fragata han provocado **cierto malestar entre los responsables de la Junta de Andalucía**, que reclamaron una explicación del Gobierno sobre las labores que se estaban realizando en la costa andaluza. El conflicto entre las administraciones central y autonómica se inició cuando agentes del Servicio Marítimo de la Guardia Civil solicitaron a los científicos americanos los permisos para poder realizar los trabajos que venían ejecutando en aguas españolas para intentar reflotar **el tesoro del *Sussex***. Al comprobar los agentes que los técnicos americanos poseían toda la documentación pertinente, remitida por el Gobierno español, la Junta de Andalucía mostró su malestar al no haber sido informada del hallazgo del barco. Finalmente, **el enfrentamiento se saldó con una disculpa. Odyssey se conforma con poder montar un

---

224 Al menos la primera que yo he encontrado.

museo de restos arqueológicos y explotar de alguna manera los derechos de imagen del hallazgo. **El Reino Unido se quedaría con todo lo que fuera económicamente valioso o históricamente apreciable.** Pero, de momento, los robots submarinos todavía no han encontrado el **cofre del tesoro**» («Un tesoro bajo el Estrecho», *El País* de 25/02/2002, énfasis añadido).

Otro ejemplo. Santiago Mata, periodista de *La Gaceta*, basándose en los cálculos realizados por un especialista en naufragios, avanza el siguiente cómputo sobre el valor de los tesoros ocultos en el fondo del mar, frente a las costas andaluzas:

> «[e]ntre 1544 y 1804, más de 3.000 barcos españoles que hacían la 'carrera de Indias' fueron devorados por el Océano. Más de 1.200 de ellos transportaban **verdaderas fortunas en oro y plata.** El naufrólogo italiano Claudio Bonifacio estima que los 23 barcos cuyos naufragios detalla en el libro Galeones con tesoros llevaban una carga **valorada entre 4.000 y 5.000 millones de euros.** Tomando la cifra más baja, **173 millones de euros por barco,** el millar largo de galeones con tesoros tendría un valor total de casi 209.000 millones de euros: más del triple de lo que el Estado prevé ingresar en 2007 por el IRPF» («Tesoros ignorados», *La Gaceta* de 05/05/2007, énfasis añadido).

Quizás no extrañe que el *naufrólogo* citado en el texto haya sido implicado por la Guardia Civil en la *operación Bahía II* y a sí mismo se defina como corsario (*Abc* de 15/08/2005, *El Diario Montañés* de 27/05/2007 y Bonifacio 2009).

Este periodista, que puede considerarse como el que dio la voz de alarma sobre el expolio cometido por OME, antes de cambiar el tono del resto de sus crónicas y noticias sobre OME, también valoraba en términos de intrepidez aventurera las actuaciones de las empresas de cazatesoros:

> «[l]os rescatadores de pecios se consideran a sí mismos **buscadores de historia,** aseguran **que más que el dinero les mueve la gloria de ver su nombre en un museo** (...) Las empresas cazatesoros que cotizan en bolsa en Estados Unidos, como SEAI (Sovereign Exploration Associates International, y su filial Sea Hunt), Odyssey Marine Exploration (que investiga el *HMS Sussex*, hundido en aguas españolas en 1694) o la Sea Research Foundation presidida

por Robert Ballard (que halló el *Titanic* en 1985, el *Bismarck* en 1989 y el *Yorktown* en 1998), son las primeras conscientes del alto riesgo de sus actividades, y por tanto las **primeras interesadas en no saltarse la ley** (...) **Conocen por tanto el percal mucho mejor que los gobiernos que dicen temer por su patrimonio.** Estos **aventureros** también pueden **arriesgar su capital en campañas costosas, algo que jamás podrán hacer los arqueólogos submarinos, que viven del Estado y no están dispuestos a arriesgar sus cargos a causa de un fracaso.** Un turista en nuestro litoral, puede ver expuestas anclas, ánforas, u observar cómo le ofrecen que compre una chocolatina sacada de un pecio. En Gran Bretaña se premia la extracción, y los museos están llenos; en **España, se persigue a quien sabe explorar, y los museos están vacíos** (...) Mel Fisher comenzó a buscar en 1969 los galeones *Nuestra Señora de Atocha* y *Santa Margarita*, hundidos en 1622: la parte principal del tesoro no apareció hasta 1985. Afrontó una grave crisis cuando el gobierno de EE.UU. le confiscó lo rescatado: perdió su capital y sus amigos, aparte de un hijo, su nuera y un buzo en un accidente. Ofreció el tesoro a España, que no lo quiso. Ganó el juicio y montó un museo en Cay West (Florida). **Con ser esenciales para la recuperación de su capital, para Fisher lo esencial no fueron los metales preciosos, sino 'un sinnúmero de artículos que brindan un entendimiento de la vida durante** el siglo XVII, particularmente la vida marítima: excepcionales instrumentos de navegación, armamentos militares, herramientas de diversos oficios, recipientes de cerámica, loza y hasta semillas e insectos'. Incluso una parte del casco inferior del Atocha se conserva en una laguna de los Cayos de Florida» («Tesoros ignorados», *La Gaceta* de 05/05/2007, énfasis añadido).

Para que en determinados medios, como *El País*, el tono épico y grandilocuente deje asomar algunos rayitos de luz que apunten en otras direcciones, es preciso que den cabida a opiniones de expertos ajenos; lo cual han hecho en ocasiones. Por ejemplo, *El País* de 29/01/2006, publicaba «El galeón 'Sussex' libra la última batalla», reportaje donde se pueden leer comentarios del representante legal de OME, pero también del profesor Aznar Gómez o de la consejera de Cultura de la Junta de Andalucía, en cuyas manifestaciones aparecen términos como patrimonio cultural o expolio.

Pero estos rayos no sirven para iluminar el panorama general. En plena vorágine informativa sobre las actividades de la empresa OME en aguas españolas, *El País* seguía presentando esta operación con tintes de aventura épica de perfil investigador. En el reportaje titulado «Al rescate del oro del 'Sussex'» (*El País* de 30/03/2007) se omite cualquier referencia a la palabra expolio, usando términos como rescate o recuperación. En otro, «El gran tesoro» aparecido en el mismo diario el 24 de junio de 2007, se califica a OME, en relación con el saqueo del *Merchant Royal*, navío hundido frente a las costas francesas que portaba numerario español, como la compañía más famosa en la investigación de pecios. Para entonces ya se conocía la comisión del presunto expolio del pecio de la *Nuestra Señora de las Mercedes*.

García Calero ha resumido esta actitud, referida a la prensa en general, con la siguiente frase:

> «...igual que las momias tienen maldiciones que las protegen, a los cazatesoros les embellece un halo de aventura» (García Calero 2009: 212).

Sin embargo, sería injusto extender estos ejemplos al resto de la prensa. *El Diario de Sevilla*, que en esas fechas contaba con profesionales especializados en patrimonio arqueológico, muestra mayor sensibilidad al tratar el «caso Odyssey». En 2005, en el artículo «La Guardia Civil, alerta para evitar el expolio del 'Sussex' en Gibraltar», como anuncia su título, la información ofrecida tenía un cariz distinto, aunque mantenga los tópicos de siempre:

> «[e]n su página web da noticia incluso de los preparativos para la expedición ahora en curso y que, según se ha alertado, **podría estar removiendo y alterando el yacimiento arqueológico de la zona, lo que se tipifica como expolio**. Las razones de Odyssey para perseverar, incluso **arriesgándose a transgredir la legalidad española**, son de peso: el *Sussex* portaba en su travesía un **suculento cargamento de diez toneladas de oro y cien de plata,** el dinero con que la corona inglesa pretendía sobornar a fines del XVII al Duque de Saboya para lograr su favor en la batalla contra Francia. Al cambio actual, **el tesoro sepultado en el pecio superaría los 4.500 millones de euros, y de recuperarse sería el más valioso rescatado en los tiempos modernos** (...). La presencia de Odyssey en la costa andaluza no es nueva. Iniciaron, **igualmente sin permiso**, sus prospecciones en 1998. Siguieron otras en 1999, 2000 y 2001 en las que peinaron, según reza en su web, más de 400 millas cuadradas de fondo de mar, **localizando 418 objetivos potenciales y detectando la presencia de pecios**

11. Sensibilizando y educando a la sociedad sobre el expolio

fenicios y romanos. Cabe preguntarse **qué efectos han tenido estos análisis sobre el yacimiento**, máxime cuando se sospecha que **podrían estar usando esta vez una potente aspiradora para succionar el pecio y sus alrededores**, localizados a unos 800 metros de profundidad» (*Diario de Sevilla* de 21/02/2005, énfasis añadido).

En los momentos previos a la publicación del expolio, este diario siempre estuvo atento a la disputa entre el Gobierno del Estado y la Junta de Andalucía por la cuestión de los permisos (*Diario de Sevilla* de 12/01/2006).

Una vez que el día 18 de mayo de 2007, como ya se ha explicado, la empresa OME hizo público el apoderamiento de un fabuloso cargamento del pecio de una nave de época colonial, en «algún punto del Atlántico», las noticias, crónicas y reportajes se intensificaron. Ritmo que no decayó habida cuenta de las acciones emprendidas por el Gobierno español para averiguar qué pecio era y dónde se encontraba. En este proceso se decantaron dos tesis, acerca del lugar donde se había producido el explio: las llamadas «tesis atlántica» y «tesis mediterránea». Confirmadas las sospechas de que se trataba de un navío español, España se personó en el procedimiento que la propia OME había abierto en los tribunales de Tampa, al objeto de reclamar la devolución de las monedas. Entre medio, se sucedieron diversos acontecimientos, ante la negativa de OME a dar cuenta precisa del lugar del hallazgo del pecio, al que denominaron *Black Swan*, secretismo del que ya había hecho gala en relación al *MHS Sussex* en los proyectos de intervención mandados a la Junta de Andalucía, para su aprobación.

Las acciones judiciales ante la justicia norteamericana no eran las únicas en las que estaba implicada OME. El Juzgado de Primera Instancia e Instrucción número 3 de La Línea de la Concepción (Cádiz) había abierto diligencias, ante la denuncia de la Fiscalía de Medio Ambiente, Urbanismo y Patrimonio de Cádiz, por posible delito de expolio del PASub español. Estas acciones se centraron básicamente en las órdenes de apresamiento y registro de los dos barcos que OME tenía en la dársena militar de Gibraltar, una vez que salieron de ella.

Desde la perspectiva del cubrimiento mediático de estas noticias, cabe destacar diversos aspectos hasta entonces inéditos en el seguimiento de las noticias sobre expolio arqueológico. En primer lugar, se extreman las distancias entre las distintas líneas editoriales que, de una u otra forma, ya estaban presentes en el seguimiento de este caso. Resulta imposible no advertir, tras este enfrentamiento, determinadas implicaciones políticas e ideológicas que determinan afinidad o rechazo a la acción política de un gobierno dado. Pero eso también es una novedad, porque la defensa frente al expolio parecía estar por encima de la trifulca política.

Así, por ejemplo, el diario *El País* hace un seguimiento centrado en la idea general de que se trata de la recuperación de un tesoro, por parte de una empresa especializada, sobre el cual el Estado español pretende tener determinados derechos. Para sustentarlos debe demostrar una serie de evidencias. Es, ante todo, una cuestión principalmente civil[225], en la que el PASub está presente, pero siempre en boca de otros; al margen de la línea editorial[226]. Por otra parte, salvo en las crónicas y reportajes, en los que habitualmente se hace un recuento de lo acontecido hasta el momento, como todos los demás medios, trabaja fundamentalmente con las noticias suministradas por las agencias, que reproducen las emanadas de organismos oficiales. Pero como –según su interpretación– se trata de una controversia meramente civil, ambas partes tienen igual presunción de verosimilitud. Esto conduce a que la principal actuación de investigación realizada sea contrastar la información, ofrecida por las fuentes oficiales, con las opiniones de portavoces de OME[227].

Este seguimiento de *El País*, en su pretensión de imparcialidad, se caracteriza por la ausencia de recriminaciones al Gobierno por la comisión del expolio; así como por obviar las disensiones, en torno a esta cuestión, entre los ministerios de Asuntos Exteriores y Cultura. Solo cuando haga públicos los cables de la diplomacia norteamericana, en el denominado «caso Wikileaks», dejará entrever las tensiones entre ambos departamentos del Gobierno. De forma coherente con estos posicionamientos, las primeras informaciones llevan a este diario a situar el punto donde se ha producido el «hallazgo», en unas coordenadas bastante distantes, al oeste del arco imaginario que une el cabo San Vicente y la ciudad marroquí de Hadida. Es decir, mar adentro

---

[225] *El País* de 24/05/2007, en la noticia titulada «Cultura investiga la actuación de Odyssey», se contiene una frase que da perfecta muestra de ellos «España no volverá a trabajar con Odyssey», tergiversando todo lo ocurrido, ya que España nunca trabajó con esa empresa.

[226] Es el caso del artículo de opinión titulado «Tesoros en el Atlántico» (*El País* de 23/05/2007).

[227] En plena controversia, con las sospechas cautelosas del Ministerio de Cultura y las investigaciones de la Guardia Civil, las declaraciones de los representantes de OME delatan perfectamente que «primero matan y después preguntan». En *El País* de 24/05/2007, la noticia «Cultura investiga la actuación de Odyssey», se recogen las siguientes declaraciones: «siempre que encontramos un pecio y lo identificamos nos ponemos en contacto con las autoridades del país que tiene derechos sobre él y ofrecemos un acuerdo para extraerlo. Esto no ha ocurrido todavía porque aún no sabemos qué país tiene derechos sobre el pecio hallado».

11. Sensibilizando y educando a la sociedad sobre el expolio

y, por tanto, no solo fuera de las aguas territoriales españolas, sino también en una situación en que es difícil probar los derechos sobre el «botín» argüidos por el Gobierno español (*El País* de 31/05/2007). Pero en ningún caso en esta noticia, «Odyssey encontró su tesoro en el Atlántico», alude a expolio del PASub, sea español o no.

Su defensa de la denominada «tesis atlántica» refuerza la que manejaba también el Gobierno, como se desprende de las declaraciones de la ministra de Cultura en su comparecencia en el Congreso de los Diputados el 27 de junio de 2007, aunque en este caso la principal línea argumental era la nacionalidad del buque. En este sentido, el secretismo sobre el posicionamiento del barco, así como su identificación dejaban inermes o, cuanto menos, dificultaban las acciones del Gobierno español que, también procedía con cierta cautela a la hora de emitir comunicados. Este diario solo reprochará abiertamente el secretismo de OME, ya bastante avanzado el procedimiento legal en Tampa, en un editorial de 18/10/2007, titulado «Al abordaje de Odyssey». Incluso parece que, de forma velada, reconoce que se trata de una empresa poco fiable para tratar el patrimonio cultural,

> «[o]tros Gobiernos con fondos marinos atestados de pecios deberían tomar nota de los sospechosos modales de Odyssey». (*El País* de 18/10/2007, «Al abordaje de Odyssey»).

A pesar de ello, más de un año después del anuncio del apoderamiento de las monedas por OME y su traslado a EE UU, una vez que se da como lo más probable que el pecio del que se expoliaron las monedas sea el de la *Nuestra Señora de las Mercedes*, aún este periódico sigue negándose a calificar los hechos con respecto al daño ocasionado al PASub. Las opiniones –más valdría denominarlas excusas– de OME las confronta con las de expertos, en pie de igualdad. En el reportaje «Las monedas de plata son españolas» se lee lo siguiente:

> «[p]orque en esta larga historia que ya va a hacer el año, las monedas no tienen mucho valor intrínseco. Las 500.000 monedas de plata de El Cisne Negro podrían saturar un mercado que no cuenta con mucha gente dispuesta a pagar grandes sumas por algo que tiene todo el mundo. Porque en toda historia importa más el brillo del metal que el metal en sí mismo. Ese brillo mantiene la idea de que todos los proyectos saldrán adelante: las películas de Disney, los concursos de piratas, los libros, los documentales, los museos y las ilusiones de seguir encontrando durante mucho tiempo oro, el metal con el que todavía se siguen forjando los sueños y las pesadillas (...) La idea de Greg Stemm

y John Morris en la fundación de Odyssey Marine Exploration era unir ciencia y comercio, arqueología y beneficios. ¿Y si además se le añade el Mercado de Valores? El tintineo de las monedas en las manos de Stemm rechina en los despachos de las universidades de todo el mundo. Un dato. Según comentaba un arqueólogo de la Universidad de Tejas en la revista *The New Yorker* hace unos días, Odyssey no ha publicado una sola línea de información relevante para el gremio. La razón, según Odyssey, es que nunca les dejan. No han aceptado los artículos de sus arqueólogos porque su nombre se relaciona siempre con la palabra de la que la empresa no consigue desprenderse: cazatesoros. El rechazo de la ciencia hace que sus descubrimientos, incluso si son probados y útiles para la historia, caigan en saco roto. "Es difícil conjugar ciencia y negocio", señala Ángel Alloza, historiador del CSIC. "Creo que el problema en este caso es el oscurantismo y la ocultación deliberada de datos que la empresa ha hecho. Eso es lo contrario de la ciencia", concluye» (*El País* de 12/04/2008 «Las monedas de plata son españolas»).

En el lado opuesto, también del espectro político, *La Gaceta*, que ya ha sido traída a colación como el primer medio en dar la voz de alarma sobre el expolio, mantuvo un seguimiento del «caso Odyssey» y, una vez devueltas las monedas a España, ha seguido publicando algunos artículos sobre el particular.

En primer lugar, debe señalarse que se apuntó al Ministerio de Asuntos Exteriores como responsable de la autorización dada a OME (*La Gaceta* de 29/06/2007, «Moratinos autorizó los trabajos de Odyssey a pesar de la oposición de Chaves»), frente a la prudencia mantenida por el Gobierno y *El País*. Atribución que ha sido reconocida por la propia ministra de Cultura del momento, en una crónica sobre la luz aportada por los cables de la diplomacia norteamericana, hechos públicos por Wikileaks (*Abc* de 10/12/2010 «Wikileaks prueba que el permiso de exteriores dio pie al expolio de Odyssey»).

En segundo lugar, es preciso destacar que fue el único en realizar investigaciones propias, al margen de los comunicados de las fuentes. En efecto, señaló como lugar de almacenamiento de las monedas las instalaciones gibraltareñas. También identificó el flete de los aviones en la Roca para su traslado a EE UU[228]. O bien –cuando el episodio que centraba la atención era la orden de registro de los barcos que OME tenía en la dársena del Peñón-, el traslado de las principales pruebas de cargo a otros buques o a almacenes de tierra (*La Gaceta* de 07/06/2007,

---

[228] En *La Gaceta* de 22, 23, 29 y 30 de mayo de 2007, pueden encontrarse artículos comentando estas noticias basadas en investigaciones *in situ*, aunque la custodia de las monedas en los arsenales militares existentes en la Roca, ha sido desmentida por las autoridades gibraltareñas.

titulaba una noticia, con fotos, «Odyssey desembarca su robot y vacía sus barcos para burlar la vigilancia española»).

Asimismo, ha sido característica en este medio la participación habitual de colaboradores externos a la redacción a través de artículos dentro de los ejemplares o de información suministrada a Santiago Mata, redactor de Cultura y Sociedad y principal autor de las noticias y reportajes sobre OME. Los principales han sido Lorenzo Sarmiento, periodista y abogado, y Claudio Bonifacio, conocido ya en este trabajo. Junto a ellos, también ha sido entrevistado el responsable de la empresa Nerea, especializada en buceo. En una entrada de uno de los blogs de Santiago Mata, «Odyssey: guía para perplejos»[229], el periodista indica que se entró en contacto con Bonifacio en mayo de 2007, siendo este quien le alertó sobre las ocultas intenciones de OME y del vuelo del avión fletado por la compañía para ir de EE UU a Gibraltar y vuelta.

La colaboración con Sarmiento, les lleva a la asunción de la «tesis mediterránea», defendida por esta cabecera, incluso tras la devolución de las monedas (*La Gaceta* de 11/05/2012, con el título «Los secretos del tesoro de la 'Mercedes'»)[230]. Las comprobaciones de Sarmiento, a través del sistema de posicionamiento del satélite AIS de Lloyd, fueron la base para sustentar una localización alternativa sobre dónde se encontraba el pecio expoliado

> «[e]l *Odyssey Explorer* ha buscado el *Sussex* en aguas españolas desde 1998, refugiándose en Gibraltar. El 23 de marzo de 2007 obtuvo por fin permiso del Ministerio de Exteriores español para localizar el barco inglés. Pero las dificultades técnicas y de permisos llevaron a Stemm a renunciar a su sueño y arramplar con otro barco. La situación económica de la compañía no permitía esperar más. Odyssey había localizado 418 yacimientos submarinos (pecios), entre ellos los de 23 barcos, en siete de los pecios realizó "excavaciones preliminares" en 2004 y 2005: tenía dónde elegir. El viernes 18 de mayo celebraría Odyssey su asamblea anual de accionistas, y éstos estaban descontentos después de continuos años con pérdidas (3,8 millones de dólares en el primer trimestre de 2007). La decisión de extraer tesoros de otros pecios la debió tomar Stemm (junto con el presidente ejecutivo de la compañía, John C. Morris) a fines de 2006, cuando compró un segundo barco de exploración, el *Ocean Alert*. Los dos barcos estuvieron trabajando febrilmente —extrayendo monedas del fondo marino— entre febrero y abril de este año, 20 millas al

---

229 http://centroeu.com/cultura/modules.php?name=News&file=article&sid=309 (visitado en marzo de 2012).

230 En este artículo, así como en otras entradas de los blogs de Santiago Mata *Paracuellos'36*, alojado en intereconomia.com, considera que el auténtico pecio expoliado está en el Mar de Alborán y se le denomina «yacimiento E-82», en la terminología de OME.

suroeste de Málaga, según ha podido documentar Pipe Sarmiento siguiendo las posiciones del *Odyssey* y del *Ocean Alert* varias veces a diario con el sistema de posicionamiento del satélite AIS de Lloyds. El pecio o pecios de donde Odyssey extraía monedas estaba situado en aguas españolas. Pero, confiados en que sólo trataba de localizar el *Sussex*, las autoridades españolas nunca subieron al barco para ver qué carga llevaba» («Odyssey se lleva de aguas españolas el mayor tesoro submarino de la historia», *La Gaceta* de 19/05/2007).

Sarmiento ha mantenido el tono más alto de reproches tanto contra el Gobierno central como contra la Junta de Andalucía, en la mayoría de las ocasiones sin fundamento[231].

Solo muy al final del ciclo informativo sobre el «caso Odyssey», Santiago Mata, en su blog *Paracuellos'36*, en la entrada de 26 de febrero de 2012 titulada «Para terminar con Odyssey»[232], informa de que sus principales fuentes de información y a las que debe el particular sesgo de su seguimiento sobre este caso, fueron imputados policialmente en la *operación Bahía II*, injustamente a los ojos de este periodista y como producto de una maniobra de círculos cercanos a OME, «para perseguir a quienes les hacían so[m]bra». De alguna forma reconoce que sus fuentes eran la competencia de OME en la búsqueda de tesoros submarinos.

Por su parte, el seguimiento del diario *Abc* prestó bastante detalle al enfrentamiento político entre Gobierno y oposición por este motivo.

Abc ha mantenido una línea editorial tendente a culpar a OME de expolio, por encima de la cuestión civil[233]. Por lo demás, como el resto de medios, ha estado muy pegado a los despachos de las agencias de noticias. El periodista responsable de las noticias y reportajes de este rotativo ha sido Jesús García Calero, quien ha tenido la oportunidad de hacer una valoración personal sobre «caso Odyssey», analizado desde su perspectiva profesional (García Calero 2009).

Este medio también se ha rodeado de colaboradores, parte de los cuales ya colaboraban también con *La Gaceta*. Sitio preferente fue otorgado a los responsables de la empresa Nerea, así como a su representante legal en las causas abiertas en España contra OME en los

---

231 Ver, por ejemplo, los titulados «Un robo anunciado» y «Siete años de desidia», aparecidos en ese medio los días 21 y 22 de mayo de 2007.

232 http://www.intereconomia.com/blog/paracuellos36/para-terminar-odyssey-20120226 (consultado marzo 2012).

233 Por ejemplo, en «Odyssey violó las garantías que exigía Exteriores para buscar el 'Sussex'», (*Abc* de 29/05/2007).

juzgados de la Línea de la Concepción, J. M. Lancho, que también ha expresado su visión de este expolio, al margen de la prensa (Lancho, 2009). Estas opiniones han permitido centrar, al menos en parte, el debate sobre la cuestión central del expolio, no sin reprochar al Gobierno su dejadez con respecto al PASub. Junto a ellos, un también han colaborado diversas personas que aportaron pruebas documentales sobre la *Nuestra Señora de las Mercedes*[234], vitales al parecer, para el sentido de la sentencia. Son a los que García Calero ha denominado los «auténticos héroes» en las acciones emprendidas contra OME, porque tanto los funcionarios como los gobiernos que estaban cuando se produjeron los hechos, a pesar de que decidieron hacer valer los derechos de España ante la justicia norteamericana, apenas si merecen una somera mención (*Abc* de 27/02/2012, «Los auténticos héroes del caso Odyssey»).

Como ya se ha comentado en un capítulo anterior, este rotativo también se caracteriza por ser el más activo en lo que he denominado «pos-caso Odyssey». Ante la suspicacia suscitada por las actuaciones públicas, recogidas en el Plan Nacional de Protección del Patrimonio Cultural Subacuático Español (Aznar *et alii* 2010), aún vigente aunque acusando la situación de crisis económica actual, parece haberse formado un *lobby* interesado en sacar partido de los «ingentes tesoros» que aún quedan bajo las aguas, al que este diario ha decidido servir como portavoz (*Abc* de 11/03/2012 «Un enorme tesoro en el fondo del mar»). La retórica con la que se expresa este grupo anónimo por boca del mencionado periodista es fastidiosamente similar a la de los cazatesoros, con la apremiante anteposición de la recuperación fortunas perdidas a la de investigación del patrimonio cultural. Pero, además, muy posiblemente los cálculos de obtener ganancias vendiendo con autorización gubernativa las monedas sacadas de los pecios sean erróneos. Una de las primeras impresiones conocidas sobre las monedas expoliadas por OME es que están en pésimo estado de conservación y que su valor en el mercado no hubiese alcanzado las cifras inicialmente pensadas. Tampoco la experiencia apoya el éxito comercial de tales empresas. Los casos conocidos de inflación del mercado de antigüedades por la aportación masiva de objetos provenientes de pecios, demuestran que finalmente las casas de subastas se muestran incapaces de colocar la buena parte de los lotes. Lo sucedido con el *Tek Sing* (Villegas Zamora 2008: 28 ss.), comentado en un capítulo anterior es buena muestra de este comportamiento.

---

234 A pesar de existir referencias de reconocimiento de Santiago Mata a Jesús García Calero (ver la ya mencionada entrada del blog *Paracuellos'36*, «Para terminar con Odyssey») y compartir parte de las fuentes de información, lo cierto es que *Abc* difiere notablemente de la «tesis mediterránea» y, además, aboga porque el pecio expoliado era el de la fragata *Nuestra Señora de las Mercedes*.

En fin, estos ejemplos no agotan toda la vasta cobertura mediática nacional e internacional que ha tenido, tiene y tendrá el «caso Odyssey», no obstante dan una imagen ajustada de cuáles han sido los principales mensajes emitidos, en ocasiones contradictorios entre los propios medios, pero con ciertos denominadores comunes. En esta ocasión, la construcción mediática de la actualidad ha sido idéntica a la realidad extramediática: en ambos mundos se ha orillado el principal problema, el expolio del PASub. La comunicación científica aplicada a la tutela del patrimonio cultural tiene por delante un trabajo ingente.

CAPÍTULO 12
La educación es un arma cargada de futuro

La locución «luchar contra la expoliación» no significa exclusiva y necesariamente recurrir a represión de conductas que atenten contra la integridad de los bienes integrantes del patrimonio histórico, aunque sean necesarias; también se combate desde la educación en valores y la difusión del enriquecimiento que el conocimiento histórico genera. Ese es además un valor irrenunciable en el ordenamiento social, aunque pueda sonar utópico. La educación como proceso que nos desarrolla como personas y fortalece el tejido social del que formamos parte, está en el armazón de principios que hemos deseado otorgarnos y que nos definen como sociedad. El componente idealista de esta idea, producto del encuentro entre la experiencia histórica y la utopía, no debería perderse en el sueño de la razón.

El artículo 1.1 CE considera a España como un Estado social y democrático de derecho; pero al hacerlo, lejos de sancionar la realidad concreta de ese momento, establece unos objetivos puesto en un futuro indeterminado al que se avanza guiados por la aplicación de los preceptos contenidos en ella, junto a los que emanen de la actuación de los tres poderes del estado, inspirados en ella.

La sensibilización patrimonial no solo es producto del tratamiento de estas materias en la educación reglada, también hay otras formas de difusión cultural especialmente diseñadas para acrecentar su conocimiento y aprecio social, conocida como educación no reglada. Por otra parte, la acción protectora y conservacionista de estos bienes desplegada tanto por las administraciones como por la sociedad, en general, tiene efectos positivos.

Cualquiera de los campos de la tutela de los bienes culturales enunciados en el párrafo anterior ha dado para escribir centenares de libros, tanto teóricos como los que describen experiencias. Mi propósito en este último capítulo es trazar el boceto de su situación actual, sin que este ánimo de síntesis me prive de señalar algunas deficiencias notables que arrastramos.

Este capítulo tiene también la virtualidad de servir como conclusión de esta obra, pues como he repetido a lo largo de sus páginas, es sobre estos medios donde cifro el ocaso de ciertas formas de expolio arqueológico, más producto de una comprensión deficiente del valor social de la arqueología que del ánimo de lucro. A mayor nivel cultural generalizado será más fácil canalizar, por vías no lesivas al patrimonio arqueológico, la curiosidad o las ganas de conocer la historia local, que mueven hoy día a personas a salir un fin de semana con un detector en busca de monedas u otro tipo de antigüedades.

12.1. El desencuentro con el pasado

Las conclusiones del debate sobre el patrimonio histórico auspiciado por la Fundación Cultural Banesto (celebrado hace ya algunos años, en junio de 1994), pusieron de manifiesto que la radical separación entre la sociedad y su patrimonio histórico no solo es la principal característica de la relación actual entre ambos, sino que además supone la amenaza más grave para la supervivencia de ese legado cultural (*Jornadas sobre Patrimonio Histórico*, 1994).

El valor de esta constatación no reside tanto en su carácter revelador cuanto en el admonitorio. La complejidad de la situación actual del patrimonio histórico y, por tanto, de cualquier reflexión sobre su tutela, supone (contrariamente a las soluciones globales propuestas por otras visiones basadas en apreciaciones más simplistas) diversificar las actuaciones tendentes a solventar la problemática generada por él. Para ello es prioritario incidir sobre aquellos campos que permitan conformar un armazón capaz de invertir las tendencias actualmente predominantes.

J. Ballart (1997: 117 ss.) ha caracterizado dos modos distintos de entender la relación entre Estado, ciudadanos y patrimonio histórico que, de forma genérica, recogen los criterios rectores sucesivos de la acción estatal sobre monumentos y yacimientos bajo su tutela.

Según este autor, para el pensamiento clásico la finalidad de la gestión del patrimonio histórico era salvaguardar los bienes culturales en función del interés de sus valores científicos que, tenidos por supremos, habrían de ser honra y prez de todo pueblo culto. Se despreciaba como bastarda cualquier otro tipo de potencialidad, fundamentalmente la económica. Sin embargo, la piedra de toque continua era justamente la falta de presupuestos para atender adecuadamente los problemas de conservación, restauración y difusión. O sea que, rescatando la frase de Fernández-Miranda (1983:9), el orgullo de poseer un rico

12. La educación es un arma cargada de futuro

patrimonio histórico no se acompañaba de la responsabilidad de mantenerlo dignamente. En situaciones de conflicto, el éxito de esta línea de razonamiento ha sido siempre escaso. Al ya de por sí difícil reto de explicar convincentemente, a unos interlocutores legos en esas materias, en qué consistían tales valores y el beneficio que reportaban, se le unía el error garrafal de despreciar la plusvalía pecuniaria como algo indigno de ser tenido en cuenta, amén de considerar infinitas las arcas públicas.

Procurando reparar esos errores, hoy se suele poner el acento justamente en el otro extremo, en la rentabilidad económica que puede llegar a producir la conservación de tales elementos, en términos turísticos, en una sociedad cada vez más rica, con más tiempo libre y mayor capacidad de movimiento. Sin embargo, creo que, en casos de conflicto, esta estrategia no tiene mayores resultados que la anterior. Posiblemente su principal fallo radique en vender como inminente lo que no pasa de ser una apuesta de futuro a medio y largo plazo.

En esta misma línea argumental, M. González Méndez (1996: 48) asume con realismo que si el patrimonio arqueológico ha dejado ya de ser venerable en razón de su aportación al conocimiento de la sociedad, nos queda aún la posibilidad de conservarlo en razón de su necesaria contribución a la industria turística, procurando que no pierda su esencia, esto es su contenido informativo. Su propuesta explora una vía intermedia, entre el consumo de masas y el selectivo, que no parte de una negativa a la re-creación de una imagen vendible del objeto arqueológico, sino que pone el acento en derivarla de los valores que le son propios.

Con bastante mayor profundidad, G. Lipovetsky (1993) ha sondeado la contradicción entre un modelo societario dominado por el culto al presente, la admiración por lo efímero y la seducción, por un lado, y el entusiasmo por el pasado, su conservación y valorización, por otro. Es lo que ha dominado el «efecto patrimonio», con su manifestación sobresaliente en grandes museos, obras de conservación y el auge del turismo cultural. En definitiva, cuanto más libres y autónomos quieren ser los individuos, más se preocupan por conservar lo antiguo.

He sostenido que este tipo de contradicciones funcionan porque son puras aporías. Son falsas. El gusto por el pasado ha tenido que pagar un precio altísimo para estar de moda en el mundo posmoderno. Se ha desposeído de todo tipo de valor que no sea el estético y el nostálgico (Rodríguez Temiño 1998c).

Ya he explicado en el capítulo correspondiente de esta obra, que la vinculación personal con las grandes causas se ha convertido en algo lábil y poco exigente. Por eso, quizás, tiene tan poco eco la implicación con algo tan difuso como la preservación del patrimonio arqueológico. Las encuestas muestran que el público, en general, es favorable a su conservación, pero no se sienten llamados a hacer nada.

El interés de la propuesta lipovetskyana se centra en que contiene un ingrediente más en esta discusión: la ecología. O, al menos, la sensibilización ecológica de la sociedad. La ética posmoderna presenta un marco poco idóneo para imponer obligaciones, no acepta el culto del deber austero. Pero la ecología demanda actitudes exigentes, quizás más comprometidas que la salvaguarda del patrimonio histórico, o arqueológico. Y, lejos de banalizarlas, la sociedad posmoderna está especialmente alerta sobre los riesgos a los que sometemos al planeta. La causa de este cambio es, según Lipovetsky, que los ecológicos se han redefinido como derechos a un medio ambiente saludable, o a una alimentación sana.

Es a este cambio de actitud al que deberíamos enganchar la conservación del patrimonio arqueológico. No se trata de garantizar meramente las posibilidades de hacer turismo cultural, pues la sociedad posmoderna lo convierte rápidamente en un culto gratuito, en un divertimento. Como si se tratase de un decorado sin consecuencias para el presente, para el entorno social y medioambiental en el que nos desenvolvemos y donde podemos desarrollarnos como personas. Es aquí donde debe incidir la educación.

12.2. El valor educativo del patrimonio histórico

Está garantizado el derecho al disfrute, al consumo de los bienes culturales, pero no a cualquier tipo de consumo. La actuación promocional de los poderes públicos ha de estar encaminada a que, mediante la fruibilidad de los bienes culturales, revierta en una mejora de las condiciones para el libre desarrollo de la personalidad, al que todos tenemos derecho. Para alcanzar esta meta, la fruición y el goce solo pueden ser producto de una adecuada difusión de los valores existentes en esos bienes. Esta apuesta no es incompatible con ninguna otra estrategia de valorización, pero no a costa de que el programa educativo se convierta en una muletilla tan imprescindible como vacía de contenido.

La gestión de los bienes culturales debe estar más relacionada con la teoría social del Estado que con el simple juego de mercado. El pasado no puede seguir siendo tan inaccesible y lejano como un país extranjero, en expresión de D. Lowenthal (1998)[235], toda interpretación ha de tener un contenido educativo. Los museos, los monumentos, los yacimientos arqueológicos y todos aquellos bienes dispuestos a la visita pública, deben ser lugares preferentes para la reflexión y la educación. Esta es el instrumento más adecuado para extraer del patrimonio histórico toda la utilidad social que potencialmente posee, y en virtud de la cual es considerado como un bien público.

La educación es un recurso indispensable para que la humanidad avance en la consecución de los ideales de paz, libertad y justicia social. Para ello no puede estar orientada principalmente –ni mucho menos, exclusivamente– hacia el enriquecimiento de la capacidad técnica, sino que debe perseguir la estructuración de la persona y de las relaciones interindividuales, como medio para el pleno desarrollo del ser humano en su dimensión social. Este reconocimiento del papel fundamental de la educación en la evolución personal, y el papel indispensable que deben jugar los bienes pertenecientes al patrimonio histórico, está presente en las recomendaciones de la Convención de la Unesco para la protección del patrimonio mundial cultural y natural (París, 1972). También, a escala europea, en el Convenio para la protección del patrimonio arqueológico (Londres, 1969). Sin embargo, en la legislación específica, salvo casos excepcionales, no es frecuente encontrar alusiones directas a la necesidad de implicar el patrimonio histórico y cultural con los procesos educativos. De las primeras normas autonómicas, se hace referencia en la Ley de Patrimonio Cultural de Cataluña y en la Ley de Patrimonio Cultural de Galicia, de 1993 y 1995 respectivamente. Las posteriores, denominadas por Querol de segunda generación, es decir aparecidas a partir de 1998, sí suelen recoger disposiciones referidas a esta cuestión (Querol 2010: 138 s.), aunque semejante referencia ha pasado casi desapercibida al resto de los poderes públicos.

Entre los profesionales esta recurrencia entre patrimonio histórico y educación es un lugar bastante común, pero son pocos quienes han profundizado en esta materia. Más arriba había hecho mención a las conclusiones de las Jornadas organizadas por la Fundación Cultural Banesto. En ellas se argumentó la rentabilidad que supondría incluir temas sobre patrimonio histórico en los currículos escolares (*Jornadas sobre Patrimonio Histórico* 1994: 23). También este ha sido un caballo de batalla recurrente en la obra de M. Á. Querol y B. Martínez (Querol y Martínez 1996: 335-353 y Querol 2010: pássim). Del análisis exhaustivo que hacen de los temarios de enseñanza primaria, secundaria y superior,

---

235 Según este autor, convertido en un país extraño, donde las cosas se hacen de otro modo, el pasado rinde al presente su principal tributo como próspero negocio turístico. Cuanto más se le aprecia por lo que es en sí mismo, tanto menos real o relevante se vuelve.

concluyen que no son aún frecuentes referencias a la legislación específica ni temas dedicados a la teoría y práctica de la gestión.

> «[l]a verdadera lucha contra estas intervenciones clandestinas, en algunas regiones mucho mayores en número e incidencia que las autorizadas, pasa a la fuerza por una inversión a largo plazo ante la que las Administraciones competentes parecen remisas: la modificación de los *curricula* educativos con la introducción de nociones sobre la existencia, el verdadero valor, el posible tratamiento y el significado del patrimonio arqueológico» (Querol y Martínez 1996: 252).

Conviene tener presente que la formación/información de las personas no puede ceñirse exclusivamente a la escuela o a la universidad, tradicionales depositarios del saber, pero insuficientes para mostrar la praxis del hecho cultural. Los museos, los monumentos, los yacimientos arqueológicos visitables, en definitiva, toda la valorización del patrimonio histórico debe contribuir en esa escuela de cultura; volver a ser un lugar donde la cultura de nuestros antepasados se hace visible.

La misión educativa de estas instituciones patrimoniales ha sido punta de lanza de su intento desesperado por acercarse al público. Para mantener ese dinamismo se precisa volver a conectar con la sociedad en todo su conjunto, sobre todo con el público potencial que preocupaba tanto a Merriman (1989). El verdadero reto inherente al proceso de democratización de la cultura no es llenar determinados museos de exposiciones espectaculares, sino aumentar el número de frecuentadores habituales: recuperar el contacto periódico con el museo, al que hubo un tiempo en que se solía volver, como dijo con nostalgia A. Pérez Sánchez en un debate de los Foros sobre el Patrimonio Histórico (*Jornadas sobre Patrimonio Histórico* 1994: 59).

Este planteamiento es el que, en cierta medida, podría acompañar determinadas propuestas de la *public archaeology* anglosajona, aunque si se aplicasen en España no entiendo necesario transgredir el ordenamiento jurídico para conseguirlo (me refiero a la cuestión del uso libre de los detectores de metales). Considero más productiva la vehiculación del interés, en la historia o el pasado, de ciertos colectivos sociales incardinándolos en actividades científicas de investigación; o bien colaborando en labores de tutela. Una prueba se realizó en el Conjunto Arqueológico de Carmona con una asociación de detectoristas, que ayudaron a limpiar el sector del anfiteatro de basura metálica, a la vez que señalaban localizaciones de interés, para su ulterior excavación.

12. La educación es un arma cargada de futuro

Creo también que este es el sentido de las líneas de trabajo expuestas en la normativa internacional, referidas a esta materia. La Recomendación 921 del Consejo de Europa dice en su sexto considerando: «[a]legrándose del interés del público en la arqueología, pero deseando fomentar el interés a través de un grado de involucración superior de un público responsable en arqueología y una mejor apreciación de las evidencias que la investigación arqueológica puede revelar». Para proponer seguidamente, entre otras cosas, que se lance una campaña informativa sobre arqueología coordinada por el Consejo de Europa, dirigida al público en general, a los gobiernos y a los comerciantes de detectores de metales y antigüedades; así como que se apoye la inclusión de una Introducción a la Arqueología en la educación escolar, como parte de los estudios de historia, para así fomentar una actitud más responsable hacia los vestigios del pasado.

Por su parte, la Convención de Malta prevé el compromiso de los miembros firmantes de la misma para emprender una acción educativa destinada a despertar y desarrollar, en la opinión pública, una conciencia sobre el valor del patrimonio arqueológico para el conocimiento del pasado, y sobre los peligros que amenazan a este patrimonio. También pide campañas para promover el acceso del público a los elementos principales de él, sobre todo a los yacimientos arqueológicos y a los bienes muebles, mediante exposiciones.

No obstante, a pesar de todas estas advertencias y recomendaciones, no siempre existe en el ámbito de la difusión una postura coherente que secunde la labor de lucha contra el expolio desarrollada por la propia Administración. Es como si lo hecho con una mano, a veces se deshiciese con la otra.

Muchísimos museos arqueológicos todavía están aferrados a un discurso centrado en las piezas, siguiendo un paradigma científico desfasado, que apenas da importancia al relato histórico contextualizador de los objetos comunes y artísticos, y a los procesos de conocimiento y cambio social. Se prefiere llamar la atención del público sobre piezas insólitas por su rareza o calidad artística. Lo peor de este discurso es que retroalimenta el gusto anticuarista por atesorar bienes poco frecuentes, ya sea en colecciones públicas o privadas.

Los efectos de la obsolescencia en la presentación de las colecciones de muchas instituciones museísticas se dejan rápidamente sentir en los museos locales, al seguir los patrones de mostrar piezas bellas esperando que, por sí mismas, transmitan el mensaje que quienes las han situado no han sabido construir. En estas instituciones de carácter local, la situación es doblemente negativa: a la sustitución del relato por el objeto se une, además, que suelen partir de colecciones fundacionales constituidas por materiales expoliados por vecinos que, mediante la donación o depósito de todo lo que no pueden vender, pasan a ser considerados como benefactores de la cultura local.

Por fortuna hay ejemplos muy significativos de exposiciones dirigidas al procedimiento arqueológico. Aunque sea algo antiguo ya, sigue manteniendo valor ejemplificante la muestra *Hace 4000 años... Vida y muerte en dos poblados de la Alta Andalucía*, (Contreras, Rodríguez, Cámara y Moreno 1997), basada en el proyecto de investigación de dos poblados prehistóricos de las provincias de Granada y Jaén, desarrollado por la Universidad de Granada. En ella, la arqueología se exponía desde una perspectiva científica, como una disciplina destinada a reintegrarnos el conocimiento de nuestro pasado a través del estudio de la cultura material y la evidencia medio ambiental. Dedicaba, por tanto, especial relevancia a la metodología usada en el registro arqueológico y su conversión en historia, a la vez que daba información sobre los modos de vida de las sociedades analizadas. Discursos apoyados con la documentación gráfica y los objetos materiales que componen la propia exposición.

Aunque no se aludía explícitamente, se hacía patente la distinción entre registro de la evidencia arqueológica y la posterior elaboración de la memoria colectiva, que es historia e interpretación a partir de ella, y depredación de un yacimiento mediante la rebusca de objetos en la que todo este caudal informativo se pierde irremisiblemente.

Resulta necesario que las administraciones culturales potencien este tipo de exposiciones, e incluso diseñen otras especialmente dedicadas a sensibilizar sobre los efectos producidos por el expolio y el contrabando de bienes culturales. La muestra denominada *Fundort Unbekannt!*, presentada en Kassel en 1995, precedida de bastante éxito durante una gira previa por ciudades alemanas y suizas (Graepler, 1995); o Italia con su campaña *Contro il vandalismo grafico*, iniciativa gubernativa dirigida a concienciar del daño que supone hacer *graffiti* en los centros urbanos, de carácter histórico, como en Bolonia que, además, ha sido acompañada de campañas dirigidas a los más jóvenes, ofrecen un buen ejemplo a seguir.

Tras todo lo expuesto en capítulos precedentes, sería bastante *naïve* pensar que todo se arregla haciendo exposiciones, o campañas más o menos directas. Muchas de las personas a las que irían dirigidas no se sentirían aludidas, pues exposiciones y campañas circulan por canales que quedan al margen de la inmensa mayoría del público usuario de detectores de metales. También sería necesario cambiar el tono. Debe dejarse de lado el modelo paternalista de la difusión, caracterizado por la preeminencia de la figura de los profesionales dedicados a evangelizar a una mayoría inculta, confiando que la propia

12. La educación es un arma cargada de futuro

espectacularidad de los vestigios o la erudición del discurso conmueva al público, descrito por González Marcén (1998). Deben andarse nuevo caminos de acercamiento, en el sentido de acoger formas diferentes de apreciar el pasado, aunque siempre con sometimiento al ordenamiento jurídico. Desgraciadamente, hay pocas experiencias de ese tenor –que yo sepa– fuera de las mencionadas colaboraciones de detectoristas en actividades arqueológicas. Del mismo modo que la comunicación científica también busca el diálogo con el público como medio de superar barreras, para la conservación del patrimonio arqueológico también ha llegado el momento de abrirse a escuchar, acoger y coparticipar con el público interesado, aunque sea desde perspectivas diferentes –vuelvo a señalar– con respeto a la legalidad.

La labor de los medios de comunicación, para crear esa concienciación es primordial. Aunque, resulte incuestionable que de forma habitual los profesionales de los *mass media* condenan el expolio arqueológico, no siempre resulta así. Por lo menos, el cuidado en la elección de los términos para definir actividades situadas extramuros de la legalidad, debería estar en sus libros de estilo. Pedir atención de las televisiones sobre la arqueología y el patrimonio arqueológico me parece irrenunciable llegados a este punto. Pero guardo poca esperanza sobre ello, habida cuenta del tipo de programación predilecta por las cadenas privadas y públicas.

Ya he referido que, por desgracia, estos no pueden ser los únicos recursos con los que combatir el expolio arqueológico y el comercio ilícito de antigüedades, pero, sin lugar a dudas, su consolidación hará menos necesarias políticas represoras. Confío plenamente en que la preservación del patrimonio arqueológico será una de las consecuencias de la labor, intensa y entusiasta, de muchos profesionales dedicados a la educación, reglada y no reglada. También de quienes hasta no hace tanto tiempo parecían desconocer el perjuicio provocado por la compra de antigüedades. Los movimientos a favor de eliminar del mercado las piezas de procedencia desconocida, o dudosa, también están contribuyendo a contener el monto de *escarbaciones* ilegales.

He rubricado este capítulo con un juego de palabras, producto de alterar ligeramente un célebre verso de Gabriel Celaya, porque expresa mi convicción del valor de la educación como mejor garante de la continuidad, a medio y largo plazo, de la conservación y valorización del patrimonio arqueológico. En ese futuro, la confusión del gusto por la historia o el pasado con la zafia rebusca de objetos antiguos tiene sus días contados. Pero sobre todo, mi convicción más fuerte es que merece la pena trabajar porque así sea y contribuir a que esa meta deje de ser una utopía inalcanzable.

REFERENCIAS BIBLIOGRÁFICAS

Abad Camacho, P. (2004): ¿A quién pertenecen los galeones españoles hundidos en el extranjero?, *PH. Boletín del Instituto Andaluz del Patrimonio Histórico* 43: 82-88.

Aberg, F. A. y Leech, R. H. (1992): The National Archaeological Record for England. Past, Present and Future, *Sites & Monuments. National Archaeological Records*, Copenhague: 157-170.

Addyman, P. V. (1995): Treasure trove, Treasure Hunting and the Quest for a Portable Antiquities Act, Tubb (ed.): 163-172.

(2009): Before the Portable Antiquities Scheme, Thomas y Stone (eds.): 51-62.

Addyman, P. V. y Brodie, N. (2002): Metal detecting in Britain: catastrophe o compromise?, Brodie y Tubb (eds.): 169-184.

Aguilera Collado, E.; Cumbrera Leandro, E. y Domínguez Macarro, A. (2006): La lucha contra el expolio arqueológico en la provincia de Huelva, *Curso sobre Protección...*: 20-33 (en CDRom).

Alcoceba Gallego, M. A. (2009): Algunas consideraciones sobre los aspectos competenciales del caso Odyssey y el régimen de protección del patrimonio subacuático español, F. Vacas Fernández y P. Zapatero Miguel (coord.): *La protección jurídico internacional del patrimonio cultural: especial referencia a España*, Madrid: 455-462.

Alibrandi, T. y Ferri, G. (1996): *Il diritto dei beni culturali. La protezione del patrimonio storico-artistico*, Roma.

All-Party Parlamentary Archaeology Group (APPAG) (2003): *The Current State of Archaeology in the United Kingdom. First Report*, Kent.

Almagro-Gorbea, M. (2009): Importancia del patrimonio cultural sumergido en España, Álvarez González, (dir.): 11-34.

Almansa Sánchez, J. (2006): La imagen popular de la arqueología en Madrid, *ArqueoWeb* 8.1. http://www.ucm.es/info/arqueoweb/pdf/8-1/almansa.pdf (consultado en septiembre de 2011)

(2011) (ed.): *El futuro de la arqueología*, Madrid.

Alonso Ibáñez, M. R. (1992): *El patrimonio histórico. Destino Público y valor cultural*, Madrid.

Alonso Villalobos, C. y Navarro Domínguez, M. (2002): El patrimonio arqueológico subacuático y los cuerpos de seguridad del Estado, *La protección del patrimonio arqueológico...*: 33-44.

Alonso Villalobos, C.; Benítez López, D.; Márquez Carmona, L; Valiente Romero, A.; Ramos Miguélez, S. y Martínez del Pozo, M. A. (2007): SIDNauta: un sistema para la información y gestión del patrimonio subacuático de Andalucía, *PH. Boletín del Instituto Andaluz del Patrimonio Histórico* 63: 26-41.

Álvarez González, E. M. (2008): Patrimonio sumergido: claves de su régimen jurídico, *Patrimonio Cultural y Derecho* 12: 25-50.

(2009): Actuación de los poderes públicos para proteger el patrimonio cultural subacuático en España. El reparto de competencias en España, Álvarez González, (dir.): 73-102.

Álvarez González, E. M. (dir.): *Patrimonio arqueológico sumergido: una realidad desconocida*, Málaga.

Alzaga García, M. (2006): La protección del patrimonio arqueológico subacuático, *Curso sobre Protección...*: 31-56.

Amores Carredano, F. y Fernández Lacomba, J. (comps) (1994): *Bonsor y su colección. Un proyecto de museo*, Sevilla.

Andersen, J. y Madsen, T. (1992): Data Structures for Excavation Recording. A Case of complex Information Management, *Sites & Monuments, National Archaeological Recording*, Copenague: 49-70.

Ardemagni, M. (2007): Patrimonio y público. La labor de sensibilización a través de los medios de comunicación, *Patrimonio Cultural y medios de comunicación*, Sevilla: 70-79.

Ascherson, N. (2004): Archaeology and the British media, Merriman (ed): 145-158.

Austing, T. (2009): Building Bridges between Metal Detectectorists and Archaeologists, Thomas y Stone (eds.): 119-124.

Ávila, A. y Espín, A. (2004): Por una implicación cualificada de los ciudadanos en la tutela patrimonial, *PH. Boletín del Instituto Andaluz de Patrimonio Histórico* 48: 66-68.

Aznar Gómez, M. J. (2004): *La protección internacional del patrimonio cultural subacuático con especial referencia al caso de España*, Valencia.

(2008): Algunos problemas jurídicos alrededor del *H.M.S. Sussex*, J. Pérez Ballester y G. Pascual Berlanga (eds.): *Comercio, redistribución y fondeadores: la navegación a vela en el Mediterráneo* (Gandía 2006), V Jornadas de Arqueología Subacuática: actas, Valencia: 537-550.

Aznar Gómez, M. J.; Azuar Ruiz, R.; Casado Soto, J. L.; Castillo Belinchón, R.; Fernández Izquierdo, A.; García Rivera, C.; Martín-Bueno, M.; Nieto Prieto, X.; Pérez Bonet, M. A. y Rodríguez Puentes, E. (2010): *Libro Verde. Plan Nacional de Protección del Patrimonio Subacuático Español*, Madrid.

Balil Illana, A. (1953-54): En torno a la arqueología submarina, *Ampurias* 15-16: 358-363.

(1991): Sebastián Basilio Castellanos, arqueólogo español en la encrucijada de dos mundos, *Historiografía de la Arqueología y de la Historia Antigua en España (Siglos XVIII-XX)*, Madrid: 47-59.

Ballard, R. D. (1998): *Il ritrovamento del Titanic. Storia e immagini dell'esplorazione della mitica nave affondata nel 1912*, Milán.

Bandera y Vargas, M. L. de la y Ferrer Albelda, E. (1994): Timiaterio orientalizante de Villagarcía de la Torre (Badajoz), *AEspA*, 67: 41-61.

Banning, E. B. (2000): *The Archaeologist's Laboratory. The Analysis of Archaeological Data*, Londres.

Bass, G. F. (1985): Archaeologists, sport divers, and treasure hunters, *Journal of Field Archaeology* 12(2): 256-258

Basso, V. (2002): Il traffico illecito delle testimonianze culturali archeologiche e le attività di tutela della Guardia di Finanza, Atti del 7° Convegno Internazionale. Traffico Illecito del Patrimonio Archeologico. Internazionalizzazione del Fenomeno e Problematiche di Contrasto (Roma 2001), *Bollettino di Numismatica* Suppl al n° 38: 145-149.

Barcelona Llop, A. (2000): El dominio público arqueológico, *Revista de Administración Pública* 151: 133-165.

(2002a): Aspectos del régimen jurídico de las autorizaciones arqueológicas, *Revista Aragonesa de Administración Pública*, 21: 113-146.

(2002b): Notas sobre el régimen internacional de las intervenciones arqueológicas submarinas, *Patrimonio Cultural y Derecho* 6: 47-72.

(2006): La regulación de las autorizaciones en las intervenciones dirigidas al Patrimonio Cultural subacuático, *Patrimonio Cultural y Derecho* 10: 217-246.

Barker, Ph. (1974): The Origins and Development of RESCUE, P. Rahtz (ed): *Rescue Archaeology*, Harmondsworth: 280-286.

(1977): *Techniques of Archaeological Excavation*, Londres.

(1986): *Understanding Archaeological Excavation*, Londres.

Barraca de Ramos, P. (2008): La situación general de la protección del patrimonio cultural en España, *La lucha contra el tráfico ilícito de Bienes Culturales* (Madrid, 2006), Madrid: 39-50.

Beltrame, C. (1998): Processi formativi del relitto in ambiente marino mediterraneo, G. Volpe (a cura di): *Archeologia subacquea. Come opera l'archeologo sott'acqua. Storie dalle acque*, VIII Ciclo di Lezioni sulla ricerca applicata in archeologia (Siena 1996), Florencia: 141-166.

Belzoni, G. B. (1820): *Narrative of the Operations and Recent Discoveries within Pyramids, Temples, Tombs and Excavations in Egipt and Nubia and of a Journey to the Coast of the Red Sea in Search of the Ancient Berenice, and Another to the Oasis of Jupiter Ammon*, Londres.

Benítez de Lugo Enrich, L. y A. E. Sánchez-Sierra (1995): El furtivismo arqueológico. Consideraciones legales y científicas sobre los hallazgos arqueológicos, *Boletín Informativo*, 12: 38-43.

Benz, M. y Liedmeier, A. K. (2007): Archaeology and the German Press, Clack y Brittain (eds.): 153-174.

Bianchi Bandinelli, R. (1982): *Introducción a la Arqueología*, Madrid.

Binford, L. R. (1964): A consideration of archaeological research design, *American Antiquity* 29: 425-441.

Bisquert Cebrián, C. (2008): Interpol y su trabajo en relación con la protección del Patrimonio, *La lucha contra el tráfico ilícito de Bienes Culturales* (Madrid, 2006), Madrid: 93-98.

Bland, R. (2004): The Treasure Act and the Portable Antiquities scheme: a case study in developing public archaeology, Merriman (ed.): 272-291.

(2005): A pragmatic approach to the problem of portable antiquities: the experience of England y Wales, *Antiquity* 79: 440-447.

(2009): The Development and Future of the «Treasure Act» and Portable Antiquities Scheme, Thomas y Stone (eds.): 63-86.

Blánquez, J.; Roldán, L.; Martínez Lillo, S.; Martínez Maganto, J.; Sáez, F. y Bernal, D. (1998): *La carta arqueológica subacuática de la costa de Almería (1983-1992)*, Sevilla.

Boismier, W. A. (1997): *Modelling the Effects of Tillage Processes on Artefacts Distribution in the Plough Zone. A simulation Study of Tillage-Induced Pattern Formation*, BAR British Series 259, Oxford.

Bonifacio, C. (2009): *Galeones con tesoros. Dónde están hundidos y qué llevaban*, Almería.

Bourdieu, P. (1998): *La distinción. Criterio y bases sociales del gusto*, Madrid.

Boylan, P. J. (2002): The concept of cultural protection in times of armed conflict: from the crusades to the new millennium, Brodie y Tubb (eds.): 43-108.

Brent, M. (1994): La expoliación de los emplazamientos arqueológicos. Hacia un futuro sin pasado, *Revista Internacional de la Policía Criminal*, 448-449: 26.

Brittain, M. y Clack, T. (2007): Introduction: Archaeology and the Media, Clack y Brittain (eds.): 1-66.

Brodie, N. (2002): Introduction, Brodie y Tubb (eds.): 1-22.

Brodie, N. y Renfrew, C. (2005): Looting and the World's Archaeological Heritage: The Inadequate Response, *Annual Review of Anthropology* 34: 343-361

Brodie, N.; Dooble, J. y Watson, P. (2000): *Stealing History: the illicit trade in cultural material*, Cambrige.

Brodie, N. y Tubb, K. W. (eds.) (2002): *Illicit Antiquities. The theft of culture and the extinction of Archaeology*, One World Archaeology 42, Londres.

Bugnion, F. (2004): La genèse de la protection juridique des bien culturels en cas de conflict armé, *International Review of the Red Cross* 854: 313-324.

Burillo Mozota, F.; E. J. Ibáñez y C. Polo (1999): *Sistema de Valoración Patrimonial de los Enclaves Arqueológicos de Aragón*, Cuadernos de Trabajo sobre el Patrimonio Cultural, Teruel.

Burns, T. W.; O'Connor, D. J. y Stocklmayer, S. M. (2003): Science Communication: A Contemporary Definition, *Public Understanding of Science* 12: 183-202.

Butzer, K.W. (1989): *Arqueología -Una ecología del hombre: Método y Teoría para un enfoque contextual*, Barcelona.

Caballero Zoreda, L. (1982): Los detectores de metal, *Revista de Arqueología*, 17: 28-29.

Caballos Rufino, A. (2006): *El nuevo bronce de Osuna y la política colonizadora romana*, Sevilla.

Calatraba Escobar, J. A. (1988): El descubrimiento de Pompeya y Herculano y sus repercusiones en la cultura ilustrada, *Fragmentos* 12-13-14: 81-95.

Cambi, F. (2001): No destructivas, técnicas, Francovich y Manacorda (eds.): 259-270.

Campillo Quintana, J. (2007): Espoliació arqueològica: estat de la qüestió i propostes, *Curs de protecció...*: 368-371.

Carman, J. (2002): Archaeology & heritage: an introduction, Londes.

Carreño, O. (1983): Medios de comunicación y bienes culturales, *50 años de protección del Patrimonio Histórico Artístico. 1933-1983*, Madrid: 65-68.

Carrera Hernández, F. J. (2005): *Protección internacional del Patrimonio Cultural Submarino*, Salamanca.

(2009): El asunto del "Nuestra Señora de las Mercedes" (Odyssey), *Revista Electrónica de Estudios Internacionales* 17. http://www.reei.org/reei17/doc/articulos/articulo_CARRERA_FJesus.pdf (consultado en junio de 2010)

Carrera Tellado, J. E. (2009): Expolio subacuático. Actuaciones de la Brigada de Patrimonio Histórico del Cuerpo Nacional de Policía, Álvarez González, (dir.): 191-202.

Carver, M. (1996): On archaeological value, *Antiquity* 70: 45-56.

Cassan, H. (2003): Le patrimonine culturel subacuatique ou la dialectique de l'objet et du lieu, *La mer et son droit. Mélanges offerts à Laurent Lucchini et Jean-Pierre Quéneudec*, París: 127 ss.

Castanedo Herrería, T.; Cisneros Cunchillo, M.; Díez Castillo, A.; González Morales, M. R. y López Noriega, P. (1999): Los valles occidentales de Cantabria: el poblamiento de montaña durante la II Edad del Hierro y época romana, J. M. Iglesias y J. A. Muñiz (eds.): *Regio Cantabrorum*, Santander: 143-147.

Castells Camp, J. (1986): L'Inventari del Patrimoni Arqueològic de Catalunya, *Tribuna d'Arqueologia* (1984-1985): 105-114.

Castro, F. (2005): Caçadores de tesouros: proposta de uma taxonomia, *História e-história*. http://www.historiaehistoria.com.br/materia.cfm?tb=artigos&id=20 (consultado enero 2010).

Chang, K.C. (1976): *Nuevas perspectivas en Arqueología*, Madrid.

Chippindale, Ch. (1995). Commercialization: the role of archaeological laboratories and collectors, M. J. Lynott y A. Wylie (eds.), *Ethics in American Archaeology: Challenges for the 1990's*, Special Report. Society for American Archaeology, Washington: 80-83.

Chippindale, C. y Gill, D. (1995): Cycladic figures: art versus archaeology?, Tubb (ed.): 131-142.

Chippindale, C.; Gill, D.; Salter, E. y Hamilton, D. (2001): Collecting the classical world: first steps in a quantitative history, *IJCP* 10: 1-31.

Clack, T. y Brittain, M. (eds.): *Archaeology and the media*, Left Coast Press, Walnut Creek (CA).

Clark, R. H. y Schofield, A. J. (1991): By experiment and calibration: an integrated approach to archaeology of the ploughsoil, R. H. Clark y A. J. Schofield (eds.): *Interpreting artefact scatters. Contributions to ploughzone archaeology*, Oxbow Monograph, 4, Oxford: 93-106.

Cleere, H. (1993): Managing the archaeological heritage, *Antiquity*, 67: 400-402.

(2000): Behind the Scenes al Time Team by Tim Taylor, *Public Archaeology* 1: 90-92.

Clément, É. y Quinio, F. (2004): La protection des biens culturels au Cambodge pendant la période des conflits armés, à travers l'application de la Convention de La Haye de 1954, *International Review of the Red Cross* 854: 389-400.

Conforti, R. (2002): Traffico illecito del patrimonio archeologico. Internazionalizzazione del fenomeno e problematiche di contrasto, Atti del 7° Convegno Internazionale. Traffico Illecito del Patrimonio Archeologico. Internazionalizzazione del

Fenomeno e Problematiche di Contrasto (Roma 2001), *Bollettino di Numismatica* Suppl al n° 38: 23-29.

Contreras Cortés, F.; Rodríguez Ariza, O.; Cámara Serrano, J. A. y Moreno Onorato, A. (1997): *Hace 4000 años.... Vida y muerte en dos poblados de la Alta Andalucía* (Catálogo de la Exposición), Granada.

Cookson, N. (1992): Treasure Trove: dumb enchantment or new law?, *Antiquity* 66: 399-405.

Cortés Bechiarelli, E. (2005): Función social y tutela penal del Patrimonio Arqueológico, *Tres estudios jurídicos sobre el Patrimonio Histórico*, Sevilla: 17-49.

Cortés Ruiz, A. (2002a): Actuaciones policiales contra expolios arqueológicos, *La protección del patrimonio...*: 61-78.

— (2002b): La situazione dei siti archeologici in Spagna, Atti del 7° Convegno Internazionale. Traffico Illecito del Patrimonio Archeologico. Internazionalizzazione del Fenomeno e Problematiche di Contrasto (Roma 2001), *Bollettino di Numismatica* Suppl al n° 38: 315-322.

— (2006): Actuaciones policiales en la protección del patrimonio arqueológico, *Curso sobre Protección...*: 161-174.

Consejería de Cultura, Junta de Andalucía (1997): *Plan General de Bienes Culturales de Andalucía. 1996-2000*, Sevilla.

Cruces Blanco, E. (2009): Archivos históricos españoles. Fuente de información para historiadores y expoliadores ¿es necesario restringir su acceso?, Álvarez González, (dir.): 43-73.

Cuno, J. B. (2006): Beyond Bamiyan: Will the World Be Ready Next Time?, B. T. Hoffman (ed): *Art and cultural heritage: law, policy, and practice*, Nueva York: 41-45.

— (2008): *Who owns Antiquity?: Museums and the Battle over Our Ancient Heritage*, Princenton.

Curso sobre Protección del Patrimonio Arqueológico en Andalucía, Sevilla, 2006.

Curso: Protección del patrimonio arqueológico, dirigido a los cuerpos y fuerzas de seguridad del Estado, (Murcia, 1994), Murcia, 1996.

Curs de protecció del patrimoni cultural, Urxt 20 (2007): 363-408.

Curtis, J. (2009): Relations between Archaeologists and the Military in the Case of Iraq, *Papers from the Institute of Archaeology* 19: 2-8.

Czaplicki, J. (2010): Archaeology in the Swinging 50s: As Seen in the Pages of Life Magazine, *The SAA Archaeological Record* 10.5: 21-22.

Daniel, G. (1986): *Un siglo y medio de Arqueología*, Méjico.

Darvill, T.; Saunders, A. y Startin, B. (1987): A question of national importance: approaches to evaluation of ancient monuments for the Monuments Protection Programme in England, *Antiquity* 61: 393-408.

[Delegación Provincial de la Consejería de Cultura en Córdoba] (2006): La lucha contra el expolio arqueológico en la provincia de Córdoba, *Curso sobre Protección…*: 17-19 (en CDRom).

[Delegación Provincial de la Consejería de Cultura en Málaga] (2006): Relación de expedientes sancionadores tramitados por infracción del art. 113.5 de la Ley 1/1991 de Patrimonio Histórico de Andalucía (detectores de metales), *Curso sobre Protección…*: 41-42 (en CDRom).

Dobison, C. y Deninson, S. (1995): *Metal detecting and archaeology in England*, Londres.

Dromgoole, S. (2002): Law and the underwater cultural heritage: a question of balancing interests, Brodie y Tubb (eds.): 109-136.

(2004): Murky waters for government policy: the case of a 17th century Britishwarship and 10 tonnes of gold coins, *Marine Policy* 28: 189-198.

Dunnell, R. C. (1992): The Notion Site, J. Rossignol y L. Wandsnider (eds.): *Space, Time, and Archaeological Landscapes*, Londes: 21-42.

Dunnell, R. C. y Simeck, J. F. (1995): Artifact Size and Plowzone Processes, *Journal of Field Archaeology*, 22: 305-319.

Durán Recio, V. (1984): *La batalla de Munda*, Córdoba.

Durán Recio, V. y Ferreiro López, M. (1984): Acerca del lugar donde se dio la batalla de Munda, *Habis*, 15: 229-236.

Ede, J. (1995): The Antiquities Trade: towards a more balanced view, Tubb (ed.): 211-214.

Elia (1995): Conservators and Unprovenanced Objects: Preserving the Cultural Heritage or Servicing the Antiquities Trade?, Tubb (ed.): 244-255.

English Heritage (1991): *Exploring our Past. Strategies for the Archaeology of England*, Londres.

(2006): *Our Portable Past*, Londres.

Enríquez Navascués, J. J. y González Jiménez, F. (2005): Arqueología y Defensa del Patrimonio. La experiencia del Grupo de Delitos contra el Patrimonio Histórico de Extremadura, *Complutum*, 16: 33-57.

Estévez Moya, M. I. (2006): La lucha contra el expolio arqueológico en la provincia de Jaén, *Curso sobre Protección*....: 34-39 (en CDRom).

Etienne, R. y Etienne, F. (1992): *La Grecia antigua. Arqueología de un descubrimiento*, Madrid.

Fagan, B. M. (1993). The arrogant archaeologist, K. D. Vitelli (ed.): *Archaeological Ethics*, Walnut Creek: 238-243.

Feder, K. L. (1984): Irrationality and Popular Archaeology, *American Antiquity* 49: 525-541.

Fernández Aparicio, J. M. (2004): *La protección penal del Patrimonio Histórico*, Sevilla.

Fernández Cacho, S. (2004): Modelo Andaluz de Predicción Arqueológica. Líneas básicas para el desarrollo del proyecto MAPA, *PH. Boletín del Instituto Andaluz del Patrimonio Histórico*, 49: 57-63.

Fernández Cacho, S. (ed) (2002): *ARQUEOS. Sistema de Información del Patrimonio Arqueológico de Andalucía*, Cuadernos Técnicos, Granada.

Fernández Cacho, S. y García Sanjuán, L. (2000): Site looting and illicit trade of archaeological objects in Andalusia, *Culture without context*, 7: 17-23.

Fernández Flores, Á. (1999): El uso de detectores de metales en intervenciones arqueológicas urbanas: métodos de aplicación y resultados, *Actas del XXV Congreso Nacional de Arqueología* (Valencia 1999), Valencia: 258-261

(2003): Introducción al detector de metales como herramienta básica para la recuperación de material numismático en intervenciones arqueológicas. Tipos, aplicaciones, funcionamiento, metodología y resultados, *XI Congreso Nacional de Numismática* (Zaragoza 2002), Zaragoza: 369-376.

Fernández Gómez, F. (1996): De excavaciones clandestinas, mercado de antigüedades y publicación de 'hallazgos', M. A. Querol y T. Chapa (eds.), *Homenaje al Profesor Manuel Fernández-Miranda*, Complutum Extra, 6 (II): 283-294.

Referencias bibliográficas

Fernández Izquierdo, A. (1996): Los clubs de actividades subacuáticas: su aportación a la salvaguarda del patrimonio arqueológico sumergido, J. A. Rodríguez Asensio (dir): *III y IV Jornadas de Arqueología Subacuática en Asturias*, Oviedo: 121-130.

Fernández Martínez, V. (1989): *Teoría y método de la Arqueología*, Madrid.

Fernández-Miranda, M. (1983): Cincuenta años, *50 años de protección del Patrimonio Histórico-Artístico. 1933-1983*, Madrid: 7-10.

Fernández-Posse, M. D. y de Álvaro, E. (1993): Bases para un Inventario de Yacimientos Arqueológicos, *Inventarios y Cartas Arqueológicas* (Soria, 1991), Valladolid: 65-72.

Ferrari, O. (1987): La catalogazione. Innovazione di un processo permanente, *Memorabilia: il futuro della memoria*, vol. 1, Roma: 327-332.

Fidalgo Martín, C. (2008): Sistema judicial y protección del patrimonio histórico-artístico, *La lucha contra el tráfico ilícito de Bienes Culturales* (Madrid, 2006), Madrid: 51-66.

Fincham, D. (2008): A Coordinated Legal and Policy Approach to Undiscovered Antiquities: Adapting the Cultural Heritage Policy of England and Wales to Other Nations of Origin, *IJCP* 15: 347-370.

Forte, M. (2001): Comunicación arqueológica, Francovich y Manacorda (eds.): 76-81.

Fowler, P. (2007): Not Archaeology and the Media, Clack y Brittain (eds.): 89-108.

Franceschini, F. (Pdte. de la Comisión) (1966): Relazione de la Commisione d'indagine per la tutela e la valorizzazione del patrimonio storico, archeologico, artistico e del paesaggio, *Rivista Trimestrale di Diritto Publico* 1: 119-243.

Francovich, R. y Manacorda, D. (eds.): *Diccionario de Arqueología*, Barcelona.

Francioni, F. y Lezerini, F. (2006): The Obligation to Prevent and Avoid Destruction of Cultural Heritage: from Bamiyan to Iraq, B. T. Hoffman (ed): *Art and cultural heritage: law, policy, and practice*, Cambrige: 28-40.

Fuentes Bardají, J. de (dir). (2005): *Manual de Derecho Administrativo Sancionador*, Navarra.

Gaillard de Sémainville, H. y Gosselin, C. (1984): Détecteur de métaux. Le Patrimoine archélogique en péril, *Archéologia* 187: 28-41.

Garabello, R. y Scovazzi, T. (eds.) (2003): *The Protection of the Underwater Cultural Heritage. Before and after the 2001*, La Haya.

Garberí Llobregat, J. (1994): *El procedimiento administrativo sancionador*, Valencia.

García Calderón, J. (2005): La protección penal del Patrimonio Arqueológico, *Tres estudios jurídicos sobre el Patrimonio Histórico*, Sevilla: 51-77.

— (2008): La relación del patrimonio histórico con el derecho penal, *La lucha contra el tráfico ilícito de Bienes Culturales* (Madrid, 2006), Madrid: 67-86.

García de Enterría, E. (1983): Consideraciones sobre una nueva legislación del patrimonio artístico, histórico y cultural, *REDA* 39: 575-591.

García Fernández, J. (2002): La protección del patrimonio arqueológico. Especial referencia a los artículos 40.2, 41 y 42 de la Ley del Patrimonio Histórico Español, *Patrimonio Cultural y Derecho* 6: 169-179.

— (2004): La comodación del PH al estatuto autonómico. Normativa, jurisprudencia constitucional y doctrina (1978-2004), *PH. Boletín del Instituto Andaluz de Patrimonio Histórico* 48: 35-48.

García Labajo, J. M. (2008): La convención de París de 1970 y UNIDROIT, *La lucha contra el tráfico ilícito de Bienes Culturales* (Madrid, 2006), Madrid: 123-130.

García Magna, D. (2009): La protección penal frente al expolio del Patrimonio Cultural Subacuático, Álvarez González (dir.): 135-174.

García Pazos, M. y Arroyo Yanes, L. M. (eds.) (2001): *La policía del Patrimonio Histórico. Prevención, persecución y sanción de las infracciones contra el Patrimonio Histórico mueble en España*, serie "Encuentros de primavera en El Puerto", n° 5, El Puerto de Santa María.

García Rivera, C. y Alzaga García, M. (2009): A protección do patrimonio arqueolóxico subacuático en Andalucía, *O patrimonio arqueolóxico subacuático e o comercio dos bens culturais*, IV Xornadas de protección do patrimonio cultural, Pontevedra: 22-43.

Gero, J. y Root, D. (1990): Public presentations and private concerns: archaeology in the pages of *National Geographic*, P. Gathercole y D. Lowenthal (eds.): *The Politics of the Past*, Londres: 19-37.

Giannini, M. S. (1976): I beni culturali, *Revista Trimestrale di Deretto Publico*, 1: 3-38.

Gill, D. y Chippindale, C. (1993): Material and intellectual consequences of esteem for Cycladic figures, *AJA* 97: 601-659.

González-Campos Baeza, Y. y Fernández Cacho, S. (1992): La base de datos: Zonas arqueológicas de Andalucía, *Boletín del Instituto Andaluz de Patrimonio Histórico* 16: 112-118.

González Marcén, P. (1998): Abriendo puertas y buscando caminos para la arqueología, *II Seminari Arqueologia i Ensenyament* (Bellaterra, 1998), Treballs d'Arqueologia, 5: 3-5.

Gonzálbez Cravioto, E. (2007): Expolio Arqueológico e historia antigua. El caso de la provincia de Cuenca, J. M. Millán González y C. Rodríguez Ruza (coords.): *Arqueología de Castilla-La Mancha. Actas de las I Jornadas (Cuenca 13-17 de diciembre de 2005)*, Cuenca: 547-562.

Graepler, D. (1995): Fundort unbekannt! Eine Wanderausstellung über Raubgrabungen, *Antike Welt* 26: 221-223.

Graham, D. (2004): To change the law: the story behind the Treasure Act 1996, *Surrey Archaeological Collections* 91: 307-314.

Gregory, T. y Rogerson, A. J. G. (1984): Metal-detecting in archaeological excavation, *Antiquity* 58: 179-184.

Grenier, R. (2006): Introducción: El Verdadero Peligro del Patrimonio Subacuático son los Hombres y, a veces, la Naturaleza, Grenier, Nutley y Cochran (eds.): XIV s.

Grenier, R.; Nutley, D. y Cochran, I. (eds.): *Underwater Cultural Heritage at Risk: Managing Natural and Human Impacts*, Heritage at Risk, Special Edition, París.

Guisasola Lerma, C. (2005): La protección penal del Patrimonio Cultural en el Derecho Comparado, *Tres estudios jurídicos sobre el Patrimonio Histórico*, Sevilla: 79-127.

Habermas, J. (1981): *Historia y crítica de la opinión pública. La transformación estructural de la vida pública*, Barcelona.

Hamilakis, Y. (2003): Iraq, stewardship and 'the record'. An ethical crisis for archaeology, *Public Archaeology* 3: 104-111.

Hanworth, R. (1995): Treasure Trove: new approaches to antiquities legislation, Tubb (ed.): 173-175.

Harris, E. C. (1979): *Principles of Archaeological Stratigraphy*, Londres.

Hernández Herrero, G. y Castells Camp, J. (1993): Banco de datos e informatización del inventario del patrimonio arqueológico de Cataluña, *Inventarios y Cartas Arqueológicas* (Soria, 1991), Valladolid: 207-218.

Heyworth, M. (2008): Portable Antiquities Scheme: too good to become history, *British Archaeology* 101, CBA.
http://www.britarch.ac.uk/ba/ba101/feat2.shtml (consulta realizada en abril de 2010).

Holtorf, C. (2007): An Archaeological Fashion Show: How Archaeologists Dress and How they are Portrayed in the Media, Clack y Brittain (eds.): 69-88.

Hurl, D. (2009): Metal Detecting and Archaeology in Northern Ireland, Thomas y Stone (eds.): 99-106.

Iniesta Sanmartín, Á. (1996): Los daños sobre el patrimonio arqueológico: actividades que los generan y actuación policial sobre el terreno, *Curso: Protección del patrimonio...*: 65-100.

Isman, F. (2009): *I predatori dell'arte perduta. Il saccheggio dell'archeologia in Italia*, Milán.

Izquierdo Carrasco, M. (2001): La determinación de la sanción administrativa, *Justicia Administrativa. Revista de Derecho Administrativo* Núm. Extraordinario: 207-258.

Jones, V. (2008): *Los manuscritos de Qumrán. La historia del verdadero Indiana Jones*, Córdoba.

Jornadas sobre Patrimonio y medios de comunicación (Valencia 1997), Valencia.

Juste Ruiz, J. (2009): Buques de estado hundidos y protección del patrimonio cultural subacuático: el llamado "caso odyssey", A. María Badia Martí; A. Pigrau Solé y A. Olesti Rayo (coord.): *Derecho internacional y comunitario ante los retos de nuestro tiempo: homenaje a la profesora Victoria Abellán Honrubia*, vol. 1, Madrid: 427-446.

Kaye, L. M. y Main, C. T. (1995): The Saga of the Lydian Hoard Antiquities: from Usak to New York and back and some related observations on the law of cultural repatriation, Tubb (ed.): 150-162.

Kiln, R. (1974: Archaeology as Hobby and How to Start, P. Rahtz (ed): *Rescue Archaeology*, Harmondsworth: 256-273.

Kenyon, K. M. (1952): *Beginning in archaeology*, Londres.

Kulik, K. (2007): A Short History of Archaeological Communication, Clack y Brittain (eds.): 111-124.

La protección del patrimonio arqueológico contra el expolio, Sevilla 2002.

Lafuente Batanero, L. (2003): Líneas de actuación para una eficaz protección del Patrimonio Arqueológico Subacuático, *Monte Buceiro* 9: 63-82.

— (2004): Las competencias de la administración general del Estado en PH, *PH. Boletín del Instituto Andaluz de Patrimonio Histórico* 48: 52-62.

Lancho, J. M. (2009): Aportaciones penales en el caso Odyssey Marine en la protección del patrimonio histórico sumergido español, Álvarez González, (dir.): 203-210.

Lang, N. A. R. (1992): Sites and Monuments Records in Great Britain, *Sites & Monuments. National Archaeological Records*, Copenhague: 171-184.

Lavín Berdonces, A.; Yáñez Vega, A. y Laín García, M. (1996): Arqueología y medios de comunicación, *Boletín del Instituto Andaluz de Patrimonio Histórico*, 14: 98-103.

Lipe, W. D. (1974): A Conservation Model for American Archaeology, *The Kiva* 39: 213-245.

— (1984): Value and meaning in cultural resources, H.F. Cleere (ed.): *Approaches to the archaeological heritage: a comparative study of world cultural resource management systems*, One World Archaeology, Londres: 1-11.

Lipovetsky, G. (1993): La cultura de la conservación y la sociedad posmoderna, *La Cultura de la Conservación*, Madrid: 77-95.

Lleó Cañal, V. (1995): Origen y función de las primeras colecciones renacentistas de antigüedades en Andalucía, F. Gascó Lacalle y J. Beltrán Fortés (eds.): *La Antigüedad como argumento II. Historiografía de arqueología e historia antigua en Andalucía*, Sevilla: 57-74.

Long, L. (1998): L'archéologie sous-marine à grande profondeur: fiction ou réalité, G. Volpe (a cura di): *Archeologia subacquea. Come opera l'archeologo sott'acqua. Storie dalle acque*, VIII Ciclo di Lezioni sulla ricerca applicata in archeologia (Siena 1996), Florencia: 341-380.

López Trujillo, M. A. (2006): *Patrimonio. La lucha por los bienes culturales españoles (1500-1939)*, Gijón.

Lowenthal, D. (1998): *El pasado es un país extraño*, Madrid.

Maarleveld, T. J. (2008): Cómo y en qué se verá beneficiado el patrimonio cultural subacuático con la Convención de 2001, *Museum International* 240: 54-68.

Macarrón Pérez, S. (1998): Comercio ilícito y comercio lícito en la exportación, *Protección del patrimonio histórico...*: 105-116.

Mackenzie, S. R. M. (2005): Dig a Bit Deeper. Law, Regulation and the Illicit Antiquities Market, *British Journal of Criminology* 45(3): 249-268.

Magán Perales, J. M. (2001a): *La circulación ilícita de bienes culturales*, Valladolid.

— (2001b): La protección policial del Patrimonio Histórico: aspectos legales y organizativos, *Patrimonio Cultural y Derecho*, 5: 91-126.

— (2002): El patrimonio arqueológico subacuático; situación legislativa española e internacional, *Patrimonio Cultural y Derecho* 6: 73-96.

Malone, R.; Boyd, E. y Bero, L. A. (2000): Science in the news: Journalist's Constructions of Passive Smoking as a Social Problem, *Social Studies of Science* 30/5: 713-735.

Manders, M. (2008): Preservar *in situ*: "la opción prioritaria", El Patrimonio Cultural Subacuático, *Museum International* 240: 34-44.

Manfredi, A. (1996): Carta abierta a Doña Carmen Lavín, Doña Ana Yáñez y Doña Mercedes Laín. Autoras del artículo "Arqueología y medios de comunicación", *PH. Boletín del Instituto Andaluz del Patrimonio Histórico*, 15: 13.

Mansilla Castaño, A. M. (2007): El discurso mediático para la divulgación del patrimonio arqueológico, *Patrimonio Cultural y medios de comunicación*, Sevilla: 96-107.

Martin, C. (1981): Archaeology in an underwater environment, *Protection of the underwater heritage*, Unesco: 15-76.

Martín, M. (1993): La difusión del Patrimonio I: la historia, *Boletín del Instituto Andaluz de Patrimonio Histórico* 5: 6 s.

Martín Bueno, M. (1986): Los inventarios del patrimonio arqueológico en España, *Tribuna d'Arqueologia* (1984-1985): 99-104.

Martínez Díaz, B. (1983): Notas de arqueología submarina, 1982, *Homenaje al prof. Martín Almagro Basch*, Madrid: 353-358.

Martínez Díaz, B. y Querol Fernández, M. A. (2004): La gestión del patrimonio arqueológico en las comunidades autónomas: balance y situación actual, *PH. Boletín del Instituto Andaluz de Patrimonio Histórico*, 48: 101-108.

Martínez Alcalde, M; Garrido Urbano, P. y Navarro Suárez F. J. (2009): Centro de interpretación del barco fenicio de Mazarrón, *XX Jornadas de Patrimonio Cultural de la Región de Murcia*, Murcia: 111-117.

Mathewson III, R. D. (1986): *Treasure of Atocha: A Four Hundred Million Dollar Archaeological Adventure*, Londres.

Mayes, S. (2003): *The Great Belzoni: the Circus Strongman and Explorer who Recovered Egipt's Finest Tresaures*, Londres.

McGimsey III, C. (1972): *Public Archaeology*, Nueva York.

Merryman, J. H. (1998): Cultural property ethics, *International Journal of Cultural Property,* 7.1: 7-20.

Merriman, N. (1989): The social basis of museum and heritage visiting, S. M. Pearce (ed.): *Museum Studies in Material Culture*, Leicester: 172-179.

(2004a) (ed.): *Public archaeology*, Londres.

(2004b): Introduction. Diversity and dissonance in public archaeology, Merriman (ed.): 1-17.

Moberg, C.-A (1991): *Introducción a la arqueología*, Madrid.

Montero González, L. (2001): La policía del patrimonio histórico: historia y delitos. El caso andaluz, García y Arroyo (eds.): 39-58.

Morate Martín, G. (2007): Conocimiento y percepción del patrimonio histórico en la sociedad española, *e-rph* 1: 216-225.

Moreu Ballonga, J. L. (1993). Hallazgos de interés histórico, artístico y/o arqueológico, *Revista de Administración Pública*, 132: 171-208.

(2003): Patrimonios arqueológico y etnográfico en la legislación estatal, S. de Dios (coord.): *Historia de la propiedad: el Patrimonio Cultural*, III Encuentro Interdisciplinar (Salamanca, 2002), Madrid: 319-405.

Morín de Pablos, J. y Pérez-Juez Gil, A. (2002): Operación Tambora: en Écija (Sevilla), *Restauración&Rehabilitación*, 63: 30-31.

Muñoz Reyes, A. M.; Rodrigo Cámara, J. M. y Fernández Cacho, S. (2004): Los datos a examen: estadística e índice de perdurabilidad de los sitios arqueológicos andaluces, *PH. Boletín del Instituto Andaluz del Patrimonio Histórico*, 49: 72-79.

Muñoz Vicente, A. y García Muñoz, E. (2006): La lucha contra el expolio arqueológico en la provincia de Cádiz, *Curso sobre Protección...*: 7-16 (en CDRom).

Navarro Ledesma, F. (1897): Necesidad de una Ley de Antigüedades, *Revista de Archivos, Bibliotecas y Museos* 10: 446-448.

Nieto García, A. (2002): *Derecho Administrativo Sancionador*, Madrid (2ª ed.).

Nieto Prieto, X. (1999): Hacia una normalización de la arqueología subacuática en España, *PH. Boletín del Instituto Andaluz del Patrimonio Histórico* 26: 138-143.

(2001): El Centro de Arqueología Subacuática de Cataluña, *PH. Boletín del Instituto Andaluz del Patrimonio Histórico* 34: 91-96.

Noriega Hernández, J. (2009): El problema de los cazatesoros sobre los pecios de pabellón español en el mundo. Historia de un expolio, Álvarez González, (dir.): 103-134.

Nørskov, V. (2002): Greek vases for sale: some statistical evidence, Brodie y Tubb (eds.): 23-37.

Núñez Pariente de León, E. y Muñoz Tinoco, J. (1990): Excavación en la necrópolis del cerro de las Balas. Écija, *AAA'88.III*: 429-433.

Núñez Sánchez, A. M. (2008): El expolio de yacimientos arqueológicos, *La lucha contra el tráfico ilícito de Bienes Culturales* (Madrid, 2006), Madrid: 175-204.

(2009): A protección penal do patrimonio arqueolóxico subacuático, *O patrimonio arqueolóxico subacuático e o comercio dos bens culturais*, IV Xornadas de protección do patrimonio cultural, Pontevedra: 44-108.

Nutley, D. (2006): The Queen of Nations: A Shipwreck with Influence, Grenier, Nutley y Cochran (eds.): 11-15.

(2008): Sitios culturales sumergidos: la apertura de la cápsula del tiempo, El Patrimonio Cultural Subacuático, *Museum International* 240: 7-20.

Ocharán Larrondo, J. A. y M. Unzueta Portilla (2005): El campo de batalla de Andagoste (Cuartango, Álava). Un precedente de las guerras cántabras en el País Vasco, C. Fernández Ochoa y P. García Díaz (eds.): *Unidad y diversidad en el Arco Atlántico de época romana*, III Coloquio Internacional de Arqueología en Gijón (Gijón 2002), Oxford: 77-80.

O'Keefe, P. J. (1998): Codes of ethics: form and function in cultural heritage, *IJCP* 7: 32-51.

O'Keefe, P. J. y Prott, L. V. (1984): *Law and the cultural heritage. Discovery and excavation*, vol. I, Oxford.

Ortega, F. (coord.) (2006): *Periodismo sin información*, Madrid.

Ortiz Sánchez, M. y Albert Muñoz, M. del A. (2001): La protección del patrimonio arqueológico subacuático, competencias sancionadoras de la Comunidad Autónoma de Andalucía: caso Odyssey, *Revista Andaluza de Administración Pública* 79: 157-170.

Pallottino, M. (1992): Beni archeologici in Europa (Tavola rotonda, intervento conclusivo). Risoluzioni, *Eutopia* 1: 113-117.

Palma del Teso, A. de (1996): *El principio de culpabilidad en el derecho administrativo sancionador*, Madrid.

Palmer, N. (1981): Treasure Trove and the Protection of Antiquities, *The Modern Law Review* 44.2: 178-187.

(1995): Recovering Stolen Art, Tubb (ed.): 1-37.

Parkhouse, A. (2006): The Illicit Trade in Cultural Objects: Recents Developments in the United Kingdom, B. T. Hoffman (ed.): *Art and cultural heritage: law, policy, and practice*, Cambrige: 178-184.

Pasamar Alzuria, G. y Peiró Martín, I. (1987): *Historiografía y práctica social en España*, Zaragoza.

(1991): Los orígenes de la profesionalización historiográfica española sobre Prehistoria y Antigüedad (tradiciones decimonónicas e influencias europeas), *Historiografía de la Arqueología y de la Historia Antigua en España (Siglos XVIII-XX)*, Madrid: 73-79.

Pereira, J. y Ruiz Zapatero, G. (1992): La arqueología en la Prensa. 'El Hombre de Similaun', *Revista de Arqueología*, 138: 6-12.

Perelman, Ch. y Olbrechts-Tyteca, L. (1989): *Tratado de la argumentación. La nueva retórica*, Madrid.

Pérez de Armiñán, A. (2004): La Ley de Patrimonio Histórico Español de 1985 y su aplicación actual, *Del ayer para el mañana. Medidas de protección del patrimonio*, Valladolid: 31-44.

Pérez Domínguez, M. (1998): Expolio. Medidas de prevención y protección, *Protección del patrimonio histórico...*: 147-153.

Pérez Moreno, A. (1990): El postulado constitucional de la promoción y conservación del patrimonio histórico artístico, *RDU* 119: 713-741.

Perticarari, L. y Giuntani, A. M. (1986): *I Segreti di un Tombarolo*, Ruscioni, Milán.

Pitts, M. (ed.) (2010): Archaeology becomes a sensation, *British Archaeology* 110: 66.

Pokotylo, D. y Mason, A. (1991): Public attitudes towards archaeological resources and their management, G. S. Smith y J. E. Ehrenhard (eds.): *Protecting the Past*, Boca Ratón: 9-18.

Pokotylo, D. y Guppy, N. (1999): Public Opinion and Archaeological Heritage: Views from Outside the Profession, *American Antiquity* 64(3): 400-416.

Politis, K. D. (2002): Dealing with the dealers and tomb robbers: the realities of the archaeology of the Ghor es-Safi in Jordan, Brodie y Tubb (eds.): 257-267.

Polk, K. (2002): "Fermate questo terribile saccheggio". Il traffico illecito di oggetti antichi analizzato come un mercato criminale, Atti del 7° Convegno Internazionale. Traffico Illecito del Patrimonio Archeologico. Internazionalizzazione del Fenomeno e Problematiche di Contrasto (Roma 2001), *Bollettino di Numismatica* Suppl al n° 38: 97-120.

Pollard, T. (2009): "The Rust of Time": Metal Detecting and Battlefield Archaeology, Thomas y Stone (eds.): 181-203.

Pollock, S. (2003): The looting of Iraq Museum. Thoughts on archaeology in a time of crisis, *Public Archaeology* 3: 117-124.

Prieto de Pedro, J. (1993): *Cultura, culturas y Constitución*, Madrid.

Protección del patrimonio histórico. La Guardia Civil y la conservación de los bienes culturales, (Ávila, 1997), Valladolid, 1998.

Querol Fernández, M. Á. (2010): *Manual de Gestión del Patrimonio Cultural*, Madrid.

Querol Fernández, M. Á. y Martínez Díaz, B. (1996): *La gestión del Patrimonio Arqueológico en España*, Madrid.

(1998): Paso a paso: el tratamiento de los bienes arqueológicos en las leyes de Patrimonio de Valencia y Madrid, *Complutum*, 9: 279-291.

(2001): El tratamiento de los bienes arqueológicos en las leyes de Patrimonio Cultural e Histórico de Cantabria, Baleares, Aragón,

Canarias y Extremadura, *Patrimonio Cultural y Derecho*, 5: 11-63.

Rabadán Retortillo, T. (2007): Protocol d'actuació en cas de delictes contra el patrimoni arqueològic i paleontològic, *Curs de protecció...*: 391-398.

(2008): Las brigadas del patrimonio en el entorno jurídico de las comunidades autónomas. Mossos d'Esquadra, *La lucha contra el tráfico ilícito de Bienes Culturales* (Madrid, 2006), Madrid: 101-106.

Ramos, M. y Duganne, D. (2000): *Exploring Public Perceptions and Attitudes about Archaeology*.
http://www.saa.org/Portals/0/SAA/pubedu/nrptdraft4.pdf (consultado en diciembre 2010).

Rebollo Puig, M. (2001): El contenido de las sanciones, *Justicia Administrativa. Revista de Derecho Administrativo* Núm. Extraordinario: 115-150.

Rebollo Puig, M.; Izquierdo Carrasco, M.; Alarcón Sotomayor, L. y Bueno Armijo, M. A. (2005): Panorama del derecho administrativo sancionador en España, *Revista Estudios Socio-Jurídicos* 7.1: 23-74.

Renart García, F. (2002): *El delito de daños al patrimonio cultural español. Análisis del artículo 323 del Código Penal de 1995*, Granada.

Renfrew, C. (2006): *Loot, Legitimacy and Ownership. Ethical Crisis in Archaeology*, Londres.

Renfrew, C. y Bahn, P. (1993): *Arqueología. Teorías, Métodos y Práctica*, Madrid.

Represa Fernández, M. F. (1987): Las primeras excavaciones borbónicas en Pompeya, Herculano y Estabia (1738-1775), *Revista de Arqueología*, 76: 40-51.

Richards, J. D. y Naylor, J. (2009): The Real Value of Buried Treasure. VASLE: The Viking and Anglo-Saxon Landscape and Economy Project, Thomas y Stone (eds.): 167-180.

Rodrigo Alsina, M. (1989): *La construcción de la noticia*, Barcelona.

Rodrigo de Larrucea, J. (2002): El patrimonio subacuático desde el punto de vista legislativo, *PH. Boletín del Instituto Andaluz del Patrimonio Histórico* 39: 112-117.

Rodríguez Fernández, I. (2008): La Directiva 93/7/CEE del Consejo, de marzo de 1993, relativa a la restitución de bienes culturales que hayan salido de forma ilegal del territorio de un Estado miembro, *La lucha contra el tráfico ilícito de Bienes Culturales* (Madrid, 2006), Madrid: 153-161.

Rodríguez León, L. C. (2006): Aspectos penales y procesales de la protección del patrimonio histórico. Breve guía práctica para funcionarios y policías, *Curso sobre Protección...*: 99-160.

Rodríguez Temiño, I. (1998a): La actuación contra el expolio del patrimonio arqueológico en Andalucía, *Spal*, 7: 25-44.

(1998b): Nuevas perspectivas en la protección del patrimonio arqueológico en el medio rural, *Complutum* 9: 293-310.

(1998c): La tutela del patrimonio histórico de la modernidad a la posmodernidad, *PH. Boletín del Instituto Andaluz del Patrimonio Histórico* 23: 84-96.

(2000): Los detectores de metal y el expolio del Patrimonio Arqueológico. Algunas propuestas de actuación en Andalucía, *PH. Boletín del Instituto Andaluz de Patrimonio Histórico*, 30: 32-49.

(2002): Ciencia arqueológica, patrimonio arqueológico y expolio, *La protección del patrimonio...*: 9-33.

(2004a): El uso de detectores de metales en la legislación cultural española, *Patrimonio Cultural y Derecho*, 7: 233-260.

(2004b): El expolio del patrimonio. La arqueología herida, *Del ayer para el mañana. Medidas de protección del patrimonio*, Valladolid: 303-349.

(2004c): *Arqueología urbana en España*, Barcelona.

(2006a): Os «Indiana Jones» non teñen futuro, *O patrimonio cultural. Valía e protección*, Santiago de Compostela: 85-124.

(2006b): La lucha contra el expolio arqueológico en la provincia de Sevilla, *Curso sobre Protección...*: 43-52 (en CDRom).

(2007): Arqueología a diario, *Patrimonio Cultural y medios de comunicación*, Sevilla: 164-179.

(2009a): Notas sobre la regulación de las actividades arqueológicas, *Patrimonio Cultural y Derecho* 13: 87-116.

(2009b): Antonio Roma Valdés. La aplicación de los delitos sobre el patrimonio cultural. Editorial Comares S. L., Granada 2008, 162 pp., *Patrimonio Cultural y Derecho* 13: 447-450.

(2010a): Sobre el patrimonio cultural, *Sphera Pública*, Número especial: 75-118.

(2010b): Teoría y práctica de los hallazgos arqueológicos, *Patrimonio Cultural y Derecho* 14: 171-190.

Roma Valdés, A. (1998): La protección penal del patrimonio arqueológico, *Estudios Jurídicos. Ministerio Fiscal*, VIII: 3-32.

(2001): La Ley y la realidad en la protección del patrimonio arqueológico español, *Compte rendu*, 48, Comisión International de Numismatique: 69-79.

(2002): El expolio del patrimonio arqueológico español, *Patrimonio Cultural y Derecho*, 6: 127-148.

(2008): *La aplicación de los delitos sobre el Patrimonio Cultural*, Granada.

(2009): A determinación da contía nos danos ao patrimonio arqueolóxico, *O patrimonio arqueolóxico subacuático e o comercio dos bens culturais*, IV Xornadas de protección do patrimonio cultural, Pontevedra: 138-141.

Roosevelt, C. H. y Luke, C. (2006): Looting Lydia: The destruction of an archaeological landscape in western Turkey, N. Brodie, M. M. Kersel, C. Luke y K. W. Tubb (eds.): *Archaeology, cultural heritage, and the antiquities trade*, Gainesville (Florida): 173-187.

Ruiz, C. (2000): My life as a tombarolo, *the Art Newspaper* 112: 36.

Ruiz Cecilia, J. I. y Fernández Flores, A. (2002): Intervención Arqueológica de Urgencia en calle La Huerta 35, Osuna (Sevilla), 1999, *AAA'99. III*.vol 2: 1041-1053.

Ruiz-Rico Ruiz, G. (2004): El derecho andaluz del patrimonio histórico desde una perspectiva constitucional, *PH. Boletín del Instituto Andaluz de Patrimonio Histórico* 48: 63-71.

Ruiz Zapatero, G. (1996a): La divulgación del pasado. Arqueólogos y periodistas: una relación posible, *PH. Boletín del Instituto Andaluz del Patrimonio Histórico*, 17: 100-103.

(1996b): La arqueología en el quiosco: ¿El pasado domesticado?, *Trabajos de Prehistoria*, 53: 170-172.

Ruiz Zapatero G. y Mansilla Castaño, A. (1999): L'Arqueologia en els mitjans de comunicació. Materials per a una reflexió crítica sobre la divulgació del passat, *Cota Zero*, 15: 42-62.

Sánchez Arroyo, J. A. (1998): Expolio Arqueológico, *Protección del patrimonio histórico...*: 137-146.

Sanjuán Ballano, B. (2007): Información=Cultura. Mapas patrimoniales para ir de los medios a las mediaciones, *Patrimonio Cultural y medios de comunicación*, Sevilla: 30-44.

Santana Falcón, I. (2007): La protección del patrimonio arqueológico en la provincia de Sevilla: ordenación del territorio, cautelas de carácter medioambiental e inventario de yacimientos arqueológicos, E. Ferrer Albelda (coord.): *Arqueología en Marchena: el poblamiento antiguo y medieval en el valle medio del río Corbones*, Sevilla: 15-44.

Saunders, A. (1989): Heritage management and training in England, H.F. Cleere (ed.): *Archaeological Heritage Management in the Modern World*, Londres: 152-163.

Saville, A. (2009): Treasure Trove and Metal Detecting in Scotland, Thomas y Stone (eds.): 87-98.

Schaafsma, C. F. (1989): Significant until proven otherwise: problems versus representative samples, H. F. Cleere (ed.): *Archaeological Heritage Management in the Modern World*, One World Archaeology, Londres: 38-51.

Schiffer, M. B. (1976): *Behavioral Archaeology*, Londres.

Scott-Ireton, A. (2006): Florida's Underwater Archaeological Preserves: Preservation through Education, Grenier, Nutley y Cochran (eds.): 5-7.

Scovazzi, T. (2003a): A contradictory and counterproductive regime, Garabello y Scovazzi (eds.): 3-18.

(2003b): The application of "Salvage law and other rules of Almiralty" to the underwater cultural heritage: some relevant cases, Garabello y Scovazzi (eds.): 19-88.

Serrano, A. (2002): El mercado de las antigüedades en España, L. A. Ribot García (coord.): *El Patrimonio Histórico-Artístico Español*, Madrid: 241-250.

Sheldon, H. (1995): The Lure of Loot: an example or two, Tubb (ed.): 176-180.

Sheridan, A. (1995): Scotland's Protable Antiquities Legislation: what is it and how well does it work?, Tubb (ed.): 193-204.

Simpson, F. (2009): Cumwhitton Norse Burial, Thomas y Stone (eds.): 137-146.

Spencer, P. D. (2009): The Construction of Histories: Numismatics and Metal Detecting, Thomas y Stone (eds.): 125-136.

Stille, A. (2002): *El futuro del pasado*, Barcelona.

Strati, M. (1995): *The Protection of the Underwater Cultural Heritage: An Emerging Objetive of the Contemporary law of the Sea*, La Haya.

Suárez de Urbina Capman, N. (2006): La lucha contra el expolio arqueológico en la provincia de Almería, *Curso sobre Protección...*: 1-6 (en CDRom).

Suárez Suárez, D. (2006): Procedimiento sancionador y patrimonio histórico, *Curso sobre Protección...*: 175-188.

Tallón Nieto, M. J. (1993): Control del impacto arqueológico de las obras de iniciativa pública en Galicia, *Inventarios y Cartas Arqueológicas* (Soria, 1991), Valladolid: 125-134.

Teijgeler, R. (2009): Response to "Relations between Archeologists and the Military in the Case of Iraq", *Papers from the Institute of Archaeology* 19: 19-23.

Terradillos Basoco, J. (1997): Delitos relativos a la protección del patrimonio histórico y del medio ambiente, J. Terradillos Basoco (ed.): *Derecho penal y medio ambiente*, Madrid: 35-58.

Thoden van Velzen, V. (1999): The continuing reinvention of the Etruscan myth, A. Gazin-Schwartz y C. Holtorf (eds.): *Archaeology and Folklore*, Londres: 170-189.

Thomas, C. (1974): Archaeology in Britain 1973, P. Rahtz (ed): *Rescue Archaeology*, Harmondsworth: 3-15.

Thomas, S. (2009a): Introduction, Thomas y Stone (eds.): 1-12.

(2009b): Wanborough Revisited: The Rights and Wrongs of Treasure Trove Law in England and Wales, Thomas y Stone (eds.): 153-166.

(on line): Archaeologists and Metal Detector Users: Unlikely Bedfellows? The Durobrivae (Water Newton) Metal Detecting Rally.
http://www.sha.org/about/conferences/documents/ThomasSHApaper.pdf (consultado en abril de 2010).

Thomas, S. y Stone, P. G. (eds.): *Metal Detecting & Archaeology*, Newcastle.

Teijeiro Lillo, M. E. (2001): El patrimonio histórico andaluz: los bienes muebles de relevancia cultural y el ordenamiento sancionador, García y Arroyo (eds): 87-100.

Terrenato, N. (2001): Yacimiento/No yacimiento, Francovich y Manacorda (eds.): 364 s.

Togola, T. (2002): The rape of Mali's only resource, Brodie y Tubb (eds.): 250-257.

Trigger, B. G. (1992): *Historia del pensamiento arqueológico*, Barcelona.

Trayter Jiménez, J. M. (2001): El procedimiento administrativo sancionador, *Justicia Administrativa. Revista de Derecho Administrativo* Núm. Extraordinario: 75-92.

Tubb, K. W. (ed.): *Antiquities, trade or Betrayed. Legal, Ethical and Conservation Issues*, Londres.

Ucko, P. J. (1990): Foreword, P. Stone y R. MacKenzie (eds.): *The Excluded Past. Archaeology in Education*, Londres: ix-xxxi.

Unzueta Portilla, M. A. y Ocharán Larrondo, J. A. (1999): Aproximación a la conquista romana del Cantábrico oriental: el campamento y/o campo de batalla de Andagoste (Cuartango, Álava), J. M. Iglesias y J. A. Muñiz (eds.): *Regio Cantabrorum*, Santander: 125-142.

Uzzell, D.L. (1989): Introduction: The Visitor Experience, D.L. Uzzell (ed.): *Heritage Interpretation*, vol. 1, Londres: 1-15.

Vallès Pena, S. (1998): Las fuerzas y cuerpos de seguridad en la investigación de los delitos contra el patrimonio europeo, *Protección del patrimonio histórico...*: 35-41.

Varmer, O. (2006): RMS Titanic, Grenier, Nutley y Cochran (eds.): 14-16.

Velasco Steigrad, F. (1991): El programa de carta arqueológica en la Comunidad de Madrid, *Arqueología, Paleontología y Etnología*, 1: 257-280.

Velasco Steigrad, F.; Mena Muñoz, P. y Méndez Madariaga, A. (1987): Excavaciones de urgencia y carta arqueológica, *130 años de arqueología madrileña*, Madrid: 189-195.

Villanueva Guijarro, M. Á. (2009): Actuaciones de investigación y persecución de delitos contra el patrimonio, Álvarez González, (dir.): 175-190

Villegas Zamora, T. (2008): Los peligros de la explotación comercial del patrimonio cultural subacuático, *Museum Internacional* 240: 20-33.

Volpe, G. (2001): Subacuática, arqueología, Francovich y Manacorda (eds.): 323-330.

Yáñez Vega, A. (1997): Estudio sobre la Ley de Excavaciones y Antigüedades de 1911 y el Reglamento para su aplicación de 1912, G. Mora y M. Díaz-Andreu (eds.): *La cristalización del pasado: génesis y desarrollo del marco institucional de la arqueología en España*, Málaga: 423-430.

(1999): Los bienes integrantes del "Patrimonio Histórico Español". A propósito de la Sentencia 181/1998 del Tribunal Constitucional, *Civitas. Revista española de derecho administrativo* 103: 459-472.

Yáñez Vega, A. y Lavín Berdonces, A. C. (1999): La legislación española en materia de Arqueología hasta 1912: análisis y evolución en su contexto, *Patrimonio Cultural y Derecho*, 3: 123-146.

Wainwright, G. J. (1989): The management of the English landscape, H.F. Cleere (ed.): *Archaeological Heritage Management in the Modern World*, One World Archaeology, Londres: 164-170.

Walsh, K. (1992): *The representation of the Past. Museums and heritage in the post-modern world*, Londres.

Walton, Ph. y Boughton, D. (2009): The Portable Antiquities Scheme in the North, Thomas y Stone (eds.): 147-152.

Wheeler, M. (1979): *Arqueología de campo*, Méjico.

Willems, W. J. H. (2007): The work of making Malta: the Council of Europe's archaeology and planning committee 1988-1996, *European Jorunal of Archaeology* 10.1: 57-71.

Wolynec, R. B. (2010): The Impact of Koster Site Media Relations on Press Coverage of Other Archaeological Projects, *The SAA Archaeological Record* 10.5: 27-29.

Zanini, E. (2001): Excavación arqueológica, Francovich y Manacorda (eds.): 142-149.

ABREVIATURAS

AAA = Anuario Arqueológico de Andalucía, Junta de Andalucía.

AEspA= Archivo Español de Arqueología, Consejo Superior de Investigaciones Científicas.

AJA= American Journal of Archaeology.

AMAA= Ancient Monuments and Archaeological Areas Act de 1979.

ane = Anterior a nuestra era.

APPAG= All-Party Parlamentary Archaeology Group.

BOPA= Boletín Oficial del Parlamento de Andalucía.

CBA= Council for British Archaeology.

CC= Código Civil.

CDM= III Convención sobre el Derecho del Mar (Bahía Montego [Jamaica] 1982).

CE= Constitución española de 1978.

CP= Ley Orgánica 10/1995, de 23 de noviembre, del Código Penal.

Decreto de 1936= Decreto de 16 de abril de 1936, modificado por el Decreto 1545/1972, de 15 de junio, por el que se aprueba el Reglamento para la aplicación de la Ley del Tesoro Artístico Nacional.

DCMS= Department for Culture, Media and Sport.

dne= De nuestra era.

DNH= Department of National Heritage.

DPA= Defensor del Pueblo Andaluz.

IAPH= Instituto Andaluz de Patrimonio Histórico, Junta de Andalucía.

INCP= International Journal of Cultural Property, Universidad de Cambridge.

ILA= International Law Association.

FADD= Federación Andaluza de Detección Deportiva.

FEEADA= Federación Española de Asociaciones de Detecto-Aficionados.

LEA= Ley de 7 de julio de 1911, estableciendo normas a que han de someterse las excavaciones artísticas y científicas y la conservación de las ruinas y antigüedades, más conocida como Ley de Exvaciones Arqueológicas de 1911

LPCAr= Ley 3/1999, de 10 de marzo, del Patrimonio Cultural Aragonés

LPCC= Ley 9/1993, de 30 de septiembre, del Patrimonio Cultural Catalán.

LPCCan= Ley 11/1998, de 13 de octubre, de Patrimonio Cultural de Cantabria.

LPCCyL= Ley 12/2002, de 11 de julio, de Patrimonio Cultural de Castilla y León.

LPCG= Ley 8/1995, de 30 de octubre, del Patrimonio Cultural de Galicia.

LPCPA= Ley 1/2001, de 6 de marzo, de Patrimonio Cultural del Principado de Asturias.

LPCV= Ley 7/1990, de 30 de mayo, de Patrimonio Cultural Vasco.

LPCVal= Ley 4/1998, de 11 de junio, del Patrimonio Cultural Valenciano.

LPHA'91= Ley 1/1991, de 3 de julio, del Patrimonio Histórico de Andalucía

LPHA'07= Ley 14/2007, de 14 de noviembre, de Patrimonio Histórico de Andalucía.

LPHCE= Ley 2/1999, de 29 de marzo, de Patrimonio Histórico y Cultural de Extremadura.

LPHC-LM= Ley 4/1990, de 30 de mayo, del Patrimonio Histórico de Castilla-La Mancha.

LPHE= Ley 16/1985, de 25 de junio, del Patrimonio Histórico Español.

LPHIB= Ley 12/1998, de 21 de diciembre, del Patrimonio Histórico de las Islas Baleares.

LPHM= Ley 10/1998, de 9 de julio, de Patrimonio Histórico de la Comunidad de Madrid.

LRJ-PA= Ley 30/1992, de 26 de noviembre, de Régimen Jurídico de las Administraciones Públicas y del Procedimiento Administrativo Común.

LTAN= Ley del Tesoro Artístico Nacional, de 1933.

MAPA= Modelo Andaluz de Predicción Arqueológica (Instituto Andaluz de Patrimonio Histórico).

NAH= Noticiario de Arqueología Hispánica, Ministerio de Cultura.

OME= *Odyssey Marine Exploration Inc.*

PAS= Portable Antiquities Scheme.

PASub= patrimonio arqueológico submarino.

RDU= Revista de Derecho Urbanístico.

RD'1912= Real Decreto del 1 de marzo de 1912 (Ministerio de Instrucción Pública) aprobando el Reglamento provisional para la aplicación de la Ley de 7 de julio de 1911, que estableció las reglas a que han de someterse las excavaciones arqueológicas y científicas y la conservación de las ruinas y antigüedades.

REDA= Revista Española de Derecho Administrativo.

RPHE= Real Decreto 111/1986, de 10 de enero, de desarrollo parcial de la Ley

16/1985, de 25 de junio, del Patrimonio Histórico Español.

RPFPHA= Reglamento de Protección y Fomento del Patrimonio Histórico de Andalucía, aprobado por Decreto 19/1995, de 7 de febrero.

RPS= Reglamento del procedimiento para el ejercicio de la potestad sancionadora, aprobado por Real Decreto 1398/1993, de 4 de agosto.

Seprona= servicio de Protección de la Naturaleza (Guardia Civil).

TSJA= Tribunal Superior de Justicia de Andalucía.

ZEE= Zona económica exclusiva.

Recuerda que puedes consultar información complementaria en los **anexos online**:

http://www.jasarqueologia.es/editorial/libros/indianas.html

También puedes seguir al tanto de todas las novedades con respecto al libro en nuestra página de Facebook:

facebook.com/IndianasSinFuturo